2035中国教育发展战略研究

丛书主编　袁振国

未来教育重塑研究

尚俊杰　著

U0362497

华东师范大学出版社

·上海·

图书在版编目(CIP)数据

未来教育重塑研究/尚俊杰著.—上海：华东师范大学出版社，2019

(2035中国教育发展战略研究)

ISBN 978-7-5675-9711-2

Ⅰ.①未… Ⅱ.①尚… Ⅲ.①教育事业-发展-研究-中国 Ⅳ.①G521

中国版本图书馆CIP数据核字(2019)第234895号

2017年上海市文教结合"高校服务国家重大战略出版工程"资助项目

2035中国教育发展战略研究

未来教育重塑研究

著　　者	尚俊杰
项目统筹	阮光页
责任编辑	王丹丹　白锋宇
责任校对	王丽平
装帧设计	高　山

出版发行	华东师范大学出版社
社　　址	上海市中山北路3663号　邮编 200062
网　　址	www.ecnupress.com.cn
电　　话	021-60821666　行政传真 021-62572105
客服电话	021-62865537　门市(邮购)电话 021-62869887
地　　址	上海市中山北路3663号华东师范大学校内先锋路口
网　　店	http://hdsdcbs.tmall.com

印 刷 者	浙江临安曙光印务有限公司
开　　本	787×1092　16开
印　　张	19.75
字　　数	358千字
版　　次	2020年1月第1版
印　　次	2022年2月第7次
书　　号	ISBN 978-7-5675-9711-2
定　　价	62.00元

出 版 人　王　焰

(如发现本版图书有印订质量问题，请寄回本社客服中心调换或电话 021-62865537 联系)

总　序

．．

这是一个史无前例的大变革时代。

科学技术迅猛发展，国际关系急剧变化，社会生产方式、生活方式深度变革，毫无疑问，教育方式和学习方式也面临着重大转型发展的历史挑战和前所未有的改善机遇。

自互联网、大数据、云计算取得突破性进展以来，教育的转型发展已初见端倪，随着人工智能、物联网、脑科学等的新突破，这种转型发展将更快、更强烈：

教育的形态，从以教为重心向以学为重心转移，从固定人群在固定地点、固定时间、学习固定内容的学校教育，向任何人在任何地点、任何时间、学习任何内容的泛在教育转型；

教育的功能，从以知识传授为中心向以能力培养为重心转移，尤其注重责任能力、思维能力、学习能力、沟通能力、创新能力、解决复杂问题能力的培养；

教育的内容，从以知识体系为主线的分科性的学科教育为主，向以核心素养为主导的综合性、问题性教学为主转型；

教育的评价和要求，从班级授课制背景下的统一化、标准化，向瓦解班级授课制的多样化、个性化、选择性的因材施教转型；

教育的形式，从以教定学，教什么学什么、怎么教怎么学，向以学定教，学什么教什么、怎样学就怎样教转型；

教育的手段，从以黑板粉笔为主要工具的线下教育，向基于互联网、物联网、人工智能的线上线下融合教育转型；

教育的生涯，从一次受教终身受益，向不间断的终身教育转型；

……

与此同时，未来社会对人才的数量、质量和类型不断提出新的要求。教育不断变革才能适应社会要求的不断变化，才能为受教育者奠定成功和幸福的基础。

关注2030、关注未来教育形态，已经成为国际热点。2015年11月，联合国教科文组织发布《教育2030行动框架》，指出：必须在当今发展的大背景中来审视"教育 2030"，教育系统必须相互关联，回应迅速变化的外部环境，如变革的劳动力市场、技术的更新换代、城镇化的兴起、政治环境的不稳定、环境恶化、自然风险与灾难、对自然资源的争夺、人口压力、全球失业率的攀升、贫穷的困扰、不平等的扩大以及和平与安全所面临的更多威胁。

经济合作与发展组织（OECD）在其发布的"2030 年教育计划"中写道："2030 年，世界将会更加复杂，易于波动，不确定因素增多，形势不定。 全球化、数字化、气候变化、人口结构变动以及其他重大趋势不仅创造了机会，而且给个人和社会带来了挑战，需要人们积极应对。 下一代人需要掌握一种全新的、不同于以往的技能，才能取得成功，为有序社会作出贡献。 虽然到2030 年还有一段时间，但是现在开始读小学的孩子们将会在 2030 年踏入职场。"

中国经过改革开放 40 多年的发展，已经迅速发展为教育大国，并不断向教育强国迈进。 面对快速发展、充满不确定性的未来，必须学会以不变应万变，以超常思维谋划未来，谋划适应和引领未来的教育。 为此，华东师范大学教育学部和华东师范大学出版社联合申报了上海市文教结合"高校服务国家重大战略出版工程"项目，组织业内专家撰写"2035 中国教育发展战略研究"丛书。

丛书从"服务国家重大战略"出发，希望对未来一二十年中国教育必将面临的重大挑战，对教育改革的重点领域和关键环节，进行整体思考、系统回应；从服务上海科创中心和教育综合改革试点出发，对上海如何贯彻先一步、高一层、领先发展的战略思想作出回答。 丛书的指导思想是： 第一，以 2035年作为参照点，选取当前国家教育现代化战略推进过程中必然遇到的重大理论和实践问题，对下一阶段中国教育发展方向、问题和路径进行战略性、前瞻性和富有针对性的探讨；第二，以各级各类教育为经，以重大问题、发展趋势为纬，勾画未来教育蓝图；第三，以前瞻性、可操作性和实证性作为基本写作要求；第四，重视方法手段的变革，更注重制度性创新。

丛书的第一批作品包括：《新时期学前教育发展研究》（华东师范大学姜勇教授等）、《延长义务教育年限研究》（中国人民大学刘复兴教授等）、《"双一流"建设突破研究》（中国教育科学研究院刘贵华教授等）、《高考改革深化研究》（华东师范大学袁振国教授等）、《民办学校分类管理推进策略研究》（上海市教育科学研究院董圣足研究员等）、《面向 2035 教育经费投向研究》（华东师范大学陈纯槿副教授）、《未来教育重塑研究》（北京大学尚俊杰研究员）、《教育舆情演变与应对研究》（中国教育科学研究院田凤副研究员）、《高等教育赋能上海科技创新中心建设研究》（华东师范大学朱军文教授等）、《为了人的更高发展：国际社会谋划 2030 年教育研究》（华东师范大学彭正梅教授等）、《OECD 教育指标引领教育发展研究》（华东师范大学黄忠敬教授等）。

谋定而后动。社会发展越快，超前研究、多元研究越是重要。希望这套丛书能为我国未来教育改革发展提供战略性参考，也能激发广大从事和关心教育的读者的丰富思考。

袁振国

2019 年 9 月

目　录

　　2008 年我从香港中文大学博士毕业回到北大教育学院工作,继续从事教育技术研究,因此特别关注以互联网为代表的信息技术对教育的影响,在学院里也给研究生及一些研修班讲授信息技术与教育的相关课程。后来这些年为各级各类教育管理者、研究者、从业者和一线教师讲过许多场,在教学过程中,自己也有了更多的体会,也撰写了一些相关文章。大约两年前,华东师范大学教育学部主任袁振国教授委托我的博士同学柯政教授来邀请我参加本丛书的编写工作,我当时也正有意总结梳理自己在该方向的研究工作,能参与编写这样一套重要的丛书自然十分开心,所以就欣然答应了,希望能够和更多的朋友分享自己的心得体会。

　　在本书的第一章,我试图从更广阔的视角来探讨技术对社会的变革,首先以身边的网上购物、扫码支付为例来探讨互联网究竟使社会产生了什么变化,为什么会产生这些变化,并主要以大数据思维和免费思维为例探讨了互联网思维的价值。然后为了回应当今人工智能的迅猛发展,仔细探讨了人工智能的发展历史和未来趋势。最后回归到"教育应该怎么办"。有学生曾经建议,是否也可以不要第一章,直接从教育开始呢? 我仔细思考后还是保留了第一章。著名管理学家德鲁克(Drucker)曾经说:教育领域变革的推动力往往来自外部。所以对于教育工作者来说,确实需要多从外部考虑一下问题。另外,我在 2000 年左右给教师进行信息技术培训的时候,当时并不是首先教他们工作中所使用的 Word、Excel 等,而是先教他们听歌、看图片、到网上检索自己的名字,然后再慢慢地引入其他工作中需要的技术,后来发现效果特别好。虽然没有做过实证调查,但是我相信大家都是普通人,普通人一般都很关注和自己相关的、对自己有用的、有趣的东西。如果一件事物让大家觉得和自己相关或者对自己有用或者很有趣,后面的事情就好办了。其实大家仔细想想,现在社会各领域人士对教育信息化都很重视,是否也是因为每个人每天都在用微信、用手机、用电脑呢?

　　探讨完信息技术对社会的影响后,我们进一步聚焦技术对教育的影响。在本书的第二章,我从一位学习者、教育者、研究者的混合视角,探讨了几个我自认为影响特别深刻的例子:多媒体资源、可汗学院、翻转课堂、慕课(MOOC),其实教育技术领域还有移动学习、平板教学、人工智能、大数据的案例，但是这里我主要希望用这几个案例从学习者的视角来探讨对于一位学习者，如果有条件，他是否可以跟着世界上最好的老师学习，并从教师的讲台入手探讨信息技术是否对教育产生了革命性影响。

当然，毋庸置疑的是，校校通、班班通、人人通、MOOC、微课、翻转课堂等确实对教育产生了革命性的影响，不过如果我们继续和商业、金融、军事、医疗等行业的信息化比较一下的话，就会发现教育信息化还有值得借鉴和提高的地方。如果想看到教育像企业生产力一样显著提高的话，就需要进行技术支持下的重大结构性变革而不是进化式的修修补补。然后，该章中又用了学课程、报志愿、培养教师等几个案例来探讨究竟如何利用信息技术促进教育流程再造，简单地说，就是要认真想想：**一件事情过去是怎么做的？过去为什么要这样做？现在条件发生了什么变化？未来应该怎么做？** 当然，对于教育流程再造这个概念，我是从企业借鉴过来的，也许不一定特别贴切，但是我觉得可以用来形象地说明教育需要进行革命性变革。那么教育的哪些领域需要变革呢？当然有很多，本书接着用四章分别探讨了其中比较重要的教师角色、学习方式、课程教学、组织管理的再造。

第三章首先就来探讨教师角色再造。为什么要从教师角色开始，因为教师太重要了。约翰·哈蒂(John Hattie)历时15年，对52637项研究、数亿名学生与学习相关的800多项元分析文献进行综合元分析，提取出来了138个影响学业成就的因素，其中最大的影响因素就是教师。现在很多人为了择校不惜购买昂贵的学区房，他们择的不是漂亮的校舍和环境，而是优秀的教师。从某种程度上可以说，教师的变革决定了教育的变革。过去我们说电影没有改变教育，电视也没有改变教育，究其根本原因，就是因为他们没能改变教师。那么互联网、人工智能等新技术是否能改变教师呢？在该章中我们可以看到，技术确实拓展了教师的双手和大脑的功用，提升了教师的工作效率和质量，使每一名教师可以做以前做不完、做不了的事情。而且，或许在技术的支持下，教师真的可以进行"分工"，让教师的角色更加多元化和专业化。就人工智能而言，相信每个人都会认为人工智能不会替代教师，但是可以在人工智能的支持下协同打造几乎是"无所不会、无所不能的超级教师"。在文中我没有多说，其实个人还有一个判断，如果人工智能真的会让很多行业的人失业的话，未来倒是可以安排更多的人读师范专业，之后到学校来当教师，这样或许"人机协同"可以真正实现个性化学习，实现因材施教。

第四章主要是探讨学习方式的变化。这些年在教学研究过程中，我确实对一个问题感到很困惑，就是每一个孩子来到人世都是带着好奇来的，每一个孩子去上小学的时候都是高高兴兴的,到底是什么因素让孩子们逐渐丢失了学习动机呢?虽然我经常开玩笑说是老师们给弄丢的,但是我心里当然很清楚小学、初中老师有多辛苦,只要你真的去小学上一节课,你就能体会到让几十个懵懵懂懂的孩子认识那么多字、背会那么多唐诗宋词、掌握那么多计算知识是一件多么困难的事情。事实上,我个人认为,课程的设置、教材的编写、班级规模、家长教养方式可能是更重要的影响因素。在本章中,我就试图去剖析游戏化学习、移动学习、VR/AR的教育价值及潜力,希望能够让孩子们在近似真实的情境中更快乐的学习,更多地留住他们的学习动机。当然,就教育来说,光快乐是不行的,必须要能够学到知识,所以本章中还认真探讨了人工智能、大数据在促进个性化学习和实现深度学习中的价值,并进而仔细探讨了现在备受各界重视的"学习科学"的概念、历史发展、理论溯源、未来发展趋势等。总而言之,这一章希望促使读者去思考人是如何学习的,如何促进有效的学习,如何利用新技术**让学习更科学、更快乐、更有效**。

在第五章,我又回过头来探讨课程教学再造。当然,就课程教学来说,这是一个庞杂的研究领域,要真说清楚课程教学,可能得几十本书。我自己也不是研究课程教学的专家,所以只是从个人理解的角度,重点探讨在线课程究竟会对学校课程组织、课堂教学产生什么样的影响。就我自己而言,尽管是教育技术研究者,但是之前对在线课程也总是保持着疑问,真的可以这样上课吗?后来有几件事情对我影响很大:一是成都七中那块屏,其实我2007年去云南某地考察的时候,就知道当地某中学有两个班一直用电视跟着成都七中上课,效果比较好,所以一直有所关注;二是我们几位老师跟着北大张海霞教授面向全国高校开设"创新工程实践"在线课程,同一时间,全国将近200所高校,数万学生一起学习,我在现场讲课后感觉互动感比普通课堂还更强;三是我在中国大学MOOC上开设了"游戏化教学法"MOOC,让全中国对游戏化学习感兴趣的老师都有机会学习,从老师的来信中我相信这种方法至少对想学习的人来说一定是有益的;四是VIPKID给我的启发,当然倒不是因为它有多少学员,挣了多少钱,主要是真的有好几位家长跟我讲,第一次碰到孩子们在上课之前着急地搬凳子坐在电脑前等着,到底是什么吸引了他们?基于我的这些切身感受,该章就仔细探讨了"互联网+"如何推动教学革命,如何利用课程共享的方式让普通学校的学习者也能够享受到一流学校的优质教育资源。进而,我又基于哈佛大学克里斯坦森教授提出的破坏式创新理论,探讨了信息技术究竟会对教育产生什么样的破坏性影响。虽然我也相信MOOC等在线课程不会让传统学校消失,但是我衷心地希望能够利用这些技术让学校发展得更均衡,让每一位学习者都能享受一流的学习资源。

第六章实际上是第五章的延续,也是对前面三章的一个回顾,主要探讨组织管理再造。之所以写这一章,主要是之前有人讲,信息技术应用到教育中,不仅没有提升管理效率,反而降低了效率。我就觉得很好奇,所以认真研读了一些教育管理及管理学方面的著作,后来逐渐认识到,如果只是在教与学方面变革,确实不能促使教育真正发生变革,一定要通过组织管理的变革,才能使教育生产力显著提高。比如像密涅瓦大学的办学模式,再如北京十一学校和北大附中的走班选课制、中关村三小的校中校等。所以在该章中我首先从高校的管理开始谈起,仔细探讨了如何利用大数据等信息技术实现"看不见的服务"和"看不见的管理",进而以"非核心教学社会化"为例,探讨了"互联网+"时代的教育组织变革模式。如果一位大学校长咨询我,到底应该怎样推动组织变革,我会建议:首先花重金请一个可靠的咨询机构认真梳理学校的每一个工作流程,然后再花重金请一个可靠的软件公司开发整套的学校管理软件。我相信,虽然这些举措短期内花费巨大,也不能直接发表高水平的论文,但是从长远来说,一定可以节省师生的时间,让他们能够做出更多的一流成果。

第七章在前面讨论的基础上来探讨未来教育发展方向。原以为这一章是最容易的,后来发现这一章是最纠结的,经过长期思考,我理出了本章的撰写思路,就是先写未来教育的美好前景,然后谈谈可能遇到的困难和障碍。关于美好前景,其实最有名的就是新媒体联盟每一年发布的《地平线报告》,其中预测了未来几年技术对教育的影响以及教育的发展趋势。其次是现在很多人都在讨论、研究未来学校,所以我就以《地平线报告》和未来学校为抓手,探讨未来教育的发展前景,并归结到自己之前提出的未来教育的三层境界:**基础设施建设、学习方式变革、教育流程再造**。至于可能碰到的困难和障碍,对于表层困难,比如人、财、物的缺乏等,这里没有当成重点,重点是探讨可能碰到的深层困难,那就是**"技术的非显著性、创新的艰难性、观念的牢固性以及教育的复杂性"**。这里我试图从多学科的视角来探讨人与技术的关系,进而找到技术变革教育困难的深层原因。

第八章是本书的最后一章,该章重点探讨未来教育发展策略,其实国家有关部门早就先后发布了教育信息化发展规划、教育信息化 2.0、人工智能规划等,指明了方向,给出了具体发展步骤。在该章,我只是强调:考虑到技术变革教育的深层困难,所以第一要转变观点,在技术时代要重新思考教育,具体来说,要重新思考技术、学习、动机、课程、教学、教材、资源建设、教师角色、管理、标准化、企业等因素;第二要注重研究,夯实教育事业发展基础,包括基础研究、开发研究和行动研究,并指出**教育发展急需加强基础研究,基础研究可从学习科学开始**",在最后又回顾了学习科学未来的发展策略。这一章看起来似乎主要是给教育管理部门人员看的，但是实际上我希望对各类人员都能有启发。

本书的主体内容就是这些，主要想传达的就是：今天令我们期盼、迷恋、担忧甚至恐惧的技术，相信大部分终将会成为过去的技术，成为类似于"粉笔＋黑板"的看不见的技术，成为我们习惯使用的技术。我们则需要在技术的基础上，重新考虑整个教育。在相信"人（教师）是最重要的前提下"，发挥慕课、微课、翻转课堂等教学模式，游戏化学习、移动学习、项目学习、探究学习等学习方式，以及云计算、VR/AR、大数据、人工智能等新技术的优势，打造美好教育，实现幸福人生。

需要说明的是，本书并不是对教育信息化进行系统论述的教材，也可能存在着方方面面的缺陷，不过本书确实汇集了我将近 20 年来进行教育技术教学、研究和服务的心得体会，希望对关心教育的各方面人士都能有所启发。在写作的过程中，我也努力争取做到"**有理有据有观点，有趣有用有意义**"，期望让大家既能看得开心，还能有收获，仔细想想还有意义。

人常说"北大是常为新的，来北大是寻求改变的"，我从来不敢奢望本书能够让各位读者有巨大的改变，只是希望本书的某一个小观点能够让某位读者怦然心动，并在学习、生活和工作中产生一点点改变，如此我就心满意足了。

再次衷心感谢大家，如果大家对本书有任何意见和建议，敬请在微信公众号"俊杰在线"指出，或者来信指正（jjshang@pku.edu.cn）。

2019 年 9 月 9 日于北大燕园

第一章　引言：这是一个什么时代

• •

想不到的事情会发生，想不到的速度会出现。

从来还没有一种技术，能够像互联网技术（包括人工智能、大数据等新技术）一样，给人类的生活方式、产业发展、组织结构等带来如此大的改变，推动着人类进入信息时代，向人工智能时代迈进。社会的各行各业都发生了翻天覆地的变化，也给教育带来了各种影响。在本书的第一章，我们就从以"互联网＋"为代表的新技术促进社会变革谈起，来探讨教育变革面临的宏观背景。

第一节　"互联网+"促社会变革

1969 年 11 月，美国国防部高级研究计划管理局（Advanced Research Projects Agency，简称 ARPA）开始建立一个命名为 ARPAnet 的网络，最初只有 4 个结点。1986 年，美国国家科学基金会（National Science Foundation，简称 NSF）利用 ARPAnet 发展出来的通讯协议，建立了 NSFnet 广域网。1990 年 6 月，NSFnet 取代 ARPAnet 成为了 Internet 的主干网。1990 年 12 月 25 日，蒂姆·伯纳斯-李（Tim Berners-Lee）在日内瓦的欧洲粒子物理实验室里开发出了世界上第一个网页浏览器（WWW），使得访问互联网内容更方便，也使得互联网快速发展起来。

在中国，1987 年，北京大学钱天白教授向德国发出第一封电子邮件，当时中国还未正式加入互联网。1992 年左右，我在北京大学力学系读书，系里的陈耀松教授用一条专线通过高能物理所联通了互联网，那是我第一次听说互联网，当时可以通过网络访问美国图书馆里的资料，感觉很神奇。1994 年 3 月，中国正式加入互联网。1995 年 5 月，第一家互联网服务供应商——瀛海威创立，普通百姓开始进入互联网，我们开始逐渐知道了搜狐、新浪、网易等各式各样的网站。1997 年，在父亲的支持下，我买了人生中的第一台计算机，但是在宿舍里还不能上网。1999 年 7 月，我硕士毕业留北大电教中心计算机教研室工作，有机会经常上网，不过依稀记得那时候访问速度比较快的网站好像就是清华大学几位学生创办的"化云坊"等教育网内几个简单的网站。

弹指一挥间,互联网在世界上发展才50年,在中国大规模发展才20多年,但是已经使社会产生了可以称之为翻天覆地的变化。

一、互联网引发的故事

先给大家讲讲手机的故事,这些年,年轻人几乎每时每刻都在玩手机,其实不光年轻人,小孩子也在玩手机,而且是很小的小孩子;不光小孩子,老人家也在玩手机。网上曾经有两张对比鲜明的照片,2009年奥巴马全家参加一个活动的时候还都是在认真地看活动,但是到2013年他们全家再次参加类似活动的时候,每个人都在玩手机。还有两张照片,2005年在一个大型集会中,每个人都在看(图1-1上),但是到2013年类似的活动的时候,所有人都举着手机在拍(图1-1下)。短短几年,手机确实让这个时代变化了许多。

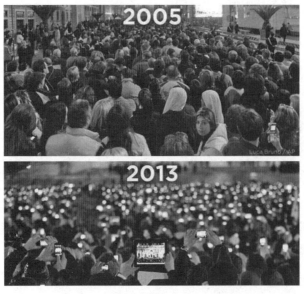

图1-1　两次大型集会的对比照片

我曾经把中国互联网中心公布的网民规模统计了一下,1997年中国只有62万网民,到2013年已经有6个多亿网民了(图1-2)。[①] 大家看这根曲线,可以看到一个明显的拐点,就是2006年。为什么是2006年呢? 因为在2006年之前,中国互联网普及人数不超过10%,也就是说我们这些教师、学生、工程师等所谓的专业人士把互联网

---

① 尚俊杰,汪旸,樊青丽,聂欢.看不见的领导——信息时代的领导力[M].北京:北京交通大学出版社,2017:15.

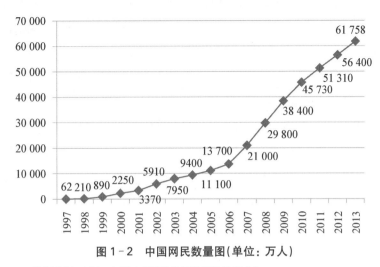

图1-2 中国网民数量图(单位：万人)

数据来源：历次《中国互联网络发展状况统计报告》

说得天花乱坠的时候，在中国还有90％以上的人不知道你在说什么，因为他们从来没用过。而2006年之后迅速突破10％，上升很快。2006年左右究竟发生了什么事情呢？其实，是智能手机与移动互联网的发展带动了互联网在全国乃至全球范围内的迅速普及。2007年1月9日，乔布斯推出第一代iPhone，开启了智能手机的新纪元，带动了智能手机市场的快速发展。人们花几百块钱买一个手机，就可以很容易地上网了，就成网民了，所以网民规模就迅速上去了。

仔细分析一下图1-2和相关数据，我们就会看出，手机促使互联网的发展不仅仅体现在网民规模的增加上，还体现在网民结构的变化上。在2006年之前，尽管互联网对社会已经造成了巨大的影响，但是互联网的普及率相对还不是非常高，使用互联网的主要是一些科学工作者、工程师、教师、学生、白领等人士，这些人应该算是专业人士了。而2006年以后则不太一样了，互联网开始在普通大众群体中推广，包括老头、老太太，都逐渐开始使用互联网了。或者我们也可以说互联网真正渗入到了生活中的每一个角落。

这一渗入大大改变了我们的生活。网上曾经报道过一个故事：有一对老夫妇，做了一桌子饭让孩子们回来吃饭，想着趁此机会和孩子们聊聊天，结果饭桌上所有的孩子都在玩手机，老夫妇非常伤心，一怒之下，离席而去。大家想想真的是这样的，六七十年代，那时候没有电视，晚上一家老小往往集中在老人的房间，听老人讲过去的故事，因为老人经历的事情多，所以有故事可以讲，那时候老人就是中心；后来有了电视，一家人在客厅看电视,老爷爷老奶奶陪着孙子看动画片,刚想说话,孙子大喊一声"别说话,认真看",虽然也很无奈,但是至少还有人陪着看电视;再后来有了电脑,儿子、孙子都抱着电脑回房间去了,留下老爷爷老奶奶孤零零地在客厅看电视。怎么办呢? 于是老爷爷老奶奶想着我做一桌子饭,让你们回来吃饭,总得陪我聊会儿天吧,没想到大家在饭桌上还是忙着玩手机……

其实,不光生活,很多行业也发生了天翻地覆的变化。先来看看网上购物和零售业的故事。谈起网上购物,原来我们都以为大学生、白领这些年轻人喜欢新生事物,喜欢在网上购物,所以现在各个大学中,最热闹的地方就是取快递的地方。但是现在农村人也开始网上购物了。我们到一些农村去看看,很多墙上都刷着类似的标语:

发家致富靠劳动,勤俭持家靠京东

生活要想好,赶紧上淘宝

老乡见老乡,购物去当当

要致富,先修路;要购物,先百度

大家仔细想一想,在中国,近一百年来,是否什么事情开始刷墙了,革命就真的发生了呢? 当然,网上购物确实方便了人们的生活,让山南海北的人都可以方便地买到自己需要的商品。不过,客观上似乎对线下零售业造成了巨大的冲击和影响,比如2018 年天猫双 11 全球狂欢节全天交易额 2 135 亿元,有哪个商场、哪个超市一天可以销售这么多呢? 所以现在很多大商场不得不进行艰难的转型,转变为以娱乐、餐饮为主的商场,因为靠零售已经支撑不下去了。

再来看看银行的故事。银行作为金融业的庞然大物,金钱与权力的象征,似乎从来没有担心过生存的问题,但是它们现在似乎特别怕两个移动支付二维码:"支付宝"和"微信支付"。二维码在中国的普及速度,其实也就几年时间。几年前开始在城市的街头刷二维码,现在全中国但凡卖点东西的人都敢整个二维码。据说在宁夏的草原上,马屁股上挂个二维码,"扫码上马",非常方便。而且,刷二维码的支付方式现在正在往日本、韩国等周边国家蔓延,大有把全世界的现金支付都消灭掉的意思。客观地说,二维码支付确实大大方便了我们的生活,只要带着手机,不用担心忘了带钱的问题,也不用担心没有零钱的麻烦。而且,客观上还促进了其他行业的创新,比如,如果没有二维码支付,恐怕共享单车很难流行起来。不过,如果你是银行行长,你心里紧张不紧张? 你担心不担心刷着刷着就把银行的业务和利润给刷没了? 就算不担心这个,你担心不担心银行的几百万个柜台员工以后到底干什么去呢？但是，人世间最痛苦的事情莫过于行长们一边担心自己银行的发展，一边刷着二维码……

除了以上几个典型故事外，其实还有柯达的故事、出租车的故事、报纸的故事等很多类似的故事，互联网就像一个推土机，正在推动着各行各业发生颠覆式的变化，**想不到的事情正在发生，想不到的速度正在出现。**

二、互联网何以变革社会

互联网到底具有什么价值和魅力，为什么能对人们的生活、工作产生如此大的影响呢？还以网上购物为例，它带给我们的并不仅仅是更加便利的生活，更深层次的价值在于它在发展的过程中一步一步解决了困扰国人长达几个世纪的信任问题。在阿里巴巴官方纪录片《造梦者》中，马云曾这样描述："你从一个素未谋面的人那里买来了东西，你把包裹交给一个陌生人，一个你从不认识的人将会把你的包裹送达，淘宝对中国社会最大的改变就是信任。"以支付宝为代表的电子商务平台创造性地利用互联网技术，发明了以"信用中介"为核心的担保交易模式，一举解决了网上买卖双方之间交割资金和实物的信用问题，打消了用户对网上购物的疑虑，为后续移动支付的发展与普及奠定了坚实的基础。[①] 这真的是浪成于微澜之间，一个小小的技术创新与模式创新却使互联网金融乃至整个社会的发展发生了翻天覆地的巨变。

再以银行业（金融业）为例，让我们回忆一下与银行有关的早期记忆，大多是关于排队等待、存款、取款等，鲜少接触到理财、信贷、保险等金融业务。这是因为中国的金融体系庞大，金融机构和金融资产种类繁多，数量巨大，但金融服务供给不足，服务对象有很大的局限性，主要服务于大型企业和高净值人群。这些高净值客户可以享受专业的理财服务（比如理财要 5 万元起），但普通客户却缺乏合理的投资渠道，数以十亿计的老百姓除了把钱存在银行和购房子，别无选择。这不是一个区域性的现象，而是一个世界性的难题。为什么传统金融机构通常只愿意服务最上层 20% 的客户，而不愿意为底层 80% 的客户提供服务？这是因为在传统金融业看来，服务这些客户往往风险大、利润低，同时他们缺乏抵押资产，为这些客户提供金融服务不仅获客成本高，而且信用评估很难做。但是信息技术的发展，让一切都发生了变化。智能手机将大量的潜在客户粘在终端上，不再需要通过设立实体分行去拉客户，从而降低了获客成本。[②] 而且，就如《维基经济学》一书中所讲，互联网的特点使得成千上万的人可以一

---

① 廉薇,等.蚂蚁金服：从支付宝到新金融生态圈[M].北京：中国人民大学出版社,2017：8.
② 同上书,序言：4—5。

起做一件事情,大规模协作可以改变一切。① 大数据分析则无须见面便可评估客户的信用状况,而且通过发挥互联网平台的长尾效应,将金融服务的边际成本压到几乎为零。因此可以说,在信息技术的支撑下,金融服务再也不是个别阶层的专有服务,普惠金融终于得以成为可能。2013 年 6 月,支付宝推出了颠覆式的理财产品余额宝,其以操作简便、低门槛(一元钱就可以理财)、零手续费、随取随用等特点,一炮走红,被人们称为"会赚钱的钱包"。甚至有用户戏称:"每天叫醒我的不是闹钟,不是梦想,而是余额宝。"余额宝的诞生让老百姓不但有机会享受货币基金较高的投资回报,同时又不影响随时支付的需求。

不仅是理财,信贷服务也逐步走进了寻常百姓家。在过去,信贷是人们买房的时候才可能会接触到的事物,绝大多数情况下,普通老百姓、中小微企业与创业者想要从银行取得贷款,都无疑是一件很难的事情。这背后的原因还是根源于传统金融机构信用评估困难的老问题:一是缺乏分析小微企业和低收入群体信用风险的有效方法,二是传统的人工调查的成本很高。而现在,在大数据技术的强大助力下,通过分析用户行为数据等信息,金融机构可以在线、低成本、快速高效地对潜在的客户进行信用评估,然后授信放款。例如,蚂蚁金服旗下的阿里小贷和网商银行都已经实现了贷款的"310 模式",即 3 分钟申请,1 秒钟到账,0 人工干预。② 截至 2017 年 1 月,网商银行已经服务小微企业和经营者 271 万户,覆盖全国 23 个省(自治区、直辖市),累计放款 1 151 亿元,户均贷款 1.7 万元,不良贷款率低于 1%,信用风险远低于商业银行平均水平。这种新型的信贷模式靠传统方法是根本无法实现的,所以它带给传统金融业、企业以及大众生活的广泛冲击是我们所无法想象的。让我们举一个应用场景的例子,现在淘宝和天猫上的卖家使用最为频繁的贷款类型是订单贷款,即当商户接到用户订单后,可以据此向淘宝申请一笔贷款用于货物的采购与配送等生产性用途,当用户确认收货后,系统会从用户所支付的货款中自动扣取贷款金额,然后将赚得的利润转至商户的账户。在整个过程中,商户完全不需要动用自己一分钱,也免去了库存带来的高昂成本与压力。企业、消费者、金融机构三者之间以一种极为高效、流畅与低廉的方式,达成了一笔笔的交易,创造出了社会价值。这在以前是绝不可能的。

理财与信贷是金融业的主要业务,除此之外,人们使用最频繁的还属支付业务。而互联网变革传统金融体现最深的也恰恰是支付领域。如果大家是较早的一批网上

① [加]唐·泰普斯科特,[英]安东尼·D·威廉姆斯.维基经济学[M].何帆,林季红,译.北京:中国青年出版社,2012.
② 廉薇,等.蚂蚁金服:从支付宝到新金融生态圈[M].北京:中国人民大学出版社,2017,序言:6.

购物的用户的话，相信大家对过去繁琐而糟糕的支付体验一定印象深刻——为了实现在线支付，用户首先需要前往银行网点开通网银，领取U盾，然后才可以进行网上支付，在支付的过程中需要先从支付宝界面跳转到网银界面，再根据各家银行的不同要求一步一步地完成指定操作。据统计，用传统的PC网银支付货款，消费者平均要跳转7次页面才能完成付款，其中任何一个环节出现问题，都可能导致支付的失败。这也使得支付宝当时的支付成功率最高只有66%。对于消费者而言，这无疑是一种时间和精力上的巨大消耗。而对于商家而言，则意味着真金白银的无辜损失，例如商家花了1 000元的广告费，吸引了100人，其中50人选择下单，但是到了最后的付款环节，只有30人能够成功付款，其他20人由于支付失败而离开了。① 换句话说，糟糕的支付体验让商户平白丢掉了约一半的消费者。当时所有的第三方支付工具都面临这样的问题，但是素来强势的银行"老大哥"，并不理会这帮"小兄弟"的抗议。而这一切最终在2010年底得到了解决。2010年12月，支付宝推出快捷支付。所谓快捷支付，就是我们现在最熟悉的输入银行卡号与手机号码、验证短信动态口令的支付方式。这种方式最大的特点就在于快捷二字，无须办理网银，无需U盾，用户只要有银行卡即可完成付款，所有程序只需在网上操作。快捷支付一经推出，支付宝的支付成功率旋即上涨至95%，最多的时候支付宝一夜之间就绑定了上百万张银行卡。一年时间内，包括四大行在内的160多家银行都与支付宝签订了快捷支付合作协议。此后微信支付、百度钱包等几乎所有的第三方支付平台都依此模式与银行建立了快捷方便的资金流转通道。互联网又一次帮助银行实现了支付领域的伟大创新。前面也提过，到2011年的时候，支付宝推出了前面讲过的包括二维码、条码在内的扫码支付功能，只需扫描一下对方的二维码，就可以轻松实现卖家与买家之间的支付清算，整个过程即时便捷，并且费率低廉，实现了又一次的革命性变革。简单地说，互联网金融就是充分发挥了互联网的优势，实现了以前不可能的事情，事实上确实促进了共享单车、滴滴打车、收费视频等各项业务的发展。

其实在几年前就有一本畅销书《第三次工业革命》，其中讲的就是以新能源技术和互联网技术为代表的第三次工业革命将改写人类发展进程，其中的标志性技术就是3D打印等。后来德国人提出了工业4.0的概念。所谓工业4.0，就是把互联网和制造业结合起来，把流水线和人们的订单结合起来。比如，流水线上一辆汽车开过来了，这是李老师的汽车，他喜欢红色，给他喷成红色。下一辆是王老师的汽车，他喜欢蓝色，

① 廉薇,等.蚂蚁金服：从支付宝到新金融生态圈[M].北京：中国人民大学出版社,2017：35—39.

给他喷成蓝色,这就是将流水线和订单结合起来的例子。德国人提出工业 4.0 之后,理论上中国应该支持,因为搞好工业 4.0,就需要既有互联网又有制造业,而目前在世界上能同时把这两个行业做得都很好的国家其实并不多了,美国有互联网业,但是制造业快空了;印度有互联网业,制造业不行;而中国在这两方面都做得很好。不过著名经济学家郎咸平曾说,全球工业 4.0 后,我们的制造业可能全线崩溃。[①] 当然,我们的制造业肯定不会有问题,但是确实会面临很大的压力,现在一些需要大量用人的企业有的已经开始往印度、缅甸、泰国等地方搬了,因为那些地方人工更便宜。一些需要使用机器人的企业有的已经开始往欧美搬了,因为机器人的成本各地差不多。

当然,3D 打印、工业 4.0 肯定不足以影响我国的经济发展,但是确实需要高度重视。因此国务院在 2015 年 7 月颁布了《关于积极推进"互联网+"行动的指导意见》[②],其指出:"互联网+"是把互联网的创新成果与经济社会各领域深度融合,推动技术进步、效率提升和组织变革,提升实体经济创新力和生产力,形成更广泛的以互联网为基础设施和创新要素的经济社会发展新形态。……加快推进"互联网+"发展,有利于重塑创新体系、激发创新活力、培育新兴业态和创新公共服务模式,对打造大众创业、万众创新和增加公共产品、公共服务"双引擎",主动适应和引领经济发展新常态,形成经济发展新动能,实现中国经济提质增效升级具有重要意义。简单地说,就是要以互联网为主体,和其他行业深度融合,促进创新发展。

讲到这里,可能有人会问,过去我们讲"什么信息化",相当于"什么+互联网",现在又讲"互联网+什么",仅仅换了一个位置,这不是炒作名词吗? 其实不能算炒作名词,以教育信息化为例,中央电教馆原馆长王珠珠曾在报告中讲道:"教育+互联网"是指在传统教育教学中运用数字和网络等技术,"互联网+教育"则突出云端技术、移动互联网、物联网、大数据和智能技术的应用,突出教育教学融合创新,以此促进教育与企业的跨界融合,催生教育为国家提供人力支持和智力贡献的新业态。[③] 或者可以这样简单的理解,"教育+互联网"强调教育是主体,互联网是工具和手段,而"互联网+教育"则强调以互联网的思维、技术、观念来对教育进行变革,位置不同,强调的重点不一样。

[①] EEPW. 郎咸平: 全球工业 4.0 后,中国制造业将全线崩溃? [EB/OL]. (2016 - 03 - 23)[2019 - 01 - 12]. http://www.eepw. com. cn/articl e/201603/288662. htm.

[②] 中华人民共和国中央人民政府. 国务院关于积极推进"互联网+"行动的指导意见[EB/OL]. (2015 - 07 - 04)[2019 - 01 - 07]. http://www. gov. cn/zhengce/content/2015/07/04/content_10002. htm.

[③] 王珠珠. 互联网+时代的教育与教学变革[EB/OL]. (2015 - 11 - 30)[2019 - 01 - 07]. https://wenku. baidu. com/view/672564bca8114431b90dd8d5. html.

三、互联网思维促社会变革

谈到互联网思维,其实这是前些年非常流行的一个词。从 2011 年开始,百度创始人李彦宏就在很多场合提到互联网思维。之后,雷军总结了互联网思维七字真言:专注、极致、口碑、快。360 创始人周鸿祎曾在很多场合阐述,互联网思维有四个特点:第一,用户至上;第二,体验为王;第三,免费模式;第四,微创新。马化腾在总结 14 年来腾讯的内在转变和经验得失时,提出了能够很好地解释互联网思维的"灰度法则",包括需求度、速度、灵活度、冗余度、开放协作度、创新度、进化度等 7 个维度。马云未明确提过互联网思维,但《马云的互联网思维——移动互联时代的商业模式与经营智慧》一书中描述了马云对互联网思维的理解。此书总结了 16 大互联网思维,分别是 No.1思维、跨界思维、平台思维、共赢思维、草根思维、炸点思维、口碑思维、简约思维、痛点思维、免费思维、光速思维、颠覆思维、土鳖思维、用户思维、数据思维、创新思维。[1] 在我们之前出版的《看不见的领导——信息时代的领导力》一书中也总结了新时代的领导需要具备的几个主要的互联网思维:用户思维、免费思维、创新思维、游戏化思维、协同思维(众包、众筹)、大数据思维。[2]

下面就首先以"**大数据思维**"为例来谈谈互联网思维的价值。所谓大数据技术,是指借助数据挖掘等数据分析工具,对依靠信息技术积累的海量数据进行分析,以期发现模式和规律,预测用户和系统未来行为的技术。如果时间退回到 2012 年左右,当时最热的概念就是大数据了,涂子沛在《大数据》一书中说:"**除了上帝,任何人必须用数据说话**。"这句话影响了很多人,也揭开了商业、金融、公共服务等各行各业努力应用大数据的狂热序幕。

对于商业来说,因为和利润直接挂钩,它们非常积极。在没有大数据这个概念之前,有的超市就靠分析购物小票,发现买啤酒的人经常买尿布,不管什么原因,据此他们将啤酒和尿布放在一起,就可以促进消费。维克托在他的《大数据时代》一书中也提到亚马逊的例子,亚马逊最初聘请了 20 多个书评家和编辑组成书评组,依靠他们撰写书评、推荐新书,从而促销书籍。但是后来亚马逊改变了做法,他们让计算机通过分析产品的关联性来自动生成个性化推荐和畅销书排行榜,最后的结果是计算机的速度更快、效率更高、成本更低,最终这个书评组被解散了。[3] 在国内,农夫山泉大约在 2011年就和软件公司合作,共同开发基于"饮用水"这个产业形态中运输环境的数据场景。

① 黄凤祁.马云的互联网思维——移动互联时代的商业模式与经营智慧[M].北京:人民邮电出版社,2014.

② 尚俊杰,汪旸,樊雨晴,聂欢.看不见的领导——信息时代的领导力[M].北京:北京交通大学出版社,2017:146—186.

③ [英]维克托·迈尔-舍恩伯格,肯尼思·库克耶.大数据时代:生活、工作与思维的大变革[M].盛杨燕,周涛,译.杭州:浙江人民出版社,2013.

他们将很多数据纳入了进来：高速公路的收费、道路等级、天气、配送中心辐射半径、季节性变化、不同市场的售价、不同渠道的费用、各地的人力成本甚至突发性的需求，等等，力求依靠大数据分析技术最大限度地降低运输成本。^① 当然，现在百度、阿里、腾讯这些巨无霸企业用到的大数据技术就更不用多言了。

在公共服务及其他领域，也有一些典型例子，比如谷歌曾经在《自然》(Nature)杂志上发表过一篇文章，讲解了他们如何依靠分析人们的搜索记录来判断和预测流感的爆发与传播途径。这相对于依靠医生上报病例的统计方式速度更快、成本更低。百度也在 2014 年利用大数据技术，对其拥有的基于位置的地理服务(LBS)大数据进行计算分析，并采用可视化方式，动态、及时、直观地展示中国春节前后人口大迁移的轨迹和特征。还有，德国足球队利用大数据技术分析球员的表现，辅助训练和比赛，取得了突出的成绩。

大数据技术之所以有如此大的作用和价值主要是它具有这样几个特点：第一，数据量够"大"。原来因为收集、记录、存储和分析技术不过关，一般都需要抽取样本进行分析，现在不需要了，可以尽可能收集分析对象的所有信息。第二，数据结构多元化。收集的数据包括文字、图片、声音、视频等各种类型。第三，来源广泛化。人们在生活中的行为方方面面都是数据的来源。第四，不追求精确。单个数据的精确性可能降低，但是可以靠海量的数据来提升质量。第五，注重相关关系。大数据时代，虽然我们仍然很关心因果关系，但是更重视相关关系，比如前文中讲的啤酒和尿布的关系。第六，注重及时性。大数据时代注重及时性，需要及时对数据处理分析，呈现结果。

根据以上分析和大数据的特点，显然大数据在教育中的应用潜力巨大。在学习方面，可以尽可能多地记录学生在学校里的各种数据，对此进行分析，并给与个性化指导，这才是实现个性化学习最可能的途径。在学校管理方面，利用大数据技术可以促进科学决策，比如南京理工大学利用大数据技术自动分析学生的消费数据，自动甄别贫困生，并自动给贫困生的饭卡充值(补贴)。这既提升了工作效率，又照顾了贫困生的自尊心等，所以得到了社会各界的高度赞扬。

下面再谈谈"**免费思维**"。《长尾理论》的作者克里斯·安德森(Chris Anderson)后续又出版了一本著作《免费：商业的未来》(Free：The Future of a Radical Price)，他的主要观点就是：人类历史上出现了一种前所未有的趋势，那就是免费！凡是与互联网有关的东西，或多或少都可以免费得到。^② 事实上，我们今天不花一分钱，就可以用

---

① 周恒星.农夫山泉用大数据卖矿泉水：5 大案例解析[EB/OL].(2013 - 04 - 09)[2019 - 06 - 07]. https://news. pedaily. cn/201304/20130408827824_all. shtml.

② ［美]克里斯·安德森. 免费：商业的未来[M]. 蒋旭峰,冯斌,璩静,译. 北京：中信出版社,2015.

微信、用百度导航、看小说、看电影和电视剧(免费部分也很多)、看新闻、玩游戏、学慕课……而这一切,以前几乎都是要收费的。

大家一定有这样的困惑,为什么公司愿意花费大量的人力物力开发出一款软件,然后免费供人们使用?为什么这些免费的商家,反而都赚得盆满钵满?为什么有人愿意免费为网络社区或开源软件贡献自己的时间、精力与智慧?这背后也许有很多种原因,但其中有一个很重要的因素就是——互联网带来了一个全新的经济形态——**比特经济**。在比特经济时代,所有的商品都不再是以原子的形式存在,而是以比特的形式存在于虚拟的网络之中。在原子经济时代,真正的免费是不可能存在的,无论是"买一赠一"还是"打折促销",免费送出的商品不会是凭空出现的,最终都需要消费者自己买单。但是比特经济时代不同,处理器、带宽、存储器构成了价格下行的三驾马车,在线生意的成本趋势就是不断向零点趋近。根据摩尔定律,电脑处理器的价格平均每18个月下降一半,网络带宽和存储器的价格下降速度更快。半导体芯片所能储存的容量,每隔一年半的时间就会提高一倍。硬盘的容量不仅变得更大了,而且运转更快。上述科技趋势带来的一个经济学结果就是,这些商品的价格每隔一两年就会减半,而它们的性能则在成倍提升。1961年,一个晶体管的价格是10美元。两年之后,一个晶体管的价格是5美元。到了1968年,晶体管的价格已经降到了1美元。7年之后,晶体管的价格进一步降到了10美分。又7年后,晶体管的价格只剩1美分。而现如今,英特尔公司的处理器芯片中大约有20亿个晶体管,总价格300美元。这意味着每一个晶体管的价格大约为0.000 015美分,这个价格已经低到差不多可以忽略不计了。正是由于处理器、带宽、存储器三个因素的共同作用,网络科技变得更迅捷、更出众、更便宜。在人类历史上,从来没有哪种经济的主要投入要素像它们一样快速而长期的降价。建立在这三个科技因素基础之上的任何商品,总是处在降价通道中,而且还在持续降价,直到某一天趋近于0为止。[①] 换言之,经典的经济学理论告诉我们"价格等于边际成本",而**互联网产品的边际成本很低**,产品服务1万人、10万人、100万人,耗费的成本差不多,从而才使得真正的免费成为可能。[②]

这时也许就会有人有疑问了,产品都免费了,那么谁来给生产者发工资呢?免费会不会像很多初衷美好但结局出乎意料的事情那样,最终给市场带来破坏性的后果?这样的担心很容易理解,但是我想说的是免费的确会冲击旧有的市场体系,但是它并不必然导致市场规模的减少,反而可能创造出更多的市场份额。例如,谷歌并未抢占

---

① [美]克里斯·安德森.免费:商业的未来[M].蒋旭峰,冯斌,璩静,译.北京:中信出版社,2015:88—97.
② 尚俊杰,旺旸,樊青丽,聂欢.看不见的领导——信息时代的领导力[M].北京:北京交通大学出版社,2017:157.

更多的广告市场份额,相反它创造了一个规模更大的广告业市场。相较于传统的纸媒广告,它更加高效、更个性化、更有针对性,商家付费的方式也更多样,无论是用户使用搜索引擎的体验,还是客户购买广告服务的满意度,均有质的提升。我们以百科全书市场为例,1991 年,百科全书市场是一个市值约 12 亿美元的庞大产业,最火热的《大英百科全书》销售额约 6.5 亿美元,《世界大百科全书》牢牢占据次席。这两部书每年卖出超过 10 万本,每本定价超过 1 000 美元。而维基百科和电子百科全书的出现,使得这一产业的价值(直接收益)不断缩水,但却在大幅度增加我们无法衡量的价值(我们共有的知识)。这就是免费的成就:它将上亿美元的产业转变为百万美元的产业,但财富似乎并未蒸发。相反,它只是以难以衡量的方式被重新分配了。[①]

　　百科全书的事例也启发我们,衡量价值的标准不只是金钱。在互联网时代,以金钱为核心的货币经济已经不再是主导人们网络生活的主要因素,相反,两种非货币的经济形态的地位在互联网上陡然提升——**注意力和声誉**。这些非货币的经济形态也可以通过某种形式或手段像货币一样进行量化与交易。例如,微博中的粉丝、淘宝上的买家和卖家的评级等就是如此。在互联网上,越来越多的人的决策与行为不再是以获取金钱为考量,而仅仅是为了获取更多的关注或赞誉(当然,如果人们希望将这种注意力资本或声誉资本转换为金钱同样可以实现)。安德森在书中曾举过这样一个例子:"传统媒体行业中,你必须付给撰稿人报酬。每字 1 美元是最低稿酬,文笔上佳的作者能拿到每字 3 美元甚至更高的稿酬。但是在互联网时代,一切都发生了变化。据统计,共有 1 200 万时常更新的博客,其博主每个星期至少更新一次博客,如此一来一个星期创造的文字多达数十亿。但这些作者中只有极少数是领取稿酬的。"[②]设想一下,人们在网上免费进行创造并作出贡献,如果不是金钱的话,是什么因素激发了人们的创造才能与欲望?为了有趣?为了自我表达?为了获得社会认同或归属感?事实上,几个世纪以来,人们的非货币性的行为一直存在,但是直到互联网时代,非货币性经济的潜力才被彻底地打开和释放出来。

　　进一步仔细想想,免费思维的本质实际上是互联网可以把一些原来昂贵的东西变便宜,复杂的东西变简单,这样普通人就可以享受原来很难享受的东西。这一点对于教育来说非常有意义,因为优质的教育资源非常适合在互联网中传播。比如,原来想听北大教授的课程是比较困难的,现在利用 MOOC,你很容易就可以听到了。所以,李晓明曾在两会上提议,未来可以通过 MOOC,并辅以适当的机制,从而实现"全民义

① [美]克里斯·安德森. 免费:商业的未来[M]. 蒋旭峰,冯斌,璩静,译. 北京:中信出版社,2015:156—158.
② 同上书,第 227—228 页。

务基本高等教育"。① 事实上，今天任何想学习的年轻人，只要他能上网，他几乎就可以找到任何科目的免费优质教育资源。虽然现在也有很多收费的知识平台，但是仍然有越来越多的人热衷于无偿地进行创造性的知识劳动并进行分享（比如博客），诸如MOOC等免费的知识分享平台也在不断涌现，未来再结合一下其他方式（政府、公益组织资助），或许有一天教育真的可以成为免费的，至少学习可以第一个变成免费的。就如焦建利所言，现在已经是"你学或者不学，课程就在那里；你来或者不来，社群就在那里；你用或者不用，工具就在那里"，未来将会更加美好。

限于篇幅，更多的互联网思维我们就不再探讨了，如果有兴趣，大家可以去看我们之前出版的《看不见的领导——信息时代的领导力》②一书。不过这里还是想再次强调，尽管关于"互联网思维的内涵"并没有统一和权威的阐述，但如果只能用一个词来描述互联网思维，那就是**"用户思维"**，强调回归用户，一切以用户为中心。互联网思维在本质上追求的是人性的回归，满足人性的需求和欲望，尊重人的主体地位，充分实现人的价值。这一点和教育中的"以学生为中心"也是相通的，教育也特别希望尊重学生的主体地位，充分实现学生的价值。所以，相信"互联网＋"③一定能够促进教育变革。

第二节 人工智能创美好未来

上一节讲的变革似乎已经很剧烈了，但是还有人说，以上只是变革的开始，更激烈的变革还在后头呢。这是为什么呢？因为之前都是互联网对某一个传统行业的改变，现在人工智能和机器人要开始对人类进行变革了。

一、人工智能真的来了

2016 年，阿尔法狗（AlphaGo）给全世界上了一堂人工智能课，人工智能、机器人真的来了。2017 年，阿尔法元（AlphaZero）直接告诉人类，我们下了几千年的棋，积累了很多经验和智慧，但是似乎没有太大意义。因为阿尔法狗好歹还是把我们的智慧给学过去了，把我们打败了，给人类留下了一点儿尊严。而阿尔法元根本不学习人类的经验，只是知道了规则和目标，然后自己跟自己练习，就学会了，并以 100：0 的成绩把阿

---

① 李晓明. 慕课之愿景：全民义务基本高等教育［EB/OL］.（2017 - 02 - 06）［2019 - 07 - 03］. http://blog.sina.com.cn/s/blog_640062170102wvec.html.
② 尚俊杰，汪旸，樊青丽，聂欢. 看不见的领导——信息时代的领导力［M］. 北京：北京交通大学出版社，2017.
③ 在本书中提到"互联网＋"的时候，实际上涵盖了人工智能、大数据、云计算、物联网等新技术，这些实际上是泛互联网的概念，以互联网为代表泛指新的信息技术。

尔法狗打败了。著名围棋高手柯洁说：看阿尔法元下棋，开头和结尾跟人类差不多，但是中间的过程几乎看不懂。这是为什么呢？其实是很容易理解的，聂卫平、柯洁他们能往后算几步？但是阿尔法狗几乎可以把未来的每一步的可能性都推演一遍，然后再选择一个合适的位置落子。所以它东下一个，西下一个，看起来毫无章法可言，但是到最后，一切都在人家的掌控之中。

除了下棋，人工智能还可以参加高考。据报道，日本国立情报学研究所（NII）从2013年开始与其他机构合作，让人工智能机器人Torobo-kun去参加模拟高考。2016年，Torobo-kun第一次在模拟考试中获得了成功，显示它有80%的概率通过明治大学、关西大学等几所著名私立大学的入学考试。① 中国目前也有机构推出了高考机器人，2017年高考期间，学霸君研发的高考机器人Aidam和准星云学研发的"准星数学高考机器人"AI-MATHS在北京和成都分别迎战2017年的高考数学科目。Aidam挑战全国卷二文科数学卷，用时9分47秒，取得134分的成绩；AI-MATHS先后向北京高考数学文科卷、全国卷二文科数学卷等多张试卷发起挑战，分别用时约20分钟和10分钟，并分别获得105分和100分的成绩。②

更有意思的是，人工智能机器人还可以作诗。2017年，微软推出的人工智能机器人小冰正式出版了诗集《阳光失了玻璃窗》，引起社会震惊。③ 据微软方面称，小冰学习了1920年以后519位现代诗人的诗，历时6 000分钟，反复进行了10 000次迭代学习，创作了70 928首诗，并从中精心挑选了139首结集出版。比如下面这首就是其中的一篇代表作：

> 看那星，闪烁的几颗星
>
> 西山上的太阳
>
> 青蛙儿正在远远的浅水
>
> 她嫁了人间许多的颜色

微软方面称，小冰的诗歌"写作"始于2016年。此后为了测试它的诗歌水平，微软

---

① 因为在阅读方面存在目前无法逾越的障碍，NII目前放弃让人工智能系统"Torobo-kun"参加东京大学入学考试的计划，详见 http://tech. sina. com. cn/d/i/2017-01-11/doc-ifxzkfuh6851943. shtml。

② 需要说明的是，目前的高考机器人并不是在题库中搜索答案，而是通过自然语言理解和逻辑推理来解题，详见 https://www. jiemodui. com/N/80639. html。

③ 环球网. 微软小冰会写诗了 人工智能发展引发人类思考[EB/OL]. (2018 - 08 - 15)[2019 - 06 - 10]. https://baijiahao. baidu. com/s? id=1608854967685272708&wfr=spider&for=pc。

研究团队用了 27 个化名，在简书、豆瓣、贴吧和天涯等多个网络社区诗歌讨论区中发布其作品，在此过程中，几乎没有人发现作者是个机器人。

当然，有人会说下棋、作诗、参加高考，似乎都是做秀，有什么实际意义呢？事实上具备实际意义的人工智能机器人的应用也已经很多了，这其中普通大众体会最深刻的恐怕是语音识别了。现在手机中的语音输入几乎已经可以替代键盘输入或手写输入了，不过因为一般需要网络支持，有时候识别率不是特别高。但是在一些大型会场中，因为由现场技术支持，不需要通过网络，所以识别准确率超过了 99％。如果你是一名速记员，面对这种场景，你是否需要赶紧想想改行的事情。而且，随着技术的快速发展，可以想象终有一天，它不仅可以帮你准确地记录为文字，而且还可以帮你整理得更加有条理，甚至还可以帮你翻译成任何需要的文字。如果到了这一天，我们还能说人工智能机器人不实用吗？

当然，也有人会讲，到现在为止，我们还没有看到长得像人一样的机器人，其实这样的机器人早就有了。几年之前，波士顿动力公司（Boston Dynamics）推出了人形机器人阿特拉斯（Atlas），它可以在雪地里行走，可以搬箱子，被推倒了还能自己爬起来。虽然这款机器人行走得有点儿笨拙，

图 1-3　会后空翻的机器人

但是内行人说让机器人保持平衡实际上是一件比较困难的事情，而阿特拉斯可以在雪地里不倒，说明它的平衡保持技术已经很高超了。2017 年，该公司再次推出了升级版的阿特拉斯机器人，这一次它已经可以稳稳地跳到箱子上，并进行完美的后空翻了，再次惊艳了全球（图 1-3）。

图 1-4　人形机器人机器宇航员 2 号

众所周知，挑选、训练宇航员的成本高昂，更不用说在太空执行任务过程中，还存在飞船故障、太空辐射等诸多无法预知的重大危险。而人形机器人的发展正好可以在这一领域大展身手。美国国家航空航天局和美国通用公司联合研制了一款人形机器人机器宇航员 2 号（Robonaut2）（图 1-4），它不仅具有类似

人类的灵活手指,而且可以完成更换空气过滤器等复杂任务,协助宇航员在国际空间站完成枯燥、重复、危险的工作。①

　　人工智能和机器人的快速发展,好像是给人类打开了一扇全新的门,实际上人工智能的发展由来已久。

二、人工智能发展简史

　　人工智能的研究起源于计算之父艾伦·麦席森·图灵(Alan Mathison Turing)在1950年提出的设想:机器真的能思考吗?而公认的人工智能起源于1956年的达特茅斯会议,约翰·麦卡锡、马文·明斯基以及克劳德·香农等人在研讨会上提出了"人工智能"(Artificial Intelligence,简称 AI)的概念。② 下面我们就来看看人工智能的定义、三大学派、三大浪潮等重要概念和内容。

　　(一)人工智能的定义

　　关于**人工智能**,很难给出一个精确的、权威的定义,主要是人们对人工智能有不同的理解。李开复在《人工智能》一书中给出了 5 种在历史上有影响的,或者是目前仍流行的定义:1. 人工智能就是让人觉得不可思议的计算机程序。这种定义非常主观,但是非常有趣,反映的是一个时代里普通人对人工智能的感受。2. 人工智能就是与人类思考方式相似的计算机程序。这是人工智能早期比较流行的一种定义,从根本上说也是一种仿生的思路。3. 人工智能就是与人类行为相似的计算机程序。这个定义和模仿人类的思维方式不同,比较讲究实用,不必局限于理论规则和框架,只要解决问题就好。4. 人工智能就是会学习的计算机程序。这一定义凸显了机器学习(尤其是深度学习)的重要性,也符合当前人们对人工智能的看法。5. 人工智能就是根据对环境的感知,做出合理的行动,并获得最大收益的计算机程序。这个定义既强调了根据环境感知做出主动反应,又强调做出的反应必须达致目标,同时又不强调对人类思维方式的完全模仿,是比较偏学术的定义。③ 中国人工智能学会理事长李德毅也给人工智能下了一个比较详尽的定义:探究人类智能活动的机理和规律,构造受人脑启发的人工智能体,研究如何让智能体去完成以往需要人的智力才能胜任的工作,形成模拟人类智能行为的基本理论、方法和技术,所构建的机器人或者智能系统,能够像人一样思考和行动,并进一步提升人的智能。④

---

① 资料来源:https://robonaut.jsc.nasa.gov/R2/。
② 祝智庭,魏非.教育信息化 2.0:智能教育启程,智慧教育领航[J].电化教育研究,2018,39(09):5—16.
③ 李开复,王咏刚.人工智能[M].北京:文化发展出版社,2017:21—37.
④ 李德毅.人工智能:社会发展加速器[N].中国信息化周报,2018-02-05(07).

（二）人工智能的三大学派

在人工智能发展历程中，逐渐形成了具有代表性的三大学派，分别是符号主义、联结主义（也称连接主义）、行为主义。

1. 符号主义学派。这是一种基于符号表达和数学逻辑推理的智能模拟方法。该学派认为人类认知和思维的基本单元是符号，而认知过程就是在符号表示上的一种数理运算。[①] 该学派在数学定理证明、专家系统、知识工程方面取得了一些标志性成果，在20世纪八九十年代走到了顶峰，其中1997年IBM的深蓝机器人战胜国际象棋高手加里·卡斯帕罗夫（Garry Kasparov）更是达到了一个高潮，当时热闹的场景不亚于后来的阿尔法狗战胜李世石。不过，因为该方法过分依赖专家知识模型的构建，非常复杂，能解决的问题有限，所以进展缓慢。比如当时卡内基梅隆大学基于专家系统的技术研发出了当时世界上最好的两个语音识别系统（Hearsay 和 Harpy），但是基本上无法使用，最后都无疾而终。[②]

2. 联结主义学派。这是一种基于神经网络及神经网络间的联结机制与学习算法的智能模拟方法。该学派认为智能活动的基元是神经细胞，过程是神经网络的动态演化，神经网络的结构与智能行为密切相关，不同的结构表现出不同的功能和行为，人工智能是对人的生理神经网络结构的模拟。[③] 联结主义的核心方法是构建人工神经网络（Artificial Neural Networks，简称ANN）及其联结机制与学习算法。其代表性技术成果包括深度神经网络、感知机（Perceptron）脑模型、反向传播（Back Propagation，简称BP）算法等技术。在应用领域最典型的就是2016年阿尔法狗在围棋比赛中战胜李世石[④]，另外，谷歌原科学家吴恩达2011年创立了谷歌大脑项目，设计了当时世界上最大的人工神经网络，并让它自主学会了识别猫，也曾轰动一时。

3. 行为主义学派。行为主义学派是一种基于"感知—行动"的行为智能模拟方法。该学派认为人工智能源于行为动作的感知与控制，主要思想是应用控制论把神经系统的工作原理与信息理论、控制理论、逻辑以及计算机联系起来，从而模拟人类行为活动中表现的智能。其中反馈是控制论中的基石，没有反馈就没有智能。[⑤] 行为主义认为功能、结构和智能行为是不可分的，不同行为表现出不同的功能和不同的控制结

---

① 余胜泉. 人工智能教师的未来角色[J]. 开放教育研究，2018，24(01)：16—28.

② 李开复，王咏刚. 人工智能[M]. 北京：文化发展出版社，2017：60—61.

③ 余胜泉. 人工智能教师的未来角色[J]. 开放教育研究，2018，24(01)：16—28.

④ 雷建平. 人机大战结束：AlphaGo 4∶1 击败李世石[EB/OL]. (2016－03－15)[2019－07－05]. https://tech.qq.com/a/20160315/049899.htm.

⑤ 李德毅. 人工智能研究与发展——兼谈计算机辅助决策系统的构造方法[J]. 科技进步与对策，2001(10)：31—35.

构,智能是对外界复杂环境的适应,而这种适应取决于感知和行动。行为主义学派的代表性技术成果包括"感知—动作"模型、强化学习等。在应用领域的代表性案例是前面提到的波士顿动力公司推出的阿特拉斯机器人和谷歌推出的机器狗等。[①]

（三）人工智能、机器学习和深度学习

在人工智能领域,有很多大家耳熟能详却容易混淆的名词,比如常听到的人工智能、机器学习和深度学习,它们究竟是什么关系呢？简单地说,它们是近似包含的关系,机器学习是一种实现人工智能的算法或方法,深度学习是一种基于深度神经网络实现机器学习的算法或方法。

智能的核心是学习,**机器学习**脱胎于信号处理领域的模式识别,尤其是图像识别问题。机器学习算法主要用来发现规律、做出预测,解决的是如何从数据中发现知识的问题。早期的机器学习采用了比较多的传统数学方法,尤其是数理统计方法,通过数据分布假设和数据集来建立数学模型,其哲学思想是传统的自然哲学——世界是简单有规律的,我们可以并且也需要先理解这个世界,路径是从现象中归纳出一般规律,之后从一般规律演绎出预测。由于真实问题往往很难服从于简单的数据分布,所以早期的机器学习对实际问题的解决能力十分有限,也很难利用大数据资源。现在的机器学习主要基于统计学习方法,通过数据集和基于计算机的迭代算法来发现规律、统计预测,其哲学思想是复杂世界哲学——世界是复杂的,我们无法理解,但可以良好行动,路径是从现象中通过算法做出预测,对其机制和原理保持黑盒的状态。也就是说,我们不知道内部究竟是怎么实现的,但是能得出结果。[②] 比如利用对大量数据的统计分析实现语音识别、智能翻译等。

深度学习(Deep Learning,简称 DL)是一种基于深度神经网络的机器学习方法,构成神经网络的基本单元是人工神经元,并采用了分层的网络连接方式和感知机算法,也被称为深度机器学习。[③] 李开复曾经用水管来比喻深度学习的原理,深度学习要处理的数据是信息的"水流",深度神经网络是一个由管道和阀门组成的巨大的水管网络,这个网络有若干入口,也有若干出口。水管网络有很多层,每一层有许多控制水流的流向和流量的调节阀。每一层的每个调节阀都和下一层的所有阀门连接起来,这样就组成一个从前往后,逐层完全联通的水流系统。比如现在让这个水管网络学习认识汉字,先给它一个写着"田"字的图片,就把这张图片的信息(图片上的每个颜色点都用

① 余胜泉.人工智能教师的未来角色[J].开放教育研究,2018,24(01)：16—28.
② 肖睿.人工智能的前世今生[EB/OL].（2016-10-23）[2018-10-10].http://www.sohu.com/a/117465491_507588.
③ 同上注.

0或1表示)都变成水流,从入口灌进网络,在出口处我们事先插好每个汉字的牌子,现在去出口处看看是否"田"字出口流出的水最多,如果是,说明符合要求。如果不是,就给计算机下命令,让它调节那些阀门,直到"田"字出口流出的水最多。"田"字调好后,可以接着去调节"甲"字,当然,前提是不要影响"田"字。所有汉字都调节好以后,这个模型就训练好了,就可以用来自动识别汉字了。① 这是一个简单化的比喻,在真实的深层神经网络中,这里的水管和阀门实际上就是无数的函数和参数,调节阀门就是调节参数,当然,这个调节过程是非常复杂的,复杂到连设计这个深度神经网络的人都说不清其中的调节过程和因果关系,因此,有史以来最神奇的、最有效的深度学习方法就成了一个知其然不知其所以然的"黑盒子"。不过,虽然说不清楚,虽然还存在许多需要突破的问题,但是因为实用,所以在2016年随着阿尔法狗的广告效应,深度学习正在成为学术界和工业界的明星技术,目前在图像识别、语音识别、自然语言理解(采用了非搜索算法)、自动驾驶、推荐系统、系统预警等领域取得了接近于商用的巨大进步,几乎成了人工智能的代名词。②

(四)人工智能的三次浪潮

在以上谈到的学术流派和技术的推动下,人工智能的发展大约经过了**三次浪潮**:第一次浪潮是在20世纪五六十年代。1950年,图灵发表了一篇名为《计算机械和智能》(Computing Machinery and Intelligence)③的论文,该论文探讨了到底什么是人工智能,其中就提出了一个有趣的实验——著名的"图灵测试"。假如一台计算机宣称自己"会思考"了,那么该怎么测试它呢? 图灵说可以让测试者和这台计算机分别位于幕布的两侧,利用键盘和屏幕进行对话,如果测试者无法判断幕布后与他对话的到底是计算机还是人,我们就说这台计算机通过了测试并具备了人工智能。④ 图灵测试掀起了第一次人工智能的浪潮,在20世纪五六十年代人们普遍对人工智能抱乐观态度,而且也产生了许多所谓的人工智能程序。比如1966年,麻省理工学院约瑟夫·维森鲍姆(Joseph Weizenbaum)发明了伊丽莎(Eliza),这是一个可以和人对话的小程序,它被设计成一个可以通过谈话帮助病人完成心理恢复的心理治疗师。让人震惊的是,伊丽莎可以真的像人一样,与病人一聊就是好几十分钟,而且有的病人还特别愿意与它聊天。不过这个程序的逻辑其实非常简单,就是在话题库中根据关键词查找回答内容。虽然

① 李开复,王咏刚. 人工智能[M]. 北京:文化发展出版社,2017:82—87.
② 肖睿. 人工智能的前世今生[EB/OL]. (2016-10-23)[2018-10-10]. http://www.sohu.com/a/117465491_507588.
③ Turing A M. Computing Machinery and Intelligence [J]. Mind, 1950,59(236):433-460.
④ 李开复,王咏刚. 人工智能[M]. 北京:文化发展出版社,2017:51—53.

简单,但这个小程序堪称微软小冰、谷歌 Siri 等聊天机器人的鼻祖。① 除了聊天机器人外,在这个时期,人工智能在数学定理证明方面也取得了突破性的进展,当时的人们惊呼:人工智能再有十年就要超越人类了。不过到 70 年代后期,人们发现人工智能只能解决一些非常简单的问题,所以进入了第一次低潮期。

人工智能第二次浪潮发生在 20 世纪八九十年代,当时随着 1982 年霍普菲尔德(Hopfield)神经网络的提出,掀起了人工智能的第二次浪潮,包括语音识别、语言翻译等计划,以及日本提出的第五代计算机计划。在这个时期,虽然人工神经网络已经出现了多层的概念,但是受限于计算能力和算法策略,多数都是二三层的浅层神经网络,未能扮演人工智能的主角。在此时期,符号推理方法继续得到发展应用,同时发端于模式识别领域的基于统计推理的机器学习方法也取得了比较大的发展和成果,最具代表性的就是各个领域出现了比较实用的专家系统。② 其中最具影响力的事件就是 1997 年 5 月 11 日,IBM 研发的人工智能程序"深蓝"战胜当时的世界国际象棋棋王加里·卡斯帕罗夫(2 胜、1 负、3 平)。当时人们也以为人工智能要来了,但是很快人们发现这些距离我们的实际生活仍然很遥远,比如 IBM 在 90 年代的时候推出了一款语音识别软件 IBM Viavoice,在演示和宣传中效果不错,但是实用价值十分有限,因此,在 2000 年左右第二次人工智能的浪潮又破灭了。③

人工智能第三次浪潮发生在 2006 年至今。欣顿(Hinton)在 2006 年提出了深度置信网络(Deep Belief Network,简称 DBN),解决了深度神经网络中原来无法优化的问题。随着深度学习技术的发展,加上计算机运算速度、存储能力的大幅增长,以及互联网积累起来的海量数据,使得基于深度神经网络的深度学习成为可能,并由此使得人工智能进入了深度学习时代,从而掀起了更加猛烈的第三次浪潮,振奋人心或者说震慑人心的事件不断发生。2013 年 3 月 15 日,由谷歌子公司深度思考(DeepMind)研发的围棋人工智能程序阿尔法狗以 4∶1 的成绩战胜围棋高手李世石,让所有人惊呼人工智能真的来了。2014 年,在计算机智能图像识别最前沿发展水平的 ImageNet 竞赛(ILSVRC)中,在识别人、动物等图片过程中,基于深度学习的计算机程序已经超过了人眼的识别水平。2017 年 10 月 19 日,阿尔法狗的弟弟阿尔法元以 100∶0 的成绩战胜阿尔法狗,让世界围棋高手柯洁惊呼人类已经多余。不仅仅是下棋,这一轮人工智能在语音识别、自动翻译、自动驾驶等方面几乎都达到了实用的水平。而且,这一轮

① 李开复,王咏刚. 人工智能[M].北京:文化发展出版社,2017:51—53.
② 肖睿. 人工智能的前世今生[EB/OL].(2016-10-23)[2018-10-10]. http://www.sohu.com/a/117465491_507588.
③ 李开复,王咏刚. 人工智能[M].北京:文化发展出版社,2017:42—46.

人工智能浪潮的特点使百度、阿里、腾讯、谷歌等大型企业纷纷投入其中，初创公司也不断成立，这也标志着人工智能似乎迎来了真正的春天。

（五）弱人工智能、强人工智能、超人工智能

随着人工智能的快速发展，人们不免开始担忧："人类是否要被人工智能机器人毁灭了。"这就需要了解弱人工智能、强人工智能及超人工智能的概念。[①]

所谓弱人工智能，也称为专用人工智能，指的是这类计算机程序的智能主要体现在某一个特定领域，比如阿尔法狗只会下棋，它并不能做别的事情，连摆棋子都要别人帮忙。再如语音识别程序只会识别语音，并不会有感情地和你交流。一般来说，弱人工智能是相对容易控制和管理的程序，更容易被我们当作工具。

所谓强人工智能，也称为通用人工智能，指的是可以胜任人类所有工作的人工智能。比如有一个长得像人一样的阿尔法狗，可以走到你面前，摆出棋子，然后和你下棋，一边下棋还可以一边和你聊天，就像一个真的人一样。在强人工智能方面，引起争议的主要是人工智能是否可以有"意识"，如果人工智能有了"意识"，我们就需要像对待人一样对待人工智能，比如不能随便把一个人工智能机器人报废。目前大部分人对人工智能的担忧实际上也来源于此。

超人工智能指的是人工智能的智能水平已经远远超过了人类最聪明的大脑，它几乎可以解决任何复杂的问题。当然，目前来说，我们只能在科幻电影中去了解它。

（六）人工智能的未来发展

对于不同类型的人工智能，我们人类最为关心的事情是究竟它们什么时候会真的到来，什么时候真的会超过人类的智能？据说，1958 年，被誉为"计算机之父"的冯·诺伊曼（Von Neumann）在和数学家乌拉姆（Ulam）谈论技术变化时使用了"奇点"一词。美国未来学家雷蒙德·库兹韦尔（Raymond Kurzweil）提出**人工智能奇点理论**，该理论预言：在 2045 年计算机的智能将超越人类智能。[②] 当然，这只是一家之言，但是人工智能究竟会怎么发展，会以多快的速度发展，对人类的生存来说是好还是坏，其实相信我们人类到现在为止也很难给出一个权威的结论。

事实上，虽然现在总体上对人工智能的发展抱乐观态度，但是也有人在质疑，他们认为这一轮人工智能在语音识别、图像识别等领域确实有突破性的发展，但是在其他领域遇到了瓶颈，短期内很难有质的突破。李开复也曾经引用网上的一张图来描述人工智能三次浪潮的发展趋势，形象地展示了人们在前两次人工智能浪潮中，从被人工

---

① 李开复，王咏刚. 人工智能[M]. 北京：文化发展出版社，2017：46.
② 何怀宏. 奇点临近：福音还是噩耗——人工智能可能带来的最大挑战[J]. 探索与争鸣，2018(11)：50—59＋117.

智能在某些领域的出色表现震撼，到逐渐认识到当时的人工智能还有各种局限性，以至于产生巨大心理落差的有趣过程(如图1-5)。①

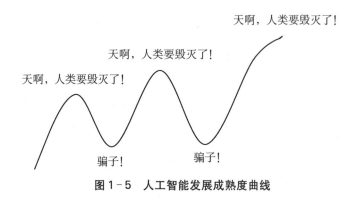

天啊，人类要毁灭了！

天啊，人类要毁灭了！

天啊，人类要毁灭了！

骗子！

骗子！

图1-5　人工智能发展成熟度曲线

三、人工智能创造美好生活

面对人工智能机器人的快速发展，有一批人非常悲观，他们非常担心，会不会有一天机器人把人类灭掉呢？甚至还有人说，人类从东非的森林里一步一步走出来，干掉了多少生物，才爬到食物链的顶端，成为地球的主宰。今天有一个比人类更聪明的物种出现了，它们一步一步把人类干掉，爬到食物链顶端，成为地球新的主宰，真的有什么不可以理解的吗？它们把人类扔进动物园，和当年人类把老虎扔进动物园有什么区别吗？

不过，大部分人都认为人类不用太担心，更不用太恐惧。李开复就认为，至少在我们这一代，不用太担心机器人会把人类干掉，但是我们确实要担心有50％以上的工作很快就要被机器人取代了。② 比如特斯拉电动汽车特别受欢迎，但是生产特斯拉汽车的工厂只有150多台机器人，在车间很少能看到人的影子。有人还说这样的工厂都不用开灯，因为机器人不需要看。你说你去了这样的工厂紧张不紧张，害怕不害怕，会不会大喊一声，有人在吗？有活人在吗？

其实不光是流水线这些重复性的工作会被替代，即便是一些看起来非常复杂的领域，机器同样具有强大的用武之地，如商品推荐和广告服务、股票投资、法律文档撰写、公司和个人报税系统等。想想证券公司的交易员曾经是多么吸引人的工作，但是高盛公司的案例展示了自动化是如何给交易员带来毁灭性打击的。2000年，高盛位于纽

① 李开复，王咏刚.人工智能[M].北京：文化发展出版社，2017：42.
② 李开复.50％的工作将被AI取代，爱是人与AI最大不同[EB/OL].(2017-07-13)[2019-06-10]. https://tech. sina. com. cn/csj/2017-07-13/doc-ifyiakur8797684. shtml.

约的股票现金交易部门有 600 个交易员。而如今，只剩下几个交易员，剩余的工作全部由机器包办。这其实还是在人工智能全面冲击高盛之前的情况，随着人工智能的进一步发展，未来高盛更多部门的员工肯定还会不断被替代。再如人工智能在医学影像领域的应用，可以协助放射科医生读片，据称在某些疾病方面，智能读片的准确率超过了 90%。2017 年，北京友谊医院联合 7 家北京三甲医院的放射科医生和人工智能就甲状腺结节超声图像举行了人机读片比赛，结果显示，人工智能的诊断准确率已经接近于具有 5 年经验主治医师的诊断水平。[①]

事实上，在过去几千年的发展历史中，科技一直在不断地替代人类，一直在不断地消灭一些职业。比如印刷厂里的排字工人、电话中转台的话务员，90 年代寻呼机特别流行，寻呼台的寻呼小姐工作也备受欢迎，工资待遇都非常好，但是仅仅几年之后，随着短信的普及就销声匿迹了。2017 年故宫宣布全网络售票，一百多名售票员顿时就下岗了。人类其实就是在创造新职业——消灭旧职业——创造新职业的循环中不断发展，只不过这一轮人工智能替代人类的速度更快、范围更广而已。

相对于第一批人的悲观，第二批人非常乐观，他们说不用担心，机器人都是人类发明的，一切都会在人类的掌控之中。大家想一想，机器人生产出粮食和衣服，机器人自己又不吃、又不穿，还不是让我们人类吃、让我们人类穿吗？不用干活就能吃和穿，这难道不是幸福生活吗？早在 2003 年，著名互联网思想家尼古拉斯·卡尔（Nicholas Carr）就在《哈佛商业评论》上发表了一篇题为《IT 不再重要》（IT Doesn't Matter）的文章，提出了一个非常著名的观点——随着科学技术普及的速度越来越快，科技本身就会变成一种和自来水一样的通用公共事业服务。当家家户户都安装上自来水管，随时可以享用自来水的时候，没有人可以说自己家的水比别家更好。IT 也是一样，当 IT 变得廉价，可获得且很稳定的时候，IT 系统就不再是一种特权或优势。[②] 正如上一节所介绍的那样，互联网的发展也持续地印证了这一观点，现在几乎人人都拥有一部智能手机，无论身处何地都能便捷地接入网络资源。即时通讯、文件传输、在线搜索等一项项互联网服务恰如卡尔所描述的那样，像自来水一样被人们所享受。人工智能正是继互联网之后的又一大科技创新，它也正处在一个由风口向标配转变的快速发展阶段。相信假以时日，人工智能和机器人也会像互联网和智能手机一样，成为全人类所共有的一项福祉。在这一过程当中，我们需要警惕的不应该是**"不知疲倦的机器人可**

① 北京友谊医院.国内首届人机读片竞技大赛在北京友谊医院成功举办[EB/OL].（2017 - 04 - 24）[2019 - 06 - 10]. http://www.sohu.com/a/136074049_685811.
② 曹煜全.暗趋势：藏在科技浪潮中的商业机会[M].北京：中信出版社,2019：136.

能取代我们的工作",而应该是防止资本与权力的渗透,使人工智能所创造出来的增量财富掉入少数人的口袋。只要控制得当,人工智能和机器人的发展会使人类的生活更加美好,这背后的逻辑其实也很简单,人类进步和文明的一个标志就是让尽可能多的人有尽可能多的时间在符合法律法规的框架下自由自愿地做他喜欢做的事情,而不是做他被迫做的事情。没有人工智能,没有机器人,没有科技发展,没有生产效率的大大提升,我们确实很难完全实现,但是有了人工智能和机器人,这个梦想是否有一天真的有可能实现了呢? 到时候人类可以只做自己想做的创造性的工作,其他重复性的、枯燥的、繁重的工作都交给人工智能和机器人就可以了。到那一天,我相信,仍然会有一些人很喜欢工作,那就一周工作 7 天好了。有人不想工作,也没有关系,天天休息也可以保证基本的生活。但是天天休息可能觉得没有意思,那就工作 2 天休息 5 天也可以。有谁说过人类一定要工作 5 天休息 2 天呢? 事实上我们人类从 7 天工作制,减到6 天,减到 5 天,减到 4 天,有谁敢肯定未来真的不能减到 2 天呢?

　　不管人工智能带来的是喜还是悲,我们必须承认人工智能将给社会带来巨大的影响,所以世界上的发达国家和地区纷纷制定计划,努力应对人工智能发展。2017 年 5月,国务院也颁发了《新一代人工智能发展规划》[①],其中指出:新一代人工智能相关学科发展、理论建模、技术创新、软硬件升级等整体推进,正在引发链式突破,推动经济社会各领域从数字化、网络化向智能化加速跃升。人工智能作为新一轮产业变革的核心驱动力,将进一步释放历次科技革命和产业变革积蓄的巨大能量,并创造新的强大引擎,重构生产、分配、交换、消费等经济活动各环节,形成从宏观到微观各领域的智能化新需求,催生新技术、新产品、新产业、新业态、新模式,引发经济结构重大变革,深刻改变人类的生产生活方式和思维模式,实现社会生产力的整体跃升。至于教育领域,规划中指出:**要实施全民智能教育项目**,在中小学阶段设置人工智能相关课程,逐步推广编程教育,鼓励社会力量参与寓教于乐的编程教学软件、游戏的开发和推广。

　　也是因为考虑到人工智能的重要价值,所以我国教育部和联合国教科文组织于2019 年 5 月在北京召开了国际人工智能与教育大会,习近平主席、孙春兰副总理、陈宝生部长、钟登华副部长、雷朝滋司长等人以不同方式从不同角度指出了人工智能时代教育的发展方向和策略。面向未来,中国将积极发挥现代技术在促进教育公平、提升教育质量中的作用,推动教育理念、教学方式、管理模式创新,完善以学习者为中心的智能化教学环境,努力实现规模化教育和个性化培养的有机结合,不断提升各类人

---

① 中华人民共和国中央人民政府. 国务院关于印发新一代人工智能发展规划的通知[EB/OL]. (2017 - 07 - 08)[2019 -
06 - 10]. http://www.gov.cn/zhengce/content/2017-07/20/content_5211996.htm.

才的创新精神和实践能力。

相信，人工智能、机器人技术将会发展得越来越快，在社会各领域包括教育领域更多**想不到的事情会发生，想不到的速度会出现。**

结语 新技术、新时代、新教育

从 20 世纪 90 年代起，以互联网为主的信息技术就开始快速发展，这些年我们经历过的新技术、新名词实在是太多太多：WWW、E-mail、FTP、聊天室、网络游戏、博客、微博、微信、云计算、物联网、大数据、人工智能……这些技术一波一波地前赴后继地对社会的方方面面产生了各种各样的影响，在这个过程中，虽然我们感觉到似乎个人隐私受到了一点儿影响，虽然感觉到比以前忙碌了许多，但是生活确实越来越方便、联系确实越来越紧密、物质确实越来越丰富、精神确实越来越健康。

进入 21 世纪，尤其是最近几年，新四大发明"高铁、扫码支付、共享单车和网上购物"等现象让社会各个阶层的人士都发自肺腑的认识到我们确实进入了信息化、智能化的新时代。习近平总书记于 2017 年 10 月 18 日在十九大报告中指出："中国特色社会主义进入新时代，我国社会主要矛盾已经转化为人民日益增长的美好生活需要和不平衡不充分的发展之间的矛盾。"

那么，在教育领域，人民群众的美好生活需要是什么呢？需要可能有很多，但是或许可以简单地概括为如下四条：**第一，我要上学；第二，我要上好学校；第三，我要跟着好老师；第四，我要学习好。**第一条比较容易实现，但是后面三条很难，世界各国在努力开展的教师培训、优质教育资源共享等大体上都是为了解决这三个问题，但是依靠传统方式要彻底解决依然遥遥无期。比如，我们特别希望给每个孩子个性化的教学和指导，但是只要简单地想想，就知道这靠传统教学很难实现，不是教师不敬业、不勤奋，而是教师没有足够的时间照顾每一个孩子。当然，依靠互联网、人工智能、机器人等新技术也不一定就能彻底解决问题，但是至少这是目前最有可能的一个方式。

所以，我个人坚信，只要恰当地使用互联网、人工智能等新技术，就一定有助于提升教育质量、促进教育公平、拓展教育服务，最大程度满足人民日益增长的**美好教育**的需要。

第二章 重塑与再造："互联网＋"促教育变革

对于一位病人，如果有条件，他是否希望请世界上最好的医生给他看病？

对于一位学习者，如果有条件，他是否希望跟着世界上最好的老师学习呢？[①]

虽然以互联网为代表的信息技术深刻地影响了我们的学习、工作和生活方式，但是长期以来，我们一直认为信息技术在教育领域只是一个工具、一个手段，它真的能够对教育产生革命性影响吗？许多人也质疑：当年电影未能改变教育，电视也未能改变教育，信息技术就能改变教育吗？[②] 乔布斯曾经提问：为什么计算机改变了几乎所有领域，却唯独对学校教育的影响小得令人吃惊？比尔·盖茨也说过类似的话，给人感觉是教育信息技术，或者是互联网在教育领域的应用相对于在其他领域的应用好像是影响小一些、变革小一些。那么，信息技术对教育到底有什么影响呢？

第一节 信息技术对教育的革命性影响

其实，在 2010 年国家颁布的《国家中长期教育改革和发展规划纲要（2010—2020年）》（以下简称《纲要》）中已经明确指出："信息技术对教育发展具有革命性影响，必须予以高度重视。"信息技术的作用被提到了前所未有的高度。中央和教育部等各级领导也一再强调，要以教育信息化全面推动教育现代化。习近平总书记在 2015 年 5 月22 日致第一届国际教育信息化大会的贺信中讲道："当今世界，科技进步日新月异，互联网、云计算、大数据等现代信息技术深刻改变着人类的思维、生产、生活、学习方式，深刻展示了世界发展的前景。因应信息技术的发展，推动教育变革和创新，构建网络化、数字化、个性化、终身化的教育体系，建设'人人皆学、处处能学、时时可学'的学习型社会，培养大批创新人才，是人类共同面临的重大课题。"

从以上可以看出，国家对信息技术在教育中的作用高度重视。可是我们很多时候

---

① 尚俊杰. MOOC：能否颠覆教育流程？［N］. 光明日报，2013－11－18(16).

② Cuban, L. Teachers and Machines：The Classroom Use of Technology Since 1920［M］. New York：Teachers' College Press，1986.

仍然在不停地讨论,信息技术真的有这么重要吗?下面就让我们从 20 世纪 90 年代开始流行的多媒体资源谈起。

一、多媒体资源真的有用吗

谈起这个话题,就想到了我的童年,想起我在 20 世纪 70 年代末用过的老课本。在我的一年级《语文》课本中,依稀记得只有第一页是彩色的,上面是一幅"我爱北京天安门"的图,其他页基本上全是黑白的,那时候没有电视,偶尔看看电影,也没有各种画报。像长江、黄河、长城等,基本上是靠老师的描述来学习的。但在今天,即使是边远山区的孩子,老师也可以利用电脑或电视,给他们播放一些视频和图片,让孩子有更直观的感受。虽然这几十年来很多教育资源类企业做得很苦很累,但是客观上来说,他们确实为学习者奉献了大量的学习资源,也在课堂中得到了广泛的应用。

真的不能小看这些教学资源。印度的苏伽塔·密特拉(Sugata Mitra)博士在 1999 年曾经做过一个伟大的"墙洞电脑"实验,他在墙上开了一个洞,放上一台连接了互联网的电脑(图 2-1 左),并观察会发生什么情况。结果他吃惊地发现不少孩子没过多长时间就能熟练地打开文件、搜索网页,几乎是无师自通。[①] 无独有偶,2007 年我去贵阳考察教育信息化工作时,在贵阳附近的一个山村小学中看到了一个"窗口电脑",校长将办公室里的一台电脑的显示器朝窗户外面放着,鼠标放在外面(图 2-1 右),小学生们休息时间就可以在这里随便玩电脑,点着点着,可能就学习了很多东西。我们不能太小看这些做法,有时候给孩子插上一双探索的翅膀,可能比做几十道题目都重要。

图 2-1　印度的"墙洞电脑"和贵阳的"窗口电脑"

讨论完多媒体资源,再来想想我们小时候做过的作业,大家有没有觉得"百度知道"知道的东西有点儿太多了,像"北师大语文暑假生活第 15 页第三题怎样做?"这样

---

① 刘峰.印度博士墙上开洞　教贫民窟孩子学电脑[EB/OL]. (2009-05-02)[2019-06-08]. http://news.sohu.com/20090502/n263739266.shtml.

的问题,在其中都有标准答案。如果你的孩子这样做作业,你会怎么想呢?有老师说我就不信这个邪,我亲自给他们出题,出他们从来没见过的题。我说你就别做梦了,"作业神器风靡校园,大学生学霸解一题收七毛",①拿手机一拍,答案就来了。就算你是诸葛亮,你能抵挡住全中国成千上万个臭皮匠等着给你解题吗?

我女儿大约 4 岁的时候,曾经从幼儿园拿了一个折纸让我给她折,我说我不会折。她说:"爸爸,你是大学老师,你怎么能不会折,你就不会到电脑里查查?"一个 4 岁的孩子教你到电脑里查查,你说,对于这一代的孩子,我们到底要让他们记住什么,又知道查什么呢? 二十几年前,我们嘲笑美国老太太到超市买菜不会心算,都得靠计算器。二十几年后的今天,我们去超市有几个人会心算,不会心算到底影响什么? 当然我不是说心算不重要,我只是说我们是否应该重新反思一下到底要让学生学习什么,记住什么,又知道查什么呢?

二、可汗学院和翻转课堂到底有什么意义

再来看看教学,美国人萨尔曼·可汗自 2004 年起开始利用在线视频教孩子学习数学,后来不断发展,创办了可汗学院(Khan Academy,网址是 https://www. khanacademy. org),利用一种简单的手写板技术,录制了许多教学视频,受到了微软创始人盖茨及社会各界的广泛好评和追捧,并先后获得微软教育奖和谷歌的资助,现在被誉为全美国乃至全球最优秀的教师。当然,可汗本身在哈佛大学和麻省理工学院拿到了数学、计算机等多个学位,不是一般的人。简单地说,他是一个计算机天才、数学天才,也是个教学天才,又愿意去讲如此简单的东西,他的成功绝对不是偶然的。

咱们不管他讲得好坏了,假如你是一名教师,你知道讲课内容可以这样录下来,你接下来想干点啥呢? 你有没有想过去给校长说一说?"下学期我就不来上课了,上课就放我的视频,工资照付啊"。美国科罗拉多州落基山林地公园高中的两位化学教师——乔纳森·伯尔曼(Jonathan Bergmann)和亚伦·萨姆斯(Aaron Sams)就这么干了,在 2007 年前后,他们为了解决学生因为种种原因缺课跟不上教学进度的问题,开始尝试让学生回家里看录好的教学视频,到教室来做作业、和老师讨论,一下子就把这个课堂反过来了,翻转课堂(Flipped Classroom,也有人称反转课堂或颠倒课堂)这个新名词开始在全球推广②,世界各地的很多专家、学者和一线教师在努力学习和推广。

---

① 王垚. 作业神器风靡校园　大学生学霸解一题收七毛[EB/OL]. (2014 - 05 - 05)[2019 - 06 - 08]. http://edu. people. com. cn/n/2014/0505/c1053-24974301. html.
② 何克抗. 从"翻转课堂"的本质,看"翻转课堂"在我国的未来发展[J]. 电化教育研究,2014,35(07):5—16.

大家想一想，可汗学院和翻转课堂究竟有什么意义呢？① 把要讲的内容录下来，让学生回家去看，到教室来做作业、和老师讨论，真的有意义吗？ 从大处讲，有人说意义很大，农业时代是私塾制教学，工业时代是班级式教学，如果我们真的承认我们进入了信息时代了的话，一定应该有一种新的教学生态与之相适应，到底是不是可汗学院和翻转课堂这种形式呢，不一定，但至少是一种探索。

往具体一点说，我们能想到的肯定是**个性化学习**，因为传统班级制教学最为人诟病的是兼顾不了个性化学习，尽管我们一直在强调因材施教，但是在传统班级制教学中，教师很难照顾到每一个学生。而在翻转课堂模式下，看得懂的快点看，看不懂的慢点看、反复看，一定程度上实现了个性化教学，在课堂中老师也有更多的时间和每一个学生单独交流和互动。

事实上可汗也出了一本书叫《翻转课堂的可汗学院》②，从这本书中可以看出可汗最成功的实际上不只是录制微课，最初他教他表妹学习数学是用的电话，他成功的根本实际上是个性化学习。他自己说，一开始他以为自己表妹的数学水平确实很差，但是后来一交流他发现情况并非如此，他表妹很聪明，一些复杂的知识点一讲就会，但是一些简单的知识点反而不会，什么原因呢？ 他说按照他表妹的能力，她应该能学会的，但是可能老师讲课那一天，她生病了或者睡着了，没听到，就不会了。而老师也不可能回过头来专门给她讲，所以就过去了，一个不会，两个不会，久而久之，她的数学成绩就落下去了。而可汗是怎么辅导的呢？ 他本身既是数学天才，又是计算机高手，他亲自开发了软件，通过交流和软件自动分析来找到学生真正存在的问题，然后进行有针对性的个性化辅导，所以成效特别显著。

按着这个思路，去回顾一下我们的小学、中学和大学生涯，如果当年能够有老师这么个性化地辅导每一个孩子，是否有一些同学就不会落下了呢？ 但是，我们都知道，在传统课堂环境中，无论如何是做不到这一点的，不是老师不敬业、不勤奋，而是没有足够的时间和精力。但是在信息技术环境下，利用可汗学院、翻转课堂等教学模式，似乎个性化学习真的有可能就实现了，这大概就是可汗学院和翻转课堂最重要的意义吧。

三、MOOC 又有什么价值

上面主要谈的是中小学，在大学层面又怎样呢？ 其实大学的情况更有意思，这是

① 尚俊杰. 可汗学院和翻转课堂究竟有什么价值[J]. 中国信息技术教育，2015(22)：10.
② ［美］萨尔曼·可汗. 翻转课堂的可汗学院[M]. 刘婧，译. 杭州：浙江人民出版社，2014.

图2-2 大学课堂照片

一张欧美大学课堂的照片(图2-2),人手一台笔记本电脑,其实中国高校也差不多了,学生上课即使不带电脑来,也会带着手机来。对于这样的课堂,如果让你站在教室后面往前看,你猜猜屏幕上都会是些啥?所以,有人看完教室以后,忧心忡忡地说课堂上究竟能不能用笔记本啊?用得好是好事,讲到什么可以马上体验,可是老师讲课得讲得多好,才能够抵挡住电脑对学生的诱惑?

中小学老师有个好办法,大喊一声:"你把那闲书交出来。"可是大学老师下课时,能夹几台电脑,拿几个手机回家吗?如果站出来一个比较极端的学生跟你说:"老师,我觉得你的课讲得实在是太差,我能不能在底下看某某大学某某教授讲的同样内容的课?"连你自己都发自肺腑的认为,人家讲得真的比你好,你好意思管人家吗?当然,这种极端的同学一般也碰不到①,那会碰到什么情况?不管你在上面讲什么,底下没有任何反应,每个人都是忙碌着,跟你没有任何关系。这样的课堂老师还有一点儿尊严吗?讲课还有一点儿乐趣吗?

课堂外,2010年前后,一批原来翻译欧美影视剧字幕的志愿者转而去翻译欧美公开课字幕,没想到这些公开课加上中文字幕以后迅速在中国开始流行,很多白领和大学生在网上"淘课",甚至有学生逃课在宿舍看欧美公开课。比如哈佛大学桑德尔(Sandel)讲授的"公正"课程(http://open.163.com/special/justice),就在学生群体中产生了巨大的影响。甚至有学生讲:"看了人家的课,才知道我们上的这哪叫课?我们上的这哪叫大学啊?"我们大学老师听了很惭愧,但是又觉得不公正、不公平、不客观,你就听了世界上最著名大学最优秀的教授讲的最好听的几门课,一转身和普通大学普通老师讲的普通课相比较,能直接比吗?你上的就是一个三本或大专,但是希望它像哈佛、像耶鲁、像北大、像清华,你不是难为校长吗?可是,如果我们看了哈佛大学桑德尔讲的"公正"那门课的前几节,你就知道,公正是一个非常复杂的问题。就像大家去医院,都是努力在自己的能力范围之内找最好的医生看病一样,学生一样希望在自己

---

① 如果真有这样极端的同学站出来,相信对老师来说是有非常重要的作用的,可以促使老师提升教学质量。

的能力范围之内找最好的老师。

　　之前只是听听公开课，但是后来加上了作业、讨论和考试，通过考试还给一个学分，大规模在线开放课程（MOOC）来了。一个巨大的突变是在 2011 年秋，来自世界各地的 16 万余人注册了斯坦福大学塞巴斯蒂安·特伦（Sebastian Thrun）与彼得·诺维格（Peter Norvig）两位教授联合开设的"人工智能导论"免费课程，最后有 2 万余人通过考试。美国斯坦福大学教授创办了在线公开课平台（Coursera），同斯坦福大学、普林斯顿大学等大学合作，在线提供免费的网络公开课程。任何人都可以免费学习，如果通过测试并愿意缴纳少许费用，还可以获得学分证书。该项目成立第一年即吸引了来自全球 190 多个国家和地区的 130 万名学生。

　　目前，哈佛大学、斯坦福大学、麻省理工学院、北京大学、清华大学、香港大学、香港科技大学、日本京都大学、韩国首尔国立大学等高校纷纷宣布开展 MOOC 课程建设。哈佛大学和麻省理工学院宣布推出 MOOC 网站 edX，高教社牵头推出了"中国大学MOOC"（https://www.icourse163.org），清华大学牵头推出了 MOOC 平台"学堂在线"（http://www.xuetangx.com），北京大学也牵头推出了 MOOC 平台"华文慕课"（http://www.chinesemooc.org）。除了高校以外，许多与互联网相关的大型企业也非常看好 MOOC，比如腾讯、百度、网易、新浪等大公司纷纷加入。任何人都可以在这几个 MOOC 平台中免费学习，通过考试的还可以得到学分。

　　前面讲到翻转课堂和可汗学院的最大价值是个性化，那么 MOOC 又有什么价值呢？[①] 其实很简单，就是**规模化**，一般来说个性化和规模化是比较矛盾、冲突的，很难兼顾。但是信息技术就有这个好处，既可以个性化，又可以规模化。2012 年《美国时代周刊》曾经发表过一篇文章《大学已死，大学永存》，这篇文章讲的是 MOOC 对传统大学的影响，虽然这篇文章中可能有比较偏颇的部分，但是其中有一句话非常好："**将世界上最优质的教育资源，传播到地球最偏远的角落。**"这个目标似乎已经真的实现了。在今天，再偏远的地方只要能上网，就真的可以接触到世界上最优质的资源。许多世界一流大学的校长也对 MOOC 赞誉有加，斯坦福大学校长约翰·亨尼斯（John Hennessy）认为在教育史上，这是一场史无前例的"数字海啸"；清华大学原校长陈吉宁认为这是一种具有交互功能的开放式的在线学习方式，使全球各地不同人群共享优质教育资源成为了可能，也使得大规模个性化的学习成为了可能；北京大学原校长周其凤在卸任感言中讲道：这个事情（MOOC）既能提高我们的教育质量，也能提高北京大

① 尚俊杰. MOOC 的前景是什么[J]. 中国信息技术教育，2015(18)：11.

学的国际影响力。可见 MOOC 确实给教育带来很多机遇。

四、MOOC 为什么有如此大的影响力

可是,MOOC 为什么会有如此大的影响力呢? 究竟是什么因素使得 MOOC 如此吸引人呢? 让我们来比较一下 MOOC 与传统课堂、传统网络课程、麻省理工学院(简称 MIT)开放课程计划等。是因为 MOOC 中的课程内容很精彩吗? 确实,很多 MOOC 课程很优秀,比如桑德尔讲授的"公正"课程,的确能够让人感受到听课是一种享受。可是,难道在传统校园中就没有精彩的课程吗? 面对面的精彩讲授不是更好吗? 至于传统网上课程,其实问世也很长时间了,中国已经有 64 家网络教育学院提供了大量的网络课程。MIT 于 2001 年开展开放课程计划,将所有的课程资料都放到网上,虽然也引起了轰动,但是为什么没有 MOOC 这么吸引人呢?

仔细想想,MOOC 的影响力主要来自于如下几个因素:名校、名师、精品、免费、开放、移动等。[①]

首先是"名校"和"名师"。正如本文开头所言,对于一个学习者,如果有条件,自然希望跟着世界上最好的老师学习,所以,人们对名校和名师的热捧几乎是一种本能,而 MOOC 恰好提供了一个这样的机会。比如 MOOC 的三驾马车,基本都是由名校或名校的教授牵头来建设的。

其次是"精品"。过去一提网络教育,很多人都会认为这是一个"低质量"的代名词,而事实上那种大头像式的、照本宣科式的课件确实也容易让人昏昏欲睡。大家熟知的一些 MOOC 课程,教师教授得很好,录制得也很精美,堪比优秀的电视节目。

第三是"免费"。第一章讲过,免费是这个时代的一个普遍特征,尽管大家都知道"世上没有免费的午餐",但是大家都希望所有东西都是免费的,所以现在很多企业的很多产品,尤其是边际成本比较低的软件产品都逐渐免费了,逼着企业去寻求广告等其他盈利模式。MOOC 让大家免费获取最优秀的课程资源,这一点使其具备了无穷的魅力。就算将来 MOOC 收费了,因为其规模效益比较好,仍然可以以低廉的价格提供优质的课程,这也符合当前互联网时代的发展趋势。

第四是"开放"。开放也是当前时代的普遍特征,就如超女想唱就唱,博客想写就写一样,人们希望能够随时随地学习,我想学就学,不想学就不学。而 MOOC 正好迎合了这些需求。

---

① 尚俊杰. MOOC:能否颠覆教育流程? [N].光明日报,2013-11-18(16).

　　第五是"移动"。这个因素实际上是非常关键的,我们可以想想过去的电视教育课程、传统网络课程以及 MIT 的开放课程计划,其实,这些课程中也都有很多精彩的教学视频,比如国家开放大学当年录制的课件,也是请最好的教师讲授,录制技术也堪称完美,一样的视频,一样的课程,一样的优秀,为什么没有如 MOOC 一样吸引如此多的人呢? 这是因为我们现在处于"移动时代",平板电脑、智能手机的快速普及,让绝大多数人尤其是白领和学生,都有了方便地随时随地接触网络和学习网络课程的机会,而在 10 年之前,学生要想看看网络课程,还可能需要到专门的机房去学习,或者一定要回到家里或宿舍的电脑旁边学习。或许就因为需要多走几步路,就将学习兴趣全部打消了。

　　概而言之,MOOC 之所以如此引人注目,或许就是因为 MOOC 在**正确的时间做了正确的事情**。在以上诸多因素的综合作用下,实现了网络教育的质变。

　　不过,在对 MOOC 一片赞美的热潮中,我们也需要保持清醒的头脑,要认识到尽管 MOOC 对于高等教育改革有着重要的作用,但是也还存在着许多问题:

　　1. 现在许多人都在撰文赞美 MOOC,可是这些人是否都认真地学完了一门或多门课程呢?

　　2. 现在有很多高校和教师开设了 MOOC 课程,可是除了几个名校和名师,大家又能记住多少人呢?

　　3. 随着 MOOC 课程越来越多,是否每一门 MOOC 课程都会很受人欢迎呢?

　　简而言之,是否披上 MOOC 的外衣就顿时高贵了呢? 未来会不会像现在的电影呢? 大家都会说喜欢看电影,可是大家真正去电影院看的电影可能只是少数几部优秀的电影。大家都说 MOOC 好,其实只是其中一部分课程好。

五、MOOC 给教育带来的挑战

　　MOOC 给教育带来的只是机遇吗? 有没有挑战呢? 北大原校长周其凤还说过:"我不能想象未来北大的学生坐在未名湖边,看的全是哈佛、斯坦福的课程,这件事情事关北大的国际影响力,甚至事关北大的存亡问题。"连北大校长都这么紧张,你说其他高校的校长紧张不紧张? 上海交大副校长黄震也曾讲过:"在全球优质教育资源和强势文化的冲击面前,中国大学必须加快教育改革,提高教学质量,否则就有沦为世界一流大学教学实验室和辅导教师的风险。"曾经有一位校长在内部开会时讲,"千万不要让我们最后沦落为只是一个盖章的!"但是,如果只是需要盖章的,全国需要这么多学校来盖章吗?

如果仔细想一想的话，虽然我们也坚信随着中国经济的发展，中国高等教育的未来一定非常光明[①]，但是在未来一二十年内，中国高等教育确实会面临巨大的挑战，一方面欧美发达国家的高等教育从空中来了，"公正"、"幸福"等 MOOC，就让学生质疑"我们老师讲得叫课吗，我上的是大学吗？"同时，欧美发达国家的高等教育也从地面来了，上海纽约大学、西交利物浦大学、宁波诺丁汉大学等中外合作大学办得似乎也挺好的，如果放开，会不会每个地级市都出现一所中外合作大学呢？那么对我们本土的大学尤其是一些三本、大专会有什么影响呢？当然，我们可以不让它们来办，可是，现在连一些县级中学都开始办"出国班"了，不让它们来，优秀学生走了。不让它们来，也不让学生走，那我们那岂不是回到闭关锁国的时代了？

当然，这些挑战可能主要是对校长的压力，对于广大教师，面临的巨大挑战又是什么呢？2013 年 11 月 18 日，我发表在《光明日报》上的文章中曾经提过这两句话，今天仍然觉得很重要：

对于一位病人，如果有条件，他是否希望请世界上最好的医生给他看病？

对于一位学习者，如果有条件，他是否希望跟着世界上最好的老师学习呢？[②]

医生不用担心，病得一个一个看，所以普通医生一样有看不完的病，但是学习就不一样了，都说可汗是全球最优秀的教师，我们可以很容易地看到可汗老师的讲课视频。有老师跟我说：没有面对面的交流和互动，只是看看视频，这样是不行的。我就问他：那你告诉我在你的课堂里，究竟有多少学生，有多少时间，可以真的和你面对面的交流和互动？又有多少人只是在看着你讲课，看着你和别人互动呢？他就不吭声了。还有人跟我讲：教育是一棵树摇动另一棵树，一朵云推动另一朵云，一个灵魂唤醒另一个灵魂，光看视频是不行的。我说，我也承认这个很重要，但是我们必须认识到，很多时候一棵树需要摇动几十棵树，一朵云需要推动几十朵云，教师忙不过来。如果全国的孩子都看一个老师的视频讲课，那么其他老师不是都可以专心致志地去唤醒孩子们的灵魂了吗？

我真心觉得，至少在大学课堂中，如果真的就同样的内容找到世界上讲得最好的视频课件，让同学们在宿舍看或者在教室集体收看，老师只是组织他们讨论一下，做做

---

① 笔者相信，随着中国经济的发展，中国的高等教育前景一定会很光明，到那个时候，不仅会有世界一流的高校，每一个地区的大学也会办得相当不错。详细信息可以参考附录中推荐的微信公众号"俊杰在线"中推荐的文章《安阳市是否可以有一所世界名校》。

② 尚俊杰. MOOC：能否颠覆教育流程？[N].光明日报,2013 - 11 - 18(16).

作业,我相信教学效果真的未必会差。事实上,中国目前有很多大中小学在做这种实验。北大张海霞牵头的"创新工程实践"课程采用的就是在一个学校讲课、其他学校同步听课的模式,一般每学期有一二百所高校数万名学生同步上课,效果不错。[①] 在基础教育领域,成都七中用视频直播课程的方式带动其他学校同步上课,效果也不错。[②③]

实事求是地说,现阶段这种上课模式一定还存在很多需要去克服的问题,我们也不能想象所有的学生现在马上都只听一个老师讲课,但是不可否认,这种利用视频上课的模式确实是值得探索的促进优质教育资源共享的一种模式。但是,如果你作为一名教师,如果有一天校长把你喊去,跟你说:从明天开始,你就不要讲课了,上课就把投影仪打开,让学生和成都七中的学生同步上课,你就在下面辅导一下。你听了以后,到底会有什么感想呢? 甚至校长还跟你说,如果学生实在没有问题,你能不能提壶水,顺便给同学倒点水,把地扫一扫,你说你会怎么想?

六、谁动了我的讲台

大家想一想,为什么我们喜欢当教师呢? 因为教师这个职业有一种特殊的成就感,不管你多年轻,不管你在哪里当老师,只要你第一天当上老师,你就有个三尺讲台,就可以在上面阐述自己的观点,展示自己的才华。你去别的行业,轻易轮不到你讲话。所以即使待遇不一定最高,我们也愿意当教师。可是如果学生听的课都是别的老师讲的,你只是辅导老师,你真觉得这三尺讲台还都属于你吗,有没有一尺被这些精英教师给抢走了呢? 有没有感觉丢了面子呢?[④]

有老师说,别着急,我们还有一多半讲台呢? 我说,我能不着急吗? 又有一尺快被抢走了,因为**"草根也来当教师"**,大家想一想,可汗学院确实是近年来在线教育的一个成功典范,可汗确实也是一位优秀的教师。可是,如果我们换一个角度想一个问题:**可汗有教师资格证吗?** 我相信他至少没有中国教师资格证。如果是名医生,没有行医资格证,在网上如此疯狂行医,那会是什么后果呢? 但是可汗没有教师资格证,居然被誉为全球最优秀的教师,这说得过去吗? 两个大学生毕业以后回到家乡,都想当老师。一个考上了,在讲台上讲课。一个没考上,要在过去,这件事情到此结束。他再有才

① 张海霞,陈江,尚俊杰,邢建平,黄文彬."iCAN赛课合一"创新实践教育模式的实践与探索[J].中国大学教学,2018(01):79—84.
② 易国栋,亢文芳,李晓东."互联网＋"时代百年名校的责任与担当——成都七中全日制远程直播教学的实践探索[J].中小学数字化教学,2018(04):83—85.
③ 成都七中的课程不能说是标准的MOOC,只是同步上课而已。不过在本书中,我们提的MOOC也泛指这一类利用视频上课的课程模式。
④ 尹弘飚.专业场景中教师的面子:一项扎根理论的探索[J].当代教育与文化,2009,21(01):81—85.

华,也得憋着,憋到什么时候,憋到老。现在不需要憋着,白天到公司上班,晚上在网上讲课,只要他真有才华,只要他真坚持,说不定有一天真的成了小可汗。你在台上讲,他在网上讲,你的学生小红跟小明说:听了小可汗老师的课,才知道咱老师究竟有多笨了。这个问题他讲了三十分钟还没讲清楚,小可汗五分钟讲得清清楚楚。你说你听到后有没有觉得他又抢走你一尺讲台。

事实上,不仅可汗这样的天才可以成为优秀教师,其他更普通的草根也有可能成为优秀教师。比如多贝网(http://www.duobei.com)就提供了一个这样的平台,只要符合国家法律法规,任何人都可以在该平台上开任何课程,只要讲得好,就可能有人来学,甚至会有不菲的收益。我所知道的一位北大学生在考完 GRE 以后,就曾经在多贝网上开了一门课,教别人学 GRE,因为他有实际考试的经验,教得不错,还有很多人跟着他学习。其实,除了多贝网,还有很多平台,也给普通草根提供了讲课的机会。

这就是互联网的价值,在没有互联网之前,如果你没有机会成为正式的教师,那么即使你再有讲课的才华,也很难找到机会去展示。但是如今就不一样了,只要你讲得好,不管是精英还是草根,都有可能成功。当然,互联网也不可能让所有的草根都成功,它只是给草根中被埋没的"精英"提供了更广阔的成功机会。当这些精英被解放出来以后,**任何人就不能仅仅凭身份垄断和拥有什么**。你真的不能跟人随便讲,因为我是教师,所以我讲得好。

讲到这里,有老师跟我说,咱们就剩下这么一尺讲台,我说就这一尺讲台,你要能守住也就算不错了,"明星也来当教师"。当然,很多人听了这个观点以后都一笑了之,可是我们仔细想想,难道明星真的不可以当教师吗?事实上,几年前热播的《爸爸去哪儿》就显示了他们的威力。我的学生曾经和我讲,说应该请懂教育的老师带着孩子去拍《爸爸去哪儿》,这样就可以给社会传达更加正确的培养孩子的理念和方法,可是,你觉得电视台会邀请我们这些普通老师吗?如果是我们去拍,还会有那么多人看吗?大家再想想,如果我们真请周润发或其他大众喜爱的明星来讲历史,效果会怎样呢?学生们会爱听吗?当然,也有人会认为周润发肯定讲不好,可是,我们还真不能这样断言,如果给他安排两三位历史特级教师帮他备课,告诉他怎样讲,然后周润发只是用他精湛的演技"表演"出来呢?你说会不会又抢走我们一尺讲台呢?事实上,央视的《国家宝藏》节目已经做了这样的尝试,通过邀请大众熟悉的演员表演小历史剧的形式,让观众了解每个国家宝藏背后厚重的历史背景,广受观众好评。

当然,我估计现阶段大量的明星改行当老师还不太可能。但是我们确实需要好好想想,信息技术对教育产生了革命性影响,校校通、班班通、人人通、慕课、微课、翻转课堂都很重要，但最重要的是信息技术会不会使教师的角色产生颠覆式的改变？

反正演艺领域已经变了，二十几年前全中国各地都在唱戏，像京剧、豫剧等（图2-3），但是二十几年后的今天，你还能找到几个这样的剧团？随着时代的改变，随着技术的发展，理论上

图2-3　农村唱戏照片

全中国的人可以只听一个人唱歌，一个刘德华站起来，千百个小刘德华几十年都别想再站起来，这就是演艺圈"大鱼吃小鱼"的理论。教育圈不是这样的，你讲你的课，我讲我的课，我的教室我做主。但是未来会不会有一天理论上全中国的学生只听一位老师讲课呢？

其实不光是理论上，实践中似乎也有了。有一位老师在网上讲物理高考，一小时挣了1.8万，超网红成暴利行业。其实他收费真的不高，一节课只收九块钱，但是那天晚上有3 000人缴费了，他分到了70％，大约1.8万。如果你是一位局长或者校长，你会鼓励老师还是会禁止呢？我个人觉得如果一位老师上课不好好讲，课后让学生到家里收费补课，那确实太差了！但是如果一位老师上课讲得很好，课后利用休息时间在网上讲讲课真的就不行吗？

大家仔细想一想这件事情的好处，第一，说明知识值钱了，按说是好事。第二，二十几年前我在老家读书的时候，特别想知道北大附中、清华附中这些学校的老师究竟是怎么讲课的，但是没有任何机会。而今天人家用廉价甚至免费的方式，就把这么好的课送到了每一个学生面前，这不是好事吗？当然，这件事情的负面作用似乎也很明显：他那天晚上一讲课，3 000名家庭教师就下岗了，如果将来再宣传宣传，或许他一讲课三十万家庭教师就下岗了；再者，如果公立学校的优秀老师都出去这样讲课了，那公立学校会不会受影响呢？

讲到这里，大家觉得信息技术对教育够的上具有革命性影响吗？

七、信息技术对教育具有革命性影响

在本节开头，我们已经提到，《纲要》中已经明确指出"信息技术对教育发展具有革

命性影响",前面内容中我们也从身边的例子讲起,或许有一些夸张,但是确实从某些侧面探讨了信息技术对教育的革命性影响。

不过,即使这样,当有人质疑教育信息化的成效,尤其是质疑它的成本效益时,我觉得还是很难解释和说服对方。比如有学者对 MOOC 提出了质疑:高辍学率怎么解释,商业模式如何运行,经费从哪里来,信任问题如何解决,证书能否得到认可等许多问题。说句大实话,就连我这个对技术比较推崇的教育技术研究者,有时候也感到一点点不安:MOOC 发展如此之快,它真的具有这么神奇的功效吗?它真的能够让课程一下子就高贵起来,让学习者一下子都变成非常主动的学习者吗?它会不会又像十多年前网络教育最初热起来一样,一阵风过去后又归于平淡呢?

威廉·鲍恩(William G. Bowen)在《数字时代的大学》一书中曾用通俗的语言仔细讲述了高等教育的成本与生产率的问题,他指出在过去的 25 年里,信息技术给高等教育带来的重要影响确实显而易见,但这些影响却没有计算进生产率或每个学生的成本的常规测量中,比如,如果没有数据管理系统和强大的数字运算能力,像物理学领域的分子物理学研究和生物学领域中的人类基因研究等则无法进行,如果没有 SPSS 等统计软件,社会科学的一些研究也将大受影响,但是这些似乎都没有被计算进生产率中。[①] 仔细想想,确实是这样,我们无法想象如果没有演示文稿、文字处理、E-mail 等应用软件,高校的师生还怎么开展教和学,但是使用这些软件的便利性似乎很难被精确统计到高等教育的产出中,对于高校的领导者来说,看到的可能更多的只是教育信息化领域逐年增加的财政投入,而不是产出。其实基础教育也一样,现在一些学校的老师,如果不让他们用 PPT 讲课,可能就真的不知道该怎么讲课了。

事实上,信息技术这些年在教育领域的应用确实越来越广泛了,教育信息化领域确实也取得了卓越的成效。教育部原副部长杜占元于 2018 年 4 月 24 日在全国教育信息化工作会议上的讲话中指出,十八大以来,我国教育信息化取得了"五大进展":一是"三通两平台"建设与应用取得重大进展。全国中小学互联网接入率从 25％上升到 93％、多媒体教室比例从不到 40％增加到 86％。"一师一优课,一课一名师"活动参与教师超过 1 400 万人次,形成优课资源 1 300 万堂。师生网络学习空间从 60 万个激增到 7 100 万个。国家数字教育资源公共服务体系初步建立,教育管理公共服务平台全面应用。二是教师信息技术应用能力大幅提升。1 000 多万名中小学教师、10 万多名中小学校长、20 多万名职业院校教师接受了教育信息化专项培训。三是教育信息

① [美]威廉·鲍恩. 数字时代的大学[M]. 欧阳淑铭,石雨晴,译. 北京:中信出版社,2014:11—12.

化技术水平得到大幅提高。教育信息化领域已发布 26 项国家标准和 16 项教育行业标准。符合教育教学改革方向及师生教与学需求的信息化硬件设备和软件工具日益丰富，应用深度和广度加速拓展。四是信息化对教育改革发展的推动作用大幅提升。通过“教学点数字教育资源全覆盖”项目，解决了 400 多万边远贫困地区教学点学生开不齐开不好课的问题。“三个课堂”应用模式及其衍生模式逐步普及、遍地开花。五是我国教育信息化国际影响力大幅增强。联合国教科文组织 2013 年在深圳举办了亚太地区教育信息化部长级论坛，2015 年和 2017 年在青岛与我国联合举办了两次国际教育信息化大会，发布了具有深远影响的《青岛宣言》和《青岛声明》。

客观地说，自 20 世纪 90 年代以来大力发展的教育信息化事业确实取得了令人瞩目的成就，信息技术确实对教育已经产生了革命性的影响！

第二节 “互联网＋”促教育流程再造

虽说信息技术已经对教育产生了革命性的影响，但是与军事信息化、金融信息化、企业信息化、医疗信息化相比，教育信息化似乎仍然有值得借鉴和提高的地方。

一、教育流程可以再造吗

先以军事为例：著名管理学家德鲁克于 1992 年在《哈佛商业评论》上撰文指出："自二战以来的 50 年里，从来没有哪个组织中出现像美军那样彻底的变化。军服未改，军衔依旧，但武器装备却发生了根本性的变化，这一点在 1991 年的海湾战争中得到了淋漓尽致的展现。军事观念和概念的变化则更加激烈，与此类似的还有武装部队的组织结构、指挥结构、单位隶属关系和职责。"[1]美军的变化是从装备，到观念，再到组织结构，比如成立了网络作战司令部。而在教育领域，装备可以说是发生了革命性的变化，但是教学观念有没有变化得更加激烈？学校组织结构、指挥机构、单位隶属关系和职责有没有因此经过调整呢？

再看企业，2010 年前后有一个新名词"从 IT 到传统"，一批从事 IT 产业的人投身传统产业，他们不是简单地养鸡养猪，而是拿 IT 技术、IT 思维对传统行业进行升级换代似的打造，打造出一个崭新的传统产业，比如滴滴打车、共享单车等。这些大企业我们就不讨论了，现在来看一个专门生产文化衫的小企业。这个企业虽然只生产文化

---

① ［美］彼得·德鲁克.经典德鲁克［M］.孙忠，译.海口：海南出版社，2008：161—162.

衫,但是企业负责人一直声称他们是做 IT 的,什么原因呢? 他解释说,传统企业靠手工管理订单,如果排列组合(尺寸、颜色、样式、印刷字体等)多过 10 种,就可能会出错误,而他们利用 IT 系统来管理订单,理论上可以一件都不错。所以像大学校庆可能就需要成百上千种组合,这种业务交给小企业它们也不敢接,因为它们所有的人都来管理都忙不过来,只有在理论上可以一件不错地完成。

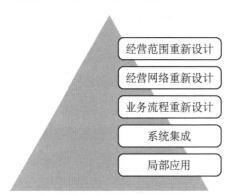

图 2-4　企业信息化的五个层次

经营范围重新设计
经营网络重新设计
业务流程重新设计
系统集成
局部应用

文卡特拉曼(Venkatraman)曾提出信息技术引导企业转变的 5 个层次(图 2-4):"局部应用、系统集成、业务流程重新设计、经营网络重新设计、经营范围重新设计。"[1]而目前的基础教育和高等教育的主体,基本上都处于局部应用向系统集成转折的过程中。过去十几年,我们有了财务系统、招生系统等,今天才开始考虑往一起集成,业务流程重新设计基本上还没有提上日程。[2]

还有一个与教育比较相似的行业,就是医疗。医疗信息化虽然发力较晚,但是近几年发展确实非常迅速。医疗信息化有两个特点,一方面实现了流程信息化,从挂号到取药,全部利用信息技术完成;另一方面在核心业务方面,采用核磁、CT、微创手术等高新技术,以前检查不出来的病现在能检查出来了,以前治不了的病现在可以治了。有一个案例,就是北京大学第三医院依靠优化流程和采用新技术,实现了平均住院日全国最短,2000 年平均每个病人需要住院 15.31 天,到了 2010 年则减少到了 6.57天。[3] 缩短平均住院日自然意味着社会效益和经济效益都提高了。那么到底怎么缩短平均住院日呢? 主要有两个办法:首先是优化流程,比如出院手续特别简洁,让你在最短的时间内离开病房。原来手术室一上午可以做一台手术,优化流程后可以做三台手术。其次是采用新技术,原来用普通的开刀技术,病人可能得躺个两三周才能回家,现在采用微创手术,两三天就可以回家了。

你们说医院是否很幸运? 它们找到了一个可以量化的指标"**平均住院日**",优化流

① [美]斯蒂芬·哈格,梅芙·卡明斯,詹姆斯·道金斯.信息时代的管理信息系统(第 2 版)[M].严建援,译.北京:机械工业出版社,2000:98.
② 客观地说,网络教育属于业务流程重新设计,也属于经营网络和经营范围重新设计,但是在基础教育和高等教育的主体中,基本上还没有。另外,个别学校目前探索的走班选课等模式,也属于业务流程重新设计,但是还没有大规模铺开。
③ 北青网.北医三院住院日全国最短[EB/OL].(2011-11-27)[2017-12-30]. http://bjyouth.ynet.com/3.1/1112/27/6641924.html.

程和采用新技术可以直接改变这个指标,而改变这个指标则意味着社会效益和经济效益的提高,可以去宣扬。在教育领域,我们能找到一个这样的指标吗? 对于中学校长来说,可能很关心升学率,可是谁敢保证学校投入 100 万发展信息化,第二年升学率就一定能提高呢。对于大学校长来说,可能很关心排行榜,可是谁敢保证学校投入 1 000万发展信息化,第二年就能排进前多少名呢。没人敢打包票,所以不好找。

但是再想想其实也简单,医院缩短平均住院日,学校不可以缩短"**平均在校日**"吗? 大学四年变两年,可以让更多的孩子上大学,社会效益提升了。学校培养的学生多了,经济效益不会差,学生早毕业两年,经济效益也提高了。优化流程,不放寒暑假,周六周日不休息,采用新技术网上上课,可能学得快的人一年就可以毕业了。大家说平均在校日或者说学制真的能缩短吗? 相信绝大部分人都会说不能缩短,可是为什么不能缩短,大家就不一定能说出来了,甚至大部分人也不知道学制是怎样一步步演变成今天这样的。

关于学制的演变历史我也没有仔细考究过,但是阿兰·柯林斯和理查德·哈尔弗森在《技术时代重新思考教育》中曾经举过一个美国高中的例子: 1892 年,美国教育专员威廉·托里·哈里斯(William Torrey Harris)组织了一群顶尖科学家进入了十人委员会,负责建立高中课程,包括上什么内容、怎么上、上多长时间等等,构成了今天大部分的学术性高中课程。之后用了 30 年过渡期,30 年之后大部分高中都这样上了,又过了几十年,当年这个会就变成了圣经,任何想脱离这种做法的企图都未能成功,任何试图改进学校的改革者都感到了沮丧。[①] 政策和制度就是这样的,不管它是怎么制定下来的,只要制定下来,执行几年、几十年,再想改变它都是非常困难的。

当然,学制是否可以改变、是否可以缩短,需要进行严格的论证。我自己也认为学制确实不能简单地缩短。举这个例子只是引发我们思考: **随着信息时代的到来,随着外部环境的变化,有一些约定俗成的规范和规定是否真的可以改变? 教育流程是否可以优化、是否可以再造呢?**

这里说的流程再造实际上是借用了企业中的"业务流程再造"(Business Process Reengineering,BPR)的提法。美国麻省理工学院迈克尔·哈默(Michael Hammer)和CSC 管理顾问公司董事长詹姆斯·钱皮(James Champy)在 20 世纪 90 年代提出了业务流程再造,指的是"为了显著改善成本、质量、服务、速度等现代企业的主要运营基础,必须对工作流程进行根本性的重新思考并彻底改革"。其基本思想是必须彻底改

---

① 〔美〕阿兰·柯林斯,理查德·哈尔弗森. 技术时代重新思考教育: 数字革命与美国的学校教育〔M〕. 陈家刚,程佳铭,译.
上海: 华东师范大学出版社,2013: 64—66.

变传统的工作方式,从根本上重新思考,进行彻底的变革,以求得显著的进步,并从重新设计业务流程入手。[①] 业务流程再造提出后,在企业界得到了广泛推广,近年来借助于信息技术的支持,更是取得了巨大成功。比如支付宝推出余额宝以后,在半年之内就积累了5 000多个亿的资金,一举颠覆了理财的理念和模式,促进了互联网金融创新模式的发展,对银行界造成了巨大影响和冲击。

德鲁克在1988年发表在《哈佛商业评论》上的《新型组织的到来》(The Coming of New Organizations)一文中曾经讲过:迄今为止,大多数人使用计算机只是为了能更快地完成他们从前所做的工作——数据的快速处理。但是,一旦公司迈出了从数据转向信息的第一步,那么它的决策程序、管理结构甚至工作方式都将发生转变。[②] 粗略地想一想,在应用信息化的时候,确实至少有这样两个层次:第一个层次,将传统业务信息化,比如原来我们都是交一个纸质表格,现在改成电子表格,可以用 E-mail 或者在线直接提交;第二个层次,不仅仅将传统业务信息化,而且要根据信息技术的特点和环境的变化,对业务流程进行再造。比如,不仅仅满足于将纸质表格变成电子表格,而是要重新考虑,为什么要填写这个表格,可不可以不填写,如果一定要填写,是否可以换一种方式。甚至基于流程改变,相关组织结构是否可以调整一下呢?[③]

那么,教育领域到底可不可以借鉴流程再造的理念呢?下面我们就从几个问题谈起。

二、到底应该让学生学习什么课程

如果说数学、物理、化学对第一次、第二次工业革命真的很重要的话,那么第三次工业革命、信息时代的到来,信息技术是否很重要?信息技术是否应该获得当年数学、物理、化学获得的地位,它获得了吗?似乎没有,不仅在中国没有,在美国似乎也没有,美国前总统奥巴马卸任前才宣布计算机将和数学获得一样的地位,说明之前在美国也没有。

这是什么原因呢?是我们买不起计算机,找不到足够多的计算机老师吗?20年前我们可能买不起,20年后的今天我们还买不起吗?再说了,就算中国是发展中国家买不起,难道发达国家美国也买不起吗?那究竟是什么原因呢?其实也很简单,它进来谁出去呢?有哪个学科认为自己不太重要,可以让出大量时间给信息技术课程呢?

① 葛红光,张承巨.业务流程再造理论研究[J].科技与管理,2000(02):70—72.
② [美]彼得·德鲁克.经典德鲁克[M].孙忠,译.海口:海南出版社,2008:148.
③ 尚俊杰.大数据技术下,如何报志愿?[N].光明日报,2014-11-20(15).

哪个学科可能都不愿意,网上曾经调侃要"让数学滚出高考",因为学数学又难又枯燥,而且在生活里似乎也用不上高深的数学知识。当然,所有人都知道,数学是非常重要的基础学科,谁滚出去数学也不能滚出去。可是你听听这些网民的理由,有没有一点点道理?"我学了这么多年数学,除了数钱用到过,其他时间都没用。""我高中毕业到超市当服务员,老师教我一堆解析几何、平面几何、立体几何的知识,他跟我说,这些知识对人的一生非常非常有用,可是我发现,只是切西瓜的时候有点用,其他时间都没用。我所需要的信息技术能力、与人交往的能力等等,什么都没教。"

大家想一想这些话是否有一点点道理呢? 过去我们是精英式教育,一层一层地筛选,我们的目光是否始终集中在筛出来的人身上? 我们可曾想过筛选掉的那些孩子需要什么知识? 现在我们进入了大众教育时代,前总理温家宝说:"中国有条件让每一个人活得有尊严。"那么我们的学校是否有条件**让每一个学习者学得有尊严**呢? 那么我们究竟要给每一个孩子教哪些东西呢?

事实上不光媒体这样说,学术著作中也有类似的观点。在《理解脑:新的学习科学的诞生》这本书中,有一位学者就提道:"学习高等数学是否会对脑产生某种影响,而这种影响是否支持对大多数人进行非实用性数学的教学这一观点。目前,并没有很强的证据支持或反对教所有学生高等数学,例如微积分或三角函数。尽管这样,经济合作与发展组织及其他国家都将在标准课程中包括高等数学看作是正常现象。现代社会积累了大量的知识,而且有限的在校时间又牢牢束缚了课程,高等数学是否应该在标准课程中占如此多的时间成了一个很重要的问题。"①

简单地说,实际上我们没有明确的证据,支持或者反对应该给大多数学生教那些日常生活中基本用不到的高等数学,但是几乎所有的主要国家都在教。传统课程牢牢束缚了时间,新的课程就进不来。信息技术、生命教育、环保教育、职业规划教育,几乎每一个都很重要,但是就是很难进来,因为没有足够的时间。即使在一个学科内部,似乎也有类似的问题,牛顿力学很重要,爱因斯坦的相对论重要不重要? 量子力学重要不重要? 可是大家中学都学过牛顿力学,有谁在高中系统学过爱因斯坦的相对论和量子力学呢? 为什么没学过呢,是因为它不重要或者说很难学吗,还是因为它来晚了呢? 你想一想,如果要花大量的时间来学相对论和量子力学,那么你准备把物理里面的力学、光学、声学和电学中的哪一部分去掉或者削弱呢?

当然,课程改革是一件非常严肃的事情,肯定不能随便乱改,但是几十上百年前确

---

① 经济合作与发展组织. 理解脑:新的学习科学的诞生[M]. 周加仙,译. 北京:教育科学出版社,2010:99.

定的学科内容,我们今天真的不可以再坐下来开个会认真讨论一下吗？实话实说,如果真的拿出学习数理化的劲头去学信息技术,一个高中生毕业以后就可以靠信息技术找到一个软件蓝领的工作了。可是,一个高中毕业生能够靠学到的物理化学知识找到一个专业性工作吗？还有人讲,现在中国区域发展不均衡,真的不能普遍要求对信息技术学科的掌握程度。那我就想问一问,在几十年前中国区域发展也不均衡,很多边远地区的学生根本没条件做或很少做物理化学实验,那不同样在高考中要考物理化学实验知识吗？[①]

三、能否像选房子一样选学校和专业

2014 年 9 月 4 日,国务院发布了《关于深化考试招生制度改革的实施意见》,引起了社会各界的强烈反响。各界人士期待着高考改革方案的深入实施,也都在努力为高考改革出方案、提建议。作为教育技术研究者,我也在想,信息技术究竟能为高考改革作出什么贡献呢？想来想去,就想到了当前比较热的大数据技术。

所谓大数据技术,第一章讲过,是指借助数据挖掘等数据分析工具,对依靠信息技术积累的海量数据进行分析,以期发现以前依靠简单数据分析而无法发现的规律,从而能够让我们尽可能科学地分析和处理问题,更多地用数据说话而不是用经验说话。基于这样的观点,大数据技术在高考改革中可以起到什么作用呢？其实,在命题、报名、考试、评卷、填报志愿、录取等各个环节中,大数据技术都可以起到重要的作用,不过因为我长期参与大学本科招生宣传工作,对学生填报志愿比较了解,所以现在重点来探讨一下大数据在填报志愿中的作用。

首先让我们来看看目前填报志愿的一般方式：各省一般都分成了几批志愿,每批一般可以报 10 个左右的学校(有的是平行志愿),每个学校内部可以报 5 个左右的专业。学生一般都是利用网络填报志愿,这相对于 20 多年前自己手工填报志愿来说,学生的选择已经很多了,很不错了。但是在招生过程中,我们还是经常碰到一些情况,比如学生经常担心如果在一个批次中填报的 10 个学校都没有被录取,究竟会调剂到什么学校去？在同一个学校中填报的 5 个专业如果都没有被录取,究竟会调剂到什么专业去？还有的同学说,我希望首先选甲校 A 系,然后选乙校 A 系,然后再选甲校 B 系,可是现有的志愿填报方式不支持这样填写。那么,利用大数据技术等相关信息技术,能否让填报志愿的方式更加人性化,更加以人为本,更加满足每一位考生的意愿呢？

---

① 声明一下,笔者不是课程专家,确实没有认真去研究课程问题,课程改革中一定有很多很复杂的问题,课程专家们一定有更全面更科学的考虑。本文只是从变革角度,来谈谈是否应该认真考虑一下到底该上什么课程。

以前各单位在分房子的时候,因为房子是一件非常大的事情,为了让员工尽可能满意,所以一般会采取这样的方法:首先将人按照某种规则排好顺序,然后从第一个人开始,依次来选房子,每人给 10 分钟或更长时间,他选好以后下一个人再接着选。这样做的好处是轮到每个人以后,他都可以在现有情况下做出最优选择,选择自己最满意的房子。如果按照这个思路,那么是否可以在高考之后将所有人按照分数排队,然后从第 1 名开始,依次来选学校和专业呢? 这样做的好处是轮到某一名学生以后,他可以在所有当前剩余的学校和专业中挑选自己最满意的。

当然,我们很快就发现这是很难操作的。以河南省为例,2018 年有将近 100 万考生,按 100 万计算,即使每人给 10 分钟,24 小时工作,也大约需要 6 944 天,即大约 19 年的时间才能完成,显然不可以操作。

过去确实是不可能的,但是在大数据时代是否就可能了呢? 我们换一个思路来考虑问题,在正式开始录取之前,给学生和家长比较充足的时间仔细考虑每一个学校和每一个专业,也不用分批次了,他可以逐个依次列出自己想去的学校和专业,考虑到大数据技术的存储能力和计算能力,其实不用限制学生填写的志愿数目,只要学生愿意,可以填写一千个、一万个,充分表达自己的志愿。比如:

> 志愿 1：甲校 A 专业
>
> 志愿 2：乙校 A 专业
>
> 志愿 3：甲校 B 专业
>
> 志愿 4：乙校 B 专业
>
> ……

正式开始录取时,还是从第 1 名开始逐个录取,但是此时并不需要每个人临时选学校和专业了,轮到某个同学之后,只要根据他填写的详细的志愿,结合当前剩余学校和专业的情况,依次尽量满足他的志愿就可以了。因为不需要学生临时选,而是计算机自动匹配,所以时间可以大大缩短。还以河南省为例,100 万考生,就算每人需要 1 秒(实际上会更快),全部匹配完也就大约需要 12 天,要远远少于现在的高考录取时间。而且,理论上可以让每个考生尽量满意。

以上的方案看起来很美,但是实际上有很多困难和障碍,很多人可能马上就提出很多问题:如果分数并列怎么办? 对性别有限制怎么办? 对身体有特殊要求怎么办? 自主生、特长生怎么办? 这不成了唯分数论了吗? 似乎不是发展趋势啊,无穷无尽的问题,每一个问题都很有道理。但是大家想想计算机有什么特点呢? 就目前的计算机水平来说,你只要能给它明确的规则,再复杂都不怕,它都可以快速完成。我们所要做的就是针对每一个问题给出明确而具体的规则,比如对于分数并列的情况,可以按照某个学科的分数再排序;对于自主生或特长生,一般可以降低几十分录取,其实也都可以列出相应的规则,这个当然复杂一些,但是计算机其实可以完成。比如在准备将某个学生录取到某个专业的时候,计算机可以往下遍历一下几十分之内的学生的志愿情况,检查一下是否有自主生或特长生也报了这个专业,如果有冲突,再根据相应规则进行调整。当然,这种算法是比较复杂的,但是在今天的大型计算机面前,实际上这都是小意思,都可以在眨眼的时间内分析完毕。实际上,以上说的就是一种"**量化思维**",只要考生和学校都将自己的愿望尽可能"量化"出来,写成计算机可以理解的规则,一切问题就都不再是问题。

话虽这样说,相信很多人心里还是有很多怀疑,笔者自己也不敢相信在短期内能实现这种录取方式。但是之所以提出该建议,最重要的实际上是希望大家认真考虑一下,是否可以利用信息技术进行业务流程再造? 在高考填报志愿这个环节上,我们是否也应该仔细考虑一下:过去为什么要这样填报志愿? 现在环境发生了什么变化? 可不可以换个方式填写? 比如,为什么过去一般在每批次只能填写几个学校呢? 原因可能很简单:第一,因为过去在纸上填写志愿,录取时手工处理,如果填写多了确实没有办法处理。第二,后来虽然用了网络填报志愿,但是此时仍然是信息技术的第一个应用层次,只是将传统做法信息化了,所以此时即使换成我来设计招生信息系统,基于惯性思维,肯定还是让大家只填写几个学校。第三,信息技术也是不断发展的,前几年的信息技术在存储、计算等技术方面确实有限制,可能确实无法支持更多的志愿、更复杂的处理。

但是大家想一想,在大数据时代,以上几个原因是否都不再是原因了呢? 是否真的应该重新考虑一下填报志愿和录取方式了呢? 就算我们不能真的按照上面的方案来填写志愿,是否可以允许学生在一个批次内依次填报几十所平行的学校,在一个学校内填报几十个专业,这样也算是尽可能满足学生的愿望了呢? 其实不仅仅是高考改革领域,在教育中的其他领域,我们是否也应该仔细分析一下每件事情:[①]

过去是怎么做的?

① 尚俊杰.大数据技术下,如何报志愿? [N].光明日报,2014-11-20(15).

为什么要这样做?

现在的情况和条件发生了什么变化?

未来应该怎么做?

四、能否重塑中小学教师培养模式

在本书中,我们经常会比较医生和教师,因为这两个职业有相似性,一个是医治人的身体,一个是医治人的灵魂。但是似乎医生过得比教师好,这是什么原因呢?

其实只要简单了解一下医生和教师的培养过程,大家就知道其中一个很重要的原因了:医学院的学生(临床专业)一般学 2—3 年专业课后,就直接到医院了,在各个科室轮岗,每天跟着医生现场实习;而师范学院的学生呢,一般到学校实习一个月到几个月,其间能被允许上一两次课就很不错了,所以说很多老师的实习都是上班后完成的。按说,对于医生、教师这样实践性很强的职业来说,多实习肯定是很有用的,比如师范学院学生也到学校跟着上 2—3 年的课,那效果应该是非常好的。但是现实情况是实习很难安排,如果一个教室常年后面坐 10 来个学生在听课,别说老师不干,估计家长都不干了。

那还有没有办法呢? 按以往的方式考虑问题,肯定很难,但是如果考虑一下信息技术、互联网的优势,可否真的重塑一下中小学教师的培养模式呢? 这就是我们要探讨的**利用互联网思维重塑中小学教师培养模式的三个层次**:

第一层,师范生上完 2—3 年基础课以后,就直接进入实习阶段,也实习 2—3 年,跟着老师上课。不方便现场跟课,可以网络跟课! 一线老师讲课的时候,师范生利用网络远程同步上课。而且,还不仅限于上课,学生在线提交作业后,理论上每个师范生都要批一遍作业,要了解每个学生的特点和存在的问题,除了不讲课之外,就像真的当老师一样。之后,一线教师还可以组织师范生进行讨论和点评,讨论一下为什么这样上课,究竟应该怎么上课。简单地说,每个听课的师范生就要像"实习医生"一样完全了解这个课堂的每一个细节,真的当老师。

第二层,如果再进一步,我们不是让师范生随便去跟课,而是在中小学筛选出一部分优秀教师,然后鼓励他们去攻读博士研究生,合格的教师选聘为师范学院的"教学教授(兼职教授)",然后让师范生跟这些教学教授上课,课后还可以给师范生上一些习题课。当然,就像医学院的医生不能脱离治病一样,这些教学教授不能脱离教学第一线,但是因为他们肩负重任,可以适当减免中小学课时。

第三层,更进一步,可否让师范大学的附属实验学校(其他选出来的学校也可以)

真的担起实验学校的重任,像医学的"口腔医学院"和"口腔医院"一样直接融为一体呢? 当然,这些学校不需要划片入学,可自由报名、择优录取。这些学校的条件可能很好,教师很好,但是就是要做实验,在这些学校,师范生真的会经常到讲台上讲课。

如果采用这种模式,比如师范生按 6 年本硕一体化培养,上 2 年基础课,然后去学校实习 3 年,第 6 年回来写毕业论文,这样培养出来的教师相信一出去就是一位比较成熟的教师了。

除了以上问题外,其实还有很多问题值得探讨:比如能否别让中小学教师评职称,能否别要求大学生 7 月份一定要就业等等(详见"俊杰在线"微信公众号)。总之,随着时代的改变,我们要因应时代的变化,发挥互联网、人工智能、大数据等信息技术,重新去思考教育中的每一个环节,去思考如何再造教育流程,实现教育的革命性变革。

五、教育流程再造重要吗

鉴于业务流程再造在企业获得的成功,有学者自然想到,是否可以将其引入到教育管理中呢?[①] 这方面比较成功的例子是 MIT,其将再造定义为:对学校的支持性流程(Support Process)进行根本的再思考和彻底的再设计,以获取绩效的巨大提高。对行政流程进行再造,主要目的是为了改善学校与顾客(包括教职员工、学生、家长和企业)之间的关系,充分利用现代信息技术,消除部门内部的本位主义,从而保证学校教学与科研的正常开展。1994 年,经过仔细地研究和分析,MIT 选择了若干个流程作为再造的重点,并为此成立了 11 个再造小组,负责具体事宜。每个流程的再造可以分为以下 4 个步骤:1.流程的分析和再设计阶段;2.流程的试验阶段;3.流程的试点工作阶段;4.流程模型的全面实施阶段。[②] MIT 的管理流程再造取得了显著成效,节约了经费,提高了效率,促进了 MIT 的教学科研发展。[③]

当然,对于学校来说,行政管理固然重要,而教学过程本身亦非常重要,所以,对于教育流程再造来说,不仅仅是对传统的学校管理方式进行根本性的改造,而且,也应该对传统的教学模式进行根本性的再造。事实上,业务流程再造在国内也得到了应用,比如北京十一学校打破传统班级概念,每一个学生都有一张自己的课表,像大学一样走班上课,确实是再造了中学的教学流程。北大附中的书院制也是一个创新。再如中

① 戴卫明.高校教育流程再造:必要性及其策略[J].湖南农业大学学报(社会科学版),2006(06):44—46.
② 王华丰,杨光.美国大学行政管理的科学化趋势及其启示[J].高等工程教育研究,2005(05):98—101.
③ 赖琳娟,马世妹.美、英高校行政管理科学化的实践及启示[J].北京教育(高教),2014(06):10—13.

关村三小的"校中校"，实际上都是一定程度上的流程再造。长期以来，还有许多人也从不同角度提出了许多种改革方法，如通识教育、小班化教学、跨学科培养、联合培养等等，也都具备流程再造的特点。

德鲁克还讲过，**作为规律，对某一知识主体影响最大的变化往往并非出自本领域内**。学校自从 300 年前以印刷品为核心重新组织以来，从未改变过自己的形态，但未来将发生越来越激烈的变化。这一变化的动力，一部分来自新技术的发展，如计算机、录像和卫星技术；一部分来自知识工作者终身学习的需要；还有一部分则来自人类学习机制的新理论。[①]

之前颇受推崇的里夫金所著的《第三次工业革命》一书中有专门章节论述教育变革。其中提到，目前的教学模式是适应第二次工业革命对大批量标准化人才的需要的，但是第三次工业革命需要大批创新型人才，所以需要打造一批全新的教育机构。[②]周洪宇等人也指出，面对挑战，我国教育改革应该积极应对，顺势而为，构建中国人才培养新模式，培养出适应第三次工业革命需要的各类人才。[③]

阿兰·柯林斯和理查德·哈尔弗森也认为，目前大多数学者努力研究如何将信息技术融合进学校教育中，殊不知信息技术的快速发展已使教育的内涵不再仅仅局限于学校之中，移动学习、泛在学习、虚拟学习、游戏化学习、工作场所学习、个性化学习、翻转式学习等新型教育模式，使得学习的控制权逐渐从教师、管理者手中转移到了学习者手中，从而动摇了诞生于大工业时代，以标准化、教导主义和教师控制来批量培养人才的现行教育体系。所以，他们认为技术时代需要重新思考学习（学习不等于学校教育）、动机、学习内容（课程），需要重新思考职业及学习与工作之间的过渡，需要重新思考政府在教育中的作用。[④]

美国政府于 2010 年 11 月颁布了《国家教育技术计划》（简称 NETP），其中"生产力：重新设计和改造"部分指出：经济学家们发现如果只是利用技术来自动化现有的流程和技术，那么这种使用可能在准确性和速度方面有一些好处，但是在获得技术、实施技术以及培训工作人员使用技术的成本和复杂性方面远远超过了它的贡献。只有利用技术进行结构创新和业务流程重新设计，生产率才会显著提高。因此教育部门可

———————————

① ［美］彼得·德鲁克.经典德鲁克［M］.孙忠，译.海口：海南出版社，2008：161—162.

② ［美］杰里米·里夫金.第三次工业革命：新经济模式如何改变世界［M］.张体伟，孙豫宁，译.北京：中信出版社，2012：241—271.

③ 周洪宇，鲍成中.第三次工业革命与人才培养模式变革［J］.教育研究，2013，34（10）：4—9＋43.

④ ［美］阿兰·柯林斯，理查德·哈尔弗森.技术时代重新思考教育：数字革命与美国的学校教育［M］.陈家刚，程佳铭，译.上海：华东师范大学出版社，2013：126—141.

以从商业部门学习的经验就是,如果希望看到教育生产力显著提升,就需要重新设计整个教育的结构和业务流程,而不是简单地修修补补。① 简单地说,就是要在技术的大背景和基础上重新考虑整个教育,而不能把技术仅仅看成工具和手段。

其实我国有关部门对此也很重视,教育部原副部长杜占元在 2018 年全国教育信息化工作会议上的讲话中指出:我国教育既面临着如何适应时代快速发展、回应迅速变化的外部环境的问题,又长期面临着城乡、区域、校际、结构不平衡等问题。这就要求通过加快推进教育信息化,实现对传统教育的理念重塑、价值重建、结构重组、流程再造、文化重构。② 教育部科技司司长雷朝滋也指出:新的时代背景和新的社会背景,对教育改革发展提出了新的要求,对创新人才培养提出了更高的标准。引领信息社会发展,更新教育理念,变革教育模式,重构教育体制,培养创新创业人才已经成为必然要求和现实选择。③

学术领域也很重视,杨宗凯认为信息化的关键在于"化","化"就是两个词,重组与再造。对教育的流程要进行再造,对教育的体制要进行重组,也就是要进行变革,这样才能"化进去"。④ 任友群指出:"流程再造"是信息化的基本理念,信息化"再造"不仅可以使业务可检验、可追溯,更可以倒逼管理者优化、简化、精化相关业务流程,使得高校管理模式从"粗放"走向"集约"。⑤ 胡钦太等人谈道:"教育信息化 2.0 旨在重构全新教育生态,将对教育系统外部、教育系统本身、学校教育、教育理念和文化等方面产生系统性变革。"⑥陈丽也指出:"人类学习的需求已经转变,整个的教育体系和教育制度终将被重构,学校教育体制可能不能适应这样的需要,我们要在更大范围内,构建更加开放的教育的体系和教育的制度。"⑦袁振国认为在泛在教育的概念下,国家和世界的教育系统必然要重构,学校的布局必然要重组,教师的素质必然有新的要求,教和学的方式必然发生变革。面向教育 2030,摒弃线性的、事业发展规划的思维方式来思考教育问题,理应成为教育者以及社会所有人的共识。未来教育手段的变化对教育的影响

---

① U. S. Department of Education, Office of Educational Technology. Transforming American Education: Learning Powered by Technology [R]. Washington, D. C., 2010: 64 - 74.

② 中央电化教育馆. 杜占元同志在 2018 年全国教育信息化工作会议上的讲话[EB/OL]. (2018 - 05 - 18)[2019 - 06 - 10]. http://www. ncet. edu. cn/zhuzhan/ldjh123/20180516/5041. html.

③ 雷朝滋. 教育信息化:从 1.0 走向 2.0——新时代我国教育信息化发展的走向与思路[J]. 华东师范大学学报(教育科学版),2018,36(01): 98—103+164.

④ 王子侯. 华中师范大学校长杨宗凯:信息化教育关键在于重组与再造[EB/OL]. (2016 - 03 - 14)[2019 - 06 - 08]. http://www. sohu. com/a/63315639_372523.

⑤ 任友群. 以智慧校园支撑大学治理[N]. 中国教育报,2014 - 03 - 26(11).

⑥ 胡钦太、张晓梅. 教育信息化 2.0 的内涵解读、思维模式和系统性变革[J]. 现代远程教育研究,2018(06): 12—20.

⑦ 吉吉. 北师大副校长陈丽:整个的教育体系和教育制度终将被重构[EB/OL]. (2016 - 06 - 24)[2019 - 0608]. https://www. jiemodui. com/N/50551. html.

绝不仅仅是对提高教育效率和教育质量的贡献,而是开创教育的新纪元。[1]

结语 重塑结构,再造流程

在第一章我们讲了以互联网、大数据、人工智能等技术为代表的信息技术使社会产生了翻天覆地的变化。在本章,我们也通过多媒体、可汗学院、翻转课堂、MOOC等案例探讨了信息技术对教育的影响,事实上还有很多新技术没有谈到,比如云计算、开放资源、物联网、移动学习、游戏化学习、VR/AR等等,相信在这些技术的集体支撑下,信息技术必将对教育产生革命性影响。[2]

不过,和军事信息化、企业信息化、金融信息化、医疗信息化等行业信息化仔细比较一下,就会看到教育信息化似乎还有一些值得借鉴的地方,就如美国2010年颁布的《国家教育技术计划》里讲的一样,如果想看到教育生产力像企业生产力一样显著提高,就必须进行结构创新和业务流程重新设计。[3]

教育,是中国从积贫积弱走向繁荣富强的重要原因。现在,人类社会正在从工业时代向信息时代、智能时代加速跃升,时代呼唤教育变革。"互联网+教育"是中国教育转轨超车、走向世界中心的历史机遇,机会不容错过。[4] 我们需要在教育的大背景和基础上重新考虑整个教育,结合互联网思维,发挥技术优势,避免技术缺陷,重塑教育结构,再造教育流程。后面几章就从教师角色再造、学习方式再造、课程教学再造、组织管理再造几个主要方面分别讨论教育流程再造的具体途径。

---

[1] 中教新媒.袁振国:教育正在悄悄发生的三大变化[EB/OL].(2017-08-18)[2019-06-08].https://www.sohu.com/a/165584069_414933.

[2] 尚俊杰.新一轮信息技术潮会颠覆教育形态吗?[J].人民教育,2014(01):38—41.

[3] U. S. Department of Education, Office of Educational Technology. Transforming American Education: Learning Powered by Technology [R]. Washington, D. C., 2010:64—74.

[4] 陈丽.教育信息化2.0:互联网促进教育变革的趋势与方向[J].中国远程教育,2018(09):6—8.

第三章 谁动了我的讲台：教师角色再造

……………………………………………………………………………………

师欲善其事，必先利其器。①

在上一章我们讲了 MOOC 对教师的影响，其实自 20 世纪 90 年代互联网快速发展起来，尤其是建构主义学习理论的盛行，教育领域就一直在探讨教师的角色转变。建构主义理论认为应该以学生为中心，学生是知识意义的主动建构者；教师是教学过程的组织者、指导者、意义建构的帮助者和促进者。② 进入 21 世纪，互联网在改变整个世界运行方式的同时，也触发了更深层次的教育变革，对传统学校教育和教师职业也造成很大冲击。普通学校教育是否仅仅沦为制度化的存在，教师到底应该承担什么角色，人工智能究竟能否替代教师？这些都是时下人们对传统教育的疑问。在颇受推崇的新媒体联盟发布的《地平线报告》中也讲到，在互联网时代要重新思考教师的角色，过去我们说教师要有一桶水，才能给学生一瓢，现在旁边有一个知识的海洋——互联网，还需要教师是一桶水吗？联合国教科文组织也曾指出："在不断变化的全球化世界中，必须根据教育面临的各种新要求和挑战，不断调整和反思教师的使命和职业。"③

总而言之，教育的变革成为时代发展的必然趋势，未来的学校将呈现新的形态，教师不仅是教育变革的重要推动力，更是教育变革针对的目标群体，未来的教师必将被赋予全新的角色和定位。④

第一节 效率与质量：利用信息技术提升教师能力

迄今为止，人类进行的所有努力几乎都是为了拓展我们的某种能力：发明汽车、火车和飞机，是为了拓展我们双腿行走的能力，发明电话、手机，是为了拓展我们的听

────────────

① 改自《论语》"工欲善其事，必先利其器"。

② 何克抗. 建构主义 革新传统教学的理论基础[J]. 中学语文教学，2002(8)：58—60.

③ 联合国教科文组织总部. 反思教育：向"全球共同利益"的理念转变[M]. 联合国教科文组织总部中文科，译. 熊建辉，校. 北京：教育科学出版社. 2017：47.

④ 张优良，尚俊杰. 人工智能时代的教师角色再造[J]. 清华大学教育研究，2019,40(04)：45—50.

觉能力。但是具体到学校教学，以前的教学似乎比较少能拓展教师的能力，因此教师给大家留下的一直都是"粉笔＋黑板"的传统形象。所以，总有人提起："100年前的医生来到现在的医院，他不知道该怎么治病；但是100年前的教师来到现在的学校，拿起粉笔就可以继续讲课。"这个传言用来嘲讽学校变革得太慢，而且似乎说得也有道理。在第二章也讲过，以互联网为代表的信息技术使其他行业几乎都产生了翻天覆地的变化，但是在教育领域似乎变化得确实比较慢。不过，其实在以互联网为代表的信息技术的支持下，教师的工作效率和教学质量都已经有了巨大提升，已经不再是单纯的"粉笔＋黑板"了。

一、工作效率真的提升了吗

这些年来，虽然很多人一直在反思信息技术似乎没有提高学生太多成绩，但是在提升教师工作效率方面却不容质疑：比如过去需要到图书馆苦苦查询的资料，如今单击几个按钮就可以快速找到；过去需要花费几天时间去苦苦思索一套考题，如今可以在网上任意下载、随意组卷，而且借用阅卷系统还可以快速批改；过去每年都需要用手重新写一整遍教案，如今只要在已有教案基础之上进行修改即可。

再如英语作文批改，大家想想英语老师会不会认真批改每一个学生的每一篇英语作文？估计大部分做不到，他们不是不敬业，不是不勤奋，是批不过来。大家只要算算认真批改一篇英语作文需要多长时间，他们要教多少学生，就知道他们批不过来。而利用一些英语批改软件，老师就可以帮同学们认真批改作文。而且，就英语作文来说，最好的学习方式是学生写老师批，学生再改老师再批，但是有几位老师能给学生改两遍，而借助这些批改软件，老师就可以批改1遍、10遍、100遍……

提升工作效率当然是非常重要的，在各行各业应用信息技术的时候，首先一定要能够提升工作效率，才能被人们真正接受。想想大家每天都在用的百度导航、微信和淘宝，确实极大地方便了我们的生活，如果一件事情需要花费巨大的精力去掌握，掌握以后还不能提升工作效率，那么这件事情一定是不可持续的。对于教师来说，更是如此，因为教师的工作负担确实太重了。按照《教师法》规定，每位教师每周工作5天，每天8小时，但是相信绝大部分教师都超过了工作时间。[①] 事实上，有很多学者研究了中小学教师乃至大学教师工作负担的问题，邵忠祥等人对贵州省黔东南民族地区农村小学教师的调查显示，因为工作负担比较重，工作压力比较大，超过20%的小学教师表

① 我的母校河南省林州一中原校长王志强说，他当班主任、副校长、校长期间，每天早上6点到校和学生一起跑操。当班主任和副校长期间每周至少值班一晚到晚上11点，每两周休息一天。

现出职业倦怠。在职业倦怠的三个维度中,情绪衰竭表现得最为严重。[1] 国家教育督导团 2008 年的抽样调查结果显示,教师工作时间长、压力较大。小学初中教师周平均工作时间为 42.4 个小时,班主任周平均工作时间达到 52.1 个小时。90% 的教师反映周六、周日还要备课、批改作业和家访等;20.6% 的山区农村教师承担了跨年级、跨课程的教学任务;55.1% 的教师反映工作压力较大,32.4% 的教师反映工作压力过大。工作压力过大直接影响教师的身心健康,抽样调查显示,反映睡眠质量较差和非常差的教师占 21.5%;反映经常感到精神疲惫的教师占 28.4%,其中城市教师为 36.5%;教师经常因为一些小事而不能控制情绪的占 13.4%,城市教师这一比例为 17.7%。[2] 教育部部长陈宝生在 2018 年 3 月 16 日举行的新闻发布会上也说,现在老师的负担很重,有各类考试和评估,压得老师喘不过气来。要把时间还给老师,不要让老师填各种表,让老师有足够的时间和精力研究教学、备课充电、提高素质、提高质量。[3]

面对教师工作负担比较重的情况,我们还希望进行更多的教育变革,可能就会出现"理想很丰满,现实很骨感"的情况。比如说,我们认为教师需要不断参加培训,所以有国培,有地方培训,有校本培训,但是老师们没有时间;我们觉得微课很好,就希望让老师们掌握微课制作和应用技巧,可是老师们依然没有时间;我们觉得学习科学和游戏化学习很重要,精心设计了优秀的课程,希望老师们能好好学习,老师们也觉得很重要,但是仍然没有时间。在这样的情况下,如果能利用信息技术提升教师的工作效率,节省工作时间,减轻工作负担就显得非常重要。或者也可以理解为**"先提升工作效率,然后再谈提升教育质量"**。

二、提升工作效率真的受重视吗

虽然说提升工作效率很重要,但是在教育领域,人们更容易关注一些比较"高大上"的方面,比如重视提升教学质量方面的价值,但是容易忽视信息技术在"工作效率"方面的价值。之前也提过,威廉·鲍恩曾经讲过,如果没有数据管理系统和强大的数字运算能力,像物理学领域的分子物理学和生物学领域的人类基因等研究则无法进行,如果没有 SPSS 等统计软件,社会科学的一些研究也将大受影响,但是这些似乎都

① 邵忠祥,凌琳,范涌峰. 民族地区农村小学教师职业倦怠现状及对策研究——基于贵州省黔东南民族地区的调查[J]. 教师教育论坛,2018,31(04):71—73.
② 中华人民共和国教育部. 国家教育督导报告 2008(摘要)[EB/OL]. (2008-12-5)[2018-10-2]. http://www.moe.gov.cn/s78/A11/moe_768/tnull_42506.html.
③ 胡浩,施雨岑. 教育部部长陈宝生:将专门出台中小学教师减负政策[EB/OL]. (2019-01-18)[2019-06-08]. http://news.163.com/18/0316/11/DD11F62E0001875N.html.

没有被计算进生产率中。① 因此，经常会发生这样的情况，信息技术已经在学校的教学、研究和管理中应用得越来越广，但还是有一些人在抱怨，信息技术对教育改变太少，因为在他们看来，利用 PPT 备课，利用 Excel 计算成绩，利用 SPSS 对数据进行分析，利用 E-mail、微信群进行讨论……这些似乎算不上信息技术教育应用。

当然，就我们教育技术研究者来说，也存在类似的问题，如果仔细分析一下全国、全世界教育技术研究者做的各种研究，大家也会看到较少有学者会花巨大的力气来分析如何设计系统能够让教师更省力，如何设计工作流程能够让教师工作效率更高。这一点我们在中国知网（www. cnki. net）中简单搜索一下就可以看出，在其中以主题为"信息技术"和"效率"，并且限制来源为教育技术领域两个重要的期刊《中国电化教育》《电化教育研究》进行检索时，总共能检索到 9 条结果，其中与检索主题密切相关的就更少了。然后我们再取消限制来源，在整个文献库中检索，能检索到 7 100 条结果，其中确实包含了一些其他行业的文献，但是相当一部分是在探讨信息技术与效率的问题，比如如何利用信息技术提升课堂教学效率，只不过，这些文章大多是中小学老师写的。② 虽然我们没有认真地去分析每一条结果，但是由此我们似乎可以看出一个有意思的现象：中小学教师对效率似乎看得比较重，但是高校研究者似乎看得比较轻。比如，现在很多学校都在努力推行机器阅卷，并可以利用大数据进行分析，如果你去和中小学老师交流，他们会觉得利用机器阅卷能节省老师的大量批改时间，太棒了。另外，还能对学生存在的问题进行分析，更棒了。但是如果你去和高校教育技术研究者谈，他们非常重视的是，利用大数据对学生存在的问题进行智能分析，然后给学生推送个性化的学习报告，从而能够提升学生的学习成效。

因为存在这个"偏见"，所以不管是教育技术研究机构还是企业推出的教育软件产品，都容易犯一个"高大上"的错误：以网上教学平台为例，在现阶段，教师们可能就只是希望将教学大纲、PPT 课件、推荐资源放上去，然后能够在线收作业、批改作业、在线讨论，但是软件开发者觉得这些只是简单的基本功能，不够"高大上"，于是花大力气开发了一些教学支架等高级功能。这些高级功能当然有意义，只是可能导致开发者忽视了基本功能的设计，因此用户体验比较差，从而导致没有人用，高级功能自然也白开发了。比如有一款比较流行的在线教学平台，有老师曾经统计了一下在该平台上批改一次作业，需要点 20 多次按钮。这样的软件，恐怕连开发者自己都不一定愿意使用。

---

① ［美］威廉·鲍恩. 数字时代的大学［M］. 欧阳淑铭，石雨晴，译. 北京：中信出版社，2014：11—12.
② 该结果是作者在 2018 年 10 月 4 日利用中国知网（www. cnki. net）的高级检索功能检索所得。

不仅仅是教育软件产品,教育领域的培训等服务也是如此,现在很多老师很怕被培训,一方面是没有时间,另一方面是很多培训没有和教师的日常教学和生活紧密地、有机地结合起来,因此没有激发教师的内在动机,没有真正提升教师的工作效率,使得培训成了老师们的负担。我在 2000 年左右曾经给一些大学行政人员培训过信息技术,我发现当时一些讲培训课程的老师心中存在这样的想法:一是觉得大学教师自然应该比学生学得快,所以讲得很快;二是觉得给大学教师讲课,自然要讲比较高级和复杂的功能。结果是这些学员学得晕头转向,事实上,在信息技术这一件事情上,大学教师可能比大学生学得更慢。因此,我在设计课程时,就特别注意通过教他们看图片、听歌、在网上搜索自己的名字激发他们的学习兴趣,另外,几乎是一步步地、手把手地教他们如何新建一个文件,然后一步步输入字符、保存、再打开、再保存,这些过程看起来很幼稚,但是学员们学得很快,当基础功能掌握后,他们自己就很容易地去慢慢掌握高级和复杂功能了。

三、看不见的技术:真正能广泛应用的技术

除了以上说的"忽视工作效率"的偏见外,还有一个原因,就是采用了"**不成熟**"的技术,因为信息技术毕竟还是一个新生事物,因此许多软硬件产品还存在各种问题,或者说还不是"完全成熟"的产品,结果让教师们觉得信息技术不好用。比如当年因为受限于网速、存储等因素,许多网络教育课程都是采用三分屏等方式,视频质量比较差,结果让人们产生网络教育质量比较差的印象。

施乐公司的马克·维瑟(Mark Weiser)曾提出"**看不见的技术**"这一概念。所谓看不见的技术,指的是那些"无时不在、无处不在而又不可见"的技术,简单地说,就是那些融入日常生活之中而又"消失"在日常生活中的技术,比如电灯、电话和电视,尽管人们天天使用,但是人们不会特别注意到它们的存在。而电脑就不太一样,可能会经常死机、中毒、崩溃,从而提醒人们它的存在。马克·维瑟认为只有那些看不见的技术才能对人类的生产生活起到最重要的推动作用。凯文·凯利(Kevin Kelly)在《失控》中也说过:"最深刻的技术是那些看不见的技术,他们走下精英阶层,不断放低身段,将自己编织进日常生活的肌理之中,直到成为生活的一部分,从我们的视线中淡出。"[①]

按照这个概念,我们来看看教育领域中的技术,最早的书、粉笔和黑板早就算是"看不见的技术"了,所以对教育产生了巨大的推动作用。早期的 PPT 经常出问题而

---

① [美]凯文·凯利. 失控:全人类的最终命运和结局[M]. 张行舟,译. 北京:电子工业出版社,2018:118.

"被人看见"，但是经过一二十年来的不断努力，随着软硬件系统越来越稳定、越来越先进，随着教师信息技术水平越来越高，现在 PPT 基本算是"看不见的技术"了，所以，在世界各地，不管是教师，还是企业、政府人员，几乎都在用 PPT 讲课和做报告。回头来看看虚拟现实、3D 打印、大数据等新技术，我们可以看到就目前的技术发展水平，就目前人们的信息素养来说，这些技术距离"看不见的技术"显然还有很长的路要走。这就启发我们在给教师提供软件产品服务时，要注意尽量提供成熟的技术。

当然，我们也要欣喜地看到，以互联网为代表的信息技术正在变得越来越成熟，应用越来越广泛，而在这些技术的支持下，教师的工作效率一定会越来越高，教师的工作负担一定会越来越轻。

四、利用信息技术提升教师教学质量

在一些领域，提升效率的时候可能会影响质量，这就是常说的"萝卜快了不洗泥"。不过，在教育领域，我觉得很多时候质量和效率是相伴相随的，能提升效率，也能提升质量。

比如前面提到的英语作文自动批改软件，它可以逐字逐句批改，质量也不错，已经在许多高校的公共英语教学中得到了应用。客观上确实提升了教师的教学质量。

再如现在大面积推广的平板课堂，每个学生一部平板电脑，教师在电子白板上展示一道题目，然后发送到每一个学生的平板上，学生就可以在自己的平板上解题，并上传到教师端，教师还可以据此进行点评。这样的课堂形式实际上有深刻的意义，在传统课堂中可能有一些学生人在课堂，但是就像过客一样看着教师和其他少数学生互动，心并没有参与。而在平板课堂中，所有的学生都主动或者被迫参与到这个"互动场"中了，都不得不进行一定程度的思考，这样或许有助于实现"一个不能少"。

我们再来看一下前面提到的 MOOC，一方面它确实提升了教学效率，过去一个老师能给多少学生讲课呢？而现在一个老师可以同时给几十万甚至上百万学生讲课，确实大大提升了教学效率。此外，在 MOOC 的某一些方面，实际上也提升了教学质量。唐·泰普斯科特（Don Tapscott）在其著作《维基经济学》中曾指出"大规模协作改变一切"。[①] MOOC 的学习方式与以往不同的是，可能是几万人一起学习一门课程。这样任何人提的问题都可以在以往问题中查到，或者会在很短时间内得到回答，而一个普通班级的网络课程则很难做到这一点，通常没有太多人发言，讨论不起来。从这个意

① ［加］唐·泰普斯科特，［英］安东尼·D.威廉姆斯.维基经济学［M］.何帆，林季红，译.北京：中国青年出版社，2007.

义上来说,MOOC确实也可以提升教学质量。

现在家长都很注重个性化学习,要实现个性化学习,就需要对每一个孩子的每一次测试、每一次问答都进行精心的分析,并进行个性化教学指导,但是面对一个四五十人的班级,教师再敬业、再努力,他分析的过来吗？人脑不行,电脑可不可以？能否借助计算机的强大计算和分析能力,自动对学生的学习数据进行分析呢？现在大数据比较热,社会各界都希望利用数据挖掘等技术对海量数据进行分析,从而发现一些潜在的规律。比如大型超市可以通过分析购物小票数据发现人们的购物习惯和购物规律,据此决定超市进什么货、怎么摆放,从而可以获得最大的效益。企业可以,教育就不可以吗？随着人工智能技术的发展,或许有一天我们真的可以让计算机像特级教师一样认真分析每一位学生的各种学习数据,从而给出更具针对性的作业练习等培养策略。

事实上,学习分析(Learning Analytics)现在已经变成教育技术及相关学科的研究热点,人们希望利用信息技术记录学生的学习过程数据,然后采用数据挖掘等技术对海量数据进行分析,继而提供符合学生特征的学习资源和学习指导。如果学习分析再有突破,或许教育学就能继经济学之后,成为一门从主要依靠经验转变为主要依靠数据的实证学科。[①]

如果以上都能实现了,教师可能就成为有一堆周边设备和技术支持的“超级教师”,就真的不再是“粉笔＋黑板”的传统形象了。

第二节　角色分工：“互联网＋”重塑教师角色

一、分工的价值：教师角色再造的必要性

在我读研究生的时候,我们系里曾经邀请了一位著名的女大夫来做报告,女大夫往那里一坐,右手一伸,一支激光笔就来了,左手一伸,一杯水就过来了,喝一口,水就被拿走了,主讲大夫和助手之间的配合简直默契极了。我在旁边看呆了,这才叫“派”啊。等到我当了老师,往讲台上一站,右手一伸,什么都没有,左手一伸,依然是什么都没有。我后来才发现大学老师需要自己把门关上,把设备打开,自己把黑板擦擦,然后开始讲课。大家想一想,一个医学院的学生分到一个比较好的医院,他的医疗水平能自动被提升,因为设备比较好,检验师、麻醉师、护士水平都比较高,客观上就提升了他的水平。可是一位师范学院的学生分到一个比较好的学校,他的教学水平能自动被提

① 魏忠. 大数据时代的教育革命[N]. 江苏教育报,2014-08-06(04).

升吗？当然，好学生、好同事也会有一点帮助的，但是，基本上都要靠自己，因为没有人会给他出一份化验报告，告诉他这个班里每一个学生都有什么特点、存在什么问题。也没有人在下课以后，帮他安慰一下学生，处理一下相关教学事宜。①

1776年，著名经济学家亚当·斯密（Adam Smith）写过一本书叫《国富论》，在其中论述了工业革命时期国民财富为什么能快速增长，有三个条件：第一个条件是市场的形成，商品可以快速卖到全国、全世界；第二个条件是技术的进步，商品可以快速生产出来；第三个条件就是**分工**，因为分工，每个人每个组织专注于自己最擅长的业务，生产效率就会大大提升。他举了一个制针工厂的例子，制针工作大约分成18道工序，每一道工序都有专门的人负责，比如有人负责抽丝，有人负责拉直，有人负责切断，有人负责削尖，有人负责磨光顶端，有人负责刷白，有人负责装针……因为分工，一个10多人的小工厂每人每天平均就能制造出4 800枚针，可是如果工人分别独立工作，他们谁都不能制造超过20枚针，甚至连一枚也做不出来，这就是分工的魅力和价值。② 大家仔细想一想，在医院，主治大夫、麻醉师、护士，这些人是否实现了一定程度的分工，每个人只做自己最擅长的事情，而在学校，教师们虽然也有一定的分工，你教语文，我教数学，但是在教语文这件事情上，基本上是"All in One"，所有的事情都要教师一个人来做。

教育领域为什么分工比较少？这个原因显而易见，因为教育太复杂了，我们尚未研究清楚学习究竟是怎么回事，因此很难对它进行精确的分工。但是，这也促使我们去思考，别的行业从农业时代到了工业时代，又进入了信息时代，而教师这个行业，到底有没有真正进入过工业时代呢？因为没有比较专业性的分工，所以老师们每天都要忙着搜集材料、备课、制作课件、制作教具、上课、管理课堂纪律、批作业、和学生谈心、组织学生课外活动、和家长交流等等，因为什么都需要做，就可能会出现一种情况，在最需要做的事情——分析学生的个性化问题并给予个性化指导方面力不从心。比如，在教育领域我们都知道这样一句话："教育就是一棵树摇动一棵树，一朵云推动一朵云，一个灵魂唤醒另一个灵魂。"这句话非常好，说出了教师们的心声，只不过这是理想境界，在现实中，一位身心俱疲的教师是否有足够的精力去充分地摇动几十棵树、推动几十朵云、唤醒几十个灵魂呢？

当然有人会讲，现在教育经费占GDP的比例大约为4％，未来就算可以占8％，也

---

① 本观点受教育部政策法规司副司长王大泉启发，他认为：医院医疗技术检测技术的水平，提高了医生的水平。目前的教育像中医，主要靠学校教师个体的水平，未来的教育应当是中西医结合的，以教育技术的水平提高教师的水平。

② ［英］亚当·斯密. 国富论［M］. 孙善春，李春长，译. 北京：中国华侨出版社，2011：1—3.

不可能给你雇几个助手,有人负责端茶,有人负责倒水。按照传统的教学情况看,确实比较难,但是现在采用 MOOC 了,可以让几万甚至几十万人一起上课了,这样就产生了规模效益,是否就可以实现一定程度的分工了呢? 比如,有人专门负责讲课,有人专门负责做课件,有人专门负责批作业。这样教师角色是否就更加多元化了? 因为专门负责一件事情,是否就更加专业化、职业化了呢? 这样算不算重塑教师角色呢?

二、"互联网+"为教师角色再造提供了契机

教师角色是历史的产物,在不同的历史阶段具有不同的特征。从孔子继承西周贵族"六艺"传统在杏坛讲学,到苏格拉底引导雅典市民讨论"什么才是正确的思想和行为"并创立助产术士;从隋唐时期开始在国学、太学等官学中设置博士主要传授儒家经典,到中世纪西欧修道院作为最主要的教育机构,由教士担任教师主要传授渗透宗教色彩的七艺;从清朝末期发展新式教育,创办洋务学堂从西方招聘教师,讲授外语、军事和技术实业,到工业革命后欧洲学校教育实行班级授课制,由专业化的教师开展分科教学。① 至此,"黑板+粉笔"的教师形象和授课方式,在学校教育形成以来没有发生根本上的改变。

事实上,孔子反对教师机械地灌输,提倡启发式教学,主张因材施教;夸美纽斯也主张教师开展直观性教学,激发学生求知欲望,反对强迫学生学习;杜威反对教师不考虑学生的需要和兴趣,以外在的动机强迫学生记诵,以成人的标准要求学生为未来做准备;②罗杰斯要求教师帮助学生澄清他们想要学习什么,安排适宜的学习活动和材料,并帮助学生发现他们所学的东西的个人意义。③ 这些理念虽然先进,但是未必符合时代发展需要,或者受到客观条件的限制,导致在实际操作中陷入困境。

如果我们可以回到工业革命时期的欧洲学校课堂,就会惊奇地发现其与现代课堂非常相似,教师站在讲台上,对着学生进行四十多分钟的知识传授,课堂上以教师教授为主,以提问和解答为辅。传统教育形式中,教师的角色就是利用有限的技术,面对有限的学生群体,传授相对固定的知识。教师在传授过程中坚守着口口相传的模式,尽管在授课地点、技术方式、授课群体规模等方面在形式上有所差别,但是本质上并没有太大的改变。课堂成为教育发展过程中最顽固、最难以攻破的阵地。

---

① 孙培青. 中国教育史[M]. 上海:华东师范大学出版社,2000.
② 吴式颖. 外国教育史教程[M]. 北京:人民教育出版社,1999.
③ 方展画. 罗杰斯"学生为中心"教学理论论评[M]. 北京:教育科学出版社,1990:155.

图3-1　18世纪(左)和21世纪(右)欧洲的小学课堂①

　　传统教师角色定位受到很多因素的影响，包括知识的有限性、社会对于人素养的有限需求、学校教育的精英化和贵族化、技术发展的相对滞后等。(1)自古以来，对知识的占有才具备成为教师的条件，比如原始社会中的部落首领、占卜师等。随着劳动分工以及学校教育的出现，教师这个职业才最终形成，在中国奴隶社会，实行"以吏为师"，包括后来的私塾先生，他们都是因为掌握了相对较多的知识而成为教师，但是并未受到专业的"为师"训练。进入工业社会，随着大机器生产的需要，人才培养也实行标准化的生产模式，教师才成为需要专业训练的职业。(2)传统社会发展对人素养的需要相对有限，原始社会主要传授的是生产和生活经验，受众相对广泛。在中国封建社会，主要传授治国之道，读书做官成为受教育者的终极追求，教育内容主要限于人文经典读本，受众较为有限。西欧中世纪的大学以职业训练为目的，教育内容也仅仅分为文、法、神、医四科，而基督教开展教育活动的目的主要为传播教义和争取信徒，七艺是主要课程内容。(3)在很长的历史时期，学校教育呈现精英化和贵族化的特征。在古代社会，包括莎草纸、羊皮纸、竹简在内的书写载体数量稀少、价格昂贵，在手工抄写时代，"读"和"写"是少数精英才能参与的活动。② 在工业社会，社会对人的需求开始多样化，追求把人培养为专业的技能人才，教育的受众确实扩大了，但是部分社会成员对现代学校教育仍然望而却步。接受学校教育(尤其是高等教育)确实需要不菲的资金投入，人们对学业时间过长造成的机会成本存在顾虑，另外也担忧接受教育后的实际收益。(4)在整个过程中，受限于技术的发展，难以实现效率的提升以及劳动分工的实现，教育教学过程以教师与学生面对面讲授为主，缺少辅助性人员和技术的支撑，教

① 图片引自：https://www.jiemodui.com/Item/87956.html? ft=detail&fid=88150。
② 郭文革.教育的"技术"发展史[J].北京大学教育评论,2011(03)：143.

学的整个过程大体上由教师独立完成。由于传播技术不够发达,教育的受众规模较小,知识只被部分人占有,无法在更为广阔的范围内传播。尽管后期出现了书籍等知识载体和传播方式,但是由于语言、纸张保存、国家政策等,致使传播范围局限在一定区域。

　　然而,传统教师角色的形成赖以支撑的条件,在 21 世纪发生了急剧的变化,时代发展的外部诉求为教师角色再造提供了契机。(1)现代社会飞速发展,知识的分化速度越来越快,知识更新周期越来越短,互联网也使得知识大规模扩散成为可能,单独个体、群体甚至国家都无法垄断知识。① MOOC 解决了优质教育资源受众的局限性。对学生而言,学校课堂教学除了制度化的要求之外,是否还有足够的吸引力? 这对传统教师教学提出了挑战。(2)社会需求的无限扩大以及人全面发展的需要。随着现代社会的快速发展,社会对人的素质的需要日趋多样化,工作岗位分化较快,前所未有的职业正在出现。为了满足自身发展的需要,人们对于教育的诉求日趋差异化,建立在需求基础上的教师群体分化也成为必然。(3)标准化的教科书和充足的书写材料,大大降低了普通人的受教育成本,为学校教育的普及提供了支撑。大众化阶段的学校教育出现诸多问题,包括无法紧跟社会发展的需求,教学过程缺乏对于人本身的"关注",课堂模式缺乏灵活性,教育过程的制度化程度较高等。这些都要求学校转型发展以及教师的角色再造。(4)技术的突破性发展,触动了传统教育模式,对于传统教师职业及角色造成了冲击。一方面,技术进步使教师劳动分工成为可能。教师群体不断分化,辅助性教学人员和工具不断增多。另一方面,新型技术大幅提升教学效率成为可能。除了劳动分工对于效率的影响之外,还有不断出现的大量新型技术手段。VR 和 AR 技术改变了教师教学信息的呈现方式,学生将接触更加真实形象的 3D 图形和三维空间。互联网技术推进了 MOOC 的传播,即使最偏远山区的学生也可以接受全球最优质的课程。②③

　　当然,我们相信教师角色再造会带来教学效率和教育质量的提升,但是是否会像第二章讲的一样,普通教师担心自己的讲台会被抢走,自己会"沦落"为助教呢? 而且,随着人工智能技术的进一步发展,教师可能要面临更多想不到的事情。

---

① 尚俊杰,张优良."互联网+"与高校课程教学变革[J]. 高等教育研究,2018(05):82—88.
② 尚俊杰,曹培杰."互联网+"与高等教育变革——我国高等教育信息化发展战略初探[J]. 北京大学教育评论,2017(01):173—182.
③ 钟茜妮. 教育部部长陈宝生谈成都七中那块屏:这个事非常好! [EB/OL]. (2019 - 03 - 06)[2019 - 06 - 08]. http://sc. sina. com. cn/news/b/2019-03-06/detail-ihrfqzkc1475898-p2. shtml.

第三节　机器人教师：人工智能真的能替代教师吗

在第一章我们就探讨过人工智能将会创造美好未来，但是人工智能当前可能会对各行各业造成颠覆式的影响，短时间内可能真的会让许多人下岗。那么，面对人工智能可能在教育领域大规模应用，我们是否会担心人工智能有一天会替代教师呢？在第一章已经探讨过人工智能的发展简史，下面就先来看看人工智能在教育领域应用的发展历史。

一、人工智能教育应用简史

当人们考虑人工智能的应用领域时，很自然地就会想到教育，所以人工智能教育应用的发展历史几乎和人工智能的发展历史是同步的。

20 世纪 50 年代开始，随着计算机的发展，计算机辅助教学（Computer Assisted Instruction，简称 CAI）也开始蓬勃发展，其中程序逻辑的自动化教学操作（Programmed Logic for Automatic Teaching Operation，简称 PLATO）系统是最具代表性的作品。1960 年，美国伊利诺伊大学联合科学实验室（The Coordinated Science Laboratory）负责人唐纳德·比策（Donald Bitzer）博士联合教育学家、物理学家、心理学家和电子学家研究利用计算机进行自动化个性化教学的计划，这是 PLATO 系统的起源。1967 年，伊利诺伊大学扩大了此计划，并新组建了计算机辅助教育研究实验室（Computer-based Education Research Laboratory，简称 CERL），还是由比策博士主持，到 1973 年的时候该系统就已经比较完美了，并在美国、加拿大及北欧地区等得到了应用。至 20 世纪 90 年代的时候，已经连接千台以上教育终端，可提供 200 多门课程共 10 000 多学时的教学服务。[①] 目前，PLATO 系统还在与时俱进地发展着。

应该说，PLATO 系统就是人类希望尝试实现智能化、个性化教学的探索，只不过最初版本的智能程度比较低，主要是根据学生答题情况进行适当的跳转，以便提供合适的题目。之后，随着人工智能领域对专家系统的重视，教育领域的专家系统即智能教学系统（Intelligent Tutoring System，简称 ITS，也常被翻译为智能导师系统）开始蓬勃发展。所谓**智能教学系统**，就是借助人工智能技术，让计算机能够像人类教师或助教一样指导和帮助学生学习，甚至在一定程度上能够替代教师，实现最佳教学。[②] 哈特利（Hartlen）和斯利曼（Sleeman）在 1973 年提出了智能教学系统的基本架构，认为

---

① 顾明远.教育大辞典[M].上海：上海教育出版社，1998.
② 刘德建，杜静，姜男，黄荣怀.人工智能融入学校教育的发展趋势[J].开放教育研究，2018，24(04)：33—42.

智能教学系统必须处理三方面的知识：(1)领域知识，即专家模型(Expert Model)，它主要解决教"什么的问题"，包含系统推理和判断学习者的回答与问题解决的步骤合适与否；(2)学习者知识，即学生模型(Student Model)，它主要解决教"谁的问题"，即判断学生当前的理解和认知水平以及学生的认知特点；(3)教学策略知识，即导师模型(Tutor Model)，它要解决"怎么教的问题"，主要提供有针对性的教学策略，使系统提出合理的辅导动作，如提供有效的反馈或调整下一个任务。[①] 一个优秀的智能教学系统应该像一个优秀的教师一样，熟悉所要教授的学科内容，对学习者的理解认知水平及学习进度非常了解，能够根据学习者的情况给予个性化的学习内容和学习指导，对学生的学习情况进行适当的评价和反馈。

自 20 世纪 70 年代以来，涌现出了很多智能教学系统，比较典型的如用于南美洲地理教学的 SCHOLAR，用于教授学生传染病诊断的 GUIDON，用于教授 PASCAL 程序设计的 PROUST，用于程序教学的 SOPHIE，用于理解人类教师对话系统的 MENO-TUROR，用于地球物理教学的 WHY，用于 LISP 教学的 ELM-ART，用于数学教学的 PAT 和 Algebra Cognitive Tutor，用于医学教育的 CIRCSIM，用于物理、数学、编程等教学的 AutoTutor，用于数据库知识教学的 KERMIT，用于语言教学的 TLCTS 和 CSIEC 等。[②] 陈仕品和张剑平曾经总结了智能教学系统的研究重点与典型系统，如表 3-1 所示：[③]

表 3-1   智能教学系统的研究重点与典型系统

	20 世纪 70 年代	20 世纪 80 年代	20 世纪 90 年代	21 世纪初
	问题产生	模式跟踪	学习者控制	适应性学习支持
研究重点	简单的学生模型、知识表示、苏格拉底对话教学、技能与策略性知识、反应式的学习环境、错误库、专家系统、覆盖模型	更丰富的错误库、基于案例的推理、探索世界、心智模型、模拟、自然语言处理、著作系统	自主与协作学习、情境学习与信息加工、虚拟现实应用	非良构问题解决、教学代理、教学游戏、元认知技能、自然语言对话
主导的学习理论	行为主义	认知主义	建构主义	建构主义

① 陈仕品,张剑平. 智能教学系统的研究热点与发展趋势[J]. 电化教育研究,2007(10)：41—46＋50.
② 贾积有. 人工智能赋能教育与学习[J]. 远程教育杂志,2018,36(01)：39—47.
③ 陈仕品,张剑平. 智能教学系统的研究热点与发展趋势[J]. 电化教育研究,2007(10)：41—46＋50.

续 表

	20 世纪 70 年代	20 世纪 80 年代	20 世纪 90 年代	21 世纪初
交互界面	文本	文本、图形	多媒体、自然语言	多媒体、自然语言、虚拟现实
主要技术	产生式专家系统	基于案例的推理、自然语言理解	智能代理、自然语言理解、神经网络	智能代理、网格与分布式计算、自然语言理解
典型系统	SCHOLAR (Carbonell, 1970)，WHY（Stevens & Collins, 1977），WEST（Burton & Brown, 1976），SOPHIE（Brown & Burton, 1975），BUGGY（Brown & Burton, 1978），GUIDON（Clancey, 1979）	LISP Tutor（Anderson, Boyle, & Reiser, 1985），Geometry Tutor（Anderson, Boyle, & Yost, 1985），PROUST（Johnson, 1986），PIXIE（Sleeman, 1987）	Smithtown (Shute & Glaser, 1990)，Sherlock (Nichols, Pokorny, Jones, Gott, & Alley, 1995)，Bridge (Shute, 1991)，Stat Lady（Shute & Gawlick-Grendell, 1993)，SQL-Tutor (Mitrovic, 1996)，AutoTutor (Graesser, 1997)	VC Prolog Tutor (Chritoph 等, 2000)，SCoT-DC (Herbert & Clark, 2001)，SlideTutor (Rebecca Crowley & Olga edvedev, 2003)，AHP-Tutor（Alessio Ishizaka, 2004)

由表 3-1 可以看出，在 20 世纪 70 年代，主导的学习理论是行为主义学习理论，该理论强调"刺激—反应"的联结，因此计算机中体现出"问题—答案"的模式，该阶段的研究重点是问题产生（Problem Generation），研究方向集中于学生模型、知识表示、技能与策略性知识、错误库等等。20 世纪 80 年代，主导的学习理论逐步转向认知主义学习理论，该理论强调信息加工，重视学习者与信息交互，解释信息并建构个人的知识表示。该阶段的研究重点是模式跟踪，研究方向集中于错误库、基于案例的推理、模拟、自然语言处理和著作系统等。20 世纪 90 年代以后，主导的学习理论成为了建构主义学习理论，该理论强调学习者自身的经验、社会和文化背景的影响以及协商的作用。该阶段研究重点是学习者控制，研究方向集中于个别化学习、协作学习、情境学习、虚拟现实应用等。进入 21 世纪以来，建构主义仍然流行，研究重点转向适应性学习支持（Adaptive Learning Support），研究方向集中于教学代理、教学游戏、元认知技能支持等等。①

应该说，在几十年的智能教学系统探索过程中，确实取得了重要的研究进展，确实

---

① 陈仕品，张剑平. 智能教学系统的研究热点与发展趋势［J］. 电化教育研究，2007(10)：41—46＋50.

为促进认知和学习提供了一些有效的工具。但是,也有学者指出,这些智能教学系统未能将教师们开发的有价值的学习原则和学习策略很好地进行整合。另外,和人类教师丰富的教育智慧和策略相比,这些教学系统中的适应性学习行为目前还很有限。^①简单地说,这些系统相对于优秀教师来说,差得还很远。

不过,近一些年来随着人工智能和大数据技术的突破性进展,出现了一些令人激动的案例。2009 年,日本出现了机器人“萨亚”老师,它可以对简单的词语和问题作出回应,受到五年级学生的热烈欢迎。2018 年,芬兰坦佩雷(Tampere,Finland)的一所小学,引进了几名“全能型”机器人教师。其中一位教师掌握多种语言并且会跳舞。还有一位数学教师可以智能识别学生的水平,并且相应调整教学进度。设计师为它们配备了既能了解学生需求又能帮助、鼓励学生学习的软件,还可以向真人教师反馈学生学习过程中遇到的问题。该学校引进机器人老师是为了检验其是否改进了教学质量,尽管还没有明确的结论,但是机器人教师促进了学生学习的积极性。^②现在国内也有一些机构在努力研究能够承担部分教师职能的机器人,余胜泉等人尝试开发基于人工智能的育人助理系统——“AI 好老师”,该团队关注孩子的身心健康发展问题,希望利用技术力量破解育人难题。^③汪时冲等人也在探索人工智能教育机器人支持下的新型“双师课堂”。^④

二、人工智能真的能替代教师吗

2016 年初,美国佐治亚理工学院的吉尔·威尔森(Jill Wilson)作为一门在线课程的助教,和另外 8 名助教在网络论坛上回答 300 名学生提出的 1 万个问题。然而,威尔森并不是“人”,而是根据 IBM 沃森项目开发的一款程序。该课程中只有一名学生对她的身份表示怀疑,剩下的学生并未察觉她不是人类。^⑤面对这样的现象,人们自然会产生一个疑问:人工智能真的能替代教师吗?

托比·沃尔什(Toby Walsh)比较乐观,他预测人工智能将在教育中发挥至关重要的作用。传统的工厂模式的学校教育难以满足个体化的需求,人工智能可以为学生提

① Ohlsson, S. Some principles of intelligent tutoring [C]. R. W. Lawer & M. Yazdani. Artificial Intelligence and Education. Norwood, NJ: Ablex, 1987: 203－237.
② ［澳］托比·沃尔什. 人工智能会取代人类吗？[M].闫佳,译. 北京:北京联合出版公司,2018:137.
③ 余胜泉,彭燕,卢宇. 基于人工智能的育人助理系统——“AI 好老师”的体系结构与功能[J]. 开放教育研究,2019(01): 25—36.
④ 汪时冲,方海光,张鸽,马涛. 人工智能教育机器人支持下的新型“双师课堂”研究——兼论“人机协同”教学设计与未来展望[J].远程教育杂志,2019,37(02): 25—32.
⑤ ［澳］托比·沃尔什. 人工智能会取代人类吗？[M].闫佳,译. 北京:北京联合出版公司,2018:136—137.

供更个性化的教育，程序有着无限的耐心帮学生梳理例题；它们可以了解到人类怎样学习，并据此调整到最适合学生的教学方法；它们还能帮助学生学习新技能，跟上技术发展的步伐。① 比如，能否让阿尔法狗来教学生下围棋呢？就学围棋这件事情来说，最好是跟着世界冠军来学习，这个世界冠军非常了解每个学生的水平和特点，能够根据他们的水平教授相关内容，一点一点不断提升他们的能力，而且，这个世界冠军还非常有耐心。可是这样的世界冠军有几个呢？有几个孩子有机会跟着他学习呢？而阿尔法狗似乎可以耐心地教全世界的每一个孩子。

现实中似乎也已经有这样的例子了：在基础教育领域，前面讲过，日本和芬兰的学校都曾经引进过机器人教师，在高等教育领域，人工智能近年来也开始不断介入。自 20 世纪 50 年代以来，图灵测试就是智能机器的衡量标准，它要求在交流和模拟真实世界的情境中，人无法区分机器人和人的区别。2014 年 AI 首次通过了图灵测试，并以 24 小时在线帮助平台的形式用于高等教育中。②

由此可见，在人工智能时代，传统教师角色面临着难以置信的挑战，但是让教师们可以放心的是，几乎所有的专家学者都认为尽管人工智能发展十分迅速，但是在很多方面仍然无法取代人类，因此不可能替代教师。③ 人工智能专家进入每一个领域的时候，他们的第一句话很可能是"我们就是要让人工智能来替代你们的"，即使在医学领域，他们也有这样的梦想。但是即使最激进的人工智能专家，在进入教育领域时，第一句话往往是：**"我们从来没有说过人工智能可以替代教师，我们只是希望利用人工智能来辅助教师工作。"** 2013 年卡尔·本尼迪克特·弗雷（Carl Benedikt Frey）和麦克尔·奥斯博（Michael A. Osborne）进行了系统的研究，他们认为难以实现自动化的工作技能包括创造力、社交智能以及感知能力、操纵能力，其他方面的能力机器人也同样可以具备。未来 20 年内，在美国，大约有 47% 的岗位会受到自动化的威胁，包括交通、物流、制造业以及办公室行政岗位、保险销售、房产中介等都将大批消失，被计算机替代。不过，其中小学教师、中学教师和大学教师被替代的概率仅分别为 0.44%、0.78% 和 0.32%。④ 根据他们的研究，如果从事的工作包含如下三类技能，被机器人取代的可能性就会非常小：(1)社交能力、协商能力以及人情练达的艺术；(2)同情心，以及对

① ［澳］托比·沃尔什. 人工智能会取代人类吗？［M］.闾佳,译. 北京：北京联合出版公司,2018：137.

② 亚当斯·贝克尔,卡明斯,戴维斯,弗里曼,霍尔给辛格,安娜塔娜额亚婳. 新媒体联盟地平线报告：2017 高等教育版［J］.殷丙山,等,译. 开放学习研究,2017(02)：19.

③ 赵勇. 未来,我们如何做教师？［J］.中国德育,2017(11)：48—51.

④ Frey C B, Osborne M A. The future of employment：How susceptible are jobs to computerisation? ［J］. Technological Forecasting & Social Change, 2013：114.

他人真心实意的扶助和关切；(3)创意和审美。但是如果从事的工作具有如下特征，被取代的可能性就比较大：(1)无需天赋，经由简单训练即可掌握；(2)大量的重复性劳动，上班无需动脑，只需熟练即可；(3)工作空间狭小，坐在格子里工作，不闻天下事。①

之所以教师很难被替代，主要是因为教师的工作非常复杂，包括传道授业解惑，其中包含了很多富有创造性的、社交性的和情感性的工作，而人工智能在可预见的未来很难替代这些工作。再进一步，即使教师的某一些工作能够被自动化，但是人类仍然更乐意与其他人而不是机器互动。② 那些宣称计算机将取代教师的人往往会天真地将教学简化为指导和评估，他们低估了教师工作的真正广度和复杂性。未来的教师可能并不轻松，尽管计算机在提供定制的指导、评估学生对基础知识和技能的掌握方面变得越来越好，但优秀的教师所做的远不止提供信息和基础知识。③ 通过改变认知促进学生树立正确的价值观，通过团队合作与对话促进知识增长，通过合理分析在复杂情境下做出伦理和道德决策，这些仅仅依靠信息技术软件和人工智能是难以实现的。④

总而言之，传统学校生活的好处十分明显，无论到什么时候，青少年学生可能都需要一个校园，而教师作为制度化校园环境中的重要主体，构筑了学生成长过程中交往与对话的外部环境，起到了独特和显著的作用，所以很难被真正替代。当然，也有人讲，如果有一天机器人教师看起来、交往起来和真人一模一样，到那时会怎么样呢？ 如果真有这么一天，那自然另当别论了。

三、人机协同打造超级教师

当然，人工智能不能替代教师不代表人工智能不重要，懂得利用人工智能的老师可能会替代不懂得利用人工智能的老师。托马斯·阿内特(Thomas Arnett)充分肯定了计算机作为虚拟教师在教学中的优势。未来实施的全新的教学模式可以充分发挥计算机和教师各自的优势，混合式学习允许将复习乘法表或词汇单词等类似的大部分工作放到计算机上，以便教师可以专注于他们认为最有价值的教学方面，例如指导学

① 余胜泉.人工智能教师的未来角色[J].开放教育研究,2018,24(01)：16—28.
② ［澳］托比·沃尔什.人工智能会取代人类吗？[M].闫佳,译.北京：北京联合出版公司,2018：127.
③ Thomas Arnett. Will computers replace teachers? [EB/OL]. (2013 - 08 - 26)[2018 - 10 - 14]. https://www. christenseninstitute. org/blog/will-computers-replace-teachers/? _sf_s=Thomas＋Arnett&_sf_paged=15.
④ Fernando Alonso Gómez Carrillo. Can technology replace the teacher in the pedagogical relationship with the student? [J]. Procedia-Social and Behavioral Sciences, 2012(46)：5646 - 5655.

生和促进探索性学习项目。正确实施混合式学习并不能消除教师，而是消除了教师认为的最繁重的一些工作职能。① 对于教师而言，提供写作作业的全面反馈，是一个费时费力的过程，虚拟教师不仅可以检查表面错误，还能分析意义、主题和论点，并给学生提供细粒度的反馈。在网络课程中，虚拟教师可以中断视频讲座直接向学生提问，回放视频片段能帮助学生理解特定的主题。这种无处不在的支持和指导可以填补空白，特别是在大型基础课中，教师很难一对一地关注学生。② 虚拟教师在很多方面对传统教师有有益的补充，这在东京 Qubena 补习学校得到了充分的体现，人工智能虚拟教师可以实时了解学生的学习情况，通过和传统教师的有效配合，帮助学生更好地处理学习遇到的障碍，促使学生提升了学习效率，有效改善了学习效果。

顾小清等人曾经分析了人工智能擅长的事项，提出人工智能可以部分胜任教师工作：(1)处理教育信息的智能助手。在学校教学过程中，会产生大量的数据，但是依靠传统方法比较难以存储和分析。而利用智能助手，可以自动录入教师的日常工作轨迹，定期形成工作日志，以备以后反思。同时，智能化的作业批改、智能阅卷既能帮助教师从复杂的机械性工作中解脱出来，又能存储学习过程数据，为之后的学习分析提供数据依据。(2)"随叫随到"的学习伙伴。人工智能可以为人们的终身学习提供支持，通过智能技术与智能设备链接海量的学习资源，成为学习者忠实的学习伙伴。(3)辅助个性化教与学的智能导师。人工智能可以克服教师时间和精力限制的缺陷，自动与学生交互，跟踪记录学生的学习轨迹，并给予实时的反馈。同时也能让教师根据学生的学习情况及时调整教学策略。(4)绘制学习者数字肖像的智能"画家"。人工智能可以对学习者在学习过程中产生的各种学习数据进行详细的记录和智能化分析，挖掘深层次的信息，形成学习者的学习印记和学习肖像，这是未来开展智能化学习的重要依据，一定程度上还可以促进学习者个性化学习的开展。③

祝智庭也曾经论述过人工智能促变教学的十种途径：(1)智能导师系统。(2)智能评分系统。人工智能可以即时评阅学生的试卷。(3)个性化学习系统。(4)智能审核系统。人工智能可以自动审核数据的有效性。(5)学程质量提升系统。人工智能基于学习模型能够评价和分析学生具体的答题模式。(6)虚拟现实学习系统。(7)高价值反馈系统。人工智能可以为学生定制课程并反馈信息。(8)学习预测分析系统。人

---

① Thomas Arnett. Will computers replace teachers？［EB/OL］．［2018-11-15］https：//www. christenseninstitute. org/blog/will-computers-replace-teachers/? _sf_s=Thomas＋Arnett&sf_paged=15.

② 亚斯斯贝克尔，卡明斯，戴维斯，弗里曼，霍尔绣青格，安娜塔娜额亚姝. 新媒体联盟地平线报告：2017 高等教育版［J］. 殷丙山，等，译. 开放学习研究，2017(2)：19.

③ 顾小清，易玉何. 智能时代呼唤教师角色转型［J］. 中小学数字化教学，2019(01)：23—26.

工智能能够建立预测系统,实现跟踪学生、与学生沟通、连接学生资源的功能。(9)机器翻译。可以弥补第二语言学生的语言差异。(10)游戏化学习。利用游戏化学习,可以提高学习者在活动中的参与率和巩固率。在具体应用中,要强调人机协同,机器主要负责重复性、单调性、例规性工作,教师负责创造性、情感性和启发性工作。[①]

余胜泉也曾经系统论述了人工智能教师的未来角色。角色一:可自动出题和自动批阅作业的助教;角色二:学习障碍自动诊断与反馈分析师;角色三:问题解决能力测评的素质提升教练;角色四:学生心理素质测评与改进辅导员;角色五:体质健康监测与提升的保健医生;角色六:反馈综合素质评价报告的班主任;角色七:个性化智能教学的指导顾问;角色八:学生个性化问题解决的智能导师;角色九:学生成长发展的生涯规划师;角色十:精准教研中的互助同伴;角色十一:个性化学习内容的生成与汇聚的智能代理;角色十二:数据驱动的教育决策助手。[②]

以上列出了人工智能可以协助教师做的各种工作,下面就用一个表格来梳理一下人们心目中理想的教师、优秀的人类教师和优秀的人工智能教师(2030年左右)都是什么样的,如表3-2所示:

表3-2　人机协同打造超级教师

任务		最完美最理想的教师	人类教师(达成比例)	人工智能教师(达成比例)	理想的人机协同教师(达成比例)
备课	查找资源	能查找到世界上最合适的资源	50%	80%	90%
	完成教学设计	能完成优秀的教学设计	80%	50%	90%
教学	讲授内容	精心讲授,由浅入深,容易理解	70%	40%	80%
	组织活动	能够组织讨论等活动	80%	30%	80%
	课堂互动	能够轻松回答同学的各种问题	60%	80%	90%
	课堂管理	能够自如地管理课堂	70%	30%	80%
作业	布置作业	能够布置针对性很强的个性化作业	40%	80%	90%
	批改作业	能够认真精心地批改每一篇作业	70%	90%	90%

① 祝智庭,魏非.教育信息化2.0:智能教育启程,智慧教育领航[J].电化教育研究,2018,39(09):5—16.
② 余胜泉.人工智能教师的未来角色[J].开放教育研究,2018,24(01):16—28.

续 表

	任务	最完美最理想的教师	人类教师（达成比例）	人工智能教师（达成比例）	理想的人机协同教师（达成比例）
学生发展支持	学习障碍诊断及反馈	能够及时发现学生的学习障碍，并给予及时干预	50%	80%	90%
	学习指导和答疑	能够及时给予学生正确的指导和答疑	50%	70%	80%
	教学评价	能够给予学生客观、公正并且具有建设性意见的过程性评价和总结性评价	70%	80%	90%
	学生生涯规划	能够协助学生制定个性化生涯规划	70%	50%	80%
情感支持	了解学生情感情绪等心理问题	深入了解学生的情感情绪等心理问题	70%	30%	80%
	给予情感情绪支持	能够给学生以个性化的情感情绪支持	70%	30%	80%
	具身支持	面对面支持（如表扬低年级小学生等）	60%	20%	70%
个人魅力	知识魅力	无所不知，无所不会	70%	90%	90%
	精神魅力	正直、善良、公正、无私、勇敢等	80%	20%	80%
	形象魅力	儒雅、优雅、阳光	70%	20%	80%

注：本表目前只是由笔者和其他十一位教育研究者根据经验编制，尚未进行严谨的实证研究。

综合以上分析可以看出，人机协同将打造未来教育时代的超级教师，人工智能届时一方面可以将教师从繁琐、重复、机械的体力和脑力劳动中解脱出来；另一方面还可以协助教师根据学生学习数据进行学习分析，给学生针对性的学习反馈，促进个性化学习。到那时教师几乎可以称作"无所不会，无所不能"的超级教师了。

第四节 传统教师角色的重塑和再造

在这一节，我们再来系统归纳一下教师角色再造的未来路径和需要注意的事项。

一、教师角色再造的未来路径

教师角色到底怎么再造呢？或许可以从以下几方面来实现：

（一）由"全才"变为"专才"，传统教师从孤立无援的"全能型多面手"成为具备高效支撑体系的"专业人员"。传统的教师行业，因为没有比较专业性的分工，所以老师们每天疲于应对查找资料、设计教案、制作课件、上课、批作业、组织学生课外活动、心理辅导和家长交流等。不同于传统的教育过程，由于个体需求的多样化，未来的学校更是开放性的场所，汇聚了具有各类学科和专业特长的教师，还有大量的辅助学习的教师和技术工具(包括人工智能工具)。教师将从单独的个体化教学转变到群体化辅助教学。教师不再是单独地个体完成全部教学任务，而是由教学支撑团队全方位地支持其完成教学环节。① 团队中既包括专注于内容设计和课程建设的专家，又有负责指导的小班班主任；既有设计动手实践的工程试验教师，还有评判作业或设计评估模式的教师。② 数据分析师、心理咨询师、学业指导教师也不再可有可无，这些角色可以由教师担任，也可以由人工智能教师担任。教师群体将会更加多元化和专业化，每个人从事最擅长的工作。日益分化的劳动分工将强化传统教师的专业化程度，从而提升教师工作效率和教育质量。

另一方面，在社会教育系统中，教师职业不再受到资格认证的限制。互联网时代，教育领域正在发生不可逆转的趋势，即教师不能再因身份而垄断知识。可汗学院等在全球范围内的盛行，充分说明了即使没有教师资格证的草根都可以成为"教师"，只要符合国家法律法规，任何人都可以在网络平台上开设课程。③ 其实，出于经济目的，国家和企业都迫切需要提升劳动力素质，需要掌握更新了知识和技能的、可促进发展的人才。这种不可逆转的变化使按常规办事的做法和通过模仿或练习取得的资格变得不太可行了。因而，对从业者施行继续教育也成为一种必要，这种教育模式需要动员各类社会角色参与，除了学校教育系统之外，私人培训机构和人员同样必不可少。④ 由于大量社会需求的存在，各类社会培训机构大规模出现，掌握了不同技能的人才，均可以成为某一领域的"教师"，教师角色呈现多元化和泛在化的趋势。

（二）由"教学者"变为"辅导者"，传统教师从"教的专家"转向"学生学习的辅助

---

① 尚俊杰.谁动了我的讲台[N].中国教育报，2014-07-16(04).
② [美]迈克尔·霍恩，希瑟·斯泰克.混合式学习：用颠覆式创新推动教育革命[M].聂风华，徐铁英，译.北京：机械工业出版社，2018：173.
③ 尚俊杰.谁动了我的讲台[N].中国教育报，2014-07-16(04).
④ 联合国教科文组织总部.教育：财富蕴藏其中[M].联合国教科文组织总部中文科，译.北京：教育科学出版社，2001：30—31.

者、设计者和引导者"。实现从单向灌输到辅助引导的转变。与传统观念和实践不同的是，现代学校和教学应该适应于学习者，而不是学习者屈从于预先设定的教学内容和规则。[①] 一方面，以往的教学模式，学生被迫接受学校传授的东西，在教学语言、内容和安排方面，并没有体现学生的意志。未来的教师将不再局限于传授知识，而是帮助学生去发现、组织和管理知识，引导他们而非塑造他们，致力于为每个学生提供学习支持。[②] 教师不是以知识权威的形象出现，而是建立和学生的新型关系，更加注重与学生的互动和知识的建构，成为学生学习过程中的辅助者。

另一方面，随着技术的发展，教学方式不仅仅局限于"粉笔＋黑板"，而是多种设备共同使用，抽象化思维和概念与具象化的现实相结合，给学生更加丰富多彩的学习体验。VR、AR与教育的结合，使教师角色也发生改变，不再是知识的输出方，而是一个知识世界的导游，引导学生去探索更多的知识。[③] 传统的教师往往在授课的过程中，大量地论述抽象的概念和原理，由于与现实存在一定的距离，常常无法引起学生的学习兴趣。随着媒介技术的发展，对于客观世界的呈现方式无限拓展，教学方式不再仅仅局限于"粉笔＋黑板"，而是多种设备共同采用，抽象化思维和概念与具象化的现实相结合，给学生更加丰富多彩的学习体验。人们很早就注意到，包含演示和实验的课比仅仅演示的课能够使学生形成更为精确的表象，不同材料的呈现可以使学生的不同感觉器官共同活动，学生由此从各方面了解事物的不同特征。[④] 尽管不可能使学生看到其希望知道的一切事物，但是随着信息技术的广泛运用，现实世界可以更加形象地呈现在学生面前。比如敦煌莫高窟的数字化工程，借助科技的手段，突破时间、空间上的限制，使千年文化迎面而来，"数字体验＋实体洞窟"的运行模式取得了较好的文物保护和文化传承的效果。[⑤] 信息技术使课堂和外部世界的严格界限被打破，教师完全可以将教育过程延伸到现实世界，在内容方面建立起所授课程和学生日常生活之间的某种联系。[⑥]

除了对现实世界全面立体的展示之外，对于知识的组织可以围绕真实世界的问题展开，知识学习实现由学科导向转变为问题导向。知识仅仅是人类探索世界之后形成

① 联合国教科文组织国际教育发展委员会. 学会生存——教育世界的今天和明天[M]. 华东师范大学比较教育研究所，译. 北京：教育科学出版社，1996：262.
② 联合国教科文组织总部. 教育：财富蕴藏其中[M]. 联合国教科文组织总部中文科，译. 北京：教育科学出版社，2001：64.
③ 文钧雷，陈韵林，安乐，宋海涛. 虚拟现实＋：平行世界的商业与未来[M]. 北京：中信出版集团，2016：202.
④ ［俄］达尼洛夫，叶希波夫. 教学论[M]. 北京师范大学外语系1955级学生，译. 北京：人民教育出版社，1981：137.
⑤ 宋喜群. 敦煌文化：借助数字化与世界相拥[N]. 光明日报，2016－11－22(12).
⑥ 联合国教科文组织总部. 教育：财富蕴藏其中[M]. 联合国教科文组织总部中文科，译. 北京：教育科学出版社，2001：64.

的产品,对于是否能解决问题并不清楚。但是建立在问题导向上的学习,则是对知识的全面运用和整合,根据需要解决的具体问题或需要完成的具体任务进行学习,人们会明白学习的意义和目的,这样的学校还会使其更好地了解将踏入的世界。① 教师不再仅仅限于传授信息和知识,而是以陈述的方式介绍知识,把它们置于某种条件中,并把各种问题置于其未来情景中,从而使学生能在答案和更广阔的问题之间建立一种联系。②

（三）由"教练"变为"导师",传统教师从"专业训练的指导者"转换为"学生人生发展的向导"。对于学生而言,学校不仅是学习知识的地方,更是其社会化的场所。教师不再仅集中于知识的传递,从专注于"教书"回归到"育人"的本质。

在现有的学校体系下,教师需要完成教学全过程的各项活动,就可能会出现一种情况,在最需要做的事情——分析学生的个性化问题并给予个性化指导方面力不从心。工业社会的学校教育承担的是培养大机器生产熟练技术工人的需要,并没有为受教育者考虑的初衷,但是每个人的学习方式应该与其指纹一样独特,传统教育并不尊重受教育者的个体化需要。对受教育者而言,大众化教育说的是如何拥有这一教育权利,个性化说的是学习兴趣的个性化、学习内容个性化和方法更适应自身条件。个性化教育要求接受教育更加自主、学习内容更加多样、学习方式更加灵活、教育进程的范围更加宽泛。③ 随着技术的发展,课程知识的传授和指导可以更多地交由在线教育平台来完成,这样教师就可以空出更多的时间来充当个性化导师这一角色。④

教师需要更加关注学生的情感体验,把更多的时间和精力放在关注孩子的心理成长和综合素质提高层面上,给予学生更多的人文关怀,努力成为学生"心智的激励唤醒者"和"精神导师"。⑤ 现在越来越多的学生需要全方位扶持和密集辅导,美国已经有部分学校将"导师"作为教学设计的组成部分,让教师们逐渐忘却要上的课程,而是把精力放在与每个学生深入的交流上,为学生带来生活智慧、社会资源和人生导引,努力做学生学业的向导、升学的参谋、家庭的联络员和生活上的支持者。如美国蓝图学校(Big Picture Learning School)为每个 15 人的小组配备一名导师,学生与之建立紧密协

---

① [美]珍妮特·沃斯,[新西兰]戈登·德莱顿. 学习的革命:通向 21 世纪的个人护照[M]. 顾瑞荣,陈标,许静,译. 刘海明,校. 上海:三联书店,1998:14.
② 联合国教科文组织总部. 教育:财富蕴藏其中[M]. 联合国教科文组织总部中文科,译. 北京:教育科学出版社,2001:65.
③ 勒晓芳. 全球化进程中人的个性化[M]. 北京:民族出版社,2006:194—195.
④ [美]迈克尔·霍恩,希瑟·斯泰克. 混合式学习:用颠覆式创新推动教育革命[M]. 聂风华,徐铁英,译. 北京:机械工业出版社,2018:164—165.
⑤ 邓银珍. 谁动了我的讲台——人工智能时代背景下教师角色的转变[J]. 中小学信息技术教育,2018(06):87.

作但有别于师生关系的私人关系。导师通过与学生深入沟通，在各个方面为学生提供有针对性的指导，成为每名学生的坚实后盾。①

二、教师角色再造需要注意的问题

首先，教师要树立合作意识，正确认识并积极应对技术发展对教师职业的冲击。虽然我们不能高估人工智能的作用，但是人机协同是必然趋势，人工智能教师将大量出现，传统教师作为知识权威的优越感将逐渐淡化。日本学者野村直之注意到，随着生产效率的不断提升，新式工具和机械可能带给人们不安的情绪，并引发劳动者的抵触，掀起诸如卢德运动等反机器运动，这是自工业革命时代以来不变的规律。② 然而，社会发展的潮流势不可挡，唯有积极采取新技术才能不落后于时代。贾雷德·戴蒙德 (Jared Diamond)指出不同的社会对于新技术的接受程度不同。在西方技术传播的过程中，那些比较有创新精神的社会正利用西方的技术来征服它们保守的邻居，对于新技术接受能力强的社会往往占据优势。③ 教师同样如此，对于技术的发展要抱有开放的心态，通过积极利用技术，教师可以有效满足自身发展的需要。技术的强大优势其实不是取代教师，而是从繁琐的工作中实现人的解放，技术使复杂的工作得以简化，帮助教师充实教学和获取更多的信息，高质高效地完成教学工作。

其次，教师要强化转型意识，发挥其在学生成长过程中的独特作用。杜威曾指出："如果用昨天的方式教今天的学生，我们就毁了他们的明天。"新一代学习者作为互联网原住民，天然地参与到"信息技术＋教育"的学习范式中。教师要充分认识到在这样的世界里，教师最不需要教给学生的就是更多的知识和信息。纯粹的知识本身不再是学生成长过程中要学习的最重要的东西。④ 现代教育仍然过于强调知识学习的重要性，而质疑精神和创造性思维的养成、道德修养和价值观的塑造，这些作为学生成人的根本，都需要教师潜移默化地熏陶和影响。梅贻琦特别倡导师德对学生发展的重要影响以及学生"从游"的必要性。"学校犹水也，师生犹鱼也，其行动犹游泳也。大鱼前导，小鱼尾随，是从游也。从游既久，其濡染观摩之效自不求而至，不为而成。"顾明远也认为机器替代不了老师对学生的精神世界的影响。⑤ 传统教师在知识传递中的作

① ［美］迈克尔·霍恩，希瑟·斯泰克.混合式学习：用颠覆式创新推动教育革命[M].聂风华，徐铁英，译.北京：机械工业出版社，2018：167—168.
② ［日］野村直之.人工智能改变未来——工作方式、产业和社会的变革[M].付天祺，译.北京：东方出版社，2018：265.
③ ［美］贾雷德·戴蒙德.枪炮、病菌与钢铁[M].谢延光，译.上海：上海译文出版社，2014：254.
④ ［美］阿兰·柯林斯，理查德·哈尔弗森.技术时代重新思考教育[M].陈家刚，程佳铭，译.上海：华东师范大学出版社，2013：49—51.
⑤ 顾明远.互联网时代的未来教育[J].清华大学教育研究，2017(06)：1—3.

用随着技术的介入发生变化,同时教师的育人功能日益凸显,时代的发展呼唤传统教学模式中教师道德楷模形象的回归。

再次,学校要具备变革意识,通过同步转型发展,推动教师角色再造。教师角色再造既是学校转型发展的重要组成部分,也是推动未来学校建设的重要力量。教师作为学校中的一分子,嵌入既有的教育体系之中,其发展势必受到组织的影响。教师的教学方式与学校的支撑体系是相辅相成的,教师的角色再造需要学校提供良好的外部条件。这不仅涉及相关奖励配套制度的完善,还涉及学校自身是否能够实现组织转型,成为真正以学生为中心的未来学校。部分教师对新的信息技术的接受需要一个过程,学校需要提供条件支撑教师专业发展,同时鼓励教师积极参与到教育改革之中。违背教师意愿或没有教师参与的教育改革从来没有成功过,联合国教科文组织很早就指出了教师在教育改革中的重要作用。[①]

最后,要特别注意教师情感情绪的变化,做好心理疏导工作。前面已经讲过,教师角色再造可能会让部分教师产生失落感。一夜之间,由主讲教师转变为辅导教师,心理上是否可以接受?教师一向是比较独立的,突然间变成教学系统中的一颗螺丝钉,从情感上是否可以接受?所以有关部门一定要特别注意教师情感情绪的变化,做好心理疏导工作。

总之,未来学校的发展,不局限于将技术层层叠加在传统教室之上,而是利用技术改变传统教师的角色,扩大教师的影响力。在信息技术的推动之下,传统教师可能实现华丽转身,但技术更新发展仅是触媒,只有在国家、社会和学校的共同努力下,真正激发教师的主观能动性,才能实现教师角色的根本性变革。

结语　技术赋能,超级教师

之所以首先谈教师角色再造,主要是因为教师太重要了。从社会角度看,现在有些大城市出现了天价学区房,择校现象日益受到关注,家长择的是漂亮的校园和教学楼吗?不是,现在大城市郊区都建了很多漂亮的新学校,但是人们依然要往城区的又小又旧的老学校挤,为什么?因为他们相信这里有优秀的教师。从学术研究角度看,约翰·哈蒂(John Hattie)历时15年,对52 637项研究、与数亿名学生学习相关的800多项元分析文献再进行综合元分析,提取了138个影响学业成就的因素,其中最大的

---

① 联合国教科文组织总部.教育:财富蕴藏其中[M].联合国教科文组织总部中文科,译.北京:教育科学出版社,2001:64.

影响因素也是教师。[①] 阎凤桥也曾撰文指出：在解决大学生学习问题的过程中，教师起着关键作用。如同产品的品牌效应可以减轻信息不对称问题一样，教育活动中的信息不对称问题的缓解，在很大程度上取决于教师的水平及其魅力。在大学课堂"低头族"成群的同时，我们也看到不少课堂座无虚席，那些学养高的老师本身所具有的魅力，使得一些学生愿意追随其后，冒探索知识的风险和代价而乐此不疲。[②] 刘云杉也强调，人的教育只能放在真实的社会生活、具体且复杂的历史文化境遇中，由富有情感与意志的教师通过精心设计的教学活动，春风化雨般地耐心进行，即**"以文化人"**。[③]

不过，作为一名教师，很多时候感觉教师这个角色确实耐人寻味。当别的领域采用技术大幅度提高生产效率的时候，比如一个农民借助技术可以耕种成百上千亩土地的时候，教师的生产效率似乎没有什么变化，30 年前教 30 个学生，30 年后教的可能还是 30 个或者更少一些。但是，当人工智能要逐步替代很多人的工作的时候，教师这个职业似乎又是最难被替代的。[④]

虽然很难被替代，但是不等于没有压力。就以我来说，每次进北大校门时，就经常想：国家把这么优秀的学生交给我们，如果不能把他们都培养成栋梁之才，我们对得起国家、人民、家长和学生吗？从微观角度再想想，"如果有条件，学生希望跟着世界上最优秀的老师学习"[⑤]。我想大部分教师都不是世界上最优秀的那位教师，也不是上通天文、下晓地理的"神人"，那么我们该怎么办呢？

可行的办法就是重新正确定位教师在信息时代、人工智能时代的角色，积极拥抱新技术，借助互联网、大数据、人工智能等新技术，拓展我们的大脑和双手的功用，把我们打造成可以不知疲倦的、可以细心照顾到每一个同学的、几乎是无所不会的"超级教师"。

不过，话虽这样说，重塑教师角色仍然是很困难的，事实上，教师角色可能远没有一个标准化的答案，教师需要根据课程内容、教学方法、知识特点、学习资源、教学工具等因素，不断地调整自己的角色和定位，才能真正提升教育教学的效率和效果。因此，信息时代如何重塑教师的角色，将成为中国乃至全球教育面临的严峻挑战。[⑥]

---

① ［新西兰］约翰·哈蒂. 可见的学习［M］. 彭正梅，等，译. 北京：教育科学出版社，2015.

② 阎凤桥. 有限理性与学习行为［J］. 山东高等教育，2018，6（01）：51—55.

③ 刘云杉. 教育要面向未来也要回望来处［N］. 中国教育报，2018-01-03（02）.

④ Frey C B, Osborne M A. The future of employment: How susceptible are jobs to computerization? ［J］. Technological Forecasting & Social Change, 2013：114.

⑤ 尚俊杰. MOOC：能否颠覆教育流程？［N］. 光明日报，2013-11-18（16）.

⑥ 高媛，黄荣怀.《2017 新媒体联盟中国高等教育技术展望：地平线项目区域报告》解读与启示［J］. 电化教育研究，2017，38（04）：15—22.

第四章　谁把动机还给我：学习方式再造

每个孩子去上小学一年级的时候,是否都是高高兴兴跑着去的?

是谁或者什么,用了多长时间,就让部分孩子变得不那么高兴了呢?

自 20 世纪 90 年代开始,伴随着信息技术和建构主义学习理论的快速发展,世界各国各地区纷纷开始反思教育,开始了新一轮的课程改革。进一步关注学生的学习,希望实现从以教师为主的教学模式向以学生为主的教学模式的转变。① 近些年来,在人工智能、大数据、移动设备、云计算等新技术和学科研究发展的强力推动下,"学习"被社会各界日益高度重视。任友群曾经说:这几乎是个"学习"的十年,学习型组织、学习型社会、学习共同体、学习型家庭、服务性学习等概念逐渐走进各个领域,"学习"成为一个广具包容性的关键词。不过,游戏化学习、移动学习、VR/AR、人工智能、大数据等新学习方式和新技术到底具有哪些教育价值,真的能留住学习动机、重塑学习方式吗?

第一节　留住学习动机：新技术的核心教育价值

确实,每一个孩子去上小学一年级的时候,基本上都是高高兴兴跑着去的,但是好像过一段时间后,有一部分孩子就不是那么高兴了,是谁或什么,夺走了他们的学习动机了呢? 与此同时,我们可以看到人们在玩游戏方面,似乎从来没有丢失过动机,比如在网上可以看到年轻人坐在水里打游戏的画面,也可以看到年轻人头缠绷带聚精会神打游戏的画面,还可以看到年轻的妈妈抱着孩子打游戏的画面,"计算机从娃娃抓起,游戏从婴儿抓起"。面对这种场景,我们已经无法阻挡这一代孩子玩游戏了,唯一的想法就是如何把游戏用到教育中,让学习更有趣,激发孩子们的学习动机。

一、游戏化学习的核心价值

事实上,游戏化学习(Game-based Learning,简称 GBL)(教育游戏)最近几年也已

① 何克抗. 现代教育技术与创新人才培养(上)[J]. 电化教育研究,2000(06):3—7.

经成为了教育技术领域的研究热点，正在蓬勃地发展。所谓教育游戏（Educational Game），狭义上指的是专门为教育目的开发的电子游戏；广义上指的是一切兼具教育性和趣味性的教育软件、教具和玩具，包括专门为教育目的开发的电子游戏、桌游、教具和玩具，具有教育价值的商业游戏，以及趣味性比较强的教育软件。所谓游戏化学习，狭义上指的是将游戏尤其是电子游戏用到学习中；广义上指的是将游戏或游戏的元素、机制、理念或设计用到学习中。① 下面就来简单论述游戏化学习的价值及其未来发展前景。

1. 游戏与教育：传统的视角

尽管游戏是伴随着人类的存在而存在的，但是人类对于游戏的系统研究却比较晚。在古希腊时代，柏拉图认为游戏满足了儿时的跳跃的需要。亚里士多德则认为游戏是非目的性的消遣和闲暇活动。一直到康德，游戏这一最古老、最平常的现象才开始进入理论思维的视野。康德把游戏者和艺术工作者联系到了一起，客观上提升了游戏的地位。到席勒的时候，游戏的地位提升到了新的高度，他认为：**"只有当人充分是人的时候，他才游戏；只有当人游戏的时候，他才完全是人。"**

随着现代心理学理论的出现和完善，人们开始设计基于不同理论范式下的实证研究，希望利用科学的分析手段研究游戏。与早期游戏理论关注游戏的本质和目的不同，现代游戏理论试图从动机和认知的视角，探究游戏对人类情感和学习发展的影响。精神分析理论的创始人弗洛伊德从人格理论的"本我、自我和超我"出发，阐释了游戏对人类发展的重要作用。② 皮亚杰在儿童认知发展理论中，从认知结构和发展阶段两方面，论证了游戏在儿童认知发展中的重要作用。他认为游戏不仅可以帮助儿童将新学的知识技能很好地内化，而且为儿童开始新的学习做好了准备。此外，儿童的游戏发展阶段与儿童的心理认知发展阶段是相适应的。③ 布鲁纳提出的认知发现学习理论对教学实践产生了巨大的影响，该理论非常强调学生学习的主动性和内在动机对学习的重要性。他认为游戏是一个充满快乐的问题解决过程，因此对儿童的问题解决能力起到了积极的促进作用。④ 维果茨基基于文化历史理论的观点，认为游戏是决定儿童发展的主导活动，是一种有意识、有目的的社会实践活动。首先，游戏的本质是社会性的，它为儿童创造了现实生活以外的、以语言和工具为中介的学习基本的人与人社会关系的实践场所。其次，游戏的中介作用促成儿童的心理机能从低向高发展。比如

① 尚俊杰，曲茜美，等. 游戏化教学法[M]. 北京：高等教育出版社，2019：30—34.
② Freud, S. Beyond the pleasure principle [M]. New York：Norton, 1990.
③ Piaget J. Play, dreams and imitation in childhood [M]. New York：Norton, 1962.
④ Bruner, J. Play, thought, and language [J]. Peabody Journal of Education, 1983,60(03)：60-69.

象征性游戏让儿童实现了思维符号化和抽象化。最后,因为儿童在游戏中的行为往往要略高于他的日常行为水平,这两者的差距形成了儿童的"最近发展区",推动了儿童不断复杂的"内化"发展过程。①

至于游戏在教育教学中的实际应用,其实也由来已久。孔子就非常强调游戏在教育中的重要性,他认为**"知之者不如好之者,好之者不如乐之者"**,学习的最高境界应该是达到"乐"的境界。"古希腊三杰"(苏格拉底、柏拉图、亚里士多德)也认为教育应该是一种既强调儿童游戏和活动,又注重教师指导和监督的形式,从而让儿童的身心在教育中得到自然和谐的发展。

德国教育家福禄培尔(Froebel)是幼儿园运动的创始人,他认为教育要适应自然,顺应儿童的天性。游戏可以顺应儿童自然发展的需要,是儿童发展重要的生活因素,是儿童发展内在本质的自发表现,因此幼儿教育要与游戏结合。②

意大利教育家蒙台梭利(Montessori)是继福禄培尔以后,对幼儿教育和游戏化教学理论与实践作出过重要贡献的专家。她认为教育要顺应幼儿发展的需要,而幼儿开始运动时就能从身处的环境中接受刺激来积累外部经验了,而这种经验的积累借助的就是游戏,所以游戏是幼儿发展的必经阶段。幼儿借助游戏使他们的生命力得到表现和满足,而且得到进一步发展。③

杜威是美国一位颇具影响力的教育家和哲学家,他提出的实用主义教育学说,在教育史上具有里程碑式的意义。在杜威看来,"教育即生活"、"学校即社会",学校教育一定要与生活相连,特别是与儿童的现实生活相连。为此,就要从经验中学习,即"做中学"。④ 他非常重视游戏在教育中的地位,认为一方面应该将游戏纳入学校课程体系中;另一方面在教学中应该把游戏作为课程作业的形式之一,这样容易建立经验和知识的关联。⑤

通过以上讨论,可以看出各位前辈分别从哲学、心理学、社会学、文化学、教育学等不同的角度对游戏进行了多角度的分析。至此,我们可以有一个直观的感受,至少在儿童发展层面,游戏扮演着重要的角色,对促进儿童的身心发展、认知发展、社会发展和情感情绪的发展起着重要的作用,甚至可以说:**"游戏即生活,游戏即教育。"**

---

① 姜勇. 国外学前教育学基本文献讲读[M]. 北京:北京大学出版,2013.
② 单中惠. 福禄培尔幼儿教育著作精选[M]. 上海:华东师范大学出版社,2009.
③ [意]蒙台梭利. 蒙台梭利幼儿教育科学方法[M]. 任代文,译. 北京:人民教育出版社,2001.
④ [美]杜威. 我的教育信条:杜威论教育[M]. 彭正梅,译. 上海:上海人民出版社,2013.
⑤ [美]杜威. 民主主义与教育[M]. 王承绪,译. 北京:人民教育出版社,2001.

2. 电子游戏的教育价值

从 20 世纪 50 年代以来，电子游戏（含街机、电脑、网络游戏等）逐渐风靡全球，自然吸引了教育学、心理学、社会学、医学等学科的研究者从不同角度对游戏及其教育价值进行了深入研究。

早期主要是一些小游戏（Mini-game），比如打字练习和选择题游戏等。这一类游戏被认为只能培养基本的技能，对于知识的吸收、整合和应用用处不大，一般无法培养游戏者的问题解决、协作学习等高阶能力。[①] 但不可否认它们是最容易被整合进传统教学过程中的游戏[②]，因此也被广泛使用。

在普林斯基（Prensky）看来，要想学习复杂的知识和培养高阶能力，就需要使用"复杂游戏"（Complex-game），也就是类似市场上的主流商业游戏，如《模拟城市》（Simcity）、《文明》（Civilization）等。[③] 威斯康星大学麦迪逊分校的斯奎尔（Squire）教授曾经让学生通过玩《文明 III》游戏学习世界历史。研究结果显示，学生不仅从游戏中学到了地理和历史方面的学科知识，加深了对文明的理解，培养了问题解决能力，同时，通过探究学习活动，还形成了自主学习、合作探究的学习共同体。[④]

在 2000 年前后，出现了一批较大型的角色扮演类网络教育游戏。比如，哈佛大学戴德（Dede）等人开展了多用户虚拟学习环境（MUVEES）研究项目。该项目让学习者进入一个虚拟的 19 世纪的城市，并通过观察水质、做实验、与虚拟人物交谈等来解决这个城市面临的环境和健康问题。研究结果显示，这种学习方式确实有助于激发学生的学习动机，让学生学习更多的关于科学探究的知识和技能，非常有利于培养学生解决复杂问题的能力。[⑤] 印第安纳大学的巴拉布（Barab）（目前任教于亚利桑那州立大学）等人设计开发了探索亚特兰蒂斯（Quest Atlantis），这也是一个虚拟学习环境，其中的游戏任务与课程内容紧密结合在一起，并以"探索"（Quests）、"使命"（Missions）和"单元"（Units）三种层级的任务体系出现在游戏中，且每一层级的任务都围绕着从课程教学中提炼而成的复杂问题，旨在培养学习者的高层次思维能力和社会意识。[⑥] 香港中文大学李芳乐和李浩文等人开展了虚拟互动学生为本学习环境（Virtual Interactive Student-

---

① Prensky, M. Digital game-based Learning [M]. New York: McGraw Hill, 2001.

② Squire, K. Video games in education [J]. International Journal of Intelligent Simulations and Gaming, 2003,2(01): 49 - 62.

③ Prensky, M. Digital game-based Learning [M]. New York: McGraw Hill, 2001.

④ Squire, K. Replaying history: Learning world history through playing Civilization III [D]. Indiana: Indiana University, 2004.

⑤ Dede, C. , & Ketelhut, D. . Motivation, Usability, and Learning Outcomes in a Prototype Museum-based Multi-User Virtual Environment [R]. Presented at American Educational Research Conference, April, 2003.

⑥ 马红亮. 教育网络游戏设计的方法和原理：以 Quest Atlantis 为例[J]. 远程教育杂志,2010(01): 94 - 99.

Oriented Learning Environment,简称 VISOLE)研究项目[1],旨在创设一个近似真实的游戏化虚拟世界,然后让同学通过扮演故事中的角色加入到这个虚拟世界中,并在其中自己发现问题、分析问题和解决问题,借以学习相关的跨学科知识,培养问题解决能力等高阶能力。在 VISOLE 学习模式的指引下,他们开发了《农场狂想曲》(Farmtasia)游戏并进行了实证研究。研究结果表明,这种学习模式确实有助于激发学习动机,并给了学生大量培养问题解决能力、创新能力等高阶能力的机会,且有助于培养情感态度和价值观。[2] 后来我和学生蒋宇等人也开展过一个利用该游戏促进探究学习的实证研究,结合游戏、探究学习和体验学习的特点提出了**"游戏化探究学习模式"**,并据此设计了课程,进行了实验研究。研究结果显示,这种学习模式确实有助于发挥游戏的优势,促进探究学习、合作学习的进行,有助于培养学生的探究能力。[3]

以上几个项目主要是针对基础教育的,其实也有人开展了面向高等教育或职业教育的游戏,比如麻省理工学院和微软公司合作开展了 Games-to-Teach 项目(http://education. mit. edu),该项目旨在将 MIT 的课程内容整合入交互式、沉浸式的电子游戏中,先后推出了涵盖数学、科学、工程、环境、社会科学、教育学科等学科知识的 15 个概念原型,部分已经设计成了游戏成品。在他们的研究中,还推出了称为增强现实(Augmented Reality)的游戏,这是一种将虚拟世界和真实世界结合起来的游戏,比如其中一款叫做《Environmental Detectives》的游戏,游戏者采用 GPS 导航的掌上计算机,通过访问虚拟人物、进行大规模的仿真环境测量和数据分析,来寻找泄露毒物的源头。[4] 此外,威斯康星大学的谢弗(Shaffer)等人提出了认知游戏(Epistemic Games)(http://epistemicgames. org)的概念,这类游戏一般会提供一个仿真的环境,来帮助学生学习工程、城市规划、新闻、法律等其他专业知识。[5]

近年来,教育游戏的相关研究更加深入,也更加多元化。[6][7] 比如威斯康星大学麦迪逊分校游戏、学习和社会(Game, Learning, and Society,简称 GLS)实验室的斯奎尔

---

[1] Jong, M. S. Y. , Shang, J. J. , Lee, F. L. , & Lee, J. H. M. VISOLE — A constructivist pedagogical approach to game-based learning [M]. H. Yang, & S. Yuen. Collective intelligence and e-learning 2. 0: Implications of web-based communities and networking. New York: Information Science Reference, 2010. 185 - 206.

[2] 尚俊杰,庄绍勇,李芳乐,李浩文. 虚拟互动学为本学习环境的设计与应用研究[C]. 汪琼,尚俊杰,吴峰. 迈向知识社会——学习技术与教育变革. 北京: 北京大学出版社,2013. 143—172.

[3] 尚俊杰,蒋宇,庄绍勇. 游戏的力量: 教育游戏与研究性学习[M]. 北京: 北京大学出版社,2012.

[4] Squire, K. , D. & Klopfer, E. Augmented Reality Simulations on Handheld Computers [J]. Journal of the Learning Sciences, 2007,16(03): 371 - 413.

[5] Shaffer, D. W. Epistemic frames for epistemic games [J]. Computers & Education, 2006,46(03): 223 - 234.

[6] 尚俊杰,肖海明,贾楠. 国际教育游戏实证研究综述: 2008 年—2012 年[J]. 电化教育研究,2014,35(01): 71—78.

[7] 曾嘉灵,尚俊杰. 2013 年至 2017 年国际教育游戏实证研究综述: 基于 WOS 数据库文献[J]. 中国远程教育,2019(05): 1—10.

等人发布了很多针对不同学习内容的游戏，可支持生物系统、公民行动、亲社会行为、程序设计、STEM（科学、技术、工程、数学）等多方面的学习。其中《ECONAUTS》就是一款以湖泊生态系统为蓝本，教学生学习环境科学的游戏。亚利桑那州立大学近年来成为了教育游戏的另外一个重要的研究机构，先后将威斯康星大学麦迪逊分校的保罗·吉（Paul Gee）和前面提到的印第安纳大学的巴拉布引进了过来，其中保罗·吉长期致力于电子游戏与语言学习方面的学术研究，出版了多本重要的教育游戏专著。①亚利桑那州立大学近年来和游戏公司（E-Line Media 等）合作完成了多款教育游戏。其中《Quest2Teach》就是专门为教师教育设计的一款 3D 角色扮演游戏，新手教师可以在其中练习如何教学。该游戏曾于 2014 年春荣获了亚利桑那州立大学校长创新大奖。麻省理工学院媒体实验室（MIT Media Lab）的终身幼儿园（Lifelong Kindergarten）小组之前曾经开发了风靡全球的《Scratch》（http：//scratch. mit. edu），这是一款可以用可视化的、游戏化的方式学习编程的工具软件。现在，他们又开发了《Makey Makey》（http：//makeymakey. com），只要用它把电脑和身边的任何物品连接起来，就能用该物品替代传统键鼠控制电脑。它本身虽然不是游戏，但是却能将枯燥的事情变得像游戏一样迷人。

在中国，香港中文大学庄绍勇等人开发了一套《EduVenture》（教育探险，http：//ev-cuhk. net）移动游戏化学习系统，利用平板电脑和全球卫星定位系统功能支持学生和老师进行户外游戏化学习。②台湾地区许多学者开发了支持创造力培养的教育游戏，并开展了大量的游戏化学习成效评价研究。北京大学、杭州师范大学、华东师范大学、华中师范大学、南京师范大学、陕西师范大学、首都师范大学、浙江广播电视大学等大学也都开展了大量的教育游戏研究。

还有一些学者从认知神经科学（或教育神经科学）的层次上研究电子游戏与教育的关系。③④ 比如美国罗彻斯特大学脑认知科学系巴韦利埃（Bavelier）和格林（Green）长期致力于研究电子游戏与人类学习机制和大脑认知的关系。⑤

也有学者试图结合认知神经科学和教育学的成果来开发更具学习成效的游戏，比如《Number Race》（http：//www. thenumberrace. com/nr/home. php? lang＝en）是全球

① Gee, J. P. What video games have to teach us about learning and literacy［M］. New York：Palgrave Macmillan，2003.

② Jong, M. S. Y. Design and implementation of EagleEye—An integrated outdoor exploratory educational system ［J］. Research and Practices in Technology Enhanced Learning，2013，8（1）：43‐64.

③ 尚俊杰，张露. 基于认知神经科学的游戏化学习研究综述［J］. 电化教育研究，2017，38（02）：104—111.

④ 裴蕾丝，尚俊杰，周新林. 基于教育神经科学的数学游戏设计研究［J］. 中国电化教育，2017（10）：60—69.

⑤ Green, CS. , ＆ Bavelier, D. Action video game modifies visual selective attention ［J］. Nature，2003，423（6939）：534‐537.

数学认知领域著名的科学家、三重编码理论提出者斯坦尼斯拉斯·迪昂（Stanislas Dehaene）的团队依据认知神经科学的研究成果开发的数感游戏，该游戏的开发结合了数感的发展、数量表征模型、游戏的动机等理论。[①] 北京大学教育学院学习科学实验室尚俊杰团队长期以来致力于教育游戏研究，也整合脑与数学认知、教育学、游戏的特点开发了用于支持儿童学习 20 以内加减法并练习数感的游戏《怪兽消消消》[②]（图 4-1 左）和用于分数学习的游戏《跑酷》[③]（图 4-1 右）。

图 4-1　《怪兽消消消》和《跑酷》游戏界面图

综合以上研究案例，参考其他研究文献[④]，我们可以简要概括出电子游戏的教育应用价值：可以激发学习动机；可以用来构建游戏化的学习环境或学习社区；可以培养知识、能力、情感态度和价值观。

3. 游戏的三层核心教育价值

尽管游戏具备诸多价值，但是在现实中教育游戏依然面临诸多的困难和障碍。[⑤] 所以大家未免还是会困惑，我们相信儿童确实需要游戏，可是青少年乃至成人也需要游戏吗？另外，普通的教学软件似乎也可以用来学习知识、提高能力以及培养情感态度和价值观，为什么一定要用游戏呢？游戏的核心教育价值到底体现在哪里呢？后来，我和学生裴蕾丝将游戏的核心教育价值概括为游戏动机、游戏思维和游戏精神[⑥]，如图 4-2 所示。

① Wilson, A. J. , Dehaene, S. , Pinel, P. , et al. Principles underlying the design of "The Number Race", an adaptive computer game for remediation of dyscalculia [J]. Behavioral and Brain Functions, 2006, 2(01)：14.

② 裴蕾丝, 尚俊杰. 学习科学视野下的数学教育游戏设计、开发与应用研究——以小学一年级数学"20 以内数的认识和加减法"为例[J]. 中国电化教育, 2019(01)：94—105.

③ 张露. 数学教育游戏的设计研究——以分数学习为例[D]. 北京：北京大学, 2019.

④ 尚俊杰, 庄绍勇. 游戏的教育应用价值研究[J]. 远程教育杂志, 2009(01)：63—68.

⑤ 尚俊杰, 庄绍勇, 蒋宇. 教育游戏面临的三层困难和障碍——再论发展轻游戏的必要性[J]. 电化教育研究, 2011(05)：65—71.

⑥ 尚俊杰, 裴蕾丝. 重塑学习方式：游戏的核心教育价值及应用前景[J]. 中国电化教育, 2015(05)：41—49.

图 4‑2 游戏的三层核心教育价值图

（1）游戏动机

当前，尽管教学条件越来越好，但是学生的学习动机仍然堪忧。有报告显示，在美国，大约50%的高中生认为他们老师的教学是不吸引人的，另有超过80%的学生认为教学材料是无趣的。[1] 在中国，学生的学习动机缺失问题也大量存在，而且像一些超级中学一类的学校，学生学习动机很强，但是或许更多的是升学压力等外在动机。

面对这样的情况，大家自然会想到，是否可以利用游戏的挑战性、竞争性等特性使得学习更有趣，更能激发学生的学习动机呢？[2][3][4][5] 尽管游戏有诸多教育价值，但是毫无疑问，最被看好的还是游戏动机。而事实上，也有许多实证研究证明，游戏有助于激发学生的学习动机。[6][7] 巴拉布等人以 QA 为研究环境，来对比研究叙事性学习（Story-based Learning，简称 SBL）和游戏化学习的效果。研究显示，95%的采用 SBL的学生是为了获得高分或者完成老师布置的任务，仅有34%的采用 GBL 的学生将此列为学习的原因，65%的采用 GBL 的学生提出他们学习仅仅是"想学"。[8]

需要特别说明的是，这里用的是"游戏动机"四个字，但是实际上也包括了游戏在

① Yazzie-Mintz, E. Engaging the Voices of Students: A Report on the 2007 & 2008 High School Survey of Student Engagement [EB/OL]. http://www. indiana. edu/~ceep/hssse/images/HSSSE_2009_Report. pdf, 2014 - 12 - 15.

② Malone, T. W. & Lepper, M. R. Making learning fun: A taxonomy of intrinsic motivations for learning [C]. Snow, R. E. & Farr, M. J. Aptitude, learning, and Instruction, III: Cognitive and affective process analysis. New Jersey: Lawrence Erlbaum Associates, 1987. 223 - 253.

③ 尚俊杰，庄绍勇. 游戏的教育应用价值研究[J]. 远程教育杂志,2009(01)：63—68.

④ Gee, J. P. What video games have to teach us about learning and literacy [M]. New York: Palgrave Macmillan, 2003.

⑤ Prensky, M. Digital game-based Learning [M]. New York: McGraw Hill, 2001.

⑥ Huang, Y. M., & Huang, Y. M. A scaffolding strategy to develop handheld sensor-based vocabulary games for improving students' learning motivation and performance [J]. Educational Technology Research & Development, 2015, 63(05),691 - 708.

⑦ Furió, D., Juan, M. C., Seguí, I., & Vivó, R. Mobile learning vs. traditional classroom lessons: a comparative study [J]. Journal of Computer Assisted Learning, 2015,31(03),189 - 201.

⑧ Barab, S., et al., Game-Based Curriculum and Transformational Play: Designing to Meaningfully Positioning Person, Content, and Context [J]. Computers & Education, 2011,58(01)：518.

知识、能力、情感态度和价值观方面的价值。仔细分析目前市场上流行的各种网络游戏或电脑游戏,我们就会发现大部分游戏实际上都蕴藏了丰富的社会文化生活知识和专业知识。比如《模拟城市》就包含了大量的规划、建筑、交通、消防、税务等方面的知识。

相对于知识来说,在能力方面的价值更大。格林菲尔德(Greenfield)进行了一系列电子游戏的研究,她认为游戏可以培养学习者的手眼互动、空间想象、平行处理等基本能力。[1] 前面提到的多个教育游戏研究项目也论证了游戏有助于培养问题解决能力、协作能力、创造力等高阶能力。[2][3] 以创造力为例,这是当前各行各业都非常看重的能力,世界上许多国家和地区都将创造力视为国家发展的一项重要基础能力。有一款经典的游戏叫《蜡笔物理学》(Crayon Physics)(http://www.crayonphysics.com,图4-3),它是一位芬兰人佩特里·浦尔霍(Petri Purho)开发的基于2D物理引擎的解谜游戏。背景是羊皮纸风格的蜡笔画,上面有一个小球和一个星星,你可以画任何东西,你画的任何东西都有质量和重量,符合牛顿运动定律。借助你画的这些东西,让小球砸住星星,70几关都过去以后,你就胜利了。这一款游戏不仅可以学习物理、数学和

图4-3　《蜡笔物理学》的关卡界面

美术等知识,更重要的是它没有固定的关卡和答案,每一关都需要你发挥创造力去解决问题,因此有助于培养创造力。[4] 后来,我和学生肖海明等人也尝试过利用该游戏与其他优秀的教育游戏设计一门旨在培养创造性思维的游戏化课程,研究结果显示该课程确实提升了学生的好奇心,很有潜力。[5]

在情感态度和价值观方面,游戏也展示了得天独厚的优势,因为它可以将一些教育理念融入故事中,使同学在不知不觉中接受教育。[6] 比如盛大公司曾经推出《学雷锋》游戏,将雷锋的故事融入到了游戏中。以市场上最受欢迎的魔幻类角色扮演类游戏为例,尽管有杀戮等血腥场面,但是其中也不乏团结友爱、乐于助人等因素,正如一

① Greenfield, P. M. Mind and Media: The Effects of Television, Computers and Video Games [M]. London: Fontana, 1984.
② 蒋宇,尚俊杰,庄绍勇. 游戏化探究学习模式的设计与应用研究[J]. 中国电化教育,2011(05):84—91.
③ 尚俊杰,庄绍勇. 游戏的教育应用价值研究[J]. 远程教育杂志,2009(01):63—68.
④ 蒋宇,蒋静,陈晔.《蜡笔物理学》游戏的教育应用价值解析[J]. 中小学信息技术教育,2012(02):59—62.
⑤ 肖海明. 利用教育游戏培养学生创造力的设计与应用研究[D]. 北京:北京大学教育学院,2015.
⑥ 尚俊杰,庄绍勇. 游戏的教育应用价值研究[J]. 远程教育杂志,2009(01):63—68.

位玩家所言：

> 当朋友有生命危险的时候，是一群人都在帮着救人，还会时不时地保护别人，都要把危险留给自己，真的是一种很好的感觉。
>
> ——引自新浪网"健康玩家　健康游戏"活动征文

（2）游戏思维

在游戏动机之上，就是游戏思维，也称游戏化思维。所谓游戏化（Gamification），表示将游戏或游戏元素或游戏机制应用到一些非游戏情境中。[1][2] 比如，瑞典的一个地铁站曾别出心裁地将楼梯的每一级台阶设计成了一个钢琴琴键，走在上面可以弹出钢琴的声音，结果吸引了很多人走楼梯，同时达到了节能环保和促进人们运动的目的。[3]

游戏化思维目前已经被广泛应用到了产品设计、市场营销、众包和科学研究中。游戏化在市场营销领域最典型的案例当数微信红包，2014 年 1 月 27 日，微信红包正式上线。从除夕开始，至初一 16 时，参与抢红包的用户超过 500 万，抢红包 7 500 万次，领取到的红包超过 2 000 万个。微信红包之所以能这么成功，其中两个小小的游戏化设计起到了关键作用。以往的在线红包一般都只能发放固定数额，而且是发给指定人员。而微信红包可以发放随机金额的红包，并且可以让许多朋友来抢几个红包，满足了人们的好奇心和挑战心。这样一下子就将传统的发红包变成了一场抢红包的游戏。游戏化和众包相结合，还能实现令人叹服的效果。华盛顿大学的戴维·贝克（David Baker）利用游戏化的概念想出了一个特殊的方法来解决蛋白质研究的科学问题，他设计了一款《叠叠乐》（Foldit）游戏，发动全世界的玩家通过玩游戏来探索蛋白质的结构，竟然真的解决了很多科学问题，该项目的成果和方法也多次被发表在国际重要期刊上，引起了大家的关注。

仔细分析游戏化的核心，实际上还是发挥了游戏有助于激发动机的特点，只不过这里激发的不是表面上的休闲娱乐、逃避、发泄等动机，更多的是马伦（Malone）等人提

---

[1] 尚俊杰. 游戏化是什么？［J］. 中国信息技术教育，2015（08）：10.

[2] ［美］凯文·韦巴赫，丹·亨特. 游戏化思维：改变未来商业的新力量［M］. 周逵，王晓丹，译. 杭州：浙江人民出版社，2014.

[3] 同上注。

到的挑战、好奇、竞争等深层动机。① 比如钢琴楼梯和发红包实际上主要激发了"好奇"动机。

游戏化在教育中的应用也由来已久，比如前面论述的游戏化学习案例也都可以算作游戏化的案例。再如现在的一些学习网站中，会利用积分、徽章、排行榜等元素来激发孩子们的挑战心。其实，在传统教学中，老师也经常使用游戏化思维技巧，比如孩子们表现好就发个小奖票，或者发朵小红花，这也是游戏思维的运用。事实上，杜威谈的游戏很大程度上也是指和真实生活相结合的学习活动。② 另外，最近这些年 MOOC 非常热，但是 MOOC 中的学习动机也一直饱受诟病，为了提升 MOOC 中的学习动机，我们曾经以爱课程的"游戏化教学法"MOOC(http://www. icourse163. org/course/icourse-1001554013)为例，基于 MDA(Mechanics，Dynaics，Aesthetics)游戏设计框架，并选择以真人手绘背景、增加故事元素、增加角色扮演等方式，对 MOOC 课程视频进行游戏化设计，效果良好。③ 香港中文大学李浩文等人则把三国演义等传统故事开发成教育游戏融入到了离散数学中，在 Coursera 平台上推出了两门 MOOC"离散优化建模基础篇"④和"离散优化建模高阶篇"⑤。

概而言之，游戏思维的核心就是不一定要拘泥于游戏的外在形式，更重要的是发挥其深层内在动机，在教学、管理的各个环节的活动中有机地融入游戏元素或游戏机制即可。之前，我们也曾提出**"轻游戏"**的概念，与此有相似性。所谓轻游戏，可以简单地定义为"轻游戏＝教育软件＋主流游戏的内在动机"⑥，或者可以说是"轻度的游戏化设计"。事实上，我们在"游戏化教学法"MOOC 中就是使用的"轻度游戏化设计"，因为只有这样，才比较容易普及和推广，"重度游戏化设计"一方面成本高，另一方面效果也不一定就非常好。

（3）游戏精神

游戏的最高层次和最有意义的价值应该是游戏精神。所谓游戏精神，指的是人的一种生存状态，它表示人能够挣脱现实的束缚和限制，积极地追求本质上的自由，是人追求精神自由的境界之一。简单地说，游戏精神就是在法律法规允许的前提下，自由

---

① Malone, T. W. & Lepper, M. R. Making learning fun: A taxonomy of intrinsic motivations for learning [C]. Snow, R. E. & Farr, M. J. Aptitude, learning, and Instruction, III: Cognitive and affective process analysis. New Jersey: Lawrence Erlbaum Associates, 1987. 223 - 253.

② [美]杜威. 我的教育信条: 杜威论教育[M]. 彭正梅, 译. 上海: 上海人民出版社, 2013.

③ 朱云, 裴蕾丝, 尚俊杰. 游戏化与 MOOC 课程视频的整合途径研究——以《游戏化教学法》MOOC 为例[J]. 远程教育杂志, 2017, 35(06): 95—103.

④ 参见 https://www. coursera. org/learn/lisan-youhua-jianmo-jichupian。

⑤ 参见 https://www. coursera. org/learn/lisan-youhua-jianmo-gaojiepian。

⑥ 尚俊杰, 李芳乐, 李浩文. "轻游戏": 教育游戏的希望和未来[J]. 电化教育研究, 2005(01): 24—26.

地追求本质和精神上的自由。

对于儿童肯定是这样的，就如福禄培尔所言：游戏是儿童发展的最高阶段，人的最纯洁的本质和最内在的思想就是在游戏中得到发展和表现的。[①] 其实对于青少年乃至成人亦是如此，在胡伊青加看来，人类社会的很多行为都是可以和游戏联系起来的，人本质上就是游戏者。[②] 而席勒更是认为"只有当人游戏的时候，他才完全是人"，该观点从某种角度上也阐明了游戏精神的价值。

那么，究竟应该怎么体现游戏的精神呢？我们知道游戏最首要的特性就是自由性和自愿性[③]，所以首先应该能够允许学习者自由地选择想学的内容。比如对于大学生而言，虽然不能完全自由选择，但是应该允许他们尽量根据自己的兴趣选择自己的专业。对于中小学生来说，或许可以利用 MOOC、翻转课堂等形式自由选择想学的课程、想用的方式和想学的时间。其实，这也算是从宏观的角度激发了马伦所说的控制动机。[④]

其次，游戏是非实利性的，玩家一般并非有外在的奖励才会参与游戏，而是主要由内在动机驱动的[⑤]，所以通常并不是特别看重结果，而是重在过程。按照这一点，我们也要设法让学习者重视学习过程，而不是特别看重最后的考试成绩等。当然，要实现这一点，宏观上来说就需要社会实现从重文凭向重能力的转换，教育需要根据每一个学习者天赋和兴趣，将他们培养成热爱祖国、热爱社会、热爱生活的有用人才就可以了，并不一定需要把每个人都培养为博士和科学家。从微观上来说，就需要充分激发学生对游戏的挑战、好奇、控制、幻想等深层内在动机，让学习者即使是为了考学来学习，但是在学习的过程中几乎忘了考学的目标，只是为了战胜挑战或者为了好奇而乐此不疲。

当然，大家可能会担心，如果不注重结果，会不会随便对待过程呢？按照"真正"的游戏精神，游戏结果虽然是"假"的，但是游戏者对待过程的态度却是严肃认真的。[⑥]

另外，大家可能还会担心，学习毕竟和游戏有很大不同，游戏是可以"想玩就玩，想停就停"的，而学习显然不是。另外，很多学习内容和过程确实是比较枯燥的，无论怎

---

① 单中惠. 福禄培尔幼儿教育著作精选[M]. 上海：华东师范大学出版社,2009.

② 胡伊青加. 人：游戏者[M]. 贵阳：贵州人民出版社,1998.

③ 同上注.

④ Malone, T. W. & Lepper, M. R. Making learning fun: A taxonomy of intrinsic motivations for learning [C]. Snow, R. E. & Farr, M. J. Aptitude, learning, and Instruction, III: Cognitive and affective process analysis. New Jersey: Lawrence Erlbaum Associates, 1987. 223 - 253.

⑤ 胡伊青加. 人：游戏者[M]. 贵阳：贵州人民出版社,1998.

⑥ 同上注.

么设计,似乎也很难让学习者自由自愿地、充满愉悦地、不计升学和就业压力地、全身心地投入学习中。不过,商业领域有人提出游戏化管理有三种层次:下策是生硬地应用游戏;中策是将工作设计成游戏;上策是将工作变成对工作的奖赏。[①] 简单地说,就是让人充满兴趣地去工作,比如 Google 公司基本上就实现了这一点。那么,在教育领域,学习是否可以变成对学习的奖赏呢? 苏联教育家索洛维契克就相信人是可以学会满怀兴趣地去学习的,他认为人不要只做有兴趣的事情,而要有兴趣地去做一切必须做的事情。[②] 事实上,总是有一些学生能够满怀兴趣地去学习解析几何、数学分析等看起来很难、很枯燥的内容。我们所要做的,就是通过弘扬真正的游戏精神使更多的学习者变成这样的学生。

以上三者既有联系又有区别:游戏动机是最基础也最具操作性的价值,它强调利用游戏来激发学习动机;游戏思维则表示超脱游戏形式,强调将非游戏的学习活动设计成"游戏";而游戏精神则是最有意义的价值,强调学习者以对待游戏的精神和态度来对待学习过程和结果。三者的核心联系就是**深层内在动机**。也可以换一个简单的说法(或许不太严谨):游戏动机是指利用游戏来学习,游戏思维是指将学习变成"游戏",游戏精神是指将整个求学过程甚至整个人生变成"游戏"。

坦诚地讲,十多年前开始游戏化学习研究的时候,更多地关注教育游戏本身,总是希望游戏能够让所有的孩子高高兴兴地学习。但是,在一些困难和挫折面前,自己都有些怀疑游戏的教育价值。不过,随着对游戏核心价值的认识,随着对"学习"主旋律的体会,确实越来越认识到游戏具有无比广阔的应用前景,或许真的可以和移动学习、翻转课堂等新技术一起,重塑学习方式,回归教育本质,让每个儿童、青少年乃至成人都高高兴兴地沐浴在学习的快乐之中,尽情享受终身学习的幸福生活。

二、移动学习有什么用

最近十多年,移动互联网发展非常迅速,很多人都相信移动互联网、物联网、大数据、云计算将对世界产生颠覆式的改变。如果不相信呢? 可以看看滴滴打车、看看微信。

鉴于移动互联网不可估量的价值,各行各业都在争分夺秒地向移动互联网转移。教育领域自然也不甘落后,最近二十年来,开展了众多的移动学习研究项目:比如,(1)移动学习(M-Learning)项目。这是一个由欧盟资助,英国、瑞典和意大利三个国家

---

① 王孟瑶. 游戏化管理的"三策"[J]. 现代企业文化(上旬),2014(12):43—45.
② 郭戈. 西方兴趣教育思想之演进史[J]. 中国教育科学,2013(01):124—155.

的五个组织共同承担的项目。该项目主要考虑到欧洲有许多16—24岁的青年人还未完成学业就离开了学校，并且之后没有且也不愿意接受其他教育和职业培训，因此缺乏基本的读写和数理能力。项目通过使用移动通信手段，为他们创建了一个移动学习环境，同时开发出适合他们的移动学习资源，包括各种课程、服务和产品。(2)非洲农村的移动学习项目。该项目实际上是南非普里多利亚大学开展的一个研究生教育计划，农村学生通过这个计划学习相关课程。这些学生没有掌上电脑等其他数字设备，但是99%的人都拥有移动电话。于是，该项目就基于移动电话搭建了学习环境，可以给学生发送群发短信或定制短信，通过该方法来学习。虽然这种学习方式比较简单，但是据联合国教科文组织网站2013年4月24日的报道，阿拉伯地区在继非洲之后掀起了移动学习热潮。[①] (3)KnowMobile研究项目。这是挪威奥斯陆大学开展的项目，主要是为了支持医学专业的学生学习的，他们在实习的过程中，如果碰到了某一疑难杂症，就可以利用移动设备查询远程服务器上的相关资料，然后对病症做出正确的诊断。[②] (4)斯坦福大学移动学习项目。斯坦福大学学习实验室(Stanford Learning Lab)也曾经在语言教学课程中使用移动电话进行教学。他们开发了一个移动学习环境，让学习者利用移动电话练习生词、做测验、查阅单词、与教师交流等。[③] (5)香港大学笔记本电脑计划。其实移动学习不一定就要用移动电话，也可以使用便于携带的掌上电话和笔记本电脑等，比如香港大学在20世纪90年代就在学校推行笔记本电脑计划，通过学校资助、厂家资助和个人出资等方式，使得每个学生都能有一台笔记本电脑，希望借此促进学习。(6)100美元电脑计划。MIT媒体实验室创始人尼古拉斯·尼葛洛庞帝(Nicholas Negroponte)后来积极倡导"每个儿童拥有笔记本"计划[④]，他希望能够给一些发展中国家的贫困少年儿童提供一批100美元的廉价笔记本电脑，希望借此让这些孩子也能够接触最新的信息，以便缩小数字鸿沟，促进教育公平。他指导开发的这批笔记本电脑很有特点：可以手动发电，用手摇1分钟就可以使用10分钟，虽然很

图4-4 100美元电脑

① 郭婧.阿拉伯地区继非洲之后掀起移动学习热潮[J].世界教育信息,2013,26(11):79.

② 刘豫钧,鬲淑芳.移动学习——国外研究现状之综述[J].现代教育技术,2004(03):12—16.

③ 叶成林,徐福荫,许骏.移动学习研究综述[J].电化教育研究,2004(03):12—19.

④ 后来也常称为100美元计划,不过后期的电脑不一定就是100美元,可能比100美元高一些。

廉价,但是能够联网及共享上网。该计划也得到了社会的广泛认可。

2000 年,国际远程教育学家戴斯蒙德·基更(Desmond Keegan)在庆祝上海电视大学建校 40 周年"新千年:教育技术与远程教育发展——中外专家学术报告会"上做了题为"远程学习·数字化学习·移动学习"的学术报告,其中首次将移动学习的概念介绍到中国。之后,北京大学、上海交通大学等逐渐开展了许多移动学习研究项目。

当然,随着时间的推移、随着数字化设施的不断发展,尤其是随着智能手机的发展及网络速度的提升,今天的移动学习已经远远不再是依靠发短信的学习方式了,技术更加先进,内容更加丰富,形式更加活泼,大有替代传统互联网学习的气势。前面也提过,加拿大学者巴格利(Bagley)曾经分析了新媒体联盟于 2004 年到 2012 年期间发布的《地平线报告》,他说其中先后提出 37 项新技术,但是只有 7 项被后期的 4 份地平线报告证实,这 7 项分别是:基于游戏的学习、移动学习、情境感知运算、社会化计算、电子书、基于动作的计算以及学习分析技术。我们仔细分析一下后面这几项技术,其实都和移动学习多多少少有点关系,比如基于游戏的学习和移动学习很难断开联系,而情境感知运算、电子书等也都依赖于移动设备,另外现在处于研究热点的学习分析技术,很大程度上也依赖于移动设备提供的各种数据。

不过,说了这么多,可能有读者很想知道,那究竟什么是移动学习呢?移动学习又包括哪些学习模式呢?关于概念,很遗憾,虽然移动学习已经发展了二十多年了,但是尚未形成统一的概念,黄荣怀在其专著《移动学习——理论·现状·趋势》中系统梳理了相关文献,将各位学者的定义梳理了成了四类:以技术为中心的移动学习定义、基于与数字化学习(E-Learning)关系的移动学习定义、从增强正规教育角度出发的移动学习定义、以学习者为中心的移动学习定义。在此基础上他认为"移动学习是指学习者在非固定和非预先设定的位置下发生的学习,或有效利用移动技术所发生的学习"。[①]

至于移动学习模式,目前也没有权威的分类,就我自己感觉,可以笼统地分为如下三种模式:**碎片式学习、情境感知学习、基于电子书包的课堂互动式学习**。[②]

所谓碎片式学习,这是利用移动设备的第一个特点:随时随地和你在一起。这样就可以让学习者将零散时间利用起来,学学数学,练练英语,听听公开课,既学知识又练听力。现在我们的时间越来越碎片化,那么是否可以用碎片时间进行学习呢?其实前面讲过的欧盟开展的移动学习项目就具备这个特点。

① 黄荣怀,Jyri Salomaa. 移动学习——理论·现状·趋势[M]. 北京:科学出版社,2008.
② 尚俊杰. 移动学习有什么用?[J]. 中国信息技术教育,2015(Z1):35.

　　所谓情境感知学习，这是利用移动设备的第二个特点：知道你在哪里。商家知道你在哪里，给你发的广告，让你很难拒绝。如果换成学习信息："欢迎你来到北京动物园，你想了解一下大熊猫的历史吗？"站在大熊猫馆面前，你说你想不想了解一下？这就是博物馆、科技馆经常使用的学习方式。MIT 曾经做过一个游戏化移动学习项目，让学生拿着掌上电脑在城市里穿行，根据随时获得的信息去解决问题。香港中文大学资讯科技教育促进中心也推出了 EduVenture 系统（http://ev-cuhk.net），教师可以在后台编辑游戏化学习课件，学生拿着平板电脑可以在城市里、校园里、公园里开展基于情境的探究学习，深受师生喜欢。

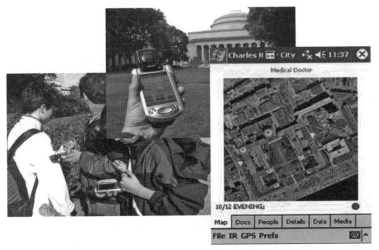

图 4-5　MIT 开展的游戏化增强现实移动学习项目

　　第三种模式是基于电子书包的课堂互动式学习。现在很多学校都在试验平板课堂，学生和老师人手一台平板电脑。学生可以利用平板电脑看看微课，做做虚拟实验。不过目前最常见的方式是这样的，教师在电子白板上打出一道题目，然后发送到每一位学生的平板电脑上。学生在自己的平板电脑上做好以后，就可以提交到服务器端，教师就可以在白板上调出学生的答案，并选择若干答案进行点评。

　　如果用一个词总结这种学习模式的最大特点的话，我觉得可以用"**互动**"。在传统课堂中，老师提一个问题，一个学生举手回答，他们在互动。但是我相信旁边还有一些学生，在脑子里也跟着互动，这些学生都进入了这个"**互动场**"，真的在学习，但是班里还有一些学生，他们或许从来都不想，因为他知道老师一学期都不一定会提问他，就算真问到了，只要回答"不会"，这事儿可能就过去了。但是在这种学习模式下，所有的答案都被记录下来了，就算老师真的不管他，父母也会看一下，"孩子啊，10 道题目错了 9

道,就算全选 C,也不至于这么差啊,你在学校到底干什么啊?"当然,记录下来的意义不仅在于此,利用大数据分析技术,对这些数据进行深入分析,肯定有助于给学生提供个性化的学习支持。

对于中小学生来说,第三种学习模式可能是最重要的,现在发展得也特别好,比如"睿易派"云教学平台整体解决方案,在浙江、上海、广东、北京等地的中学得到了比较广泛的应用。学习者人手一台平板电脑,在互动学习云平台的支持下,可以随时随地开展自主学习。不过就长远来说,第一种、第二种也是非常重要的,因为现在学习、工作和生活的界限越来越模糊,在生活中学习、在工作中学习越来越重要,所以移动学习的前景也就注定了越来越广阔。

三、虚拟现实和增强现实又有什么价值

近年来,随着图形图像技术的快速发展,虚拟现实技术越来越成熟,在教育中的应用价值也越来越引人注目。

所谓虚拟现实(Virtual Reality,简称 VR),指的是利用计算机模拟产生一个三维空间的虚拟世界,提供使用者关于视觉、听觉、触觉等感官的模拟,让使用者如同身历其境一般,观察三维空间内的事物,并可以与其互动。布尔代亚(Burdea)和夸弗托(Coiffet)认为虚拟现实应该具备三个基本特性:想象性(Imagination)、交互性(Interaction)和沉浸性(Immersion),简称虚拟现实的 3I 特性。[①] 其中想象性是指可以创建人为想象出来的场景和事物;交互性是指让使用者能够以自然的方式与虚拟环境进行互动;沉浸性指的是能够让使用者身临其境,感受到自己成为虚拟世界的一部分。虚拟现实根据实现技术,一般可以分为桌面式虚拟现实、可沉浸式虚拟现实(也常称为可穿戴式虚拟现实)、分布式虚拟现实、增强式虚拟现实。其中桌面式虚拟现实比较简单,利用普通计算机在桌面上呈现出三维场景,比如曾经风靡一时的《第二人生》(Second Life)(https://secondlife.com,图 4 - 6);可沉浸式虚拟现实指的是可以戴上头盔或者置身于一个虚拟现实屋子

图 4 - 6　《第二人生》中的场景图[②]

① Burdea G & Coiffet, P. Virtual reality technology, second edition [M]. New York: John Wiley & Sons, 2003: 3 - 4.
② 图片引自 http://blog.sina.com.cn/s/blog_57cddb810100c7bn.html.

中,可以让使用者完全沉浸在虚拟场景中,近些年发展得特别快;分布式虚拟现实指的是分布在不同地方的人可以进入同一个虚拟场景,并可以交互,类似于网络游戏;增强式虚拟现实其实就是指下面要说的增强现实(AR)。

AR 在广义上也属于虚拟现实,它是在虚拟现实的基础上发展起来的新技术,将计算机生成的虚拟物体、场景或系统提示信息叠加到真实场景中,从而实现对现实的增强。比如,头戴头盔或戴上 AR 眼镜或拿着手机,走在大街上,就可以看到几十年前的街道景象及事物,也可以看到周围大楼等物体的介绍信息(图 4-7)。

图 4-7 增强现实场景图①

VR 和 AR 现在在教育中备受重视,如果要比较一下的话,VR 前景应该很广阔,但是因为目前的技术原因,很难让一个人非常舒适地沉浸在一个完全虚拟的环境中,比如带着 VR 头盔总还是有头晕的感觉。就教育领域来说,AR 现阶段或许更适合,与全虚拟的 VR 技术相比,AR 不仅可以将学习对象及时仿真呈现,更行之有效的是将其置于真实环境中,并可对模型进行操纵,能让学生以一种自然的交互手段在真实世界中进行自主探索,获得认知。② 不过 VR 和 AR 经常被相提并论,国际知名的新媒体联盟发布的《地平线报告》中也经常将两者放在一起讲,所以后面也就直接用 VR/AR 了。

VR/AR 在教育领域的具体应用和典型案例也已经有很多了,具体类型很多,不过可以笼统地归为几类。

1. 构建三维场景、展示三维物体。早在 2008 年左右,很多大学就在《第二人生》中搭建了三维的校园或部分校园。一些考古类和历史类学科用这种方法三维展示文物。随着便宜的头盔式 VR 设备的发展,一些学校开始用它来教授太空等方面的知识。蔡苏等人也开发了跨平台的三维虚拟学习环境平台 i3DVLE,其中就设计了太阳系行星运动规律、牛顿运动规律、虚拟大讲堂等教育案例。这些系统不仅可以三维展示物体,加上互动设备后还可以进行交互(也可以直接用鼠标交互),比如在医学院开始流行的虚拟解剖系统。

---

① 图片引自 http://www.newhua.com/2012/1016/179880.shtml。
② 蔡苏,张晗. VR/AR 教育应用案例及发展趋势[J]. 数字教育,2017,3(03):1—10.

图 4-8　AR 图书①

2. AR 图书和 AR 立体教材。目前教育出版领域对 AR 图书、AR 立体教材或 AR 教具非常感兴趣。它们通常会制作一本特殊的书,然后用手机或平板电脑扫描书上的物体和对象,就可以看到生动的三维展示(图 4-8)。幼儿和小学生一般非常喜欢这种方式,这对中学生和大学生也很有意义,利用这种方式可以展示发动机的运行原理等复杂内容。②

3. 基于地理位置的 AR 学习系统。这一类学习系统通常都是将基于学习者位置形成的虚拟信息和真实场景叠加到一起,让学习者在移动过程中学习相关知识。比如萧显胜等人开发了一个增强现实天气观察员系统,可以辅助学生在学校里、家里和博物馆里学习天气等地理知识,通过扫描卡片,就可以看到相应天气元素的模型及知识。该研究发现,该增强现实系统对于提升学习者的学习兴趣和学习效果都有较大的帮助。③ CityViewAR(www.hitlabnz.org/cityviewar)是一款可以供学习者通过移动设备观察历史遗迹复员后外貌的移动应用,通过交互可以获得该地历史,还可通过该平台进行评论。④

4. VR/AR 教育游戏或游戏化的 VR/AR 学习系统。熟悉虚拟现实发展的人都知道,《第二人生》在 2006 年左右曾经红极一时,很多大企业、高校等机构都曾入驻其中,但是现在已经日渐衰落。当然原因可能有很多,但是有学者讲过,单纯地应用新技术,过了新鲜期以后,可能比较难维持学习者的学习兴趣与持续性,如果将其开发为游戏,或为其增加游戏化元素,也许就能够保持学习者的学习动机。⑤ 这或许也是《第二人生》和网络游戏技术同源不同命的原因吧。所以,如果有可能,可以将 VR/AR 系统开发为游戏或者为其增加游戏化元素,这样就可以同

---

① 图片引自 http://www.sohu.com/a/157479568_282711。

② 蔡苏,王沛文,杨阳,刘恩睿.增强现实(AR)技术的教育应用综述[J].远程教育杂志,2016,34(05):27—40.

③ Hsiao, H. S., Chang, C. S., Lin, C. Y. & Wang, Y. Z. Weather Observers: A Manipulative Augmented Reality System for Weather Simulations at Home, in the Classroom, and at a Museum [J]. Interactive Learning Environments, 2016,24(01): 205 - 223.

④ Billinghurst Mark, Dā Nser Andreas. Augmented Reality in the Classroom [J]. Computer, 2012,45(07): 56 - 63.

⑤ Levac Danielle E., Miller Patricia A. Integrating virtual reality video games into practice: Clinicians' experiences [J]. Physiotherapy Theory & Practice, 2013,29(07): 504 - 512.

时发挥 VR/AR 及游戏的价值，更好地激发学习者的学习动机。① 事实上，也有很多学者做了大量有益的探索。比如陈向东等人设计的"快乐寻宝"游戏是一款强调角色的增强现实移动教育应用。学生在该游戏中通过扮演不同的角色来回答相应角色的问题实现闯关，并通过信息交换找到宝藏位置。② 伊瓦涅斯（Ibáñez）等人设计的增强现实教育游戏，以电磁学基本概念为教学内容，该 AR 游戏设置了五关需要学习者完成的电磁学回路相关任务。研究发现，AR 学习组能够帮助学习者更好地理解和专注于学习内容，学习效果也好于在线学习组。③ 陈和梁等人开发的基于头戴式设备的虚拟现实教育游戏，可以用来帮助学习者练习舞蹈技能。学习者通过模仿虚拟教师的动作来进行舞蹈动作的练习，虚拟教师通过动作捕捉技术来为学习者提供及时的动作反馈与更正。该系统的游戏化设计元素主要体现在时间限制、虚拟人物的及时反馈和各身体部位动作得分的排行榜上。研究发现，相比于观看普通舞蹈教学视频，该系统的及时反馈和游戏化元素更能使学习者关注于自身的动作、保持较高的学习动机，从而取得更好的学习效果。④ 其实上一节讲到的 MIT 移动学习案例和香港中文大学开展的 EduVenture 项目也属于基于地理位置的增强现实游戏化学习项目。

以上介绍了各种类型的 VR/AR 教育应用案例，下面我们来讨论一下为什么 VR/AR 会具备特殊的教育价值：⑤

首先，VR/AR 技术和模拟仿真具备类似的优点，利用它们可以实现以前无法或者很难实现的教学方式。比如医学院的学生需要大量解剖人体，可是尸体很难找，所以虚拟解剖就可以部分代替。再如飞行员必须练习应对被鸟撞、引擎着火等危险情况，可是在正常的飞行练习中怎么可能碰到这些情况呢？就算是中小学生，按说也应该大量做物理、化学实验才可以，可是在现实中也是比较难实现的，尤其是一些具有危险性的实验，利用虚拟实验是否是一个较好的替代方式呢？我们平时可能很想看看恐龙，但是没有办法实现，微软等公司现在致力于推动混合现实（Mixed Reality，简称为 MR）技术的发展，希望将虚拟物体和真实世界叠加起来，将来或许真的可以利用 MR

① 王辞晓，李贺，尚俊杰. 基于虚拟现实和增强现实的教育游戏应用及发展前景[J]. 中国电化教育，2017(08)：99—107.
② 陈向东，曹杨璐. 移动增强现实教育游戏的开发——以"快乐寻宝"为例[J]. 现代教育技术，2015,25(04)：101—107.
③ Ibáñez María Blanca，Di Serio Ángela，Villarán Diego，et al. Experimenting with electromagnetism using augmented reality：Impact on flow student experience and educational effectiveness [J]. Computers & Education，2014,71(02)：1 - 13.
④ Chan J. C. P.，Leung H.，Tang J. K. T.，et al. A Virtual Reality Dance Training System Using Motion Capture Technology [J]. IEEE Transactions on Learning Technologies，2011,4(02)：187 - 195.
⑤ 尚俊杰. 虚拟现实最重要的价值是什么？[J]. 中国信息技术教育，2015(10)：10.

图 4-9 MR 技术场景图：呈现虚拟恐龙

技术、3D 全息投影技术等让恐龙出现在教室中(图 4-9)。

其次，VR/AR 可以人为地增加或减少因素，可以人为地拉长或压缩实验过程。很多时候，完全真实的情境中的学习效果未必就好。比如，如果希望学生了解小麦的生长过程，今年 10 月种下去，明年 5 月收割，学生可能到时候早忘了，而虚拟农场可以在短时间内让学生体验播种、施肥、浇水、成熟、收割等全过程。[①] 再如人体解剖，学生在现实中解剖多具尸体未必能碰到某种病，但是在虚拟解剖系统中，就可以随时随地碰到各种疾病。

此外，VR/AR 还有很多优点，比如相对比较便宜、比较安全等。所以最近几年在教育中尤其是职业教育中得到了比较广泛的应用。比如学生需要学习掌握数字车床的操作技巧，但是数字车床很贵，学校买不起那么多，就可以用虚拟的数字车床来学习。再如建筑专业的学生可以在虚拟系统中练习打地基、搭桁架等操作技巧。

VR/AR 教育应用得到了相关学习理论的支持。建构主义学习理论就特别强调知识的情境性，认为知识不是通过教师传授得到的，而是学习者在一定的情境即社会文化背景下，借助其他人(包括教师和学习伙伴)的帮助，利用必要的学习资料，通过意义建构的方式而获得的。[②] 情境学习理论更是认为，知识应该是情境性的，它要受到知识所使用的活动、情境以及文化的基本影响，并且与它们不可分离[③]；而学习的本质就是个体与他人、环境等相互作用的过程，学习更多的是发生在社会环境中的一种活动。[④] 简单地说，情境学习强调的是真实的情境、真实的活动和积极地参与。由此可见建构主义学习理论和情境学习理论都特别强调创建真实或近似真实的学习环境[⑤]，这正是 VR/AR 可以发挥优势的地方。

不过，个人认为，以上价值虽然重要，但是最重要的是：真实世界正在和虚拟世界

① Cheung, K. F., Jong, M. S. Y., Lee, F. L., Lee, J. H. M., Luk, E. T. H., Shang, J. J., & Wong, K. H. FARMTASIA: an Online Game-based Learning Environment Based on the VISOLE Pedagogy [J]. Virtual Reality, 2008 (12)17-25.

② 何克抗. 建构主义——革新传统教学的理论基础[J]. 中学语文教学，2002(08)：58—60.

③ Brown, J. S., Collins, A., & Duguid, P. Situated cognition and the culture of learning [J]. Educational Researcher, 1989,18(01)：32-42.

④ Lave, J. & Wenger, E. Situated learning：Legitimate peripheral participation [J]. N. Y.：Cambridge University Press, 1991.

⑤ 尚俊杰. 虚拟互动学生为本学习环境：设计与应用[D]. 香港：香港中文大学，2007.

不断融合,在虚拟世界中学到的方法就是将来真实世界中应对实际问题的解决方法,甚至都不需要迁移。比如,对于微创手术来说,当医生在病人身上打好洞之后,他根本不可能用肉眼看着洞做手术,只能看着旁边的电脑屏幕做手术。在这样的情况下,如果虚拟解剖系统设计得好的话,其实医生很难区分旁边躺的是真人还是假人? 如果真的区分不出来,那么医学院的学生在虚拟解剖系统中学到的方法不就是未来给真的病人做手术的方法吗? 再如农民种地,会不会有一天老农在家里通过平板电脑就可以管理农场了呢? 一看小麦的成熟指数到了100％,一点"收割"按钮,自动驾驶的收割机就自动去地里将小麦收割回来了。我想至少在一望无际的东北平原、华北平原上是很有可能实现的。如果真的这样,那么学生在模拟农场中学到的知识是否就是未来在真实农场中需要用到的知识呢? 再进一步,未来社会中人们会不会戴上一个眼镜,走在任何地方,只要需要,就可以随时随地将物体的介绍等各种信息叠加在真实物体上,我们想回1991年就可以回到1991年的虚拟场景,想学习什么内容就学习什么内容,到那时可能才真正称得上智慧城市、智慧社会、智慧地球。

第二节 重塑学习方式： 新技术促学习方式变革

在教育领域,其实人们一直有着美好的理想,孔子在2 500多年前就提出**"因材施教"**,但是很遗憾,限于各种因素,人类其实一直未能真正实现对所有人的个性化学习,但是现在随着人工智能、大数据等技术的发展,似乎看到了曙光。

一、利用人工智能、大数据促进个性化自适应学习

自从夸美纽斯提出班级式教学以后,教育领域逐渐形成了以班级授课、学校学制为主的教育模式,并逐步演变成现代主流的学校管理模式。毋庸讳言,这种方式确实大大提升了效率,为工业革命培养了大量急需的人才。但是这种整齐划一的培养方式必然会带来另外一个问题,就是如何因材施教实现个性化学习的问题。爱因斯坦曾经说过,"每一个人都是天才,但如果你以爬树的能力来判断一条鱼的价值,那么这条鱼一生都会觉得自己是一个笨蛋"。

随着时间推移,个性化学习越来越受重视。美国小布什政府曾通过了《不让一个孩子落后》(No Child Left Behind)法案,奥巴马政府也通过了《每个学生都成功》(Every Student Succeeds)法案,都特别强调个性化学习,希望让每一个孩子都能成才。张艺谋拍的电影《一个都不能少》当时也很轰动,或许这也体现了整个社会对每一个孩

子的重视。可是,"一个都不能少"说起来容易,做起来可能很难。我们先来看看下面
一个孩子的考试答案(图4-10),你说,如果你看到这样的答案,会不会勃然大怒? 连
这个也不会,真是笨极了。可是如果仔细想一想,不觉得他的想法很新颖很独特吗?
什么是创造力,创造力的前提首先就是要新颖、独特,然后才是有社会价值。这个孩子
的答案虽然"不具备社会价值",但是我们不能否认他的想法是新颖和独特的。对于这
样的孩子,如果给予个性化辅导,你说他会不会成长为一个特殊人才呢? 如果不理他,
可能他很快就被边缘化了。

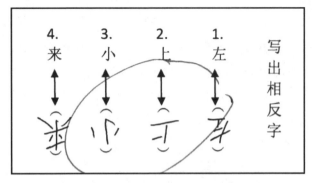

图4-10　一个孩子的考试答案

　　简单地说,如果想"一个都不能少",就需要仔细分析每一个学生的每一个学习行
为,然后给予精心的个性化指导,这样才能尽可能确保每一个学生都能成才。可是面
对一个班几十名学生,教师再勤奋、再敬业,他分析得过来吗?

　　人脑不行,借助电脑行不行? 比如在前面提到的英语作文自动批改软件,借助软
件,教师就可以一遍一遍地精心批改每一个学生的每一篇作文。事实上,在这一点上,
企业比学校做得似乎要好,比如据说超市在10多年前就靠分析购物小票发现买啤酒
的人经常买尿布这个规律[1],具体什么原因不管了,超市据此就知道应该怎样摆放商
品才能促进消费了。事实上,现在很多大超市都有庞大的数据分析部门,依据每天的
消费小票等各种数据进行精心分析,然后决定进什么货、怎么摆、怎么促销等等。

　　过去教育中很多数据因为都是在纸上的,比较难以分析,现在很多数据都是数字
化的了,那么据此认真分析,或许可以发现更多以前靠经验未能发现的规律,然后给予
学生更加科学、更加个性化的指导呢。我们设想一下那是什么场景:计算机系统借助
人工智能和大数据技术,基于学生以往的成绩和课堂表现给学生讲合适的学习内容,

---

① 高勇.啤酒与尿布:神奇的购物篮分析[M].北京:清华大学出版社,2018.

学生在学习过程中会根据学生的表情反馈适当调整（如果是教师讲，也会根据系统的提示进行调整），下课后会基于每个学生的水平、课堂表现布置适合的、个性化的作业。这就是本节要讲的**基于人工智能、大数据及学习分析技术实现个性化自适应学习**。

上面这句话包含的概念确实比较多，不过人工智能、大数据大家已经很熟悉了，下面简单介绍一下其他概念。所谓**学习分析**（Learning Analytics，简称 LA）技术，2011年首届学习分析与知识国际会议将其定义为："测量、收集、分析和报告关于学习者及其学习情境的数据，以便了解和优化学习和学习发生的情境。"[①]何克抗在对多种定义进行系统分析后，认为学习分析技术应该定义为：利用各种数据收集和数据分析工具，从教育领域的海量数据（包括在"教学过程"、"学习过程"、"教学管理过程"中所产生的海量数据）中，通过收集、测量、分析和报告等方式，提取出隐含的、有潜在应用价值的、涉及"教与学"或"教学管理"的过程及行为的各种信息、知识与模式，从而为教师的"教"、学生的"学"以及教学管理提供智能性的辅助决策的技术。[②]

所谓**个性化学习**（Personalized Learning，简称 PL），美国教育部 2016 年发布的《国家教育技术计划》中将其定义为："根据学习者的个性化需求和特点，采取适合的方法和手段来满足学习者需求的学习过程，让学习者主动或被动地构建和内化知识系统的学习方式。"从定义可以看出，该学习方式强调教学过程中要根据每一个学习者的学习特征采用恰当的教学策略，给予相应的教学内容，提供适合的学习支持服务。其实也就是我们一直说的"因材施教"。

所谓**自适应学习**（Adaptive Learning），也常称为自适应学习系统（Adaptive Learning System，简称 ALS），其实是从智能教学系统（Intelligent Tutoring System，简称 ITS）、适应性超媒体系统（Adaptive Hypermedia System，简称 AHS）和学习管理系统（Learning Management System，简称 LMS）发展而来的。20 世纪 90 年代，美国匹兹堡大学的波鲁西罗夫斯基（Brusilovsky）教授针对学生的学习背景、兴趣偏好和知识水平进行用户建模，为适应学习者与系统交互过程中的个性化学习需求，先后开发了 InterBook、ELM-ART、Knowledge Sea、AnnotatEd、TaskSieve 等自适应学习系统。[③] 1996 年，波鲁西罗夫斯基提出了自适应学习系统的初步定义：收集学生在学习过程中的信息，并对获取的信息进行分析，然后为学生定制符合其学习能力和水平的模型，以

①　吴永和，陈丹，马晓玲，曹盼，冯翔，祝智庭. 学习分析：教育信息化的新浪潮[J]. 远程教育杂志，2013，31(04)：11—19.
②　何克抗."学习分析技术"在我国的新发展[J]. 电化教育研究，2016，37(07)：5—13.
③　姜强，赵蔚，李松，王朋娇. 个性化自适应学习研究——大数据时代数字化学习的新常态[J]. 中国电化教育，2016(02)：25—32.

解决教育原来缺乏针对性的难题。^① 余胜泉在 2000 年撰文写道："适应性学习（自适应学习）是远程教育质的飞跃。"他认为在这种学习方式下，学习是通过自身原有的知识经验与适应性学习系统进行交互活动来获取知识、获得能力的过程，在这个过程中，学生能够自我组织，制定并执行学习计划，自主选择学习策略，并能控制整个学习过程，对学习进行自我评估。适应性学习充分地考虑到教学行为与学习行为的个人化特征，打破了传统学习群体的结构，把学生作为一个个个体，置于一个更为个人化的情景之中。^②

　　从以上的表述中，我们可以看出人工智能和大数据是更基础的技术。而学习分析和自适应学习有一些相像，都是对学习数据进行分析的技术，其实，个人认为两者或许是不同时代学者们用的不同概念，如果要说区别，学习分析侧重于对学习数据进行分析，发现规律；而自适应学习侧重于系统实现，给予学习者个性化指导。而个性化学习和自适应学习关系也很密切，个性化学习是一种学习方式、一种理念，而自适应学习是实现个性化学习的技术。在实践中，人们一般采用个性化自适应学习的概念。张剑平也曾经讲过：自适应学习是在线教育开展个性化学习的产物，在线教育具备课堂教学所不具备的教学行为和学习行为的个人化特点，在线教育、个性化学习、自适应学习具备天然的相互依赖的关系。^③ 综合以上讨论，我们可以简单地理解为：**利用人工智能和数据技术，对海量学习过程数据进行学习分析，借此实现个性化自适应学习**。

　　为了实现个性化自适应学习，很多学者提出了不同的自适应学习模型，一般来说，需要具备如下几个模型：领域模型、学生模型、教育学模型和接口模块。在领域模型中提供了相关学科知识的结构和概念；在学生模型中提供了每个学习者的基本信息，如认知风格、学习水平、学习特征等；在教育学模型中提供了学习者访问领域模型各部分的规则；接口模块则是学习者与整个系统交互的基础。基于美国《通过教育数据挖掘和学习分析促进教与学》报告，徐鹏等人认为基于大数据的自适应学习系统组成及运行流程可以如图 4-11 所示。^④

　　个性化自适应学习自提出以来，许多学者开展了大量的研究工作。2001 年，波鲁西罗夫斯基和德国的韦伯（Weber）提出了一个可交互的智能网络教学系统 ELM-ART 并取得了不错的教学效果。ELM-ART 提供了个性化知识导航、对学生作答的个性化

① Brusilovsky, P. Methods and techniques of adaptive hypermedia [J]. User modeling and user-adapted interaction, 1996 (02): 87-129.

② 余胜泉.适应性学习——远程教育发展的趋势[J]. 开放教育研究,2000(03): 12—15.

③ 张剑平,等.网络学习及其适应性学习支持系统研究[M].北京: 科学出版社,2010.

④ 徐鹏,王以宁,刘艳华,张海.大数据视角分析学习变革——美国《通过教育数据挖掘和学习分析促进教与学》报告解读及启示[J].远程教育杂志,2013,31(06): 11—17.

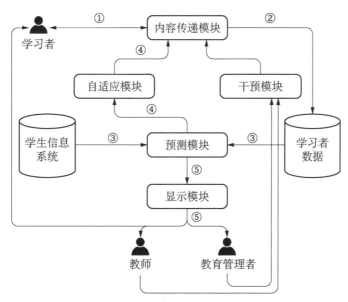

图 4-11 基于大数据的自适应学习系统组成及运行流程

分析，同时增加练习环节并根据练习结果收集用户信息，根据学生练习结果的对错情况呈现练习的内容。在内容的适应性呈现上，同样采用了颜色标注的办法。

在我国，余胜泉较早研究自适应学习，从学习诊断、学习策略及学习内容的动态组织等三个关键环节提出了适应性学习模式[①]，并将其应用在了他们研发的学习元平台中。姜强等人在借鉴国际上多种能力构建模型的基础上，提出了一种包含"个性特征"、"知识水平"、"应用情境"等三个维度的"学习者学习能力模型"[②]，并研发了相应的学习系统。其中"个性特征"维度涉及智力因素与非智力因素两个方面，智力因素包括"观察、记忆、思维、想象、注意、知觉"；非智力因素包括"意志、情绪、情感、兴趣、性格、道德"。"知识水平"分为"初学者、初级、中级、高级、非常高级"五个层次。"应用情境"则被设定为"特定领域、特定情况、特定任务"三类。

以上讲的个性化自适应学习看起来确实很诱人，但是我们也必须承认，之前或许是因为人工智能发展缓慢的原因，个性化自适应学习一直在谈，但是应用得确实不广泛或者不够深入。不过，目前随着人工智能、大数据技术的迅猛发展，个性化自适应学习（很多时候也用学习分析）的发展也进入了快车道，新技术新概念层出不穷，其中尤

① 余胜泉. 适应性学习——远程教育发展的趋势[J]. 开放教育研究，2000(03)：12—15.
② 姜强，赵蔚，刘红霞，李松. 能力导向的个性化学习路径生成及评测[J]. 现代远程教育研究（双月刊），2015(06)：104—111.

以"**学习仪表盘**"(Learning Dashboard)最为吸引人。

学习仪表盘也称为学习分析仪表盘。它最初起源于车辆仪表盘这一反映车辆运转信息的可视化支持工具,后来逐渐被引入商业领域,用于分析雇员工作绩效和消费者行为等。进入 21 世纪后,逐渐被引入教育领域。结合网页记录等多种信息跟踪技术,学习仪表盘对学习者的在线学习行为、习惯、情绪、兴趣等信息进行跟踪和记录,并按照使用者的需求进行数据分析,最终以数字和图表等可视化形式呈现出来,从而为在线教育的学习者、教师、研究者以及教育管理者提供帮助。可汗学院在 2013 年 9 月就推出了数学课程的学习仪表盘,其中要学的知识被精细切割为上百个知识点并可视化为由 549 个小格组成的"任务进度"图(图 4-12 左)。学习者可以设计个性化的学习路径并自由选择想要学习的知识点,还可以通过练习或测试提升对某一知识点的掌握程度(图 4-12 右)。①

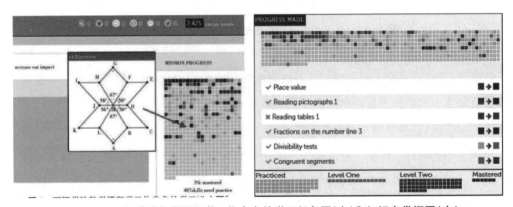

图 4-12　可汗学院数学课程学习仪表盘的学习任务图(左)和知识点掌握图(右)

客观地说,学习仪表盘最初算是学习分析技术中呈现数据的那一部分功能,但是因为它的呈现度高,所以现在俨然快要成为整个学习分析系统的代名词了。不过不管用什么概念,我们相信个性化自适应学习或者说学习分析技术一定有助于学生更好地学习,衷心希望随着人工智能、大数据技术的快速发展,能够早日常态应用。

当然,在实际工作中也要注意大数据技术可能遇到的困难和障碍。丁小浩曾撰文指出,基于大数据的教育研究确实展示了巨大的潜力和价值,但是目前真正属于使用大数据的教育科学研究还鲜有突破性进展,大数据和小数据分析的有效结合才是教育研究健康发展的必由之路。②

---

① 张振虹,刘文,韩智.学习仪表盘:大数据时代的新型学习支持工具[J].现代远程教育研究,2014(03):100—107.
② 丁小浩.大数据时代的教育研究[J].清华大学教育研究,2017,38(05):8—14.

二、新技术促进深度学习

最近几年，深度学习（Deep Learning）这个概念特别热。一方面，它在人工智能领域很热，是机器学习研究领域中的一个新领域、一种新方法；另一方面，它在教育领域中也非常热，随着时代的发展，人们意识到，教一切人以一切知识，已经不再现实。面对汹涌而来的互联网时代，学更多的知识不如建立自己的思维方式，以浅层学习（Surface Learning）为主的课堂教学越来越落后于快速变化的时代，深度学习的价值开始凸显。在深度学习的视角下，教育不是要培养一知半解的"知道分子"，而是要培养有独到见解、能触类旁通的"知识分子"，尤其是要培养解决实际问题的"高手"。[①]

谈起深度学习，我就想起了自己求学过程中的一件往事：高中一年级的时候，有一次参加全国力学竞赛，当时得了 100 分（满分 120 分），负责老师跟我讲，如果你能再多考 3 分，就可以进入河南省集训队，然后参加全国决赛，进了省集训队，就有可能被保送到北大或清华。现在想想估计保送是希望不大的，但是对于 20 世纪 80 年代的一个孩子来说，那该是多大的打击啊。于是我下定决心要找出这 3 分，后来终于想到有一道题目可能错了：一个木块在光滑的桌面上滑动，一只小狗迎面跳上去，问你接下来的运动情况，就是典型的相遇问题。我当时花了足足两周时间来研究这类相遇问题，后来用机械能守恒定律、动能定理、牛顿运动定律分别解出来以后，自己似乎一下子就全通了，不仅能够快速地解这类题目，而且对三个定律彼此的关系理解得更加透彻了。而且后来还发现，这个问题解决以后，其他力学问题似乎变简单了，力学部分掌握以后，似乎后面的光学、声学、电学等内容也简单了。后来我给别人讲这个案例时，曾经用牛犁地的例子，我们都知道地要犁得深一些效果才好，如果只是浅浅地犁过去，效果不会好。当然深犁可能很费力，不过如果一开始将犁深深扎下去，然后走起来其实也不会费那么多力，效果也会很好。这就像上面说的花较多时间研究透彻一道题目，后面的内容就会举一反三。现在回想一下，当年我这种学习方式是否也算是深度学习呢？

事实上深度学习确实注重问题解决能力等高阶思维能力的培养[②]，学习绝不能满足于对知识的表面理解和重复记忆，学习者要在已有知识的基础上，将所学的新知识与原有知识建立联系，获取对知识的深层次理解，主动建构个人知识体系并有效迁移

[①] 曹培杰. 深度学习："互联网＋课堂"的必然走向[J]. 今日教育，2017(06)：19—21.

[②] 刘哲雨，郝晓鑫，曾菲，王红. 反思影响深度学习的实证研究——兼论人类深度学习对机器深度学习的启示[J]. 现代远程教育研究，2019(01)：87—95.

应用到真实情境中以解决复杂问题。① 新媒体联盟发布的《2017 地平线报告(基础教育中文版)》中也强调深度学习方法旨在培养学生的批判性思维和解决问题、协作、自主学习等能力。② 我们知道,布鲁姆等人在认知领域将教学目标分成六个层次:**知道、领会、应用、分析、综合和评价**。何玲等人在仔细分析六个目标后指出浅层学习的认知水平主要停留在第一、第二层,而深度学习的认知水平则主要对应后面的四层。他进而也给出了深度学习的定义:在理解学习的基础上,学习者能够批判性地学习新的思想和事实,并将它们融入原有的认知结构中,能够在众多思想间进行联系,并能够将已有的知识迁移到新的情境中,做出决策和解决问题的学习。③ 为了更好地比较,他还列表分析了深度学习和浅层学习的特点(表 4-1):

表 4-1 深度学习和浅层学习的特点比较

序号	深度学习	浅层学习
1	弄清楚信息所包含的内在含义	依赖于死记硬背
2	掌握普遍的方式和内在的原理	记忆知识和例行的解题过程
3	列出证据归纳结论	理解新的思想感到困难
4	在学习过程中逐步加深理解	在学习中很少反思自己的学习目的和策略
5	对学习的内容充满兴趣和积极性	对学习感到压力和烦恼
6	有逻辑地解释、慎重地讨论、批判性地思考	在活动和任务中收获较少
7	能区分论据与论证,即能区分事实与推理	不能从示例中辨别原理
8	能把所学到的知识应用到实际生活中	不能灵活地应用所学到的知识
9	能把事物的各个部分联系起来,作为一个整体来看	孤立地看待事物的各个部分
10	能把所学到的新知识与曾经学过的知识联系起来,重新构建自己的知识体系	不能对自己的知识体系进行很好的管理
11	主动地参与到学习中来,能积极地与同学及教师产生互动和交流	被动地接受学习,学习是因为外在的压力,学习是为了考得高分

在讨论深度学习时,人们经常把其与核心素养和关键技能联系起来。美国"21 世

① 张浩,吴秀娟. 深度学习的内涵及认知理论基础探析[J]. 中国电化教育,2012(10):7—11.
② 白晓晶,张春华,季瑞芳,等. 新技术驱动教学创新的趋势、挑战与策略——2017 地平线报告(基础教育中文版)[J]. 中国现代教育装备,2017(18).
③ 何玲,黎加厚. 促进学生深度学习[J]. 现代教学,2005(05):29—30.

纪技能联盟"(Partnership for 21st Century Skills)于2013年发布了《21世纪学习框架》(图4-13)，其中指出21世纪不可或缺的三组技能分别是：学习与创新技能，信息、媒体与技术技能，生活与职业技能。其中学习与创新技能包括批判性思维与问题解决、沟通与合作以及创造力与创新；信息、媒体与技术技能，包括信息素养技能、媒体素养技能与ICT素养技能；生活与职业技能包括灵活性与适应性技能、主动性与自我指导技能、社会与跨文化技能、产出能力与问责技能、领导力与责任技能。[①]

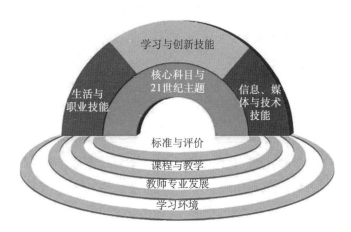

图4-13　21世纪学习框架彩虹图：学习结果与支持体系

　　林崇德也牵头提出了中国学生发展核心素养框架，其中以"全面发展的人"为核心，包括自主发展、社会参与和文化基础三个领域以及六项核心素养指标(图4-14)，综合表现为学会学习、健康生活、责任担当、实践创新、人文底蕴、科学精神。其中学会学习主要是学生在学习意识形成、学习方式方法选择、学习进程评估调控等方面的综合表现，实践创新主要是学生在日常活动、问题解决、适应挑战等方面所形成的实践能力、创新意识和行为表现。[②] 综合分析多种核心素养和关键技能框架，可以看出它们的发展目标和深度学习息息相关，核心素养的

图4-14　中国学生发展核心素养框架

① 贺巍,盛群力.迈向新平衡学习——美国21世纪学习框架解析[J].远程教育杂志,2011,29(06)：79—87.
② 林崇德.中国学生核心素养研究[J].心理与行为研究,2017,15(02)：145—154.

培养需要落实在深度学习上。①

　　以上讨论了深度学习的定义、内涵以及其与核心素养的关系,但是实践中到底怎样开展和促进深度学习呢?《2017 地平线报告(基础教育中文版)》中建议:教育范式要从被动学习转变为主动学习,可以采用的教学方法包括基于问题的学习、基于项目的学习、基于挑战的学习和基于探究的学习,鼓励创造性地解决问题并积极实施解决方案。教师必须承认学生先前的经验,帮助学生将知识整合和转移到新的情境中,支持学生对自己的学习能力有充分的认识,获得解决问题的信心。② "21 世纪技能联盟"也大力倡导项目式学习,研究证据已表明,项目式学习能成功地建立深度理解和高水平的动机与参与,发展时代最为需要的 21 世纪技能。③

　　在一线实践中,也有许多学校在进行有益的尝试:以美国新泽西州高科技高中(High Tech High,简称 HTH)学校为例,他们倡导新技术支持下的深度学习,学生的学习不能停留于知识的了解和知晓层次,要能够掌握知识的内在逻辑,用所学知识解决实际问题。为此,教师打破了传统课程体系,把学科知识整合后开发出 245 个主题项目,并建立了配套的课程网站,学生利用各种科技手段开展主动学习。他们认为,如果学生想要变成工程师,或者是科学家的话,他们就必须知道工程师和科学家是怎样工作的。尽管学校教育里会有很多数学、科学的概念,但如果没有看到工程师和科学家是如何工作的,那这个概念就是抽象的,也是无法与真实世界建立连接的。因此,每个学生在校学习期间,都有四到五周的实习期,学校为每个学生提供了与工程师、科学家一起在实验室工作的机会。在整个学习过程中,学生可能会用到平板电脑,也可能会用到 3D 打印机,但所有的技术都没有对教育活动带来"胁迫",每个学生都是自然而然地利用技术去学习。当技术隐身于教育的背后,信息技术与教育才会实现深层次的融合。④

　　国内也有学校正在开展一些富有前瞻性的实践探索。比如,深圳南方科技大学实验学校倡导用完整的学科育完整的人,通过跨概念、跨学科、跨领域的方式,建设以主题呈现的学校课程体系,弥合分科教学对知识的割裂,让教育回归自然,让学习自然发生。于是,语文成了语言学习、美术、社会实践的统一体,课本中的文字符号变得生动有趣,学生从教室走进大自然,用平板电脑记录自己眼中的春天,用思维导图梳理自己

① 曹培杰.深度学习:"互联网+课堂"的必然走向[J].今日教育,2017(06):19—21.
② 白晓晶,张春华,季瑞芳,等.新技术驱动教学创新的趋势、挑战与策略——2017 地平线报告(基础教育中文版)[J].中国现代教育装备,2017(18).
③ 贺巍,盛群力.迈向新平衡学习——美国 21 世纪学习框架解析[J].远程教育杂志,2011,29(06):79—87.
④ 曹培杰.未来学校的变革路径——"互联网+教育"的定位与持续发展[J].教育研究,2016(10):46—51.

的所思所想，讲述了一个又一个图文并茂的可视化故事。学习的场所也不再局限于校园，学习也可以发生在博物馆和科技馆，在丰富多彩的实践活动中开展学习，与真实世界建立起联结。① 北京市海淀区教育科学研究院吴颖惠院长也牵头在全区进行了基于互联网教育环境的深度学习研究，成效良好。②

通过以上分析，我们可以看出，深度学习与其说是一种方法，不如说是一种理念，注重培养高阶认知思维能力，注重培养创新人才，确实是一种值得提倡的学习方式。现在中小学都在纷纷开展 STEM、机器人编程和创客教育，但是很多人也担心，看着很热闹的场面，最终是否真的会学到东西呢？ 北京大学附中徐丹副校长就讲过："这会不会成为一个大手工课呢？"结合深度学习的理念，就应该在这些课程中更多地利用基于项目的学习、基于问题的学习和探究学习等方式，才能确保它不会成为一个简单的大手工课。

不过，大家也不能认为只要采用深度学习就能解决问题，事实上，深度学习也不是一个新概念，在教育领域，尤其是信息技术开始高速发展以后，人们先后提出过网络探究（WebQuest）、研究性学习、主题式学习等各种注重培养高级认知思维能力的学习方式。在教育技术和学习科学领域，建构主义学习理论也是一再强调让学习者主动去建构知识，专家教学系统也一直是研究重点，人们特别希望能够让新手像专家一样去思考、去解决问题。③ 20 世纪 60 年代美国的科学领域还曾提出"儿童科学家计划"，意思是把儿童当成科学家去培养。过去的研究确实也取得了一定的成效，但是开展深度学习对学习者、教师的要求都很高，因此难度仍然很大。另外，也不一定所有的学习内容都需要采用深度学习的方式，著名建构主义学习理论专家乔纳森（Jonassen）将学习分成了初级知识、复杂知识和专家知识学习三个阶段：在初级知识学习阶段，只是要求学生掌握一些基本的事实和概念，他们只要能够记住并回答出来即可，在这个阶段，学习主要是以传授式教学和操作练习等方式来进行；在复杂知识学习阶段，学生将需要去努力尝试解决大量的结构不良的基于情境的问题。在这个阶段，学习主要以认知学徒式的方法来进行；在专家知识学习阶段，问题将更加复杂，不过学习者头脑中已经有大量的认知图式和图式之间的联系，因此可以像专家一样来解决问题。④ "21 世纪技

① 曹培杰.未来教师的三种能力：读懂学生、重组课程、联结世界[J].人民教育，2017(Z3)：43—47.

② 吴颖惠，李芒，侯兰.基于互联网教育环境的深度学习[M].北京：邮电出版社，2017.

③ 斯伯克特，等.教育传播与技术研究手册[M].任友群，等，主译.上海：华东师范大学出版社，2012.

④ Jonassen, D. H. Evaluating constructivistic learning [C]. T. M. Duffy & D. H. Jonassen (Eds.). Constructivism and the technology of instruction: A conversation. Hillsdale, N. J.: Lawrence Erlbaum Associates Publishers, 1992: 137 - 148.

能联盟"也建议,对大多数教育系统来说,一个较为合理的做法也许是50%的时间用于探究、设计与合作的项目学习,50%的时间用于传统的直接教学方法。①

大家可能还是会问,具体操作中到底是准确的50%和50%,还是51%和49%呢?其实,教育领域还有很多东西凭的是经验,很难有一个绝对的数值,或者说还有很多东西不一定有客观、科学的依据。不过,近三十多年来一个新的跨学科研究领域"学习科学"(Learning Sciences)的快速发展,让我们看到了新的希望。

第三节　学习科学:让学习更科学

谈起科学,小时候我一直有一个困惑:种红薯的时候到底要不要翻秧?直到三十多年后的今天我才靠百度圆满解决了这个问题,水分充足的地方就要多翻秧,避免它滋生枝权;水分少的地方就不要翻秧,以便叶子也可以从土壤中吸收更多水分。我在想,如果我小时候掌握了科学知识,就应该把红薯地分成多块,这块不翻秧,那块翻一次,那块翻两次;这块浇水,那块不浇水,然后比较产量……由此想到,老农种地叫凭经验,而袁隆平种地就叫靠科学。经验不是没有用,如果不靠经验,人类活不到今天,但是如果只靠经验,大部分人可能也活不到今天。黄铁军在参加2017年北大教育信息化创新论坛时曾经讲过一个观点:人类先有了飞机,然后才有了空气动力学理论。当然,有了空气动力学理论以后,飞机可以飞得更快更高了。这个观点是针对科学与技术的关系讲的,但是对教育也有启发,人类先有了教育行为(经验),然后才慢慢有了教育理论(科学),但是有了教育理论后,或许就可以教得更好,这是一个螺旋式发展的过程。下面我们就来看看教育领域中的具体例子。

一、可怜的 ɑ o e:怎样才更科学

有一天我拿起小学语文课本,想重温一下童年,但是突然产生了一个奇怪的想法:ɑ o e过得是否太惨了?改革开放四十多年来,人们的居住面积有了大幅提升,据说从人均几平米提高到了几十平米。不过,ɑ o e除了进行一些简单的装修,黑白变彩色外,居住面积几乎没有一点提升。三十多年前我读小学一年级的时候,它们三个就印在一页上,三十多年后,它们还印在一页上。

当然,我不是闲得无聊才谈这个问题的,大家回头看看小朋友们在幼儿园看的绘

---

① 贺巍,盛群力.迈向新平衡学习——美国21世纪学习框架解析[J].远程教育杂志,2011,29(06):79—87.

本,都是特别简单的画和特别简单的文字。一夜之间,他们就要看印得满满的教材。你们说 a o e 到底应该印在一页上还是印在三页上呢?

有出版社编辑跟我讲,印在三页上真不行啊,教材太贵。我说别哄我了,我国已经成为世界第二大经济体,给孩子们印不起几本教材? 编辑又说,印在三页上太厚学生背不动啊,我说这个解释有道理,但是将来采用数字教材、电子书包了,印在一页上和印在三页上有什么区别吗,到时候你们准备印在几页上呢?

其实,a o e 印在一页上还是印在三页上确实没有那么重要,我只是想通过这件事情提醒大家,在教育领域,是否还有很多问题需要更坚实的实证研究证据支持:比如说,这个时代到底该学习哪些课程? 采用平板电脑常态教学对孩子们到底有什么影响? 一个班到底安排多少个孩子效果最好? 教室里刷成什么颜色学习体验最好? 投影的亮度到底多少效果最佳? 视频讲课和面对面讲课到底有什么差异? ……

对于这些问题,我们能否依靠更加科学的实证研究理直气壮地回答呢? 这就需要用到一个注重基础研究的跨学科研究领域——学习科学。

二、学习科学的概念、起源与历史发展

学习科学这一研究领域的概念,最早源于 1991 年的美国,涉及认知科学、教育心理学、计算机科学、人类学、社会学、信息科学、神经科学、教育学、教学设计等多个学科。[①] 国际学习科学领域的知名研究专家基思·索耶(Keith Swayer)在《剑桥学习科学手册》[②]一书中指出:"学习科学是一个研究教和学的跨学科领域。它研究各种情境下的学习——不仅包括学校课堂里的正式学习,也包括发生在家里、工作期间、场馆以及同伴之间的非正式学习。学习科学的研究目标,首先是为了更好地理解认知和社会化过程以产生最有效的学习,其次便是为了用学习科学的知识来重新设计已有的课堂及其他学习环境,从而促使学习者能够更有效和深入地进行学习。"简而言之,学习科学主要就是研究:**"人究竟是怎么学习的? 怎样才能促进有效的学习?"**

人类对学习的关注自古有之,早在苏格拉底时期,便有着关于学习的论述。然而,早期对学习本质的探索,更多采用的是哲学思辨的方式,如"知识是什么"、"知识来源于哪里"、"思维是如何产生的"等等。直到 19 世纪,在瑞士民主主义教育家约翰·享利赫·裴斯泰洛齐(Johann Heinrich Pestalozzi)提出"教育心理学化"的影响下,德国哲学家、心理学家和教育学家约翰·弗里德里奇·赫尔巴特(Johann Friedrich Herbart)

① 尚俊杰,庄绍勇,陈高伟. 学习科学:推动教育的深层变革[J]. 中国电化教育,2015(01):6—13.
② [美]基思·索耶. 剑桥学习科学手册[M]. 徐晓东,等,译. 北京:教育科学出版社,2010.

提出教育学研究要以心理学为基础,并强调用心理学知识来解释教育教学规律,从而使教育学成为了一门具有科学体系的学科,他也因此被世人誉为"科学教育学的奠基人"。从此,教育学便与心理学结下不解之缘,教育研究中的研究范式和成果都多少受到同时期心理学主流研究思想的影响。①

在历经实验心理学和行为主义心理学的早期探索与积累后,直到 20 世纪五六十年代,"认知革命"推动了以"心智及其产生过程"为核心研究内容的认知科学(Cognitive Science)的出现,成为当今时代具有里程碑意义的事件。1978 年,在美国斯隆基金的持续资助下,人们将原有的哲学、心理学、语言学、人类学、计算机科学和神经科学 6 大学科整合在一起,相互交织构成了认知科学的 6 个研究方向,分别是心智哲学、认知心理学、认知语言学、认知人类学、人工智能和认知神经科学。认知科学的出现,尤其是以信息加工和计算为核心特征的第一代认知科学研究成果的普及,如信息加工理论、知识的组块化表征以及"7±2"信息加工容量等,不仅极大地推动了人们对心智的理解深度,也催化了教育教学新思想的萌芽,将这些"规范且抽象"的认知科学成果应用于人类真实学习的研究从此变得流行起来。

然而,到了 20 世纪 80 年代前后,一些在传统认知科学领域颇有建树的科学家们意识到,以脱离情境的认知建构和控制实验为特征的学习研究很难解释真实世界中的学习,那些源于认知科学的教育教学思想方法,并不能真正有效地指导"不规范且具体"的真实学习。面对这种困境,学习研究者们纷纷从传统的认知科学一派出走②,从实验室向课堂走了一步,开始基于真实的学习情境来研究学习,从而形成了以真实情境中的社会认知构建和设计研究(Design-based Research)为特征的学习研究团体。1986 年,施乐公司建立了施乐学习研究所。1987 年,美国西北大学(Northwestern University)建立了学习科学研究所。1991 年,伴随着《学习科学杂志》(*The Journal of the Learning Sciences*)的正式发行,以及第一届学习科学国际会议在美国西北大学的胜利召开,现代意义上的学习科学正式宣告形成。③

然而,学习科学之后的发展并非同表面看上去那样一帆风顺,紧张和矛盾一直存在。④ 面对内部研究内容和研究人员构成的复杂性,以及外部教育思潮和技术变革带

---

① Dumont H, Istance D, Benavides F. The Nature of Learning [M]. Paris: OECD Publishing, 2010. 35-55.
② 赵健,郑太年,任友群,裴新宁. 学习科学研究之发展综述[J]. 开放教育研究,2007(02): 15—20.
③ 郑旭东. 学习科学的形成与发展: 基于编年史的视角(上)[J]. 软件导刊(教育技术),2008(05): 3—4.
④ 陈家刚,杨南昌. 学习科学新近十年: 进展、反思与实践革新——访国际学习科学知名学者基思·索耶教授[J]. 开放教育研究,2015,(04): 4—12.

来的巨大冲击，学习科学对"学习"的研究大致经历了 3 个发展时期：①

第一个时期：过渡转型期（1991 年至 1995 年）

这个时期的学习科学虽然仍借鉴了认知科学已有的研究成果（理论、模型等），但却是在真实的学习情境中检验并进一步完善这些理论成果。经过多方筹备，1991 年国际学习科学协会正式成立，并在美国西北大学召开了第一届学习科学国际会议，该领域的第一本官方杂志《学习科学杂志》也在同年创刊。然而，从会议和期刊论文实际的发表内容和研究水平来看，由于该领域研究刚刚起步，很多研究并不完全符合学习科学的本质要求，而且这种新旧理论的更替，也使得该时期的研究成果带有较多传统认知科学的特点。② 但必须承认的是，该时期吸引了众多优秀的研究者投身于学习科学研究的初期探索，从这个意义上说，过渡转型期为学习科学未来步入正轨搭建了至关重要的平台。

第二个时期：蓬勃发展期（1996 年至今）

1996 年，第二届学习科学国际会议再次在美国西北大学召开，本届会议的主题是"真实情境中的学习"（Learning for the Real World）。从这次会议开始，符合该领域开创要义的学习研究越来越多，标志着学习科学正式转向真实情境中的学习研究。1999 年，美国国家研究理事会（National Research Council）成立了"学习科学发展委员会"工作小组，发布了名为《人是如何学习的：大脑、心理、经验及学校》的研究报告，引起了世界各国对学习科学的关注。③

与此同时，该时期的学习科学还逐渐从心理学的其他方向以及其他领域（如人类学、工程学）吸纳新的理论和研究方法，如情境认知（Situated Cognition）、建构主义（Constructivism）、社会文化理论（Sociocultural Theory）等。④ 情境认知理论认为，人们在建构内部认知过程时需要借助与情境的交互感知，这里的情境不仅包括物理环境（Physical Environment），还包括与人、信息资源、技术工具等的交互。⑤ 社会文化理论认为社会情境中的学习比学校的正式学习更为复杂，学习者不仅要与其所在的物理环境互动，还要使用社会文化工具与其他参与学习的人进行互动。建构主义是在传统认知主义的基础上发展起来的又一重要的学习理论，它强调学习不是知识的被动传递，

---

① 尚俊杰，裴蕾丝，吴善超. 学习科学的历史溯源、研究热点及未来发展[J]. 教育研究，2018，39(03)：136—145＋159.

② Kolodner J L. The Learning Sciences：Past，Present，Future [J]. Educational Technology the Magazine for Managers of Change in Education，2004，44(3)：37‐42.

③ 黄得群，贾义敏. 美国学习科学发展研究[J]. 外国教育研究，2011，38(05)：91—96.

④ Sawyer R K. The Cambridge handbook of the learning sciences，second edition [M]. New York：Cambridge University Press，2014：1‐16，23‐30.

⑤ 王文静. 情境认知与学习理论：对建构主义的发展[J]. 全球教育展望，2005(04)：56—59.

而是学习者在一定的情境中基于原有知识与可利用的学习资源,主动进行意义建构的过程,相比于情境认知理论,建构主义除了强调了情境和人与情境的交互外,还凸显了学习者个体在学习过程中的主动性。[①] 该时期的三种代表性理论,都突出了情境对学习的重要影响,但侧重强调的方面不同:情境认知理论强调人与真实情境的相互作用,尤其是在真实情境中为学习者提供合法的边缘性参与和实践共同体;建构主义也提到了情境的重要性,提出学习环境的设计要从"情境"、"协作"、"会话"和"意义建构"这四大要素出发,但更强调学习者个人在学习中的主体作用;社会文化理论则强调情境中的社会文化因素对学习的影响,比如团队与小组学习的合作式对话。在新的理论和技术的共同作用下,该时期的学习研究表现出强劲的活力,为世界各国教育政策的制定和一线教学实践提供了大量的科学依据。

在这个时期,欧美发达国家及地区对此非常重视。2004 年,美国国家科学基金会(NSF)宣布拨款 1 亿美元创建跨学科的"学习科学中心",并将持续给予巨资支持,随后陆续正式成立 6 个国家级跨学科跨学校的学习科学研究中心[②],分别是:教育、科学与技术卓越学习中心[③];匹兹堡学习科学中心[④];非正式与正式学习环境学习中心[⑤];视觉语言与视觉学习学习科学中心[⑥];空间智力与学习中心[⑦];学习的时间动力学中心[⑧]。其中斯坦福大学和华盛顿大学合作建立了非正式与正式学习环境学习中心,从 2004年到 2014 年,连续 10 年总计获得 4 000 余万美元的资助[⑨]。经济合作组织(OECD)自1999 年开始也设立了一个教育与创新研究所,组织了全世界范围的学者开展学习科学研究。香港大学也将学习科学和脑科学、新材料等并列为了 16 个需要重点发展的领域之一。

第三个时期:探索升级期(2007 年至今)

进入 21 世纪后,日趋成熟的脑成像技术再次推动了认知科学向前迈进,以神经科

---

① Sawyer R K. The Cambridge handbook of the learning sciences, second edition [M]. New York: Cambridge University Press, 2014: 1 - 16, 23 - 30.

② 最初成立了 7 个,后来取消了 1 个。

③ 教育、科学与技术卓越学习中心(Center of Excellence for Learning in Education, Science and Technology, CELEST),参见网站 http://celest. bu. edu。

④ 匹兹堡学习科学中心(Pittsburgh Science of Learning Center, PSLC),参见网站 http://learnlab. org。

⑤ 非正式与正式学习环境学习中心(Center for Learning in Informal and Formal Environments, LIFE Center),参见网站 http://life-slc. org。

⑥ 视觉语言与视觉学习学习科学中心(The Science of Learning Center on Visual Language and Visual Learning, VL2),参见网站 http://vl2. gallaudet. edu。

⑦ 空间智力与学习中心(Spatial Intelligence and Learning Center, SILC),参见网站 http://www. spatiallearning. org。

⑧ 学习的时间动力学中心(Temporal Dynamics of Learning Center, TDLC),参见网站 http://tdlc. ucsd. edu/index. html。

⑨ 韩锡斌,程建钢. 教育技术学科的独立性与开放性——斯坦福大学学习科学兴起引发的思考[J]. 北京大学教育评论,2013(07): 49—64.

学的研究方法和技术来研究经典的认知问题,成为学术界的新风向,人们对认知的研究,实现了从宏观行为到微观神经联结①的突破。在此思潮的影响下,很多之前几乎没有涉及教育研究的一群认知神经心理学家,开始使用该技术来研究人类在真实情境下的学习问题,从此基于脑认知机制的教育实践研究②开始引起国际社会的关注,形成了与第二个时期并行发展的局面。2007年,经济合作组织出版的《理解脑:新的学习科学的诞生》(*Understanding the Brain:The Birth of a Learning Science*)和《理解脑:一门新的学习科学》(*Understanding the Brain:Towards a New Learning Science*)宣告了将"脑功能、脑结构与学习行为结合起来"研究的"一门新的学习科学"的诞生——教育神经科学(Educational Neuroscience)。③ 同年,"国际心智、脑与教育学会"创办了《脑、心智和教育》(*Mind,Brain and Education*)杂志,成为教育神经科学领域的第一本专业期刊。④ 2009年,迈尔左夫(Meltzoff)等人在《科学》(*Science*)杂志上发表了《一门新的学习科学的基础》(Foundations for a New Science of Learning)一文,在学术界产生了重要的影响。⑤ 2016年《自然》杂志专门设立了《自然合作期刊:学习科学》(*npj Science of Learning*)电子期刊,为学习科学又搭建了一个标志性的研究平台。从此,基于认知神经结构的学习科学研究渐渐兴起,全新的视角也敦促人们更深入地思考"如何更加科学地促进人类有效学习"这一问题。

近年来,欧美发达国家已经将学习科学确立为新的教育政策的关键基础,将人类学习的重要研究成果作为了课程决策与行动的基础⑥,在实践领域得到了实际应用。2013年4月2日,奥巴马政府正式宣布将开始十年"脑计划",拟投入巨资探究大脑数十亿个神经元的详细信息,并对人类的知觉、行动以及意识等有更进一步的了解,该计划进一步推动了学习科学的发展。

在我国,对学习科学的关注其实也由来已久,教育部原副部长韦钰院士1998年在"江苏省科学教育研讨、讲习会"上讲话时就提出,要在脑科学与教育科学之间架起桥梁。⑦ 后来韦钰院士牵头开展了一系列科学教育实证研究,并撰文指出神经教育学在教育政策选择以及拓宽教学视野和内容上可以起到重要作用。⑧ 在研究机构方面,北

① 佘燕云,杜文超.教育神经科学研究进展[J].开放教育研究,2011(04):12—22.
② 周加仙.学习科学专业课程的设置与人才培养[J].全球教育展望,2008(04):36—40.
③ 周加仙.教育神经科学:创建心智、脑与教育的联结[J].华东师范大学学报(教育科学版),2013(02):42—48.
④ 姜永志.整合心理、脑与教育的教育神经科学[J].心理研究,2013(03):3—10.
⑤ Meltzoff, A. N. , et. al. Foundations for a New Science of Learning [J]. Science, 2009,325(5938):284‐288.
⑥ 裴新宁.学习科学研究与基础教育课程变革[J].全球教育展望,2013(01):32—44.
⑦ 韦钰.在脑科学与教育科学之间架起桥梁——教育部副部长韦钰在"江苏省科学教育研讨、讲习会"上的讲话[J].现代特殊教育,1998(06):5—6.
⑧ 韦钰.神经教育学对探究式科学教育的促进[J].北京大学教育评论,2011,9(04):97—117+186—187.

京师范大学、东南大学、华东师范大学等高校之前已经建立了专门的研究机构,包括北京师范大学脑与认知科学研究院、东南大学儿童发展与学习科学教育部重点实验室、华东师范大学学习科学研究中心等,北京大学教育学院也于近年联合校内外多个学科的研究人员、实践人员成立了学习科学实验室(http://pkuls.pku.edu.cn)。2014年3月1—6日,由美国国家科学基金会、经济合作与发展组织、联合国教科文组织(UNESCO)、香港大学、上海师范大学、华东师范大学联合举办的"学习科学国际大会"在华东师范大学举行。① 国家自然科学基金会2017年9月也在杭州召开了"双清论坛",专项讨论对教育的基础研究,随后在国家自然科学基金会也添加了专门的代码专项支持教育的基础研究,其中很多内容和学习科学相关。2017年7月,北京大学学习科学实验室决定开展为期十年的"人是如何学习的——中国学生学习研究及卓越人才培养计划"(简称**中国学习计划**)(China Learning Project,简称CLP)项目。希望能够团结海内外的优秀研究人员,共同围绕学习展开长期全面的研究工作。通过揭秘中国学生深层学习机制,为我国教育信息化的未来提供更基础的理论和实践依据。之后,又和北京教育学院朝阳分院、海淀区教育科学研究院一起开展了教师学习科学素养提升项目研究,旨在推动将学习科学研究成果应用到课堂一线教学中。

三、学习科学的理论溯源

学习科学,虽然最早是从认知科学中分离出来,但究其根本,它的三个发展时期都未能完全脱离认知科学的影子。换言之,学习科学是认知科学发展过程中分化的诸多专业领域之一,同其他子领域一样(如人工智能),其发展一直都离不开认知科学主流范式的影响。

认知科学从20世纪50年代兴起至今,大致经历了两代研究范式的变革。第一代认知科学,也就是经典认知科学,深受笛卡尔"身心二元论"的影响,它将人脑类比为计算机,把大脑的认知过程独立出来,视作与计算机信息加工类似的符号获得、加工和提取过程,因此形成了以知识表征和规则计算为核心的认知加工范式,称为"符号范式"。② 然而,既定规则下的符号加工范式无法模拟心智认知功能的灵活性,因此出现了模拟大脑神经网状连接的联结主义范式,该范式虽然实现了分布表征和并行计算加工,但仍未从根本上突破符号范式。③ 受此影响,该时期的认知主义学习理论以"信息

① 郑太年,等.学习科学与教育变革——2014年学习科学国际大会评析与展望[J].教育研究,2014(09):150—159.
② 叶浩生.认知心理学:困境与转向[J].华东师范大学学报(教育科学版),2010(01):42—47.
③ 贾林祥.试论新联结主义的方法论[J].南京师大学报(社会科学版),2004(02):92—96.

加工模型"为出发点,开始关注学习过程中学生认知结构的发展,如皮亚杰的认知结构理论、加涅的信息加工学习理论、奥苏贝尔的有意义学习理论等,这一阶段主要是从"心理"层面来解读教育教学本质。

虽然,第一代认知科学突破了行为主义的研究局限,将重心从行为转向内部认知,但却割裂了身心作为个体存在的同一性,忽略了情境、文化和历史因素的作用,将认知机制抽象为简单的信息加工过程,这一新的研究局限,推动了 20 世纪 90 年代前后以"具身认知"为代表的第二代认知科学的兴起。①② 第二代认知科学打破了对"身心二元论"的坚持,把认知视为身心在真实情境中共同作用的结果,也就是说,经典认知科学所谓的知识和规则不再是静止不变的,而是在个体与情境互动的过程中产生的动态的结果。这一时期,认知的情境性、具身性和动力性成为认知科学研究的重点,情境认知理论、建构主义学习理论、动力系统理论③④⑤等开始流行。也正是同一时期,学习科学的这一新概念正式出现,开始强调关于学习的研究应该从控制实验走向情境分析,从静态的认知表征转向动态的认知构建⑥⑦⑧⑨(如图 4-15 所示),从仅关注认知内部加工机制变为同时考虑外部情境因素,使学习研究开始脱离第一代认知科学的范式束缚,真正回归到真实的教学情境中,成为了学习科学前两个发展时期的主要研究基础,这个阶段已经从单纯的"心理"层面拓展成从"心理—情境"整合的视角来研究学习。与此同时,新实验技术的发展,尤其是脑成像技术的出现,让认知神经科学取向迅速在第二代认知科学研究中占据主导位置,为真实情境下整合身心的认知研究

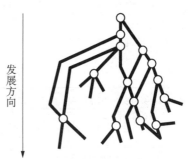

发展方向

图 4-15 学习发展的动态建构网络(连线代表技能发展,节点代表技能的融合)⑩

① 叶浩生.具身认知:认知心理学的新取向[J].心理科学进展,2010(05):705—710.
② 费多益.认知研究的现象学趋向[J].哲学动态,2007(06):55—62.
③ Fischer K W. Mind, Brain, and Education: Building a Scientific Groundwork for Learning and Teaching [J]. Mind Brain And Education, 2009,3(01):3-16.
④ Fischer K W, Rose S P. Growth cycles of brain and mind [J]. Educational Leadership, 1998,56(03):56-60.
⑤ Fischer K W, Bernstein J H, Immordino-Yang M H. Mind, brain and education in reading disorders [M]. New York: Cambridge University, 2007:101-123.
⑥ Fischer K W, Bidell T R. Dynamic Development of Action and Thought [M]. Handbook of Child Psychology. New York: John Wiley & Sons, Inc., 2007:313-399.
⑦ 柯特·费希尔,周加仙,柳恒爽,等.教育神经科学的未来:建构学习发展路径的工具[J].全球教育展望,2011(09):44-49.
⑧ Fischer K W, Rose L T. Webs of skill: How students learn [J]. Educational Leadership, 2001,59(03):6-12.
⑨ Kurt W F. 构建教与学的科学基础[J].教育生物学杂志,2013(01):6—23.
⑩ Fischer K W, Rose L T. Webs of skill: How students learn [J]. Educational Leadership, 2001,59(03):6-12.

提供了崭新的科学分析的视角与工具。① 这一潮流很快也对处于第二个发展时期的学习科学领域带来了新的发展机遇，借助神经科学的工具，人们对学习科学的研究可以进一步深入到脑的水平，将认知功能与大脑结构对应起来，形成更为完备的"脑—心理—情境"体系来解读学习奥秘②③，促成了学习科学第三个重要发展时期的出现。

可以说，早在第一代认知科学时期，学习科学的种子就已经埋下，早期学习理论流派的更迭为学习科学的诞生准备了温床。第二代认知科学的兴起，促成了学习科学正式从认知科学的母体分离，成为其重要的研究子领域。在"具身认知"和"认知神经科学"范式的相继影响下，学习科学形成了第二和第三个重要发展时期，相比于早期学习理论流派，实现了研究内容和研究方法的分别突破（详见图4-16）。

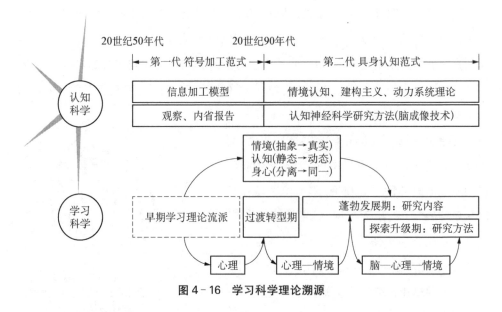

图4-16　学习科学理论溯源

第二个发展时期实现了研究内容上的突破。从只关注个体认知结构的内部心理状态（如记忆、推理、语言等），拓展为结合真实情境的认知研究，如技术工具支持下的知识表征与迁移、基于具体学科教学的学习模式探究、计算机支持下的有效学习环境创建和技术支持下的有效合作学习方式的探索，开始研究情境、交互等复杂外部环境因素在学习过程中的作用。④

① Caramazza A, Coltheart M. Cognitive Neuropsychology twenty years on [J]. Cognitive Neuropsychology, 2006, 23(01)：3-12.
② 韦钰. 神经教育学对探究式科学教育的促进[J]. 北京大学教育评论, 2011(04)：97—117.
③ 胡谊, 桑标. 教育神经科学：探究人类认知与学习的一条整合式途径[J]. 心理科学, 2010(03)：514—520.
④ Sawyer R K. The Cambridge handbook of the learning sciences, second edition [M]. New York：Cambridge University Press, 2014：1-16, 23-30.

第三个发展时期，实现了研究方法上的突破。从关注宏观的、可见的行为改变，比如应用交互分析(Interaction Analysis)、数字视频分析(Digital Video Research)、话语分析(Discourse Analysis)、教育数据挖掘(Educational Data Mining)等①方法，来研究学生在某种教学模式中的作业、在合作学习中与老师和同伴的讨论和思维过程等，拓展到了微观的、不可见的行为改变，比如应用脑成像(fMRI)、脑电(EGG)、眼动(Eye Movement)、心率(Heart Rate)等技术，测量学生的大脑活动状态、眼动、心率等生理变化。

概要来说，学习科学是一门研究如何设计和构建有效学习环境的学科，也是一门研究学习的基础科学。② 经过二三十年的发展，学习科学已经逐渐形成了自己独特的理论体系、研究内容和研究方法。虽然，学习科学的后两个发展时期存在很大差异，甚至有些人据此认为新的学习科学会舍弃甚至取代原本的学习科学③，但通过理论溯源，可以发现，受到第二代认知科学思潮的影响，这两个发展时期对学习本质的理解都统一在"具身认知"的范式之内，本质差异在于研究方法，并且随着研究方法的升级，使得新范式下的学习研究真正实现了科学分析。

四、学习科学的研究内容与热点趋势

（一）学习科学的研究内容

学习科学是一个跨学科研究领域，那么，它的核心研究内容究竟是什么呢？《人是如何学习的》一书中认为改变学习概念的五大主题是：记忆和知识的结构、问题解决与推理的分析（专家分析）、早期基础、元认知过程和自我调节能力、文化体验与社区参与。④《剑桥学习科学手册》一书中比较关注学习理论、基于设计的研究、专家学习和概念转变、知识可视化、计算机支持的协作学习(CSCL)和学习环境等研究。⑤ 高文等人编写的《学习科学的关键词》一书中将学习共同体、建构主义学习环境、认知学徒制、概念转变、基于案例的推理、基于模型的推理、CSCL 和多媒体学习作为主要研究内容。⑥ 斯坦福大学罗伊·丕(Roy Pea)教授在学习科学领域拥有重要的影响力，而他开展的研究课题大都围绕着信息技术对学习与教学的支持及增强，比如科学、数学学习

① 李海峰，莫永华. 瞰与思：学习科学研究的最新进展兼热点——以《学习科学杂志》(JLS)近十年的文献为例[J]. 中国电化教育，2013(01)：7—15.

② Kolodner J L. The Journal of the Learning Sciences：Effecting Changes in Education [J]. Journal of the Learning Sciences，1991,1(01)：1-6.

③ 陈家刚，杨南昌. 学习科学新近十年：进展、反思与实践革新——访国际学习科学知名学者基思·索耶教授[J]. 开放教育研究，2015(04)：4—12.

④ [美]约翰·布兰思福特，等. 人是如何学习的：大脑、心理、经验及学校[M]. 程可拉，等，译. 上海：华东师范大学，2002.

⑤ [美]基思·索耶. 剑桥学习科学手册[M]. 徐晓东，等，译. 北京：教育科学出版社，2010.

⑥ 高文. 学习科学的关键词[M]. 上海：华东师范大学出版社，2009：33.

与视觉化、基于视频的学习、学习共同体、元认知等等。① 匹兹堡大学学习研究与发展中心(LRDC)在其主页(www. lrdc. pitt. edu)上列出了八大主要研究领域,分别是:认知心理、高阶学习过程、学习技术、阅读和语言、非正式学习、学校实践转变研究、学习政策、学习中的社会动机因素。

李海峰等人曾对《学习科学杂志》近十年发表的文献进行了内容分析,归纳出学习科学的主要研究内容:知识与认知、学习环境(如研究性学习环境和虚拟学习环境等)、研究工具与方法论(包括视频分析方法、设计方法等)、设计、合作学习与共同体。② 郑太年等人通过对 2014 年学习科学国际大会的评析归纳出,当年学习科学的研究主题大致分为以下几类:社会性学习研究,神经科学、早期语言学习和双语学习研究,真实情境中的学习研究,学习技术的研究与开发。③

李树玲等人曾经运用主题分析法分析了 2003—2015 年美国国家科学基金会资助的 436 项学习科学研究项目。分析结果显示,美国的学习科学项目的研究领域包括学习基础研究、设计与开发研究、学习科学的实践应用研究以及非正式学习研究。在研究热点变化方面,美国学习科学的研究热点呈现了 3 个方面的转变,分别是从关注认知神经到关注学习文化,从关注正式学习情境到关注学习环境的开发和多学科的协同加强,从关注学习中的技术应用到关注运用技术强化的学习。研究所涉及的对象有中小学阶段学生和本科及研究生阶段学生,以及婴幼儿、残疾儿童、女性等特殊群体。④

学习科学是一个跨学科的研究领域,来自不同领域的学者一般会关注不同的方面。罗陆慧英和程介明等人指出,不同领域的学习科学研究针对发生于不同位相的学习,神经科学关注脑,心理学关注个体行为,组织学关注机构,社会学和文化研究关注小组和共同体,教育变革关注教育系统,人类学关注社会。⑤ 不过在纷繁复杂的学习科学研究中,最为吸引人或者最为突出的研究似乎是以下两类:一类是基于脑科学的学习研究(也有人称为神经教育学或教育神经学)。比如华盛顿大学和斯坦福大学联合成立的正式学习与非正式学习中心就主要是开展基于脑机制的面向幼儿的语言学习研究。⑥ 一类是人工智能大数据等技术支持下的学习研究。比如加拿大多伦多大

① 洪超,程佳铭,任友群,李馨. 新技术下学习科学研究的新动向——访学习科学研究专家 Roy Pea 教授[J]. 中国电化教育,2013(01):1—6.
② 李海峰,莫永华. 瞰与思:学习科学研究的最新进展兼热点——以《学习科学杂志》(JLS)近十年的文献为例[J]. 中国电化教育,2013(01):7—15.
③ 郑太年等. 学习科学与教育变革——2014 年学习科学国际大会评析与展望[J]. 教育研究,2014(09):150—159.
④ 李树玲,吴筱萌,尚俊杰. 美国学习科学的发展与研究热点探析——以 2003—2015 年美国国家科学基金会资助项目为据[J]. 现代教育技术,2018(02).
⑤ 郑太年,等. 学习科学与教育变革——2014 年学习科学国际大会评析与展望[J]. 教育研究,2014(09):150—159.
⑥ Kuhl. P. K., Tsao, F. M., & Liu. H. M. Foreign-language experience in infancy:Effects of short-term exposure and social interaction on phonetic learning [J]. PNAS, 2003,100(15):9096-9101.

学教育学院的贝赖特(Bereiter)和斯卡达玛亚(Scardamalia)从20世纪90年代开始，探索计算机支持的有意义学习环境，并推出了颇为流行的知识论坛(Knowledge Forum)，利用技术来促进学习者更好地进行知识建构。① 当然，也有学者结合脑神经研究成果开发了多媒体教学软件，用于治疗认知缺陷，比如利用多媒体软件来培养空间想象能力和数学思维能力。② 这相当于把两类研究整合到了一起。

通过梳理学习科学研究领域比较突出的研究，我们可以看出，尽管不是那么严谨，但是基本上可以说学习科学比较注重基础性的研究，确实是希望在认知科学等学科的基础上，为教育学科的发展提供理论参考依据。当然，学习科学也不是新事物，前面讲的游戏化学习、移动学习、VR/AR、自适应学习、深度学习等基本上也都属于学习科学的研究范畴。

(二)学习科学的研究热点趋势

为了更好地把握不同发展时期学习科学研究的特点，我们曾经采用文献计量学的方法，使用CiteSpace软件对学习科学领域的三种重要期刊——《学习科学杂志》、《计算机支持的协作学习》(*International Journal of Computer Supported Collaborative Learning*)和《心智、脑和教育》(*Mind，Brain and Education*)——从创刊至今发表的全部文献进行了统计分析。③ 由于Web of Science(简称WoS)数据库④并未完全收录三种期刊从创刊到2016年期间的全部文献，因此本研究在获取数据时，除了使用WoS数据库外，还使用了Scopus数据库⑤作为补充⑥，除去订正和简介类文章⑦，共收集来自三种期刊的文献1 018篇。研究结果如下：

1. 研究主题

通过进行文献共被引分析，定位参考文献共被引网络中的聚类和关键节点，再配合引用突现功能找到其中起到关键作用的文献，可以刻画出学习科学领域不同时期研究主题的演变过程。前两个时期，学习科学领域的研究内容主要集中在技术工具支持

① Scardamalia M. , & Bereiter, C. Computer support for knowledge-building communities [C]. Koschmann, T. CSCL： Theory and Practice of an emerging paradigm Mahwah, NJ： Lawerence Erlbaum Associates, 1996： 249 - 268.
② Rutherford, T. , Kibrick, M. , Burchinal, M. , Richland, L. , Conley, A. , Osborne, K. , et al. Spatial temporal mathematics at scale： an innovative and fully developed paradigm to boost math achievement among all learners [R]. Paper presented at Annual Meeting of the American Educational Research Association(AERA)，Denver CO, USA, 2010.
③ 尚俊杰,裴蕾丝,吴善超.学习科学的历史溯源、研究热点及未来发展[J].教育研究,2018,39(03)：136—145+159.
④ Web of Science是美国Thomson Scientific公司推出的大型综合性、多学科、核心期刊引文索引数据库,收录了7 000多种世界权威的期刊、图书和会议论文集,是使用CiteSpace软件处理引文数据的标准格式。
⑤ Scopus是目前全球规模最大的文摘和引文数据库,涵盖科学、技术、医学、社会科学、人文、艺术等多个学科领域,使用CiteSpace软件处理该数据格式需要先转换为WoS格式,且存在一定的错转率。
⑥ 由于CiteSpace软件处理的数据格式是以WoS数据下载格式为标准的,因此本研究以期刊名检索的方式,先从WoS获取三种期刊的所有文献,没有收录的部分再从Scopus检索导出。
⑦ 包括JSL的7篇订正、CSCL的1篇订正和1篇简介,以及MBE的三篇订正和1篇简介。

下的知识表征、社会情境下的学习环境构建、学科教学、合作学习共同体以及设计研究方法，总体而言是从情境的宏观视角来探究促进学习有效发生的方式和方法。第三个时期，新的学习科学则开启了从脑功能来探究学习发生的新视角，人们在执行相关学习任务时的脑结构和脑功能变化，成为了判断学习是否有效进行的新标准。

2. 热点趋势

领域的研究热点可以通过关键词共现分析来获取。研究结果显示，不同发展时期的学习科学领域在研究热点上存在着本质的不同。

第二个时期的学习科学，领域研究的热点集中在学习环境、知识构建与合作学习这三个主要方面。在学习环境的构建上，主要从实体的教室环境和基于计算机和互联网技术的虚拟空间两个维度出发（如 Classroom、Environment、Learning Environment 和 Online 等关键词），探索环境对有效学习发生的支持作用。知识构建一直是学习科学十分关注的问题，包括知识的表征（Representation）、构建（Construction）和迁移（Transmission），以及如何利用新媒体与技术更好地支持上述过程的实现。合作学习在学习科学领域的重要程度，从国际学习科学学会为该主题设立专刊便可知晓一二，基于具体学科教学的合作学习模式的探索（如 Science、Physics、Mathematics 等）、基于技术的合作学习工具的设计与应用（Collaboration），以及合作学习效果的测评（Performance）等都是由该主题延伸而来的研究热点。

第三个时期则更注重学习者的内在脑机制对特定知识技能的功能支持。从高频关键词来看，学习的脑机制研究仍占据研究热点的大头，比如大脑（Brain）、工作记忆（Working Memory）、认知（Cognition）和功能磁共振成像技术（fMRI）等；此外，与特定知识习得相结合，也是该时期研究的一大特色，如语言（Language）和数学（Mathematics）的知识习得过程的脑机制研究，为更科学的教学内容设计和学习路径规划提供了重要依据。

突现关键词表示的是在一段时期内被高度关注的研究热点，也是该时期具有较大发展潜力的研究方向。本研究在上述关键词共现分析结果的基础上，使用引用实现（Citation Burst）功能获得突现关键词。结果显示，第二个时期的学习科学领域在未来发展趋势上更为清晰——从开始以狭窄的知识传递观研究学习，到后来以真实情境下的知识建构观重新审视学习过程，从研究知识表征到关注学习过程的互动参与。对于第三个时期，可能受到实际发展年限以及文献数量的限制，只有一个符合条件的突现关键词"认知神经科学"（Cognitive Neuroscience），不过这也说明，目前该领域尚处于发展初期，研究方向的深化和细分还未呈现出明确形态，但可以肯定的是，该领域始终以认知神经科学作为一贯的研究基础，在持续发展的过程中，一些新的研究方向已经开始崭露头角并逐渐获得学界的关注。

以上的数据变化，在一定程度上揭示了未来学习科学领域的发展趋势，在真实情境中以复杂系统的视角来审视学习过程中各相关因素（包括外部的学习环境构建以及内部的学习脑机制探索）的相互作用及结果，将会继续成为学习科学领域的研究核心。

五、学习科学未来研究方向

美国国家科学基金会将学习科学研究大致分为 3 种取向[①]：①整合认知心理学、教学设计、计算机信息技术、智能系统的学习科学研究；②整合认知神经科学、神经科学、认知科学、医学与教育领域的学习科学研究；③整合机器学习、工程技术、人工智能等领域的学习科学研究。结合前面对学习科学三大发展时期关注的主题热点以及发展趋势分析，我们认为，未来学习科学领域的发展将汇聚为以下 3 个大研究方向：

第一，**学习基础机制研究**。此类研究与学习科学第三个发展时期的出现密切相关，大致与"整合认知神经科学、神经科学、认知科学、医学与教育领域的学习科学研究"这一研究取向相对应。借助先进的认知神经科学研究技术，研究人员可以从微观的神经联结层面研究真实情境中的教与学过程，从认知功能与结构相结合的综合视角，研究特定教育干预（学习内容、媒体等）对学习过程的影响。区别于当前认知心理学对脑认知机制的实验室研究，学习科学视野下的脑认知机制研究，更强调真实的学习情境与教育干预方案，如何在准实验条件下应用神经科学的技术工具，这将会成为教育科学领域中的一个新挑战。

第二，**学习环境设计研究**。此类研究与学习科学第二个发展时期的绝大部分研究内容类似，与"整合认知心理学、教学设计、计算机信息技术、智能系统的学习科学研究"这一研究取向吻合，早期也称为学习技术研究。区别于学习基础机制的研究，这类研究更关注如何在已有的基础研究成果的基础上，将这些成果转化为可以直接应用于真实教育情境的干预方案，如学习媒介（教材、教具、多媒体等）设计、实体环境（教室、桌椅等）设计、学习交互（教学模式、组织策略）设计。在设计研究方法所独有的迭代思想的影响下，这些在试验阶段经过反复更新升级的干预方案将有可能成为推进教育变革的有力落脚点。

第三，**学习分析技术研究**。此类研究与学习科学第二个发展时期的"对话分析技

---

① 周加仙.学习科学：内涵、研究取向与特征[J].全球教育展望,2008(08)：17—19.

术"、"视频分析技术"等研究内容同源,归入"整合机器学习、工程技术、人工智能等领域的学习科学研究"这一研究取向更为合适。随着智能学习软硬件环境体系的构建,教育过程中产生的数据呈现出数量大种类多的新特点,若仍采用传统的测量技术,已无法释放教育大数据本应具有的巨大能量,严重阻碍着对学习基础机制的深度挖掘以及对学习环境设计的有效评估。因此,基于未来大数据和人工智能的新一代学习分析技术成为教育当前亟待攻关的新挑战,这种对技术的迫切需求,不仅体现在智能分析算法等软技术上,还体现在收集学习指标数据的硬件技术上,以软硬结合为特征的学习分析技术研究,将为前两类研究的顺利开展开创崭新的平台。

可以说,这三大研究内容并非相互独立,而是彼此相连的。学习基础机制为学习环境设计和分析技术的研究确立了理论引领,学习环境设计为学习基础机制和分析技术的应用提供了实践机会,而学习分析技术又为学习基础机制和环境设计的深入搭建了观察平台。这一稳定的三角关系,成为学习科学领域二十多年来实现长久发展的基石。

六、学习科学何以让学习更科学

当然,也有人会讲,在学习科学诞生之前,认知科学等其他学科的人对这一根本问题也已经进行了长期的探索,似乎也并没有促进教育的深层变革,学习科学就一定可以吗? 要准确回答这个问题,首先就要从社会发展大背景考虑,常言道:量变引起质变。以互联网技术为主要代表的信息技术按照摩尔定律快速发展几十年后,终于促使社会各个领域发生了重大变革,这个变革体现在几个方面:一是互联网普及率。中国互联网络信息中心发布的历次《中国互联网络发展状况统计报告》显示,一直到 2006 年,中国互联网的普及率都还不到 10%,而 2006 以后,则快速突破 10%,目前已经将近 50%。而且,十几年前,主要都是教师、学生和白领等一些专业人士在使用互联网,而今天包括领导和农民工在内的群体都开始使用互联网,可以说是已经进入爆发式普及阶段。二是信息技术应用深度。以自动翻译为例,七八十年代随着人工智能技术的发展,大家对自动翻译寄予了厚望,但是一直没能有突破性的进展。但是随着大数据技术的发展,自动翻译又让大家有了新的期望,比如 Google 提供的网页翻译至少已经能让一个不懂英文的人基本看明白英文网页信息了。简单地说,信息技术发展几十年后,终于促使社会发生了巨变,尤其是人们的观念,已经逐步转变了。

具体到教育领域,因为技术的发展,也使得学习科学产生了突破性的发展,脑、心智和(真实情境中的)教育似乎真的可以建立紧密的联系了。首先是功能磁共振成像等先进技术使得人们对学习和记忆的脑机制有了更深刻的了解，并促使了学习环境和学习模式的变革。比如，很多父母包括教育研究者对孩子要不要从幼儿时期就开始学习双语都存在疑惑，大家都担心会不会给孩子增加认知上的挑战甚至是困扰。不过帕特里夏·库尔（Patricia Kuhl）主持的一项研究显示，双语学习能够改变大脑白质的微观结构。双语人群和单语人群在执行功能方面的认知能力——维持和指导注意的能力——存在差异。与只学习一种语言的同龄人相比，一出生就处于双语环境中的婴儿和儿童，具有更高的认知灵活性和控制注意的能力。[①]

再看游戏化学习，现在颇受社会各界重视，新媒体联盟近年来发布的《地平线报告》，都认为游戏化学习会在未来几年得到普及性应用。不过，尚俊杰等人通过大量的游戏化学习实证研究，总结出游戏进入课堂会面临三层困难和障碍[②]，其中如何准备客观地评价游戏化学习的成效是最主要的一个问题。实际上，目前国内的游戏化学习大都停留在学习的行为表现层面，缺乏在神经机制层面的深入探讨。但国际上已出现一系列的基于脑机制的游戏化学习研究案例，通过脑成像技术来评估游戏化学习的成效，从而在神经机制层面证实了游戏化学习对学习者的积极效果。比如斯坦福大学凯斯勒（Kesler）等人应用 Lumos 实验室开发的网页游戏（http://www. lumosity. com），从行为表现和神经机制两个层面评估了游戏化学习对提升特纳综合征（Turner syndrome，一种先天性染色体异常疾病，患者常存在视觉空间、数学和记忆等方面的认知缺陷）患者的数学能力的积极效果。初步的研究结果显示：在行为表现层面，试卷测试结果显示患者的计算能力、数字常识、计算速度、认知灵活性、视觉空间处理能力都有显著提高。在神经机制层面，实验后患者的脑活动模式发生了较大改变。[③] 裴蕾丝和尚俊杰也以小学一年级"20 以内数的认识和加减法"为例，主要基于脑与数学认知专家斯坦尼斯拉斯·迪昂提出的三重编码模型（Triple-code Model，简称 TCM），并充分调研了国家数学课程标准和教育学研究成果，然后结合马伦等人提出的游戏设计理论，设计并开发了一款可以在多个终端运行的电子游戏《怪兽消消消》。研究结果显示，就本次研究来说，虽然玩游戏与传统做试卷的效果差别不大，但是结合观察和访谈

① 郑太年，等. 学习科学与教育变革——2014 年学习科学国际大会评析与展望[J]. 教育研究，2014(09)：150—159.

② 尚俊杰，庄绍勇，蒋宇. 教育游戏面临的三层困难和障碍——再论发展轻游戏的必要性[J]. 电化教育研究，2011(05)：65—71.

③ Kesler，S. R.，Sheau，K.，Koovakkattu，D.，& Reiss，A. L. Changes in frontal-parietal activation and math skills performance following adaptive number sense training: preliminary results from a pilot study [J]. Neuropsychological rehabilitation，2011,21(04)：433 - 454.

发现,该游戏的游戏性和教育性得到了学生的认可。①

多媒体教学软件之前也被广泛使用,但是也屡受质疑②,它是否真的能够促进学习呢? 迈尔佐夫等人发表在《科学》(Science)杂志中的文章也提到:脑磁图描记术可以让我们更深入地了解社会互动和感觉运动经验是如何影响儿童学习语言的,以及幼儿为什么能从人类导师身上学会外语而不能从电视上学到。不过,他们也提到,一种可以模拟人类行为的新型机器人确实可以帮助幼儿学习外语词汇。③

除了脑科学技术外,大数据近年来发展极其迅猛,学习科学领域的研究者也已经开始逐渐将基于大数据的学习分析融入于学习实践之中。④ 伍斯特理工学院(Worcester Polytechnic Institute)的珍妮丝·戈伯特(Janice Gobert)长期从事基于计算机的交互式科学实验环境(Microworlds)的设计和开发,以促进学生对于物理、生物、地球科学等领域的探究式学习。相比基于实验室的科学实验,这个学习环境既能模拟真实实验场景,又能灵活方便地为众多学习者提供学习和实验机会。然而,她们发现,这一学习环境中的学习者往往很难得到有效、实时的个性化支持和反馈,学生的学习活动和行为往往缺乏及时的分析和指引。基于这个问题,她们正尝试使用学习分析的理念和技术进行改善,并初步得到了很好的效果。在她们的解决方案(Inq-ITS;http://slinq.org)中,学习过程中实时产生的大数据能够被自动记录并经由算法自动分析,进而实时生成报告提供给老师和学生以改善教学和试验过程。研究结果显示,基于大数据的自动分析算法能够很好地捕捉和评估学生的科学探究技巧,进而为促进教学过程提供个性化证据和实时支持。⑤⑥

加拿大西蒙菲莎大学的菲尔·温内(Phil Winne)是自主学习方面的知名学者,长期从事这一领域的研究。温内认为,传统的为学习过程提供反馈的方法,比如将由随机控制实验得出的研究结果提供给老师和学生等,已显示出很大的局限性。这类方法往往关注大多数人的平均水平,并给出一个大致建议,很难为每个学习者提供高效的

① 裴蕾丝,尚俊杰.学习科学视野下的数学教育游戏设计、开发与应用研究——以小学一年级数学"20以内数的认识和加减法"为例[J].中国电化教育,2019(01):94—105.

② Cuban, L. Oversold and Underused: Computers in the Classroom [M]. MA: Harvard University Press, 2003.

③ Meltzoff, A. N. , et. al. Foundations for a New Science of Learning [J]. Science, 2009,325(5938):284-288.

④ Shum, S. B. Learning Analytics [J]. UNESCO IITE, 2012.

⑤ Gobert, J. D. Using data mining on log files for real time assessment and tutoring of science inquiry skills [R]. Paper presented at the 2nd Learning Analytics Summer Institute (LASI). Harvard Graduate School of Education, Cambridge, MA, USA, 2014.

⑥ Gobert, J. D. , Sao Pedro, M. , Raziuddin, J. , & Baker, R. S. From log files to assessment metrics: Measuring students' science inquiry skills using educational data mining [J]. Journal of the Learning Sciences, 2013,22(04),521-563.

建议和支持。考虑到这个问题，温内及其研究小组近期专注于发掘大数据对于学习者在网上自主学习的支持，并设计了一个用于追踪和支持网上自主学习的在线工具nStudy。[①] nStudy一方面能够为网上学习者提供多种支持以促进学习者对学习内容的搜索、检查、合并、加工和转化等；另一方面，它能够自动收集学习者的这些活动信息，尽可能详细地描述每个学习者的学习过程。nStudy还能够针对所收集的大数据进行及时整合、分析和筛选，并将结果有针对性地反馈给学习者，以帮助学习者及时、有效地调整自主学习过程。[②]

基于大数据的学习分析不仅在改善计算机支持的学生学习方面发挥重要作用，国外教育者也开始重视并将其应用到传统课堂和教师学习中，以改善课堂教学效果。比如，由匹兹堡大学劳伦·雷斯尼克（Lauren Resnick）创立的学习研究所（Institute for Learning; http://ifl.pitt.edu）作为美国知名教师培训和教学促进机构，已开始尝试使用课堂讨论分析工具（Classroom Discourse Analyzer，简称CDA）帮助中小学老师反思和提高课堂讨论效果。传统教师对于课堂反思往往缺乏有效、直观的证据支持，CDA依据学习分析理念设计，能够针对一节或多节课堂讨论进行分析，并将每个学生发言、老师发言、师生对话模式和风格等数据信息自动整合，以互动式图表形式提供给老师，帮助老师及时反思和改善课堂教学实践。[③]

通过以上案例可以看出，尽管还无法进行大规模推广，但是脑科学和大数据等技术的发展，确实使得我们对于"人究竟是怎么学习的？"有了更深刻的认识，也有了更多的手段去促进"有效学习"。简单而言，未来脑科学技术、基于大数据的学习分析技术和人工智能等技术增强的学习技术或许将成为推动学习深层变革乃至教育深层变革的主动力（图4-17）。

形象地说（可能不太严谨）：眼睛以内，

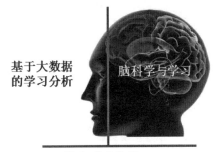

图4-17 学习科学：推动学习的深层变革

① Winne, P. H., & Hadwin, A. F. nStudy: Tracing and supporting self-regulated learning in the Internet [C]. International handbook of metacognition and learning technologies. New York: Springer, 2013: 293-308.
② Winne, P. H., & Baker, R. S. The potentials of educational data mining for researching metacognition, motivation and self-regulated learning [J]. JEDM-Journal of Educational Data Mining, 2013,5(01): 1-8.
③ Chen, G., Clarke, S. N., & Resnick, L. B. An analytic tool for supporting teachers' reflection on classroom talk [C]. In: Proceedings of the 11th International Conference of the Learning Sciences (ICLS). Boulder, Colorado, USA, 2014: 583-590.

脑科学与学习的发展让我们更好地了解知识究竟是怎么存储的,人究竟是怎么学习的;眼睛以外,基于大数据的学习分析让我们用数据说话,而不再主要靠经验说话;当然,眼睛内外都需要采用人工智能等技术来支持和增强学习。

结语 让学习更科学、更快乐、更有效

这些年在开展学习科学和游戏化学习研究的过程中,我结合自己育儿和教学的亲身体会,也看到了无数家长在陪孩子学习过程中的焦虑和痛苦,后来越来越深刻地认识到,需要让学习者尽可能自由自愿地学习自己喜欢的知识,并且去积极地主动地思考,享受学习的快乐和生活的幸福。简单地说:"**让学习更科学、更快乐、更有效 (Scientific, Happy, Effective,简称一切为了 S. H. E.)。**"①

要在以往,实现这个目标几乎是不可能的,但是今天,在学习科学的支持下,或许真的可以结合人工智能、大数据、移动学习、游戏化学习、VR/AR、学习分析、MOOC、微课、翻转课堂等,重塑学习方式,回归教育本质,让每个儿童、青少年乃至成人都能像一条鱼一样自由自在地遨游在知识的海洋之中(图 4 - 18),高高兴兴地沐浴在学习的快乐之中,尽情享受终身学习的幸福生活。

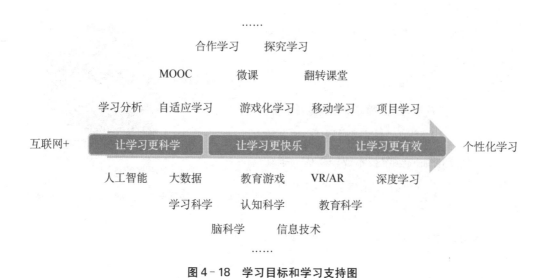

图 4-18 学习目标和学习支持图

---

① 尚俊杰,蒋宇.游戏化学习:让学习更科学、更快乐、更有效[J]. 人民教育,2018(Z2):102—104.

第五章 课程可以这样教： 课程教学再造

只要人人都献出一点爱,世界将变成美好的人间。[①]

课程是学校教育的核心,是学校教育质量的保证,所以课程建设一直是学校工作的重中之重,不过学术界对"课程"一词的起源并没有定论,课程与教学的关系是困扰现代教育理论与实践的重大问题。鉴于以往过于分裂课程与教学的现实,杜威等人推动了 20 世纪课程与教学的第一次整合,20 世纪末部分学者进一步重新整合。[②] 美国学者里贾纳·韦迪(Regina Weade)将整合后的新理念及相应的实践形态用新的术语来概括,即为**"课程教学"**(Curriculum Instruction)。[③] 本书中采取了课程教学这一概念,我们认为课程教学建设涉及"教什么"以及"怎么教"这两个最基本的问题,课程教学改革也源于内容和形式这两个方面。

当然,课程教学是一个庞杂的研究领域,就是用整本书来讲都讲不完,所以本章还是聚焦到互联网时代的课程建设,主要探讨如何利用 MOOC、微课、翻转课堂等新技术促进课程教学变革。

第一节 屏幕的价值： 利用在线课程推动课程教学变革

2018 年底,"成都七中那块屏"真的刷屏了,一时间支持者、质疑者的声音在网上此起彼伏,吸引了网民的高度关注。教育部部长陈宝生在 2019 年两会期间回答记者提问时说:"这个事非常好!"远程教育对边远地区的孩子享受到优质的教育资源会有很大的作用。[④] 那块屏真的有这样的价值吗?

---

① 引自歌曲《爱的奉献》。
② 张华. 课程与教学整合论[J]. 教育研究,2000(02): 52—58.
③ WEADE R. Currculumn instruction: The Cormtruction of Meaning [J]. Theory into Practice,1987,26(01): 15 - 25.
④ 钟茜妮. 教育部部长陈宝生谈成都七中那块屏: 这个事非常好! [EB/OL]. (2019 - 03 - 06)[2019 - 06 - 26]. http://sc. sina. com. cn/news/b/2019-03-06/detail-ihrfqzkc1475898-p2. shtml.

一、切身体会：屏幕的价值

其实，我对成都七中的视频直播教学是比较熟悉的，2007 年，我和西北师范大学的杨改学等人去云南考察教育技术的时候，就在某中学看到两个班，每天一上课就打开大电视，说是和成都七中同步上课，我当时还是非常惊讶的，就问校长教学效果到底怎么样？校长当时说：社会性发展等方面不知道，但是成绩方面这两个班和其他班没有差异。我当时确实很惊讶，后来才知道，2002 年成都七中就与企业合作，利用卫星传输技术，将成都七中的全日制课程直播到其他学校。不过，当时我对直播课程的价值认识还不够深刻，认为它会像某些教育技术创新一样，过几年就不了了之，没想到居然坚持到了现在，而且越做越大，辐射了四川、云南、贵州、甘肃、陕西、江西、青海等省的 239 所高中学校，每天 7 000 多名教师、7 万余名学生与成都七中异地同堂上课。[①]这件事情自 2018 年底爆出来以后，网上各种各样的声音都有，而且很多当年亲身参与学习的同学也在发表自己的意见，有人认为那块屏幕改变了自己的命运，也有人认为对自己有负面影响，但是总体上大家觉得确实有助于促进优质教育资源共享，也体现了"互联网＋"时代百年名校的责任与担当。

2010 年，我和中央电化教育馆的陈庆贵和轩兴平等人到新疆考察教育信息化发展，在一个乡村小学看到孩子们正在看着电视，跟着东部地区老师的课堂录像上音乐课，似乎孩子们学得也很开心。不过我当时还是有疑问，这样上课效果真的好吗？但是陪同的校长说：你们不要说这样上课的效果不好，如果不用这种方式上课，我们学校就开不出或者开不好音乐和英语课程。我当时马上就意识到，信息技术促进教育变革，"好"与"不好"是一回事，"有"与"没有"是另一回事，这种视频类课程至少能解决"有没有"的问题。

关于"有没有"的问题，在我后来做"游戏化教学法"MOOC[②]的时候有了更多体会，因为一直在研究游戏化学习，承蒙大家厚爱，经常有地区和学校邀请我去讲一讲，但是我自己的教学研究服务工作压力极大，很难满足大家的要求，后来就在汪琼教授的支持下在中国大学 MOOC 上建设了"游戏化教学法"课程，从 2016 年开始，迄今开了 6 轮，大约有 5—6 万人选修过，虽然拿到证书的是少数，但是有什么课堂能够让这么多人都能快速了解一下游戏化学习呢？而且，基于后台的数据分析，可以看到MOOC 确实可以给那些真正想学习的人提供很好的机会。[③]

① 易国栋，亢文芳，李晓东. "互联网＋"时代百年名校的责任与担当——成都七中全日制远程直播教学的实践探索[J]. 中小学数字化教学，2018(04)：83—85.
② "游戏化教学法"MOOC，参见网址 https://www.icourse163.org/course/icourse-1001554013＃/info。
③ 朱云，裴蕾丝，尚俊杰. 游戏化与 MOOC 课程视频的整合途径研究——以《游戏化教学法》MOOC 为例[J]. 远程教育杂志，2017，35(06)：95—103.

自 2016 年开始，我还参加了北京大学张海霞教授牵头推出的"创新工程实践"MOOC，这门课程是同一时间全国高校同步上课，在第一次推出时，就有来自 172 所高校的 4 万余名学生选修，2019 年春季学期则有 219 所高校的将近 6 万名学生选修。我第一次上直播课的时候，心里也有一些怀疑，这样的课程效果真的好吗？当屏幕里传来其他大学课堂画面的时候，我突然感觉似乎比传统线下课程的互动感还要好。所以，我当时就感觉到不仅可以解决"有没有"的问题，似乎也可以解决"好不好"的问题。

大约 2017 年开始，我给女儿报了 VIPKID 在线英语课程，自此就更加关注这一类在线课程的发展。其实，在世纪佳缘创始人龚海燕创办 91 外教网的时候，我就体验过，感觉这类课程一定有前途。后来 VIPKID 等在线课程给了我更深刻的感受，因为不止一位家长给我讲过，每次上课之前，孩子们就早早地搬凳子坐在电脑前，跟爸爸妈妈说要等着上课，而这是孩子们上别的传统培训班的时候比较少发生的事情。如果我们能够把孩子们这样的学习动机一直保持到大学，"好不好"还是问题吗？

而且，更让我感到惊讶的是，当我回到老家县城的时候，我发现县城的一些孩子也在利用在线课程跟着外国老师学英语。我们天天在讲要促进教育均衡发展，但是靠什么方法才能快速让偏远地区的孩子和大城市的孩子有一样的学习环境呢？这类课程难道不就是提供了一种可能性吗？

在 2017 年举行首届北京大学基础教育论坛时，我当时想做一个小实验，所以就和几位校长商量，请他们组织教师们坐在大报告厅统一收看高清直播。事后校长们反映效果挺好，甚至有老师看完了都不知道是直播，因为会场是用大屏幕直播的，从后面远远看过去就像真的一样。

其实，除了上面自己经历过的几个案例外，这些年在研究中还了解到"双师课堂"、"专递课堂"、"同步课堂"等多种形式的直播课程，确实切身感受到信息技术的发展给课程教学变革提供了可能性。

二、媒介技术为课程教学变革提供了可能性

在不同历史阶段，因知识界限与媒介技术的不同，教育与课程的形式也迥然不同。一方面，随着人类社会的发展以及知识探索的深化，扩展了人类认识自然和社会的视野，为学科的分化及课程内容的扩展提供了前提条件。对于什么知识最有价值的认识的差异，是世界范围内课程内容选择的关键，社会经济发展水平不同，对人的技能的需求存在差异，学校开设的课程自然也有所不同。另一方面，媒介技术的革新，改变了知

识传播的形式和速度,塑造了不同的社会传播生态环境,也形塑了不同的教育体系和课程教学模式。除了知识领域的扩展和学科的分化之外,语言、文字、印刷术、电视广播和互联网等一系列媒介技术的改变同样推动了课程教学的变化。

郭文革曾根据人类历史上出现的媒介技术,将教育的"技术"发展史划分为口传时期、手写文字、印刷文字、电子传播和数字传播等五个阶段,在不同时期教育目标、教学资源、教学方法和教学组织形式都有很大差异。[①] 人类语言出现后,直到创造出文字,人类才开始共享共同的书面知识。但文字的威力没有全部发挥出来,翻印原稿以增加册数的想法,因为成本太高,所以长期以来没有实现,知识的传播严重受限于书写数量和出版效率。之后随着造纸术和印刷术的传播,才大大促进了文化教育的普及,教育才不再是少数人的特权,世人的知识生活才进入全新的时代。[②]

现代学校制度的建立和班级授课制的形成,得益于造纸术的广泛传播以及活字印刷机的出现。20 世纪广播电视的出现以及远程教育形式的实施,改变了面对面的授课方式,打破了时空的限制,极大地推动了教育的普及化,但是这种技术形式下的课程互动性较差,具有单向性和封闭性。在信息化时代,互联网掀起的数字革命让人类社会进入了"在线"时代,广播电视的缺陷为以互联网为代表的数字时代的到来留下了充分施展的空间。技术似乎不仅可以解决"有没有"的问题,而且逐渐开始攻关"好不好"的问题。近年来,国内外教师开始尝试利用计算机资源重构课程和教学方法,使传统课堂环境变得丰富多彩,极大地拓展了教与学的界限。

随着 MOOC 等在线课程的快速发展,越来越多的人认识到媒介技术的发展确实为课程教学变革提供了可能性,但是,就如焦建利于 2013 年参加北京大学教育信息化创新论坛时所说——"**如果教育信息化是解决方案,什么是问题?**"我们一定也要思考传统课程教学模式到底存在哪些问题,有哪些是需要并可以通过 MOOC、微课、翻转课堂等新技术来促进解决的呢?

三、传统课程教学模式存在哪些问题

传统的现代教育体系是工业化时代的产物,标准化的课程体系确实适应了大生产模式的需求,为培养标准化的劳动者服务,但是并没有为适应未来世界需要的人才提供充分的架构,传统课程存在的诸多问题呼唤一场彻底的"课程教学革命"。

---

① 郭文革. 教育的"技术"发展史[J]. 北京大学教育评论,2011(03):145—155.
② [英]赫伯特·乔治·韦尔斯. 世界史纲:生物和人类的简明史[M]. 吴文藻,冰心,费孝通,译. 南京:译林出版社,2015:174—176.

（一）课程的开设及质量受限于学校和师资力量①

传统的教育模式中,高校的课程大都是由本校教师面对面讲授的,极少部分会请其他高校的老师来讲授。为了应对学科专业分化,学校就需要建立庞大的课程体系,这样可能会存在一个问题,一些学校开不出某些课程,或者开不好某些课程。比如一个工科或医科学校,可能没有足够的人文学科师资来开设大量人文通选课,而在如今重视基础、重视通识教育的时代,显然这些课程也是非常重要的。另外,因为经济条件和区位等因素,贫困边远、欠发达区域的学校对于优秀师资缺乏吸引力,因此也往往无法开设较为先进的课程。

在第二章讲过,一些学生在网上看过欧美的几门公开课之后就哀叹:"我们上的这叫课吗? 我们上的这是大学吗?"虽然他们的评论是偏颇的、不客观不公正的,但是也从另一个侧面说明了课程中存在的问题。事实上,世界上鲜有高校可以像哈佛大学或北京大学这样,笼络最顶尖的学者,为学生开设多样化的优质课程。据统计,哈佛大学2018年春季学期本科生可以注册的课程多达2 812门。② 在北京大学,除去各院系开设的专业课程之外,2017年春季学期为本科生开设的全校公共选修课、必修课和通选课达到755门。③ 其中全校通选课300多门,这些课程分为6个基本领域:数学与自然科学,社会科学,哲学与心理学,历史学,语言学、文学、艺术与美育,社会可持续发展。学校要求本科生毕业时在通选课程中应至少修满12学分。对理工科、文科学生有不同的通选课修课要求。④ 简单地说,不管你是什么专业的,都必须了解和掌握多个学科和领域的知识和思想方法,为选择专业、未来发展和职业变换做出准备。⑤ 这个经验在全国是被推广学习的。

显然,大部分普通高校与这些著名高校之间在师资和课程方面存在巨大的差异,可能开不出如此多的优质通选课。另外,对于普通高校而言,不同学科之间的师资水平也未必是均衡发展的,学校更加关注优势核心学科的发展以及师资的引进,对于非核心的学科则重视程度不够,在这样的情况下也影响了部分课程的开设。其实,在基础教育领域也存在同样的问题,一些特别优秀的高中能开出上百门选修课,但是一些

① 本节主要以高等教育为例进行讨论,但实际上基础教育、职业教育都是可以参考的。
② Harvard University. Harvard University Course Catalog [EB/OL]. [2018-01-10]. https://courses.my.harvard.edu/psp/courses/EMPLOYEE/EMPL/h/? tab=HU_CLASS_SEARCH.
③ 北京大学教务部. 2017—18学年第1学期本科生课程表[EB/OL]. [2018-01-10]. http://dean.pku.edu.cn/pkudean/course/kcb.php? ll=1,http://dean.pku.edu.cn/pkudean/course/kcb.php? xnxq=17-18-1.
④ 黄天慧. 北京大学与复旦大学通识教育模式比较[J]. 现代教育科学,2017(12):144—150.
⑤ 卢晓东. 中国一流大学本科教学改革进程与思考——以北京大学为中心考察[J]. 云南师范大学学报(哲学社会科学版),2012,44(05):96—104.

偏远地区的高中或许连必修课都开得很艰难。

（二）课程的开设强调统一模式，具有时空限制，不注重学生的个体需求

现在的教育模式形成于工业社会，工业文明使用控制机制，使人适应工业机器的需求。随着现代学校的普遍建立，学习成了具有强制性的活动，它成了一种"应该"或者"必须"。[①] 现代学校中的课程教学具有严格的时空限制，对教学活动和学生行为有一系列严格的制度规定，学生必须在统一规定的时间和地点接受规定的课程教育。传统的教育体系通过标准化的课程教材和考试评价等流水线式的教育方式，培养了大生产时代的可用人才。在这种统一化的教育模式之中，难以顾及学生个体性的需求，学生不能根据自己的需求，选取适合自己的课程，教育体系难以支持学生的个性化学习。这也部分造成了中国大学本科生对学校的课程教育的满意度普遍较低的局面。

根据中国教育科学研究院 2016 年 5 月开展的全国高等教育满意度调查，结果显示学生满意度相对较低的为课程教学、师资力量和师生课外互动，其满意度均低于63％。[②] 可见，学生对传统的课程模式的认可度较低。高校亟待建设以学习者为中心的课程建设模式，为每一个学生提供个性化的学习支持，提升教育教学质量。

（三）课程内容较为滞后，忽视实践课程，无法适应社会发展的需要

大学生就业难是目前的社会热点问题，很多用人单位反映多数学生缺乏与岗位匹配的知识储备，这凸显出高校人才培养环节存在问题。一方面，尽管外部环境的变化日新月异，但是课堂内依然故我。课程内容往往落后于经济社会发展，新知识、新技术、新应用不能及时地体现在教学之中，教材更新较为缓慢，造成很多毕业生在工作岗位上无法适应企业和市场的需求。随着人类社会的发展，知识更新的速度逐渐加快，但是教育模式较为固化，有人总结说：我们的教育是在用 19 世纪的体制，教 20 世纪的知识，去面对 21 世纪的挑战。[③] 另一方面，大学课程体系比较强调专业化、系统化，强调学科自身的知识体系，是一种学科知识型、理论深化型的课程体系。沈华调查发现，有 84％的学生希望开设应用实践型的课程。[④] 这反映出现实中实践类课程的缺失，大学普遍选择性地忽视实践课程的开设，是因为实践性课程涉及经费、场地、指导

① ［美］拉塞尔·L.阿克夫，丹尼尔·格林伯格.翻转式学习：21 世纪学习的革命［M］.杨彩霞，译.北京：中国人民大学出版社，2015：94—106.
② 中国教育科学研究院.全国高等教育满意度调查报告［N］.中国教育报，2017-5-17(04).
③ 顾远.人工智能的时代，我们应该如何学习？［EB/OL］.［2018-01-15］.http://www.360doc.com/content/17/0216/08/5315_629349836.shtml.
④ 姚晓丹.大学课堂，缘何吸引力不够？［N］.光明日报，2013-11-13(16).

教师等一系列问题，大学不愿意或者无力应对。

（四）课程教学互动不足，盛行填鸭式灌输，不利于学生的自主学习

传统的培养模式中，教师拥有较强的话语权，学生处于从属被动地位，教师与学生、"教"与"学"之间的互动不足。大学教师在上课过程中，比较习惯于使用讲授的方法。单一的讲授方法贯彻始终，把学生当成知识的容器，学生对满堂灌的教学方式难免产生厌倦情绪。调查发现，学生相对偏好课堂讲授与讨论相结合的方式，认同单纯讲授方式的比例仅为 8%。① 日本学者佐藤学（Manabu Sato）指出："在传统的学校里，有些老师在课堂上讲授的时间很长，学生则是没有声音的。未来的学校应该是一个学习共同体，老师和学生在课堂中应该是平等的，相互倾听、一起学习。"②在新时代，学校应该改变课程教学过程中的填鸭式灌输方式，强调知识的探索性和协商性。学生不仅仅是课程的消费者，也是课程创造的参与者。

四、"互联网＋"如何推动课程教学革命

互联网技术的发展将重塑教育领域，打破学校封闭的办学体系，为课程教学的扩展提供了技术支撑，为课程融合提供了可能性。其中，作为互联网和教育结合的产物，MOOC 被誉为"印刷术发明以来教育最大的革新"，作为颠覆性变革的力量，打破了教育的时空界限，或许和其他新技术一起推动传统课堂发生根本性变化。

（一）"互联网＋"可以拓展课程资源的来源，促进优质资源共享

互联网技术的发展，拓展了人类在世界范围内获取最新知识的能力，促进了优质教育资源的共享。前面讲过，传统的面对面讲授受限于学校和师资力量，无法为学生提供足够的优质课程。那么 MOOC 是否提供了一个新的思路呢？比如，可否引入MOOC 或其他网络课程，让学生看着视频学习，然后安排辅导教师检查作业、组织考试，并授予正式学分，这样不就可以开设一些原来无法开出或者开不好的课程了吗？事实上，中国的一些高校和中小学已经在进行类似的尝试了。

在基础教育领域，近年来，河南部分高中通过同步视频的形式学习人大附中的自主招生培训课程，大幅度提升了高校自主招生通过率。人大附中还尝试通过互联网把课程教学资源送到广西贫困地区的乡村学校。③ 前面也讲过成都七中从 2002 年开始，

---

① 阎光才. 研究生教育质量提升面临"内部"困局[N]. 光明日报，2015－01－06(14).
② ［日］佐藤学. 很会教的老师已落伍[EB/OL].［2018－02－05］. http://www.cyyz.org/html/153-7/7642.html.
③ 高凡. 双师教学项目创新远程教学模式[N]. 光明日报，2014－09－02(14).

通过卫星向薄弱地区学校实时直播九门高考学科的全部课堂教学,其他学校的学生同步上课。[①]

　　在高等教育领域,从 2012 年开始,在上海市教委的牵头下,30 多所上海高校联合成立了上海高校课程资源共享管理委员会,以信息技术平台为支撑,推动各个学校优质的课程向其他的高校学生开放,打造中国特色 MOOC。以北京大学为理事长单位的东西部高校课程共享联盟成立于 2013 年,旨在协调各高校实现在线课程跨校共享。截至 2016 年底,全国受益学校超过 2 000 所,覆盖大学生人群超过 1 000 万。[②]　其中张海霞牵头的"创新工程实践"课程最近两个学期每学期都有大约 200 所学校、5—6 万人选修。中国大学 MOOC(https://www.icourse163.org)上也已经上传了上千门课程,笔者也牵头在上面开设了面向教师教育的"游戏化教学法"课程[③],迄今已经开设 5 期,大约有 5 万人选修过,客观上确实起到了传统课堂难以起到的作用。另外,教育部也于 2017 年认定了 490 门课程为国家精品在线开放课程,2018 年认定了 801 门课程,相信随着国家的重视,精品在线开放课程会不断涌现,优质资源共享的难题或许在一定程度上可以解决。

　　当然,大家可能很关心,MOOC 教学成效到底怎么样? 有人曾经针对准备进入加州大学欧文分校(简称 UCI)的学生做过研究,他们开发了一门生物学入门 MOOC,帮助那些已经被 UCI 录取但是准备不足的学生获得技能和知识,以便增加他们在大一生物学主干课程中成功的可能性。研究结果表明:在所有课程注册学生中(普通人也可以注册),完成课程的 UCI 学生比例($>$60%)高于非 UCI 注册学生($<$9%);UCI 女生更有可能来学这个 MOOC,但在表现上和男生没有什么不同;准备不足的大学生比已经具备生物学专业资格的学生表现更好。这些结果表明,MOOC 可以帮助学生在进入大学之前就学习到相关知识,为大学学习做好准备。[④]　当然,MOOC 确实具有高辍学率、低完成率等问题,[⑤]约瑟夫(Joseph)也综述了近年来关于在传统课堂上整合 MOOC 的有效性的实验研究,结果发现,将 MOOC 纳入传统课堂教学,对学习效果几乎没有影响,或者仅有轻微积极影响。不过,也没有研究证据显示 MOOC 对学生学习

① 易国栋,亢文芳,李晓东."互联网+"时代百年名校的责任与担当——成都七中全日制远程直播教学的实践探索[J].中小学数字化教学,2018(04):83—85.
② 葛松莹.东西部高校课程共享联盟覆盖全国 2 000 所高校[EB/OL].[2018-02-08].http://www.jyb.cn/high/gdjyxw/201612/t20161206_687914.html.
③ "游戏化教学法"MOOC 网站:https://www.icourse163.org/course/icourse-1001554013,该课程于 2017 年被评为国家首届精品在线开放课程。
④ Jiang S, Williams A E, Warschauer M, et al. Influence of Incentives on Performance in a Pre-College Biology MOOC [J]. International Review of Research in Open & Distance Learning, 2014,15(05):99-112.
⑤ 汪基德,冯莹莹,汪滢.MOOC 热背后的冷思考[J].教育研究,2014,35(09):104—111.

存在明显的负面影响。① 所以，如果希望采用 MOOC，必须要进行精心设计。贾积有等人曾经针对北京大学 6 门 MOOC 课程的 82 352 位注册学员的学习行为数据进行了分析，研究结果表明，取得了期末成绩的学员的学业成绩与在线时间、观看视频次数、观看网页次数、浏览和下载讲义次数、平时测验成绩之和、论坛参与程度（发帖、回帖）呈正相关关系。他们建议：为了保障教学效果，要重视课程网站上网页、视频、测验和讲义的设计，引导学员展开网上论坛的讨论。②

简而言之，MOOC 代表了互联网未来某种理想主义的分享精神，它的出现促使教育机构解禁了全部知识储备库，改变了教育资源被特定机构垄断的局面，使得这些课程资源在全球范围内被平等分享。③ 自此，学校可以不受本校教师资源有限、开设课程有限的约束，极大拓展课程资源的来源渠道和有效供给。

（二）"互联网＋"与翻转课堂的结合，通过混合式教学模式，推动了学习的自主性和互动性

翻转课堂的核心是借助网络连接技术及时打破传统教学时空的局限，实现对传统课堂教学流程的"翻转"，知识传授和知识内化的次序发生了颠倒。④ 传统课堂是以班级授课制为典型组织形式的教学范式，历时三百余年，有一定的稳定性。它的最大弊端在于不能满足学生的个性化学习需要。而翻转课堂的本质是回归教育活动的逻辑起点，教是条件，学是本体，教师之"教"存在的逻辑在于有利于学生之"学"。⑤ 而"互联网＋"和翻转课堂结合起来，就可以更好地促进个性化学习，并有效改变传统教学模式中以课堂灌输为主的方式，推动学生主动学习并积极思考，将极大地实现课堂模式变革。如可汗学院的翻转式课堂教学，学生自主学习可汗学院网站上的视频资源，学习新知识，然后到教室做作业，与教师和同学一块讨论遇到的问题。这种模式由于兼顾到学生个性化的学习需求，效果显著，迅速得到社会各界的认可，以可汗命名的可汗学院被加拿大的《环球邮报》评为"2011 年影响课堂教学的重大技术变革"，比尔·盖茨称他"预见了教育的未来"、"引领了一场革命"⑥。

翻转课堂带来了良好的教学效益。2012 年 6 月，美国教育咨询公司（Classroom

① Joseph I M. Effectiveness of Integrating MOOCs in Traditional Classrooms for Undergraduate Students [J]. The International Review of Research in Open and Distributed Learning，2015，16(05)：102－117.

② 贾积有，缪静敏，汪琼. MOOC 学习行为及效果的大数据分析——以北大 6 门 MOOC 为例[J]. 工业和信息化教育，2014(09)：23—29.

③ [美]乔纳森·哈伯. 慕课：人人可以上大学[M]. 刘春园，译. 北京：中国人民大学出版社，2015：3.

④ 柯清超. 超越与变革：翻转课堂与项目学习[M]. 北京：高等教育出版社，2015：1—4.

⑤ 王鉴. 论翻转课堂的本质[J]. 高等教育研究，2016，37(8)：53—59.

⑥ 顾雪林. 一个人的网络教学震动了世界[N/OL]. 中国教育报，2013－02－26(03)[2013－07－20]. http://paper.jyb.cn/zgjyb/html/2013-02/26/content_88497.htm.

Window)对美国范围内实施翻转式教学的约500名教师进行了调查,并发布了关于翻转课堂的应用价值的调查报告,初步分析显示:受访教师中,67%表示学生的考试成绩得到了提高;80%声称学生的学习态度得到改善;88%表示翻转课堂提高了他们的职业满意度;99%表示下一年将继续采用翻转课堂模式。① 克林顿戴尔高中在2010年对140名学生进行翻转课堂教学改革试验,经过一个学期的学习,学生的学业成绩得到了大幅提高,各课程的不及格率(原先一直在50%以上)分别降低为:英语语言艺术33%、数学31%、科学22%、社会研究19%;两年后,校长格雷格·格林(Greg Green)在全校范围内推广了翻转式教学模式。② 也有研究显示,翻转课堂能够帮助成绩较差的学生改善数学成绩。③ 也有研究结果显示,翻转课堂能够提高学生的创造性思维,尤其是在流畅(Fluency)、灵活(Flexibility)和创新(Novelty)方面。④

高等教育领域也开始尝试通过混合式教学模式,线下和线上相结合的方式,推动传统教学方式的深化变革。华南师范大学国际商学院实施教学手段创新,引进哈佛大学"商务统计学"MOOC,学生课余时间在网上学习最优秀的授课视频,课堂上由教师和学生进行面对面的讨论和交流。⑤ 这种模式兼顾了班级制教学和个性化教学的教学模式,利用灵活的线上学习活动,让学生先看录好的视频,将学习自主权返还给学生,可以充分调动学生学习的积极性,最大限度地促进个性化学习。从课程教学来说,在学生学习视频教材之后,再采用课堂讨论,有别于传统课堂的"一对多"的局限性,能够实现探究式、参与式学习。近年来,中国高校认识到传统教学模式的缺陷,纷纷尝试创新课程模式。从2018年开始,北京工业大学等高校鼓励学科利用不同渠道、不同资源优化课程体系,整合优质互联网学习资源,探索线上和线下相结合的新型开放教学模式。也有高校在教育技术学专业英语课程中采用翻转课堂的教学流程,通过教学实验发现应用翻转课堂能够提高学生的学习成绩并能提升学生对课程教学的认同度。⑥ 也有学者曾经结合MIT的"电路"MOOC开展翻转课堂教学,研究结果表明,混合使用高质量的MOOC内容和适合的课堂教学方法,可以显著提升学习成效,2012年秋

① Jeff Dunn. Survey Results: 67% Educators Report Flipped Classroom Improves Test Scores [EB/OL]. [2012 - 06 - 27]. http://edudemic.com/2012/06/survey-results-67-educators-report-flipped-classroom-improves-test-scores/.
② 克林顿戴尔高中官网[EB/OL]. [2012 - 04 - 10]. http://www.flippedhighschool.com/ourstory.php.
③ Bhagat, K. K., Chang, C.-N., & Chang, C.-Y. The Impact of the Flipped Classroom on Mathematics Concept Learning in High School. Educational Technology & Society, 2016,19(03),134 - 142.
④ Al-Zahrani, A. M. From passive to active: The impact of the flipped classroom through social learning platforms on higher education students' creative thinking [J]. British Journal of Educational Technology, 2015,46(06),1133 - 1148.
⑤ 张优良,尚俊杰."互联网+"与中国高等教育变革前景[J]. 现代远程教育研究,2018(01): 15 - 23.
⑥ 汪晓东,张晨婧仔."翻转课堂"在大学教学中的应用研究——以教育技术学专业英语课程为例[J]. 现代教育技术,2013(08): 11 - 16.

季混合课程的学生通过率跃升至 91％，而 2011 年传统的面对面授课的通过率为 59％。[①]

为了克服 MOOC 的缺点，小规模限制性在线课程（Small Private Online Course，简称 SPOC）开始流行，一般在大学等组织内部使用，柳春艳等人采用元分析的方法，检索分析了 2007 年 1 月至 2018 年 7 月 ERIC、Teacher Reference Center、Education Research Complete、Web of Science、中国知网、维普和万方等大型数据库以及 Cochrane Collaboration Library、Campbell Collaboration Library、EPPI、WWC、System for Information on Grey Literature in Europe（OpenSIGLE）等在线研究平台中关于 SPOC 翻转课堂与传统课堂教学比较的量化研究。结果显示，SPOC 翻转课堂的学生考试成绩、知识理解能力、知识应用能力、自学能力、自我管理能力、学习动机均高于传统课堂；SPOC 翻转课堂与传统课堂的及格率、优秀率、协作能力均无显著差异；学生对 SPOC 翻转课堂的学习兴趣、认真程度、学习参与度、满意度均较高。

（三）"互联网＋"给予学生更多选择空间，推动学生的个性化发展

互联网技术的发展，使每一个学生都享有最适合的课程成为可能，给学生更多选择的权利和空间。纸质时代的教学，正如夸美纽斯在《大教学论》中所说，"教师的嘴就是一个源泉，从那里可以发出知识的溪流，从他们身上流过，每逢这个源泉开放的时候，他们就应当把他们的注意当作一个水槽一样，放在它的下面，一点不要让流出的东西漏掉了"。[②] 教师和书本是学生获取知识最重要的渠道。但是，在互联网时代，学习者浸润在四通八达的信息环境中，学生获取学习资源的渠道无限拓展，可以有针对性地选择学习内容和课程，使学习与个体的发展更加匹配。

焦建利等人认为 MOOC 的学习是自觉、自愿、自控的，是按照学习者自己的步调和节奏展开的学习，学生可以自由地选择自己感兴趣的知识和课程。[③] MOOC 的问世，使学生的学习有了选择，学习才真正成为个性化的事，最大程度上实现了因材施教、择时学习与协作学习。一方面，除了学校要求的必修课之外，学生完全可以根据自己的需要选取认为"有用"的课程。相较于传统的课程，MOOC 的课程内容更加丰富，更加贴近现实的需要。MOOC 更加注重客户体验，更加注重课程内容的吸引力，而不是传统课程和教学等学校制度的强制力。另一方面，学生可以不再被动地服从于学校

① Ghadiri，K.，Qayoumi，M. H.，Junn，E.，Hsu，P. and Sujitparapitaya，S. The Transformative Potential of Blended Learning Using MIT edX's 6.002x Online MOOC Content Combined With Student Team-based Learning in Class［J］. Environment，2013，8（14）：14-29.
② ［捷］夸美纽斯. 大教学论［M］. 傅任敢，译. 北京：教育科学出版社，1995：125.
③ 焦建利，王萍. 慕课：互联网＋教育时代的学习革命［M］. 北京：机械工业出版社，2015：77—78.

教学整块时间表的特点,而是以自己的节奏,选择适宜的时间使用 MOOC 课程学习。第三方面,MOOC 等在线学习系统中,学习伙伴不仅跨越了国家的界限,同时学习者之间批改作业等互动行为也更为频繁,在信息技术的支持下,人们更加容易找到合适的对象进行深入交流,相较于纸质时代,互联网为学习者提供了更加丰富的媒体符号,如文本、图形、语音、视频等,并且可以互相分享、共同编辑文件,使得知识交流的深度也大大增强。

信息时代学习需求无处不在,信息技术使学习资源无处不在、学习的发生无处不在,学习者随时随地都可利用终端设备与网络连接开展学习活动。[①] 信息时代,学习已经不再局限于规定的时间、规定的教室、规定的课程与规定的教师。每个学习者根据自己的学习需要和学习兴趣在互联网上寻找最适合自己的学习资源与学习伙伴,在对自己最佳的时间开展学习活动。虽然班级授课制仍然还是主流,大学的围墙仍旧没有推倒,但正式学习与非正式学习的界限正在变得越来越模糊。[②] 因此,"互联网+"与教育的融合发展,可以满足学生的多样化需求,推动学生的个性化发展。

(四)"互联网+"增强了课程的实践性,推动理论与实践的紧密结合

增强实操性和应用性是高等教育人才培养的趋势,尤其对于应用型本科和高职而言,人才培养目标具有职业性和专业性的特点。由新媒体联盟和美国高校教育信息化协会学习项目(EDUCAUSE Learning Initiative)联合发布的《地平线报告》(2017 高等教育版)指出,高等教育逐渐从传统的讲授式教学转向更注重实操的学习,高校课堂也开始模拟真实世界的工作与社会环境。[③] 传统的课程体系存在理论过度而操作性不足的缺陷。学生可以有效地学习理论和知识体系,但是无法进行实际应用,出现眼高手低的现象。对于一些实践性较强的科目,学校可以利用互联网技术用虚拟、模拟等方式促进教学效果。比如鉴于真实尸体解剖对材料和环境有很多具体的要求,美国有家网络解剖公司,开发了互动式身临其境的 3D 软件,用来支持医学院教学和 3D 网络教学,提供的产品包括网络解剖学、虚拟人类尸体等。模拟尸体解剖克服了诸多限制,学生可以反复练习,直到完全掌握这一技能为止。通过使用 3D 图像和互动式课程模式,学生的兴趣显著增加。麻省理工学院也进行了类似的技术创新尝试。该校借助网络建立虚拟实验室,学习者在家里就可以借助虚拟体验,获得类似真实实验室的操作实践。[④] 近年来,我国也开始重视虚拟仿真实验在教育领域的应用价值,有高校在弹

---

① 李卢一,郑燕林.泛在学习环境的概念模型[J].中国电化教育,2006(12):9—12.

② 汪学均,熊才平,刘清杰,王会燕,吴海彦.媒介变迁引发学习方式变革研究[J].中国电化教育,2015(03):49—55.

③ S. Adams Becker et al. NMC Horizon Report: 2017 Higher Education Edition [J]. Journal of Open Learning, 2017(02).

④ 汤敏.慕课革命——互联网如何变革教育?[M].北京:中信出版社,2015:40—45,60—62.

药工程与爆炸技术专业进行基于模拟仿真技术的教学训练模式改革，有高校在电子商务与物流专业进行移动学习的实践教学模式改革，也有高职学校基于虚拟仿真技术推动"动车组的操纵"课程教学改革与实践。我国教育部计划到 2020 年推出 1 000 个示范性虚拟仿真实验教学项目。

五、"互联网+"与课程教学革命的发展建议

首先，应该全面认识互联网技术在推动教育变革中的作用。一方面，应该充分肯定互联网技术在教育教学过程中的积极作用。互联网在推动优质资源共享、促进教育公平、降低教育成本等方面的作用受到了普遍认可。但是仍然有人担心 MOOC 等在线学习效果不理想。鉴于此，Learning House 和 Aslanian 市场研究机构组成课题组，调查被访者关于在线学习和传统课堂学习的体验，其中认为在线学习效果优于传统课堂的占 32％，认为效果没有差别的占 46％，认为效果不如传统课堂的仅为 10％，另外只有 11％的被访者没有进行过任何形式的在线学习。① 可见，互联网技术与教育的整合可以有效地改进课程教学。另一方面，互联网技术不是万能的，要承认技术在课程变革中的局限性。在课程教学变革的过程中，技术仅仅是工具或手段，技术可以最大限度地方便学生学习，营造时时可学、处处可学的外部环境，但是未来的教育不仅仅局限于把传统的课堂搬到网上，推动课程内容的前沿性和多样性，而是最大限度地激发学生学习的积极性，互联网技术如何应对这些挑战仍然存疑。

其次，应该积极利用优质互联网资源推动课程教学变革。随着教育信息化的发展，各类优质在线教育资源大量涌现，"以学习者为中心"的教学日益受到大学的重视。但是，目前仍然存在在线教育资源浪费的现象。在线课程建好了不用，就是摆放的花盆，MOOC 的发展在于应用。② 学校应该更加积极地探索优质在线课程资源多种形式的应用，改进教育教学水平。席西民指出："如果有大量的网课公司出现，实体大学校园存在的价值是什么？大学再不改变，很多都会被网课公司淘汰。"③因此，学校要树立危机意识，变革将成为学校适应未来社会发展的唯一法则。在互联网技术推动教育变革过程中，学校应该积极发挥主观能动性，重新考虑课程教学的组织模式。既可以利用 MOOC 开设原来开不出来的或者开不好的课程，也可以利用 MOOC 的形式进行

① Clinefelter D L, Aslanian C B. Online college students 2015: Comprehensive data on demands and preferences [M]. Louisville: The Learning House, Inc. 2015.
② 李澈,龙超凡. 慕课如何"打开"教学新方式[N].中国教育报,2018-01-17(03).
③ 澎湃.人工智能|席西民：大学再不改变，很多都会被网课公司淘汰[EB/OL].[2018-02-15].http://www.sohu.com/a/219602364_260616.

联合上课,打造"教学共同体"。还可以将 MOOC 与翻转课堂相结合,实现课堂教学模式的根本创新。对于应用型学科或者课程,可以尝试通过互联网技术加强虚拟仿真实验教学资源建设。

再次,应该推动教师转型发展以应对未来的课程教学变革。美国学者约翰·森特拉(John A. Centra)曾说:"大学课堂是教师的'独立王国',教学内容和方法成了教师的'领地',怎么教和教什么完全是他们的职责。"①在互联网时代,传统教育体系和学校课程教学变革的关键在于教师的转型发展,没有未来的教师就无法实现未来的教育,教师是应对未来课程教学变革的重要主体。一方面,教师角色亟待重构。教师关注的重点不应该全部放在学科知识的传授上,而是要关注学生如何更好地自主学习。教师的角色应该由"教的专家"转向"学习行为的设计者",致力于为每个学生提供个性化的学习支持。另一方面,教师信息化素养亟待提升。互联网技术能否有效运用于课程教学改革中的关键在于,教师是否有改变传统课程教学教育模式的意愿,或是否具备科学运用互联网技术的信息化素养。为此,学校应该为教师提供信息化技术的培训,建立科学有效的激励机制,让每一名努力应用 MOOC 的教师都得到认可和鼓励。只有推动教师的转型发展,才能更好地应对未来的课程教学变革,促使高等教育实现跨越式发展。

最后,还要特别认识到利用在线课程推动课程教学革命也是不得不为的事情。这里就要提到教育成本的概念,大家都说:"再苦不能苦孩子,穷啥都不能穷教育。"可是教育很重要,医疗卫生、养老、国防重要不重要?每一个领域都很重要,国家不可能无限制地给教育拨钱,总体来说,教育其实一直是差钱的。不光我们差钱,目前最发达的美国一样差钱。普林斯顿前大学校长威廉·鲍恩在《数字时代的大学》一书中谈道:首先教育总体上越来越贵,因为别的行业可以靠提高生产效率降低成本,教育不可以,产出没有增加,投入在不断增加,所以成本越来越高。比如 30 年前教 30 个学生,30 年后还教 30 个学生,产出没有增加,但是教室、耗材、工资等成本不断提高,所以教育成本越来越高。其次,在美国,只有极少数学校如哈佛大学、耶鲁大学等不差钱,要捐款有捐款,要拨款有拨款,要学费也可以收高。绝大部分高校其实是差钱的学校,但是在互联网时代,这些不差钱的学校让差钱的学校日子更难过。学生一上学就发现,人家 MIT 20 个人一个班,我们却 200 个人一个班,我上的是大学吗?所以差钱的学校日子更难过。最后,他说事实上我们也没有太好的办法让所有的学校在短时间内能够均衡

---

① Centra J A. Faculty Development Practices in U. S. Colleges and Universities [M]. Princeton: Educational Testing Service, 1976.

发展，人们能做的就是利用信息技术尽可能地让普通学校的学生接触到优质的教学资源而已。

利用 MOOC 等在线课程除了可以共享优质资源外，或许还可以实现破坏性创新（Disruptive Innovation）。

第二节　二中理论：利用在线课程实现破坏性创新

陈丽认为，"互联网＋教育"的内涵和本质特征都充分说明，教育信息化已经进入到技术与教育深度融合的阶段，这个阶段的特点是互联网的开放性正在撬动传统学校教育封闭的大门，重构着教育服务体系。随着互联网技术、教育大数据、教育人工智能等现代信息技术的发展，深层次的教育需求和尖锐的矛盾都将通过创新的服务模式来解决。**这种创新实践是一种破坏性创新**，会对传统的学校教育体系和管理制度提出挑战，最终的目标应是构建开放的教育服务体系，以满足知识经济时代人们对教育的新需求。① 这里提到的破坏性创新是哈佛大学克莱顿·克里斯坦森（Clayton M. Christensen）在《创新者的窘境》（*The Innovator's Dilemma*）中提出的理论。②

一、破坏性创新理论

在《创新者的窘境》一书中，克里斯坦森通过对硬盘、挖掘机等行业进行大量的实证研究提出了破坏性创新理论。简单地说，他认为创新有两种，一种是**延续性创新**（Sustaining Innovation），就是在现有市场中使自己的产品和服务更好、更快、更便宜；一种是**破坏性创新**，它是与现有市场发展趋势背道而驰的创新活动。在延续性创新阶段，一般主流企业可以做得很好，但是一旦进入破坏性创新阶段，主流企业就不一定行了，其他新兴企业就发展起来了，甚至替代主流企业成为行业的主宰。当然，不是因为主流企业缺少人力、财力和技术，主要是因为破坏性创新最初一般不太成熟，多多少少有冒险的成分，主流客户不让主流企业进行太冒险的创新。

咱们举一个比较典型的案例：以胶卷为例，延续性创新指的是把胶卷做得越来越好，价格越来越便宜；破坏性创新指的是不用胶卷了，用数码相机或手机拍照。在延续性创新阶段，柯达可以做得很好，但是在破坏性创新阶段，柯达就不行了，其他企业就起来了。是柯达缺乏技术吗？不是，数码相机就是柯达发明的。柯达不缺人，不缺钱，

---

① 陈丽."互联网＋教育"的创新本质与变革趋势[J].远程教育杂志,2016,34(04)：3—8.
② ［美］克莱顿·克里斯坦森.创新者的窘境[M].胡建桥,译,北京：中信出版社,2014.

也不缺技术,那为什么不行呢? 原因当然比较多,不过其中一个主要原因是市场上的主流客户不让主流企业太冒险。最初的数码相机质量比较差,照片质量太模糊,主流客户都不要数码相机,要柯达继续生产胶卷。其他企业也卖不了多少,但是企业慢慢长大了,数码相机也一天一天发展起来了,有一天数码相机和胶卷质量几乎一样好了,这时候主流客户变了,说既然质量一样好了,数码相机很方便,我们要数码相机,不要胶卷了。这时候柯达能否转回头来重新生产数码相机呢? 可以,它的确也这样做了,但是好多案例证明,主流企业这时候就是很难成功,原因比较复杂①,其中一个重要的原因,就是市场上的客户已经对大公司定位了:"柯达,你搞错没有啊,你是卖胶卷的,怎么开始卖数码相机了? 买胶卷找柯达,买数码相机找别人。"老百姓给你贴的"胶卷"标签太牢固了,所以此时柯达怎么解释也没有用。或许这也是柯达最终申请破产保护的重要原因吧?②

　　克里斯坦森最初希望研究那些顶级企业为什么会失败甚至破产,他仔细分析了硬盘行业的变化,因为在 20 世纪 70 年代到 90 年代这几十年中,硬盘行业变化特别快。一批批主流企业倒闭或退出了硬盘行业,一批批新兴企业发展壮大成主流企业,变化特别快。这究竟是什么原因呢? 他经过大量数据分析,发现在硬盘的发展过程中有两种技术变革:一种是**延续性技术**③(Sustaining Technologies),延续性技术可能是渐进式的(Incremental),也可能是突破性的(Radical)。比如在使用铁氧体刺头的时候,使用更加精细的研磨铁氧体磁头,制作更加精确的尺寸,在磁盘表面使用更小、分布更均匀的氧化颗粒,这就属于渐进式的。像后来的产品结构创新,使得 14 英寸的温切斯特硬盘取代了在 1962—1978 年间普遍采用的可移动磁盘组设计,就属于突破性的。不过,不管技术创新性质是渐进式还是突破性,不管成本高昂还是低廉,不管涉及硬件还是软件,本质上它们都是延续了硬盘行业对产品性能的改善幅度(总容量和磁录密度是最常见的两种指标),都属于延续性技术。在这个阶段,一般主流企业(领先和成熟企业)通常会做得很好,它们往往会投入巨资研究并率先采用新技术,继续引领硬盘行业的新的发展趋势。

　　另一种是**破坏性技术**(Disruptive Technologies),此时情况就不同了。其实破坏性技术不一定非常复杂,可能还更简单,只是将现有的成品进行了重新组织。比如,在硬

---

① 尚俊杰,汪旸,樊青丽,聂欢.看不见的领导——信息时代的领导力[M].北京:北京交通大学出版社,2017.
② 关于柯达申请破产保护的原因,其实非常复杂,我们之前在《看不见的领导——信息时代的领导力》中专门进行过仔细分析,有兴趣的读者可以自行去看。不过,虽然原因很复杂,但是破坏性创新确实是其中一个重要的原因,柯达也确实可以看做破坏性创新理论之下的典型失败案例。
③ 克里斯坦森说的技术指的是一个组织将劳动力、资本、原材料和技术,转化为价值更高的产品和服务的过程。

盘领域,最重要的破坏性技术就是缩小了硬盘大小的结构性创新,这些技术使得硬盘的直径从 14 英寸先后缩小到 8 英寸、5.25 英寸、3.5 英寸、2.5 英寸、1.8 英寸。耐人寻味的是,每一次硬盘体积的缩小都使一批主流企业倒闭或退出硬盘行业,一批新兴企业就发展起来了。但是硬盘体积再缩小一次,这批已经成长为主流企业的新兴企业往往也破产或退出硬盘行业了,又一批新兴企业发展起来了。比如,1974 年的时候,中等价位的标配大型计算机的硬盘容量大约是 130M,接下来的 15 年间,硬盘容量每年的增长率为 15%,这代表了一般用户所要求的硬盘容量。与此同时,每年新上市的 14 英寸硬盘的容量依赖延续性技术创新,每年增长率达到了 22%,当然可以满足客户的需求。

1978—1980 年间,几家新兴企业逐渐推出了体积较小的 8 英寸硬盘,最初的硬盘容量确实比较小,一般为 10M、20M、30M 和 40M,相对单位容量的价格也比较高。对于这样的硬盘,大型计算机制造商显然没有兴趣,因此,这些新兴企业"只好,也不得不"将 8 英寸硬盘销往一个新成长起来的应用领域——微型计算机(小型计算机)市场。对于微型计算机制造商来说,8 英寸的硬盘虽然单位容量的成本高,但是总体价格可能还更便宜一些,最重要的是硬盘体积小这个属性非常重要,而大型计算机制造商对于硬盘体积并不太关心。

当微型计算机采用 8 英寸硬盘后,中等价位的微型计算机的容量也以每年约 25% 的速度增长,这也代表了微型计算机客户对硬盘容量的需求。此时,8 英寸硬盘制造商开始依赖延续性技术创新,使得硬盘以每年 40% 的速度增加,远远超过了客户需求。到 20 世纪 80 年代的中期,8 英寸硬盘已经能够满足低端大型计算机的容量要求,同时,它的单位容量成本也降下来了,其他优势也开始凸显,所以大型计算机逐渐采用 8 英寸硬盘。几年之内,8 英寸硬盘逐渐蚕食更高端的市场,最终,14 英寸硬盘制造商全部被淘汰出硬盘行业。

究竟为什么领先的主流企业不能及时制造出 8 英寸硬盘呢? 显然,它们完全有能力更快地推出 8 英寸硬盘,只不过因为这些主流企业受制于市场上的主流客户——大型计算机制造商。这些主流客户当时并不需要 8 英寸硬盘,它们明确表示需要的是单位容量成本更低和容量更大的硬盘。这些主流企业听取了主流客户的意见,在客户的引导下继续努力提升 14 英寸硬盘的性能,从而忽视了新兴市场的兴起,最终导致失败。有意思的是,随着每次硬盘体积的缩小,历史往往在重复昨天的故事。

简而言之,破坏性技术创新并不一定涉及复杂的技术变革,一般来说,主要是将成品原件组装在一起,相对于之前的产品,产品结构可能更简单,价格也可能更便宜(或者说总体价格便宜),比如8英寸硬盘从技术上来说并不一定很复杂。事实上,很多破坏性技术都是由主流企业酝酿出来的,数码相机技术也是柯达的工程师发明的。[①] 不过,因为破坏性技术创新一开始往往不能为主流客户提供更好的产品或者更好的用户体验,所以不能被主流客户认可,只有远离主流市场或者对主流市场没有太大意义的新兴市场,客户才会重视这些产品的特殊属性。比如大型计算机制造商对8英寸硬盘没有兴趣,但是微型计算机制造商则感兴趣。

为了进一步了解主流企业内部面对破坏性技术创新到底如何决策的,克里斯坦森又提出了**"价值网络"**(Value Network)的概念。价值网络指的是一种大环境,企业正是在这个大环境下确定客户的需求,征求客户的意见,并相应采取应对措施,解决问题,应对竞争对手的挑战,并争取利润最大化。价值网络可以看做企业和产品的集合,比如在便携式个人计算机价值网络内,硬盘厂商向其他企业购买读写头、磁盘、电机等,设计与组装计算机的企业,会向硬盘等厂商购买硬盘、CPU、内存等,这种嵌套式商业体系就形成了一个价值网络。

在不同的价值网络内,价值的衡量标准是不一样的,比如在大型计算机价值网络内,硬盘的性能是根据容量、速度和可靠性来衡量的,但是在便携式个人计算机价值网络内,硬盘的性能是根据耐用性、较低的能耗和较小的体积来衡量的。而随着企业在某个特定的价值网络内逐渐积累了经验,它们可能会形成符合这个价值网络独特要求的能力、组织结构和文化。比如,在大型计算机价值网络内,因为通常需要对客户进行专门的定制化服务和现场服务等,所以毛利率一般比较高,在50%—60%之间。而便携式个人计算机生产、销售和服务比较简单,所以毛利率达到15%—20%就可以实现盈利。

简而言之,每个价值网络的成本结构是由客户通过一些特定的排序所决定的,而这些成本结构的特点,会影响企业对具有潜力的创新技术和创新项目的判断。或者可以简单地说,如果企业的客户需要某种创新,企业会想方设法来实现;反之,如果客户不需要,企业发现它们根本不可能将——哪怕在技术上很简单的——创新转化为商业用途。从这个意义上来说,破坏性技术很难在主流市场、主流企业中发生,主要是主流客户不需要,但是,等到一些破坏性技术在其他价值网络内成长起来并侵入主流价值网络内时,主流企业就会发现一切都迟了。关于这一点,克里斯坦森用一个破坏性技术S形曲线来解释(图5-1):

在传统的技术S形曲线中,往往一个技术首先进行渐进式变化,然后到一定阶段

---

① 尚俊杰,汪旸,樊青丽,聂欢. 看不见的领导——信息时代的领导力[M].北京:北京交通大学出版社,2017.

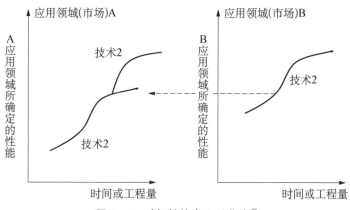

图 5-1　破坏性技术 S 形曲线①

产生突变性发展，下一个技术出现，继续进行渐进式变化，这都是在一个价值网络内进行的，主流企业一直会占据领先地位。但是在破坏性技术 S 形曲线图中(图 5-1)就不一样了，破坏性技术首先在一个非主流市场的价值网络"B"内发展，到一定程度，并且可以满足另一个价值网络"A"所要求的水平后，就会快速侵入这个价值网络，并淘汰掉原有的成熟技术和使用该技术的成熟企业。

克里斯坦森曾经用希捷硬盘(当时最大的两家 5.25 英寸硬盘制造商之一)的例子来讲述企业的决策过程步骤：

第 1 步：破坏性技术首先由主流企业研制成功。在 5.25 英寸硬盘流行的时候，希捷的工程师在 1985 年就生产出了 3.5 英寸的硬盘样机，并提交给了企业高层。

第 2 步：希捷的市场营销人员收集主要客户的反馈意见。希捷公司的市场营销人员向他们此时的主流客户(台式计算机制造商)展示这些样机并征求意见，客户没有兴趣。此外，鉴于产品结构简单、性能更低、预期销售额和利润都不高，所以希捷公司的财务人员和市场营销人员都反对这一项目。于是希捷高层决定不开发 3.5 英寸硬盘。

第 3 步：主流企业加快对延续性技术的开发步伐。希捷公司搁置了 3.5 英寸硬盘项目后，开始以更快的速度推出利润更高的新型的 5.25 英寸硬盘。

第 4 步：新兴企业出现，破坏性技术市场在反复尝试中逐渐成形。为了开发这一破坏性技术产品，新兴企业不断出现，其中就有对希捷公司不满的前雇员。这些新兴企业也无法将 3.5 英寸硬盘卖给主流客户，只好去开发新的市场，比如便携式计算机

① ［美］克莱顿·克里斯坦森.创新者的窘境［M］.胡建桥，译.北京：中信出版社，2014：44.

市场。

第 5 步：新兴企业向高端市场转移，侵入主流价值网络。新兴企业不断改进技术，提升性能，逐渐进入了成熟的大型计算机市场。其实，希捷公司当年就是在台式个人计算机市场起家，并逐渐占领小型计算机和大型计算机市场的，但是现在又被 3.5 英寸硬盘制造商淘汰出台式个人计算机的硬盘市场。

第 6 步：主流企业在维护客户基础方面棋慢一招。当 3.5 英寸硬盘侵入主流市场后，希捷匆忙将步骤 3 中束之高阁的样机找出来，并推向市场。但是此时已经迟了，市场份额已经被抢去了。事实上，希捷还算亡羊补牢不错的，还活下来了，但是希捷的 3.5 英寸硬盘也没有卖给过新兴市场——便携式计算机制造商，它们主要还是卖给台式计算机制造商的。

除了硬盘行业外，克里斯坦森还分析了计算机、挖掘机、钢材等多个市场，均发现了类似的规律，所以他指出：一些看似很完美的商业动作——对主流客户所需、赢利能力最强的产品进行精准投资和技术研发——最终却很可能毁掉一家优秀的企业。那些暂时遭到主流客户拒绝的关键的、突破性的技术，逐渐演变成了主导新市场的"破坏性技术"。企业如果过于注重客户当下的需求，忽视了破坏性技术，就可能会导致创新能力下降，从而无法开拓新市场，最后丧失领先地位。[①] 其实，另外一位管理学大师德鲁克也有类似的观点，他于 1992 年发表的《组织化的新社会》一文中提出：管理者必须学会，每隔几年就要重新审视每一项生产流程，每一种产品，每一道程序，每一项政策。……事实上，组织将越来越频繁的"计划"抛弃某项成功的产品、政策或做法，而不是千方百计延长其寿命。[②] 从这几句话中，或许也可以看出柯达是受害于破坏性技术的典型代表。

克里斯坦森提出的破坏性创新理论在企业界影响力非常大，一方面是一些新兴企业、小企业希望利用破坏性创新技术迅速崛起，发展壮大，甚至替代大型企业。比如像滴滴打车、共享单车也可以算作破坏性技术，所以滴滴 2012 年诞生，到 2018 年已经估值上千亿美金。如果滴滴不是采用这种破坏性技术，而是去做传统的租车业务，它们再努力，估计也不可能有这么快的发展。另一方面是一些主流企业按照克里斯坦森给出的指导原则，力求避免掉入"破坏性技术陷阱"，努力在企业内部实现破坏性创新。比如在腾讯内部，延续性创新就是把 QQ 做得越来越好用，破坏性创新就是不用 QQ 了，用微信。腾讯正确的决策使得自己避免了被"破坏性技术"颠覆的命运。大家想一

---

① ［美］克莱顿·克里斯坦森. 创新者的窘境［M］. 胡建桥，译. 北京：中信出版社，2014：扉页.
② ［美］彼得·德鲁克. 经典德鲁克［M］. 孙忠，译. 海口：海南出版社，2008：159—174.

想，如果微信诞生在腾讯的外部，庞大的 QQ 帝国今天还会存在吗？苹果公司也有过类似的案例：在苹果公司决定上马 iPhone 的时候，它的 iPod 在市场上卖得非常好。他们心里很清楚，如果推出 iPhone，可能就会影响 iPod 的销售，不过最后乔布斯还是决定上马 iPhone，后来几年的数据也证实了，推出 iPhone 后 iPod 销量确实在下滑，但是 iPhone 确实成长为了苹果公司的重要的财政支柱。很难想象，今天的苹果公司离开 iPhone 会怎么样。

对于企业来说，破坏性创新理论确实重要，对于教育领域又怎样呢？我们先来看之前的一篇随笔文章"二中理论"。[①]

二、"二中理论"：弯道超车的途径

因为这些年一直在参与本科招生工作，我发现在部分区县存在这样一种现象：一中一枝独秀，二中及以后的高中一般比较差，原因自然很简单，因为一中几乎把最优秀的初中毕业生都招走了，二中、三中等只能去招剩下的其他学生，它能好到哪里去呢？

不过后来我认识的一位县一中副校长到二中当校长了，这个县一中比较好，每年都有十几个学生考上北大清华的，他跟我讲，希望能够帮他一把，让二中也能有 1 名学生考上北大清华，考上 1 名就实现了零的突破，就是伟大的胜利。我跟他讲："张校长啊，就您的学校，大约 1 000 名以后招的学生，您还想让他们考上北大，您真的没有做梦？"校长说："我真的在做梦，但是我真的想做这个梦。"

我跟他说那你找我就找对了，我给你提供两个方法：第一个方法，偷偷跑回一中，跟前 10 名做工作，就在一中学习，高考时以二中名义报名，事成后给他们家买一套房，重赏之下必有勇夫。这个方法见效快，但是比较不厚道，要担心一中校长找你麻烦。第二个是比较靠谱的方法，我说你把二中最好的学生组成一个班，最好的老师放到这个班，但是也别让这些老师教学生了，他们教的学生可能能考上比较好的学校，但是考不上北大，你就让学生跟着北大附、清华附、河南省实验中学或其他优质高中同步上课，如果实在不行就看人家的上课视频，本地老师做辅导老师，你试试吧，反正也没考上过，大不了还是考不上呗。你一试不要紧，一中的第 100 名可能坐不住了，听说二中搞个新方法要让第 1 001 名上北大，我是第 100 名，反正在一中也没有什么希望，到

---

① "二中理论"一文虽然冠以理论的名义，但是还没有来得及进行严谨的实证研究，所以确实不是很成熟，也不是很科学。不过，像前面举的成都七中的例子，确实有薄弱学校依靠在线课程这种破坏性创新技术，实现了跨越式发展和弯道超车。当然，我们也必须承认，其实有多少名学生考上北大清华并不重要，大家也不应该以这个指标来衡量每一个中学。只不过我们希望用这种方式让每所高中都能有若干个学生考上北大清华，给更多的老师和学生带来希望。每所学校都有希望，教育才有希望。

二中去我希望还大些,我去吧。如果一中第 100 名真来了,用这种方法学习,你说是否还真的有可能呢?

而且,为什么要叫二中理论呢?因为我把这个方法告诉一中校长,一中校长也不会采纳,为什么呢?主流客户不让主流企业冒险,一中每年十几个学生考上北大清华,对于一中校长来说,最好的选择就是维持现状,什么都别动,保住现有的成果最重要。对于一中家长来说,我们的孩子考上一中了,是有远大前途的,你们教师自己不讲课,让他们看视频,别耽误我们家孩子,好好讲课。二中是什么情况呢?校长没有任何压力,反正以前也没有考上过。家长呢,也没有什么压力,可能会跟校长说:"校长啊,我们失去的只是锁链,得到的可能是整个世界。"

其实,这个二中理论虽然还不成熟,但是也有一定的科学依据,基本上可以用破坏性创新理论来解释:在高中,延续性创新指的就是尽量提升本地教师讲课水平,尽量招收优秀的学生,尽量提供优质的学习环境。在这一阶段,主流企业(一中)可以做得很好。破坏性创新指的就是不用本地教师讲课了,让学生跟着视频课件学习。在这一阶段,不是主流企业(一中)没有技术条件,而是因为市场上的主流客户(一中家长)不让主流企业(一中)做太创新太冒险的事情。

简而言之,普通学校要想靠常规方法赶上名校,何其难啊,但是利用破坏性创新,是否真有可能实现"弯道超车,跨越式发展"呢?[①]

三、在线课程属于破坏性创新技术吗

袁莉等人认为 MOOC 具备破坏性创新的一些特征:目前 MOOC 创建了一个新兴市场,这个市场中目标用户主要是那些高等教育的非消费型客户群体,对这些群体而言,MOOC 把费用昂贵、过程复杂的高等教育供给变得更加简单和低廉。比如,它们为没有进入高校的人提供一系列课程,或者为高校中的学生提供不同于传统的学制完整和复杂的本科或研究生课程,而是一些功能单一的课程,学生学习完毕就能获得一个证书,比如程序设计语言证书等。此外,尽管有的 MOOC 平台在学生获取课程证书时也会收取一定的费用,但这些费用相比获得学位证书的费用则非常低廉。在未来,MOOC 有可能随着时间的推移而不断提升和完善产品的性能和服务,进而开始进入现有高校的传统高端市场——学位授予。如果 MOOC 能够发展到为学习者提供社

---

① 这篇随笔确实有一些夸张,其中对二中的描述不尽客观,主要是希望大家体会破坏性创新的涵义。另外,我也确实是衷心希望所有的学校都能均衡发展,都能一样好。

会认可的学位证书，那么 MOOC 届时将对高等教育的传统市场形成巨大冲击。①

果壳网 COO 姚笛曾经从实践者的角度写了长篇文章《创新者的实践——3 年了，MOOC 到底能不能颠覆教育？》，他判断 MOOC 具备破坏性创新潜力，原因主要有两条：第一，通常所说的教育鸿沟或者知识鸿沟的存在，主要原因之一就是不发达地区或者相对不富裕的学习者获得教育资源比较难。而传统教育的典型场景，就是让学习者聚集到学校或教室听讲。MOOC 显然可以让缺乏资金等条件的学习者，能够在更方便的环境中拥有使用优质学习资源的机会。因此，MOOC 具备成为新市场破坏策略的潜力。第二，破坏性技术之所以具备强大的破坏力，主要是因为它的市场切入从低端市场开始，逐渐升级并进入高端市场。因此既有的市场主流企业将从无意竞争逐渐发展到无力抵抗。今天 MOOC 提供的在线学习形式，虽然也在努力改进，但就整个体验过程而言，依然与传统教育相去甚远。而论发展规模，数以千万计的用户已经选择了使用 MOOC，说明在低端市场有客户愿意以更低的价格购买性能不那么完美的产品。当然，课程内容这一核心要素是吸引他们的最主要原因。海内外一流名校名师资源，让平日大多只能接触普通老师的学习者大开眼界。从 MOOC 机构（如 Coursera）的角度来看，随着用户的增加，收入正在不断攀升，其瞄准的职业教育方向，也许可以让其获利更多。互联网服务的边际成本几乎为零，理论上只要规模足够大，赢利能力应该不必担心。所以，MOOC 显然具备低端市场的破坏策略。②

其实克里斯坦森等人也用破坏性创新理论分析过 MOOC，他们认为 MOOC 属于破坏性创新技术，这种创新会开辟一个新兴教育市场，将原来很昂贵很复杂的教育产品变得便宜和简单，在这个过程中，低成本的新兴院校、普通院校的运营模式将渗透到更高层次的市场（比如开设研究生课程等），并有机会成为新兴的市场领导者。③ 当然，克里斯坦森也表示学校和企业不一样，在企业领域，新兴企业可能借助破坏性技术取代主流企业的领先地位，而在教育领域，新兴院校如果希望借助 MOOC 等破坏性技术最终取代传统的精英学校非常困难，也不太可能，但新兴院校借此让自己变得更好一些或者从名校身上蚕食一点儿市场还是有可能的。

综合以上意见，并结合前面详细讲解的破坏性创新理论，我们可以总结出，以 MOOC 为代表的在线课程具备如下破坏性技术的特征：

① 袁莉,Stephen Powell,马红亮,吴永和. MOOC 对高等教育的影响：破坏性创新理论视角[J]. 现代远程教育研究,2014（02）：3—9.

② 姚笛. 创新者的实践——3 年了,MOOC 到底能不能颠覆教育？[EB/OL].［2018-08-15］. https://www.cyzone.cn/a/20151226/287132.html.

③ 杨钋. 谁参与？谁受益？谁支付？——MOOC 的经济学分析综述[J]. 工业和信息化教育,2014(09)：13—22＋29.

1. 在线课程把以往昂贵的东西变得便宜了，把复杂的东西变得简单了。原来你想听哈佛大学的老师讲课很困难，利用 MOOC 就很容易了。

2. 目前在线课程的讲课内容质量不一定差，但是用户体验过程与传统的面对面讲授可能还是有很大差距。

3. 因为有这些差距，所以传统精英高校很难在内部全面推行在线课程，因为主流客户（在校生）不会让主流企业（传统精英高校）采用低质量的创新技术。此外，虽然现在哈佛、MIT、北大、清华等名校也在争先恐后地推 MOOC，但是主流客户（在校生和已毕业的校友）也不会让主流企业太冒险，比如哈佛的毕业生绝对不允许哈佛利用 MOOC 将全世界的学生都录取为哈佛学生，都发一张哈佛毕业证。所以，目前精英学校推 MOOC，一方面可能它们确实意识到破坏性创新技术可能带来的影响，提前做准备。另一方面更多的可能是从其他角度考虑问题，比如体现社会责任，扩大自己的影响力等。

4. 因为精英学校（主流企业）很难真正发展 MOOC，所以 MOOC 会催生一个新的理论上也属于比较低端的市场，目标用户就是那些没能进入高校学习的人，或者高校在校生或毕业生，他们希望学习不同于传统课程的一些功能单一的课程。比如说一个中文系的学生在线学习一下人工智能课程，以便将来可以去从事自然语言理解方面的研究工作。

5. 随着 MOOC 的质量和用户体验不断提升，它将谋求从低端市场开始，逐渐升级并进入高端市场。比如现在一些主要的 MOOC 平台开始推出微学位[①]，用户学习完几门课程以后，就可以颁发一个微学位证书。当然，第一步 MOOC 还只是切入一些传统高校不是特别重视的职业教育领域，但是未来 MOOC 会不会逐步向高端的本科、研究生课程学位进军，并逐步侵占传统高校的市场呢？相信至少 MOOC 是有这个"理想"的。

现实中似乎也有一些兆头，在美国，2018 年 4 月 6 日，艾达山学院（Mount Ida College）宣布倒闭，这是美国 2018 年倒闭的第三所大学。[②] 当然，倒闭的不一定都是非常差的大学，2016 年 5 月底因负债 5 400 多万美元倒闭的纽约道林大学（Dowling

---

① 清华大学新闻网：未来 3 年，学堂在线将依托教育部在线教育研究中心，汇聚名校、名企的师资和实践经验，通过微学位培养符合热点岗位技能需求的应用型人才 10 万人。学堂在线发布的首批微学位产品覆盖人工智能、云计算、商科等 8 个项目，合作企业包括启迪数字、阿里云大学、微软亚洲研究院等。微学位有 3 个主要特色，分别是混合式学习模式，"微学位"课程体系由高校理论课、企业应用课及来自行业名师的直播讲座课组成；双证模式，获得学堂在线平台与合作企业和高校联合颁发的"线上＋线下认证证书"；就业推荐，用户学习行为数据及所获微学位证书将同步到猎聘网工作简历中，用户将获得热门工作岗位的企业直推，详见 http://news.tsinghua.edu.cn/publish/thunews/9650/2017/20171113180912326686872/20171113180912326686872_.html。

② 详见 https://www.sohu.com/a/227929058_584162。

College)就是一个老牌院校,它成立于 1955 年,是经中国教育部认证、美国中部国家高等教育委员会认证的院校。在之前的 USNEWS 世界大学评测中,道林大学曾被评为美国最好的区域型大学之一。①《经济学人》杂志 2017 年 6 月 29 日刊文称,美国传统的大学教学模式将被颠覆,主要原因是资金短缺,另外一个重要原因就是 MOOC 的冲击和影响,相较于传统的教学模式,MOOC 很大程度上降低了教学成本,并且拓宽了入口,学生没有必要在规定的时间和地点学习,非常方便和灵活。②《南方周末》曾发文指出,在 2010 年,美国公立大学的平均学费已上涨到 15 000 美元左右,比十年前翻一番。这也让更多人转向在线教育,斯隆联盟(Sloan Consortium)的在线教育系列报告显示,2002—2003 学年到 2012—2013 学年,在线课程注册学生数占整个高等教育注册学生数的比例从 9.6% 增加到 33.5%,呈现持续增长的态势。另一方面,同期美国高等教育注册学生增长率却维持在极低水平,2011—2012 学年甚至出现了 −0.1% 的负增长。③

四、在线课程真的会对传统教育产生破坏性影响吗

按照破坏性技术的发展路径,MOOC 应该第一步会在低端的非正式教育市场中占据主流地位,然后逐步侵入传统教育市场的低端产品(比如职业教育、大专层次),然后再逐步侵入传统教育的高端产品(如本科、硕士生和博士生教育)。不过,在美国,相对于总量 4 000 多所的大学来说,受在线课程影响而关门的大学毕竟是少数,而且,受冲击和影响的主要是影响力比较小的中小型大学,对于传统的精英学校基本上没有产生太大的影响。

在中国,MOOC 从 2012 年算起,也已经发展了 6—7 年了,要是从当年的网络教育算起,已经 20 年了。④ 虽然大家也都承认在线教育对传统高等教育产生了巨大的冲击和影响,但是客观地说,在线教育基本上一直在非正式教育、培训等低端市场中打转转,甚至在衰败(比如北大和清华都逐步关闭了在线教育学位课程)。虽然也存在高职高专、民办高校新生报到率偏低的情况⑤⑥,虽然也有民办高校倒闭的事情发生,但是

---

① 详见 http://www.sohu.com/a/208586807_351529。
② 详见 https://www.guancha.cn/america/2014_07_02_243053.shtml。
③ 详见 http://www.infzm.com/content/131124。
④ 1998 年 9 月,教育部正式批准清华大学、北京邮电大学、浙江大学和湖南大学为国家现代远程教育第一批试点院校。1999 年 9 月,北京大学成为远程教育试点院校。后来又陆续批准了一批学校,共 68 所学校开设了网络教育。
⑤ 刘薇,张世凭.四川高职教育发展的现状、问题及对策[J].教育与职业,2016(04):21—24.
⑥ 张缤.高职高专院校新生报到率低的原因及其对策——以重庆工贸职业技术学院为例[J].科学咨询(科技·管理),2015(11):82—83.

这些学校倒闭的原因还真的不能归因到 MOOC 身上,目前鲜少有学生因为选择在 MOOC 平台学习大学课程而放弃就读民办高校或高职高专。另外,就传统的精英大学,如北大、清华、复旦、浙大等高校来说,虽然这些大学的校长对 MOOC 也很重视,虽然他们也很担心 MOOC 会影响高校的国际影响力,但是目前 MOOC 基本上没有对学校的存亡产生影响。事实上,只要是正规的国家公立大学,MOOC 基本上都没有产生太大的影响,可以说:"仍然活得好好的!"

这是什么原因呢? 其实也简单,这是因为教育是一个非常复杂和独特的"市场",它包含各种各样的利益相关者,具有复杂的过程,在某些情况下属于高度调控性的市场,政府也会在这一市场中为现有的教育机构提供政府补贴和刺激政策,所以不能简单地用破坏性创新理论来解释高等教育中的 MOOC。[1] 克里斯坦森等人也认为 MOOC 属于破坏性创新技术,它可以使一些低成本的新兴的普通学校变得更好一些,但是教育不像企业,想借此超越传统精英学校是不太可能的。[2]

杨钋也曾在综合哈佛大学霍克斯比(Hoxby)等人观点的基础上详细分析了这个问题:在美国高等教育机构中存在两类院校,即高选拔性的精英型大学和低选拔性的非精英型学校,这两类大学具有截然不同的运营模式和经费支持模式。精英型大学与 MOOC 的兼容度比较低,受影响会比较小,主要是精英型大学需要对学生进行精心选拔和培养,以便未来获得校友捐赠作为对院校高投入的回报。为了让校友忠诚,它们需要提供高质量和高附加值的教育服务,需要高水平教师提供与科研前沿密切相关的原创性的课程,以及师生之间高强度的互动。此外,精英型大学为了保持精英性,通常录取比例很低,它们并不需要 MOOC 的规模性优势来扩大市场占有率。与此相对,非精英型院校与 MOOC 兼容性较高,受影响会比较大。非精英型院校课程标准化程度高,师生互动、学生间互动、学生的学习和社会参与程度低,所以 MOOC 与非精英型院校之间有较高的替代性。很多时候,相对于由兼职教师提供的标准化课程,MOOC 平台上那些极具个人魅力的名牌大学教师提供的课程可能更具吸引力。与非精英型大学的传统课程相比,MOOC 平台上的师生互动水平不一定更低,且学生之间互动的水平可能更高。非精英型大学的辍学率、转学率和中断学习的比例本来就很高,选择 MOOC 不一定影响学生的就学行为。虽然 MOOC 学习还不能完全替代学位课程,但

① 袁莉,Stephen Powell,马红亮,吴永和. MOOC 对高等教育的影响:破坏性创新理论视角[J]. 现代远程教育研究,2014(02):3—9.

② Clayton M. Christensen, Michael B. Horn, Louis Caldera, Louis Soares. Disrupting college: how disruptive innovation can deliver quality and affordability to postsecondary education [EB/OL]. http://www. innosightinstitute. org/innosight/wp-content/uploads/2011/02/future_of_higher_ed-2. 3. pdf, 2011.

是完成一系列的 MOOC 课程可以帮助学生获得资格证书，这些证书可能比大学文凭的市场价值更大。①

综合来看，教育是一个非常复杂非常独特的"市场"，其中有独特的"企业"，也有独特的"客户"，这些独特性决定了不能简单地用破坏性技术来理解教育。

1. 教育总体来说是一个供小于求的市场。以中国为例，近几年每年大约有 950 万高中毕业生参加高考，每年大约能录取 750 万人，这个录取比例已经很高了，但是仍然有 200 多万人上不了高校。如果再算上其他适龄没有参加高考的学生，中国的高等教育毛入学率 2017 年为 45.7%，这个比例已经相当高了，但是仍然有一多半适龄学生未能享受高等教育。这从另外一个侧面可以看出普通高校不用太担心生源被 MOOC 抢走，现阶段没有机会享受高等教育的群体足够庞大，足够 MOOC 平台慢慢消费。而且，将来就算是 MOOC 占据了 90% 的市场，充其量对普通高校产生一些影响，对精英高校仍然产生了不了任何影响，因为 10% 也即大约 95 万的精英毕业生足够精英高校招生了。

2. 在教育市场中合法存在着数千个各级各类高等教育机构——"企业"。据 2017 年全国教育事业发展统计公报显示，全国共有普通高等学校 2 631 所（含独立学院 265 所），相对于有将近 14 亿人口的中国来说，学校其实不多。确实有高校会努力扩招，但是扩招的人数相对于适龄高中毕业生总是有限的，而且，领先的精英高校为了保持自己的精英性，反而更加会自我控制招生人数。因此在教育领域竞争是比较弱的。而且，即使有竞争，这些高校彼此之间的竞争只是在竞争排名，并无意把对方"灭掉"，就像北大和清华一样，彼此在竞争，但是每一家其实都希望对方也过得好好的。谁也不希望把全中国的高校都"竞争掉"，然后让全中国的学生都涌到自己的校园中来。而企业，则不太一样，数码相机出现后，企业自然而然地希望把胶卷全消灭掉。

3. 教育市场中的客户也是独特的。企业里一直在说，以客户为上帝，可是在教育市场中，客户到底是谁呢？是学生，是家长，是校长，是局长，还是政府？高校到底应该以谁为上帝呢？卖教育产品的人都知道，面对学生个人的产品按说客户应该是学生，但是客户实际上是家长，因为支付费用的是家长。面向教师教学的产品按说客户应该是教师，但是客户实际上是局长和校长。因为用户和客户不是一个人，所以很难用简单的市场经济原则来解释，比如，假如我们现在开发了一个很好的教师教育 MOOC，就算老师们觉得在上面学习效果非常好，但是现阶段局长、校长可能还是希望能够将

<hr>

① 杨钋. 谁参与？谁受益？谁支付？——MOOC 的经济学分析综述[J]. 工业和信息化教育，2014(09)：13—22＋29.

教师们送到北大、清华、北师大、华东师大等精英高校去培训一下,所以 MOOC 平台就抢不走精英高校的市场份额。

4. 高校的投入也是复杂的,有政府拨款、科研课题经费、学费和捐款,来源多元化,和企业不太一样。比如哈佛大学,据说现在即使没有任何进账,仅靠现有捐款每年的利息已经足以支持哈佛大学的运行,对这样的高校,和它谈 MOOC 的规模效益可以降低办学成本等似乎没有什么意义。

5. 在教育领域,尤其是在中国,我们必须得深入理解"再苦不能苦孩子,穷啥都不能穷教育"。家庭在教育领域的投入是不计成本的,比如,对于一些普通家庭,他们在衣食住行方面可能会根据自己的家庭情况量力而行,不一定非要追求最好,但是在孩子教育方面,他们会尽其所能地投入,而且,只要觉得好,只要是还能撑下去,就一定会想方设法追求最好。在这种观念下,只要家长还没有认识到 MOOC 比传统教育"更好",那 MOOC 是很难从传统高校中抢走生源的。

综合以上原因,教育是特殊的"市场",高校是特殊的"企业",学生是特殊的"客户",所以在诸多特殊的背景下,现阶段在线课程对传统高等教育的冲击和影响可以总结为**"影响很大,冲击有限"**八个字。不过,也正是这些特殊原因,或许能够使得在线课程在创造教育美好未来方面作出重要的贡献。

五、"双圆锥模型":在线课程创美好未来

因为 MOOC 还存在着高辍学率、可持续发展等问题,所以自然会受到人们的质疑[1][2][3],不过,汤敏认为对 MOOC 的质疑源自传统教育体制,MOOC 完成率低的原因有很多:一是拿不到学分,确实影响了一部分人完成学习;二是在 MOOC 上听课的相当一部分人不是学生,他们可能已经工作,在 MOOC 上听课是为了再学习,进行终身教育,不需要完成整个课程,选择对他们最有用的几节课就可以了;三是以完成率高低来评价 MOOC 成功与否也是不科学的。比如全世界那么多人都在看"哈佛幸福课",但不一定每个人都去参加考试,你能说"哈佛幸福课"不成功吗?[4]

当然,MOOC 发展起来才几年时间,存在问题是很正常的,但是我们不能忘了互联网技术是人类有史以来最具创新性的破坏性技术,正是由于互联网技术的不断发展,由于互联网技术和其他传统领域不断深度融合,我们才享受到了越来越方便、越来

[1] 汪基德,冯莹莹,汪滢. MOOC 热背后的冷思考[J].教育研究,2014,35(09):104—111.
[2] 唐亮. MOOC 热下的冷思考[N].中国社会科学报,2014 - 04 - 11(B03).
[3] 高地. MOOC 热的冷思考——国际上对 MOOCs 课程教学六大问题的审思[J].远程教育杂志,2014,32(02):39—47.
[4] 王峰.国务院参事汤敏:对 MOOC 的质疑源自传统教育体制[N].21 世纪经济报道,2015 - 08 - 14(06).

越美好的生活。而且，由于互联网的边际成本非常低，所以我们才能享受到很多优质的廉价或免费产品，比如免费搜索、免费导航、免费杀毒、免费音乐等等，而在传统行业，这是比较难的，比如住房，就算"羊毛出在大象"身上，房地产企业也不可能给我们提供免费住房。此外，在这个注重共享的时代，在线产品更容易实现**"只要人人都献出一点爱，世界将变成美好的人间"**，全国每一所大学如果都奉献 10 门精品在线免费课程，就有 2 万多门精品课程，够我们学习几辈子了，全国每个人平均回答一个问题，10多亿个问题也够我们查几辈子了。从这个角度想一想，其实教育，至少其中部分环节是非常适合"免费"的产品，比如请一个优秀的教师录好一门课，可能由政府、学校或者慈善机构提供了几十万或者上百万经费，但是这门课以后理论上可以供全世界的人世世代代看下去，所以平摊到每个人身上就寥寥无几了。在教育领域，人民群众的美好生活需要是什么呢？自然是想学习什么就可以学习什么，而且最好都是优质课程，要想解决这个美好生活需要与优质教育资源发展不均衡不充分的矛盾，靠传统教育几乎不可能彻底解决，而在线课程**"将世界上最优质的资源，传播到地球上最偏远的角落"**这一梦想，似乎是解决这个矛盾的重要途径，甚至可以说是很长一段时期内唯一的途径。

　　当然，在线课程创造教育美好未来的过程可能会曲折一些。其实互联网技术也经历过高高低低的起伏过程，2000 年左右是互联网的第一个低潮期，因为找不到明确的盈利模式，很多互联网企业在经历过烈火烹油式的繁华之后变成了一地鸡毛，很多人对互联网丧失了希望，但是此时比尔·盖茨就讲：这次低潮不是互联网的真正低潮，当互联网下次高潮到来的时候，将更加实用，更加深入。现在回头看看，比尔·盖茨20 年前的预言基本上都实现了。[①] 在线课程也是这样，经历了最初几年的繁华以后，当夸张的泡沫破掉一些以后，确实显示出来了很多问题，但是，在逐渐挤掉这些泡沫以后，在线课程似乎在一片质疑声中应用得越来越广泛了。这里且不说 MOOC 为很多人提供了优质的非正式课程资源，就是在传统教育机构内，也已经扎扎实实地应用起来了，比如北京大学汪琼牵头在爱课程网推出的"中国教师教育 MOOC"（http://tmooc. icourses. cn）迄今已经上线了 30 门课程，深受教师喜欢，一些地区还将部分课程列为了当地教师培训课程。之前也讲过，我在其中负责的"游戏化教学法"MOOC已经开设了 6 期，将近 6 万名学员选修了该课程，虽然最后拿到证书的也不多，但是确实让成千上万名教师了解了游戏化教学法，这靠我在传统课堂中一个一个班讲课显然

---

① 晁凡. 洞察力惊人：盖茨 20 年前对互联网的预言大多已实现［EB/OL］.［2016 - 01 - 04］. http://tech. ifeng. com/a/20160104/41533812_0. shtml.

是不可能的。此外,在基础教育领域,浙江省推出了面向普通高中的选修课网络课程(http://xxk.zjer.cn),已经开设1 000多门课程,浙江省普通高中学生都可以选修其中的课程,据说效果也不错。

我们还需要特别注意的是,在线课程技术并不是孤立的,它和微课、翻转课堂、人工智能、大数据、学习分析、移动学习、游戏化学习等技术是相辅相成的,在这些技术的共同努力之下,共同推动教育的发展,到那一天,或许可以用下面的"双圆锥"模型来描述未来理想的终身学习体系(图5-2)。

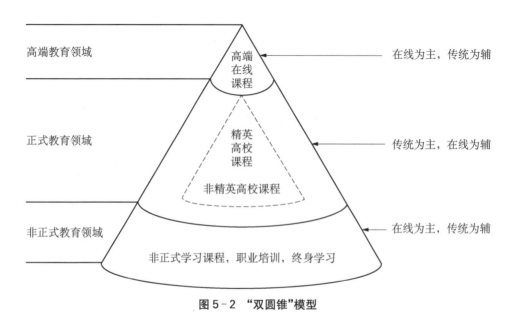

图5-2 "双圆锥"模型

这个"双圆锥"模型大致可以这样来理解:

1. 整个圆锥从下往上分为了三个部分:最底层的基座部分是庞大的,也可以看作比较低端的非正式学习部分,包括继续教育、成人教育、网络教育、职业培训、付费知识网站等一切非正式学习部分;中间层是传统的高等教育部分,包括了高职高专、普通地方大学等非精英高校,以及985、211等精英高校;最顶层是高端的在线课程,包括了一些商学院在线的EMBA课程及其他高端在线课程。

2. 非正式学习部分,打造了一个任何人都可以随时随地学习的课程环境,这其中也包括了传统高校、电大、开放大学、培训机构、慈善机构及个人提供的线下课程,但是更多的是这些机构和个人提供的在线课程或学习网站。

3. 中间层传统高等教育部分,如前所分析,在精英高校和非精英高校,肯定有大量的专业课程仍然是由本校老师提供的线下课程,但是逐步会有一部分非核心课程,如通选课、素质类课程、基础类课程可能被 MOOC 等在线课程取代。即使线下课程部分,可能也会适当选取 MOOC 资源等实行混合式学习。而且,克里斯坦森也讲过,在传统高校内部使用在线课程时,其实此时在线课程已经不再是破坏性技术,已经变成延续性创新技术,目的是为了让自己的课程质量更高,让自己的学生更满意,在和其他学校的竞争中更占优势。[①]

4. 最顶端的高端在线课程部分,由于受限于地理、文化、经济等各种因素,传统高校基本上不可能把世界上最优秀的课程集中到一个学校来进行,能够支付得起这样成本的学生也不一定能够经常被集中到一起来学习。所以理论上只有利用在线课程才可能将世界上最优秀的各科目教师集中到一起开设一个课程。现实中似乎也有了,比如国际上有名的沃顿商学院等学校已经在开设在线 MBA 课程。再比如密涅瓦大学(Minerva Schools),学生四年时间轮流居住在世界上七个城市,利用网络请最优秀的教师来上课,目前录取率比哈佛大学都低。[②] 当然,这个层次的课程可以是正规的课程,也可以是非正规的课程,比如一些高端知识付费网站或许也可以算入这个层次。

5. 在这个模型中,内层锥体用的是虚线,表示内层主要是传统的面授课程,外层主要是在线课程,但是两者并没有严格的区分,未来混合式课程或许是发展方向。这个混合体现在同时有线上和线下课程,在线下课程中也可能使用线上课程的资源。

以上模型或许还不够严谨,但是相信在线教育会有助于创建教育的美好未来。

结语 破坏性创新促跨越式发展

简而言之,以 MOOC 为代表的在线课程确实就如一缕曙光,给新世纪的教育改革带来了崭新的希望和机遇,它让我们重新考虑课程教学的模式,学校可以利用在线课程开设原来开不出来的或者开不好的课程,也可以利用在线课程的形式联合上课,打造"教学共同体"。当然,结合翻转课堂等模式,还可以实现课堂教学模式的根本创新。或许借此可以给学生创造最优质的课程资源,一定程度上促进教育公平,并可以借助破坏性创新实现跨越式发展。

当然,MOOC 绝不是万能的,并不是所有的课程一披上 MOOC 的外衣就会顿显

---

① Clayton M. Christensen, Michael B. Horn, Louis Caldera, Louis Soares. Disrupting college: how disruptive innovation can deliver quality and affordability to postsecondary education [EB/OL]. http://www.innosightinstitute.org/innosight/wp-content/uploads/2011/02/future_of_higher_ed-2.3.pdf, 2011.

② 美国密涅瓦大学,Minerva Schools: http://www.minerva.kgi.edu,详细介绍见下一章。

高贵,并不是所有的学习者一进入 MOOC 就会成为积极主动的学习者。MOOC 之于教育,更多的是一种机遇,是一种诱发因素。在 MOOC 的推动和诱发之下,结合翻转课堂、大数据、学习分析等学习技术,或许真的可以实现教育流程再造,实现教育的革命性变革。[1]

---

① 尚俊杰. MOOC:能否颠覆教育流程?[N].光明日报,2013-11-18(16).

第六章 非核心教学社会化：组织管理再造

组织要专注于核心业务。

常言道,生产力决定生产关系,生产关系要适应生产力的发展,生产关系是生产力发展的形式,生产关系会反作用于生产力。因此,生产关系一定要与一定历史阶段的生产力状况相适合,这是社会历史发展的规律。教育领域也是如此,教育生产关系必须适应教育生产力的发展,如今在信息技术的支持下,教育生产力得到了大幅提升,我们有必要认真思考一下目前的教育生产关系是否适应教育生产力的发展,目前的教育领域的组织管理是否需要做一些调整呢？下面我们就从管理效率和组织结构变革两个方面来讨论。[①]

第一节 高校的管理高效吗：利用大数据技术提升管理效率

仔细回忆一下各个领域引入一项新技术、新方法、新思路的历程,就可以看出最初考虑的一般都是如何提升管理效率。那么以大数据技术为代表的信息技术的发展是否能够提升教育的管理效率呢？

一、高校的管理高效吗

高校教师天天给别人讲管理,但是高校自己的管理是否很"高效"呢？遗憾的是,据说全世界高校的管理效率大部分是比较低的。[②] 举几个小例子：(1)尽管现在各高校都在努力促进实验设备等资源共享,但是仍然会发生重复购买设备的事情,张教授的实验室买了一台设备,李教授的实验室也买了一台类似甚至同样的设备。彼此利用率都不高,但是能共享吗？似乎很困难。(2)在高校内组织召开一个会议到底需要多

---

① 这里需要说明几点：第一,考虑到典型性等因素,本章重点探讨高校的组织管理变革,但是对基础教育实际上也是可以参考的;第二,高校的组织管理实际上涉及方方面面,这样短短的一章不可能全部涵盖,本文只是从信息技术支持变革的角度谈一点自己的观点;第三,笔者不是教育管理专家,本章只是试图从一个很小的点上谈谈,仅供参考。

② ［美］罗伯特·伯恩鲍姆. 大学运行模式：大学组织与领导的控制系统［M］. 别敦荣,主译. 青岛：中国海洋大学出版社,2003.

少费用呢？虽然国家对会议经费是有标准的,但是具体执行起来很难有一个确定的成本标准,很多时候可能取决于学校能批多少经费？(3)在每个大学的每个院系,一般每天都会派人穿梭于学校办公室和各部门之间取送文件等物品,如果要仔细计算一下这个人力成本,其实也是挺高的。如果建设一个大学内部邮政快递系统,估计有 1—2 人专门取送件就可以了。(4)我们再来看看图书馆,借书确实需要自己去,但是还书真的需要每一位师生亲自去吗？如果仔细计算一下高校里每名师生每天平均花在还书上的时间,再乘以每名师生的时间成本,我们就知道还书这件事情的成本到底有多大了。学校图书馆是否可以雇佣 1—2 人,每天开个电瓶车转圈把大家要还的图书收回来呢？这样是否效率更高呢？如果大家仔细去分析高校中的每一个环节,你就会发现其实类似的事情很多,不仅仅是我国高校,世界一流的高校也都大同小异。

不过,大家千万不要因此随便指责高校管理者,说高校的管理效率太低。校长会不屑地告诉你:我这个大学为国家、为世界发展作出了多大的贡献,你效率高,你办一个试试。他还会接着告诉你:高校管理效率确实低,但是活了几百年了;世界上还有一个效率可能更低的组织——宗教,活了上千年了。那些管理效率很高的世界五百强企业,似乎活过 100 年的都不多见。事实上,有学者对企业的生命周期做过调研:世界五百强企业的排名是从 1955 年开始的,将 1955 年和 2011 年的名单进行对比,可以发现,1955 年出现在名单中且 2011 年依然榜上有名的企业共 38 家。也就是说,1955年的世界五百强企业在 2011 年 92.4% 已经从名单中消失了。这些消失的企业有的破产了,有的被兼并了,有的业绩下滑没有进入五百强的门槛。[①] 就是那些活了几十年乃至上百年的企业,每天也是如履薄冰,比如创立于 1911 年的 IBM 一度差点破产,而创立于 1880 年的堪称伟大的柯达公司在 2012 年 1 月 19 日申请破产保护。创立于1994 年的雅虎(现名 Altaba)一度几乎是互联网的代名词,但是近期宣布将清算和解散。而现在如日中天的百度、阿里巴巴、腾讯其实一天也不敢放松,马化腾就曾经说过:如果没有微信,腾讯可能就"玩完了"。[②] 据说,从有记录正式称之为组织的时间点开始算,过去 1 000 多年能持续存活下来的组织只有 83 个,其中 75 个是大学,数量最多的还不是宗教机构,而是大学。[③]

伯恩鲍姆在《大学运行模式》这本书中也谈道:"美国的学院和大学都存在一个显而易见的矛盾:**学校经营得十分糟糕,但是却非常有效**。如果这两个判断都是正确

① 魏慧. 世界五百强企业的生命周期及其决定因素[D]. 杭州:浙江工业大学,2012:29.

② 详见 http://www.sohu.com/a/115854208_441526。

③ 陈春花. 自我觉知是学习的关键[EB/OL]. (2019-03-26)[2019-03-08]. http://www.bimba.pku.edu.cn/regard/news_center/2019/0326/37788.html.

的，可能会出现这样的两种情况：(1)虽然管理不尽如人意，但是，高等教育制度仍然获得了成功。如果在管理的任何方面做些改进，则这种制度会比今天更为有效。(2)与我们的期望相反，至少在大学和学院，改进管理也许不能带来相应的效益，甚至可能会出现这样的奇怪现象：尽管管理工作糟糕透顶，但是学院和大学仍然能够在一定范围内获得成功。如果情况真是这样的话，那么改进传统管理过程的努力可能削弱而不是增强组织的有效性。[①] 简单地说，如果你想改进管理制度以提升高校的管理效率，则有可能把事情变得更糟。

二、为什么不高效但有效：高校组织结构的特点

上面论述的现象确实令人费解，为什么会出现管理不高效但有效这一现象呢？简单地说，主要是由高级知识分子组织的特点决定的：高校的管理效率之所以低，主要是因为高校基本上是一个不计成本、不考虑利润的组织，所以企业里赖以提升效率的那些方法和措施在高校这个以高级知识分子为主的组织中是不太适用的，比如你不可能要求一位教授每天下班前要写 3 000 字出来，写不出来不能下班，但是类似的要求在很多行业是可以的。那么为什么高校的管理效率低，但是办得却有效呢？这也是由知识分子组织的特点决定的：绝大部分知识分子大多数时候都是在努力地自我谋求发展的。比如院长表扬了一名教授，教授回去努力写文章；院长批评了一位教授，教授回去可能更加努力地写文章。因为组织中每一个人、每一位系主任、每一名院长包括每一名校长大都是在努力地寻求发展。所以即使校长管理效率低，数学系办砸了，力学系可能起来了；系主任管理效率低，张教授没有发展起来，李教授可能成了名师。

当然，具体原因肯定比较复杂，鲍德里奇(Baldrige)曾经讲过，学院和大学是一种独特的专业组织，独特之处体现为："具有模糊与纷争的目标系统；服务于其需求影响到决策过程的顾客；多方面的非常规技术；高度的专业化和'相互割裂'的专业人员队伍；对外部环境越来越脆弱。"[②]眭依凡也认为，大学是一种比较特殊的现代组织，它的特殊性体现在：复杂性、多样性、统一性、开放性、矛盾性等五大特征。[③] 大学的特殊性也吸引了中外许多学者对其进行了研究，下面就结合他们的研究简单论述一下高校组织结构的特点。

① ［美］罗伯特·伯恩鲍姆. 大学运行模式：大学组织与领导的控制系统［M］. 别敦荣，主译. 青岛：中国海洋大学出版社，2003：5—6.
② 陈学飞. 美国、德国、法国、日本当代高等教育思想研究［M］. 上海：上海教育出版社，1998：75.
③ 眭依凡. 关于大学组织特性的理性思考［J］. 高等教育研究，2000(04)：49—52.

（一）似乎"不计成本、不考虑利润，没有明确和具体的发展目标"

对于企业，虽然它们的目标也会多元化，比如注重员工发展，注重社会责任等，但是总的来说它们都有比较明确和具体的发展（或者说经营）目标。它们常常有一个可量化的成就标准，即投资率。因为赚取到的钱既是活动的目的，又是员工成就的标准，公司的运行完全取决于盈利的多少。因此，可以把成就与盈利之间的关系转化成制度，并以此作为划分责任、衡量支出、准备周期报告与分析的依据①，进而落实到企业的日常活动中。

对于高校，虽然也在讲发展目标，比如："创建世界一流的大学"、"创建国内高水平大学"等，这些目标确实激励着一代代师生们努力，也确实逐渐打造成了世界一流或者国内高水平大学。但是对比一下企业和高校就会看到，衡量企业的标准主要就是金钱，企业的发展目标就是做大做强，赚取更多的"利润"，因此企业的目标是明确的，管理是统一的。但是随着高校变得日益复杂，高校同时接受了大量的相互矛盾的目标，因此目标越来越不明确和具体，管理也就无法统一②，也就比较难将发展目标分解并精准落实到日常的教学科研服务工作中。比如对于高校来说，教学重要还是科研重要每天都在困扰着校长；对于医学院来说，能治好病重要还是能发表高水平论文重要也会让人左右为难；对于一些省属高校来说，是服务地方经济发展重要还是发表高水平基础研究论文重要？当然，有人会说，都很重要。正因为都很重要，使得目标无法具体和明确，资源无法按统一的标准调配。

有人会讲，那我们大学进入 QS 或其他排行榜上前 30 名是否可以算作具体发展目标，似乎也可以，但是有几个问题：第一，不同的排行榜有不同的依据，似乎也都不是非常科学，也难以得到大家的一致认同。再对比一下企业，如果按企业的盈利、员工发展、社会责任、创新等维度综合进行排序，难以想象会得到企业的真正认可。第二，就算大家认同，似乎也很难将排行榜的需求分解到具体的工作中。比如排行榜比较注重发表国际论文，所以很多大学就会重金激励大家发表国际论文，但是这样的举措也招来了一些批评意见。第三，就算排行榜是科学的，还有一个问题，即对于企业来说，每一个企业有其自己发展的目标，比如成为最大的汽车企业，最大的餐饮企业，但是高校则不同，似乎每一位校长内心里都期望成为哈佛、成为北大。有远大理想是好事，但是可能会模糊具体的工作目标。伯恩鲍姆也讲过，如果能够明确高等学校的使命，那

---

① ［美］罗伯特·伯恩鲍姆.大学运行模式：大学组织与领导的控制系统［M］.别敦荣，主译.青岛：中国海洋大学出版社，2003：12—13.
② 同上书，第12页。

么高等学校将会管理得更加有效。但是，一些规模庞大、错综复杂的学校组织已经证明，这一建议是不可能实现的。[①]

因为高校似乎没有明确和具体的发展目标，又因为高校产出的主要是"学生"，但是"学生"的价值是很难测量的，所以绝大部分大学似乎都是不计成本、不考虑利润的组织。比如学校一般不太会认真计算培养每个学生的成本，也不太会认真测算学生的学费到底该是多少。因此学校的学费一般都是整数，很少有学校会像企业定价一样有零有整。学校召开一个学术研讨会，虽然会认为这有助于提升大学的学术影响力，但是似乎不会从财务方面认真核算。高校培养学生，有点儿像家里养孩子，现在绝大部分家庭尤其是中国家庭，在养孩子方面是不计成本、不考虑利润的，父母哪怕忍饥挨饿都要争取给孩子提供尽可能好的生活和学习条件，很少有父母会仔细计算报这个培训班到底会提升多少分，会有多少收益。

简而言之，不计成本、不计利润（找不到可以明确衡量的利润），缺乏明确而具体的使命和统一的管理，导致在企业组织中普遍使用的会计过程、结构和制度，对高校来讲经常不适用。[②] 或许这就是高校管理效率不太高的主要原因吧。

（二）组织结构模式复杂

因为没有明确具体的目标和统一的管理，导致高校内部的结构也比较复杂，一定程度上推高了大学的成本。普林斯顿大学前校长威廉·鲍恩曾经指出在美国上大学越来越贵，主要原因是别的行业可以靠提高生产率降低成本，但是教育不可以，30 年前教 30 个学生，30 年后还教 30 个学生，产出没有增加，投入（房子、工资）不断增加，所以教育越来越贵。[③]

不过，破坏式创新理论的提出者克里斯坦森等人指出，高校的高成本不是由于生产力提高缓慢，而是由于它们内部混淆了多种商业模式，因而提高了大学的运营成本。他们认为一般组织中存在着三种商业模式，即解决方案商店型组织（Solution Shop）、增值过程型商业组织（Value-Adding Process Business）和促进用户网络型组织（Facilitated User Networks）。解决方案商店型组织致力于诊断和解决非结构化问题，比如咨询公司、广告公司等，多数高校的专门研究部门也在此列。这些机构的专家利用自身技能对复杂问题进行诊断，并提出解决方案。这类组织一般按照投入而不是产出收费。增值过程型商业组织通常利用自身的资源，将未完成的原料转变为具有高额

---

① ［美］罗伯特·伯恩鲍姆.大学运行模式：大学组织与领导的控制系统［M］.别敦荣,主译.青岛：中国海洋大学出版社,2003：13.

② 同上书,第 5—6 页。

③ ［美］威廉·鲍恩.数字时代的大学［M］.欧阳淑铭,石雨晴,译.北京：中信出版社,2014.

附加值的产品,比如制造业、餐厅、零售业等,多数基础教育机构和大学的教学部门都属于此类。这类组织一般按照程序重复工作,根据自己的产出而不是投入来收费。促进用户网络型组织的目的在于促进用户之间交换,例如通信公司、卖方中介公司帮助用户进行信息交换,并从中获得用户使用费。克里斯坦森等人认为,因为多数高校希望将自己变成哈佛大学一样的名校,所以往往内部三种商业模式并存。例如,大学的研究机构属于解决方案商店型组织,教学机构属于增值过程型商业组织,而提供学生活动的服务部门属于促进用户网络型组织。因为,三类组织的收入来源和运营方式截然不同,并存的后果是增加了系统的复杂性,并带来成本的大幅上升[①]。或许这也是管理效率较低的一个原因吧。

需要特别指出的是,高校里面虽然有不同商业模式的组织,但是高校内部各个组织之间是比较独立的,数学系和中文系的联系是比较松散的,虽然这不利于跨学科合作,但是也不会互相影响,数学系办得不太好,但是不影响中文系办得好。或许这是高校有效的一个原因吧。

(三)组织管理和领导模式独特

在各种类型的组织中,一般来说军队是管理和执行效率最高的组织,军令如山、令行禁止。政府和企业的管理和执行效率也比较强,不执行就走人。而高校则不太一样,究竟谁是领导,谁是管理者,还真说不太清楚。北京大学原校长林建华在他的《校长观点:大学的改革与未来》一书中有一节的标题是**"学者就是大学"**,其中提到过这样一个故事(也许是传说),艾森豪威尔(Eisenhower)将军退役后曾担任过哥伦比亚大学校长,在一次诺贝尔奖获得者的演讲会上,他对获奖者说:"在众多哥伦比亚大学的雇员中,您能获得如此重大的奖项,学校深以为荣。"没想到,在接下来的演讲中,获奖者对艾森豪威尔说:"尊敬的校长先生,我们不是哥伦比亚大学的雇员,我们就是哥伦比亚大学!您才是哥伦比亚大学的雇员。"[②]伯恩鲍姆在他的著作中也综合了科森、埃茨尼等学者的观点,他谈道:在大学里同时存在两种结构,一种是传统的管理科层结构;另一种是教师在其权力范围内对学校有关事务做出决策的结构。这种二元控制系统由于没有统一的授权或结构形式,因而更为错综复杂。换句话说,在一定意义上存在一个员工关系系统,专业人员拥有主要权力,而管理人员所所拥有的是处于从属地位的权利。[③] 雅克·巴尔赞(Jacques Barzan)在《美国大学:运作和未来》一书中也提

---

① 杨钋.谁参与?谁受益?谁支付?——MOOC的经济学分析综述[J].工业和信息化教育,2014(09):13—22,29.

② 林建华.校长观点:大学的改革与未来[M].上海:中国出版集团东方出版中心,2018:25.

③ [美]罗伯特·伯恩鲍姆.大学运行模式:大学组织与领导的控制系统[M].别敦荣,主译.青岛:中国海洋大学出版社,2003:10—11.

道：从技术上看，校长能做任何他想做的事，而副校长等助手只对他负责。事实上，校长的权力很有限，他的权威受到每个学院院长、系主任、研究所主任、高级教员、长期委员会和校内意见的牵制，他只能和这些委员会共同工作。①

马克思·韦伯是一位颇具影响的社会学家，他提出了"理想的行政组织体系理论"——科层结构，他认为这是一个完全理性并能以最大效率运行的组织。② 明茨伯格则提出了**机械科层结构**（The Machine Bureaucracy）和**职业科层结构**（The Professional Bureaucracy，也译为专业科层结构）。其中机械科层结构的主要协调机制是"工作过程标准化"，一般在工作需要重复、可以标准化的结构中存在。机械科层结构中的基层人员一般是工人，其工作简单，重复性高，常规化程度高，行为标准化。其中职业科层结构的主要协调机制是"技能和知识标准化"，其工作比较复杂，重复性低，常规化程度低。职业科层结构的基层运行人员一般是由受过长期训练的高级专家人才（如教师、医生）——职业人员——组成，这些职业人员对所进行的工作有较大的控制权，比如教师基本上可以决定自己的授课内容和形式，决定自己的研究方向，因此**"工作自治性"**是职业科层结构的基本特征。③

职业科层结构的优点是民主性，它把权力分给了工作人员（至少是专业人员），给他们提供了高度的自治权。比如在一个学院，除了院长、系主任拥有权力外，很多教授亦可以通过参与教授会、学术委员会等各种委员会拥有相当的权力。但是这种机构的缺点是难于协调。比如在军队里，连长把三个士兵喊过来，让他们组成小组去完成一项工作是很简单的事情，只需要下命令就可以了。但是在高校中，院长把三位教授喊到一起，让他们组成小组去做一项研究工作就是比较困难的事情，比较难成功。

除此之外，还要特别注意领导者的不同：机械科层结构依靠等级的权威——职权的力量；职业科层结构依靠专业的权威——专业技能的力量。④ 对于高校，虽然被领导者（教师）也希望领导者（如校长、院长、系主任）能像一般组织的优秀领导者一样带领学校院系发展，能募捐来更多的经费，能争取到更多的资源，但是在高校中评判一个人的几乎"唯一"的标准是学术水平，能够真正让这些教师们佩服的是领导者的学术水平和学术魅力。所以可能就会出现类似于巴尔赞提到的一个案例："在教师们的眼里，对于领导者，不管是能力、魅力还是顺从，这些属性和学术上的优秀相比不值一提。一

① ［美］雅克·巴尔赞. 美国大学：运作和未来［M］. 孟醒，译. 杭州：浙江大学出版社，2015：107—113.
② Weber, M. The Theory of Social and Economic Organization［M］. New York：Oxford University Press，1947.
③ 宣勇. 大学组织结构研究［M］. 北京：高等教育出版社，2005：84—86.
④ Henry Mintzberg，The Professional Bureaucracy. in M. Christopher Brown Ⅱ（ed.），Organization and Governance in Higher Education-Sixth Edition. Boston：Pearson Custom Publishing，2010：54-73.

名女子学院的院长,用最严格的标准衡量都是优秀的——不干涉教师,筹到大笔资金,有效地提供了各种服务——却在 15 年任期的最后一天,因为过去的学术生涯没有值得炫耀的成绩而被鄙视。"①也正因为如此,所以就会看到一些领导者费尽心机地去申请项目,去申请评奖和发表论文著作,因为他们心里很清楚,要想让他的下属真正认可他,靠的不是权力和管理,也不是服务和支持,靠的是学术成果。总而言之,高校领导者受到校内外多种因素的制约,其有效性受到限制,从而可能使领导角色只具有重要的象征意义,而不具有实际意义。②

因为具备以上特点,所以高校在各种事务上都会相对比较民主,广大教师需要领导,但是他们需要的是最好**"事事听自己意见的服务型领导"**,比如会出现巴尔赞书中提到的情节:③

> 一名学生因为没钱无法注册,教师会允许他继续听课,期末要给他登记学分,但是教务会拒绝,因为违反规定。教师会向院长反映,院长应该支持教务,但是有时候会站在破坏规则的人一边,违抗"脑子里只有钱和规矩"的管理层。
>
> 在这个事情上,各方应该知道:一,如果有一些学生可以不交钱,那么向其他学生收钱是不公平的;二,教务不能伪造记录,哪怕再好的理由;三,钱是学校赖以生存的资源。虽然钱在这个例子里是令人不齿的障碍,但这名教师也会时不时要钱让图书馆购置他需要的书,或者促进他自己的研究计划。

不过,千万不要因为这个例子就认为"任性"的教师影响了管理效率。也正是因为这些"由着自己性子"在各种情况下都不断努力奋斗、任何情况下都关心学生发展的教师,才使得高校办得很有效。林建华校长曾说:"大学是学术机构,学者是大学的基础,只有把学者的创造潜力充分发挥出来,才能办好大学。"④

当然,使得高校办得有效可能还有一个比较重要的原因:大学内部的院系组织之间是相互独立的,教师彼此之间的联系并不紧密。这是缺点,也是优点,因为物理系办不好,不太会影响力学系;张教授表现差不太会影响李教授。所以学校总体上可以办得比较有效。

---

① [美]雅克·巴尔赞.美国大学:运作和未来[M].孟醒,译.杭州:浙江大学出版社,2015:126.
② [美]罗伯特·伯恩鲍姆.大学运行模式:大学组织与领导的控制系统[M].别敦荣,主译.青岛:中国海洋大学出版社,2003:27—28.
③ [美]雅克·巴尔赞.美国大学:运作和未来[M].孟醒,译.杭州:浙江大学出版社,2015:110—111.
④ 林建华.校长观点:大学的改革与未来[M].上海:中国出版集团东方出版中心,2018:25.

　　简单总结，高校基本上是一个不计成本、不考虑利润、似乎没有明确和具体发展目标的组织；内部机构非常复杂，多种商业模式混合；组织呈现民主性的特点，领导者和被领导者（专业人士）共同拥有各种不同的权力，共同对学校事务做出决策。因为具有这些特点，所以一般不能把企业里赖以提升效率的方法直接搬到高校中，因此管理效率可能比较低。但是由于高校内部各个机构是比较松散的联盟机构，每一名教师包括校长、院长、系主任也都是在努力的发展中，所以整体上高校也会办得比较有效。

三、大数据技术可以提升高校管理效率吗

　　现在随着大数据技术的快速发展，很多人都相信利用大数据技术可以提升教育管理效率，促进科学决策，提升教育质量。但是通过上一节的分析，我们会发现要想提升高校的管理效率不是那么容易的一件事情，比如没有明确和具体的目标这一点不会因为采用信息技术就变得更加明确和具体，再比如领导者和被领导者的特殊关系也不太会因为信息技术而改变，简而言之，人工智能、大数据技术再发展 10 年，我们仍然很难将企业里赖以提升效率的办法应用到学术组织中来。

　　不过，本书想强调的是：在**"学术组织不能讲效率（企业常讲的效率）"**的大帽子下，是否该讲效率的也不讲效率了呢？在高校中，我们确实不能要求教授每天一定要写多少字，但是在别的很多方面，是否可以借鉴企业的方法管理一下呢？比如前面说到的购买设备和还书，包括行政、后勤服务等方方面面，是否可以考虑利用大数据技术等信息技术提升一下管理效率呢？

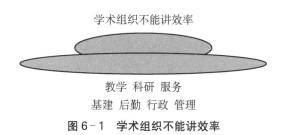

学术组织不能讲效率

教学 科研 服务
基建 后勤 行政 管理

图 6-1　学术组织不能讲效率

　　麻省理工学院曾经结合信息技术对学校的行政流程进行再造。它们把流程再造定义为：对学校的支持性流程（Support Process）进行根本的再思考和彻底的再设计，以获取绩效的巨大提高。对行政流程再造，主要目的是为了改善学校与顾客（包括教职工、学生、家长和企业）之间的关系，充分利用现代信息技术，消除学校内部"单打独斗"、"各自为政"的现实情况，进而打破组织边界，突破复杂利益格局，推动组织变革，

保证学校教学科研的高效开展。围绕这一目标,它们确立了五个对 MIT 发展至关重要的核心领域:学生支持、研究资助获得、实验室运行、管理报告和购买与支出支持。围绕这五个领域,它们重新梳理了七个管理流程:管理报告、供应商整合、邮件服务系统、基础设施运行、信息技术服务、任命程序和学生支持系统。并和全球最大的管理软件公司 SAP 合作开发了第三代实时管理软件 SAP/R3,从而帮助管理人员作出更快、更好的决策,据说有效地保持和强化了 MIT 在教学与研究上的卓越发展。①

在国内也有一些大数据技术应用案例,南京理工大学利用大数据技术自动分析甄别贫困学生,然后将补助款自动充到贫困学生的饭卡中,深受社会各界好评。在大学里传统认定贫困生的方式是学生填写申请表,并且需家乡各级部门盖章,然后交到院系,院系组织认定,然后上报给学校有关部门,被批准后就被认定为贫困生,之后就可以得到补助款。这个过程其实挺复杂的,学生、院系及学校有关部门的工作人员要花费大量时间,而且大学生一般不好意思让别人知道自己是贫困生,所以有的学生就不填写了。南京理工大学是这样做的,他们对全校所有在校本科生 2015 年 9 月中旬到 11 月中旬的饭卡刷卡记录进行了数据分析。其中,每个月在食堂吃饭超过 60 顿、一个月总消费不足 420 元的,被列为受资助对象,共筛选出 314 人。在和各个学院进行核实后,最后确定了 301 人为首批受资助对象。这 301 人的补助金额并不同,该校实行一日三顿、每顿 7 元,30 天共计 630 元的标准,学生实际就餐支出和 630 元之间的差距,就是实际补助金额。南京理工大学采取直接将补贴款打入学生饭卡的方式,学生无需填表申请,不用审核,甚至在收到补贴前,没有任何学生知情。南京理工大学教育基金会秘书长王虎表示:"这样做,学校想在确保学生尊严的基础上,给贫困生送去温暖。"②

江凤娟和吴峰曾经撰文指出,信息技术对于高校的变革首先是从管理领域开始的,管理信息化可以降低高校管理的成本,提高管理的效益,扩大高校的最佳学生规模,促使高校走内涵式发展道路。③

如果仔细分析一下,在高校里其实可以做的事情非常多,尤其是在行政后勤服务支持系统中,因为学生的各种学习、餐饮、上网等信息都被记录下来,因此几乎每一件事情都可以通过优化流程、结合数据分析得以大大提升效率。如果我们在中国知网(www. cnki. net)中以"大数据"和"高校管理"为主题词进行检索的话,会看到浩如烟

① 赖琳娟,马世妹. 美、英高校行政管理科学化的实践及启示[J]. 北京教育(高教),2014(06):10—13.
② 佚名. 大数据"精准扶贫",南京理工大学"偷偷"给贫困生饭卡充钱[DB/OL]. (2016 - 03 - 24)[2019 - 03 - 31]. http://news. ifeng. com/a/20160324/48204089_0. shtml.
③ 江凤娟,吴峰. 信息技术对高等学校的影响[J]. 北京大学学报(哲学社会科学版),2018,55(04):152—158.

海的文章，几乎覆盖了高校内部方方面面的管理事务。如果这些研究成果都能落实到高校管理中的话，相信一定会提升效率。

四、目标：看不见的服务和精致化管理

提升管理效率究竟希望达到什么目标呢？我在分管学院行政服务的过程中，和葛长丽老师、马世妹老师等同事经过长期思考，并在院长书记的支持下，提出院系行政教辅系统的工作目标是"看不见的服务"，而达成此目标的方式则是实行"精致化管理"。[①] 或许这个目标也可以是高校整个行政管理服务系统的目标吧。

（一）看不见的服务

在信息技术领域，施乐公司帕克研究中心（Palo Alto Research Center，简称PARC）的首席技术官马克·韦瑟（Mark Weiser）在 20 世纪 90 年代就提出了"看不见的技术"的概念。所谓看不见的技术，指的是那些**"无时不在、无处不在而又不可见"**的技术，换句话说就是融入日常生活并消失在日常生活中的技术，比如电灯、电话和电视，人们天天在使用这些技术，但是一般不会特别注意到它们的存在。马克·韦瑟认为只有那些看不见的技术才是对人类的生产生活真正起到最大作用的技术。对于计算机，他认为当时还不能称之为看不见的技术，因为它还没有真正融入每个人的生活中，还会经常死机或出问题，还会经常引起人们的注意。马克·韦瑟说，只有当计算机进入人们生活环境而不是强迫人们进入机器世界时，计算机的使用才能像在林中漫步一样舒适有趣。到那时候，计算机才能对人类的生产生活起到更重要的作用。

受此启发，我们将行政教辅系统的服务目标确定为**"看不见的服务"**，简单地说，就是**"服务无时不在、无处不在而又不可见"**。其实我们在平时对"看不见的服务"应该有所体会，比如你到一个街头快餐店吃饭，你喊"老板，拿纸来"，可能吃完饭了纸还没有来，这叫"没有服务"；如果你到一个中档的饭店吃饭，只要一喊"老板，拿纸来"，纸就来了，不喊就没有，这叫"看得见的服务"；如果你到一个五星级酒店吃饭，你会发现身边的餐巾纸总是有的，不用喊，因为服务人员在你不注意的时候已经悄悄给你放好了，这就叫"看不见的服务"。

在学校也一样，行政教辅人员主要是做好师生的服务工作，应该是提供周到细致的服务，并且这个服务是不可见的。比如，设备永远是正常的，地板永远是干净的，粉笔永远是足够的。总之，师生需要的服务，应该是提前做好，而不是当师生需要的时候

[①] 葛长丽，尚俊杰. 论"看不见的服务"和精致化管理[J]. 北京教育（高教），2012(03)：30—32.

才现场提供，比如教师上课时才临时送来粉笔，那就不是"看不见的服务"了，而是"看得见的服务"了。

（二）精致化管理

看不见的服务是我们的工作目标，要达成这一工作目标，就需要行政教辅人员提前做好服务。除了要有高度的责任心、严谨的工作态度以外，还应该靠精致化管理来实现。精致化管理的概念最早来源于发达国家的企业管理理念，它是建立在常规管理的基础上，并将常规管理引向深入管理的基本思想和管理模式，是一种以最大限度地减少管理所占用的资源和降低管理成本为主要目标的管理方式。①

精致化管理的思想提出以后，逐渐被引入到教育领域。比如北京大学就将精致化管理引入到了学生工作中，北大原党委副书记张彦曾指出：首先，"精致化"始终坚持育人过程、细节与结果并重，在教育活动中追求周到细致、精雕细刻的工作境界。其次，"精致化"强调"科学管理"与"人本管理"的融合，倡导科学精神与人文精神的统一。最后，"精致化"体现的是一种积极、高远的价值追求，它不是某种具体管理模式和方法，而是倡导在工作中精益求精、追求卓越，从而达到一个又一个更好的目标；不是某种具体标准，而是启迪人们以创新思维对工作流程、组织系统等持续改进和优化；不是某种既定目标，而是要求工作层次、工作方法、人员素质等不断提高。② 我们认为，要实现"看不见的服务"的工作目标，就必须在行政服务工作中引入精致化管理的思想。具体而言，我们认为应该采取如下措施：

首先，要对行政服务工作的每一项业务的流程进行梳理和优化。梳理每个办公室的业务分工，在每一个办公室内，再认真梳理每一项业务，对每一项业务都指定专人负责，并提出工作标准。比如对于负责复印机的工作人员，也制定相关制度和要求，确保复印机永远是正常可用的。

其次，要强调信息技术在管理服务中的应用。传统管理中，我们经常使用电话、面谈等方式发通知、布置工作，但是在信息技术时代，我们可以充分利用 E-mail、网站等工具，能打电话就不要当面谈，能发短信就不要打电话，能发邮件就不要发短信，这样尽可能少地打扰大家，让老师和同学们有更多的时间可以安静地学习和研究，一定程度上也实现了"看不见的服务"。当然，前面也讲过，利用大数据技术提升管理效率也是非常重要的。

再次，要强调以人为本的思想，要做到科学管理与人本管理相融合。因为要实现

---

① 刘晖. 精细化管理的涵义及其操作［J］. 企业改革与管理，2007（04）：15—16.
② 张彦. 以"精致化"要求推进大学生思想政治教育新发展［J］. 思想教育研究，2010（04）：24—27.

看不见的服务，必然要制定相应的制度，实现制度化管理，但是制度化管理有时候也会带来局限性，有时候不够人性化。所以要以人为本，服务好师生。另外，以人为本实际上还有另外一个含义。行政教辅人员在以人为本地服务其他师生的同时，学院也应该以人为本地服务好行政教辅人员，对于他们生活中的困难要尽量帮助，对于他们的个人发展要尽量提供发展空间等等。

最后，要建立一种"追求卓越，提升品质"的管理文化。诚如张彦所言，精致化追求的并不仅仅是具体的管理模式，而是一种积极、高远的价值追求。[①] 作为院系来说，追求的也不能仅仅是服务好师生，而是要打造一种全体行政教辅人员都积极向上的学院服务文化。

现在我们经常谈建设世界一流大学或世界高水平大学，这是一项长期的、需要投入大量人力和物力的工程，也是一条漫长的、充满挑战和需要付出巨大努力的路程。在建设世界一流大学的过程中，不仅要建设一流的教学科研队伍，也需要提供一流的行政后勤服务。就以上论述的行政管理服务等内容，虽然不能直接创建一流的学术成果，但是可以为师生节省大量的时间和精力，让他们能够产出更多一流成果。

以上谈的主要是管理效率，其实不仅仅是效率，利用大数据技术也可以提高管理质量。现在各级教育主管部门都很重视基于大数据的决策支持系统，希望能够更多地用数据说话，而不是"拍脑袋决定"。关于这方面的文章也已经浩如烟海，这里也不再赘述。

第二节　非核心教学社会化："互联网＋"促教育组织变革

其实不仅仅是提升效率，以"互联网＋"为代表的信息技术还可以促进组织变革。德鲁克在 1988 年发表于《哈佛商业评论》的文章《新型组织的到来》(The Coming of New Organizations)中就讲过：迄今为止，大多数人使用计算机只是为了能更快地完成他们从前所做的工作——数据的快速处理。但是，一旦公司迈出了从数据转向信息的第一步，那么它的决策程序、管理结构甚至工作方式都将发生转变。[②]

回顾高等教育这些年的组织机构的变革，其中**"高校后勤社会化"**基本得到了社会各界的认可，并在实践中取得了较好的效果。过去的高校就像一个小社会，包括了食堂、宿舍、商店、澡堂、理发店等吃喝拉撒睡的所有服务机构。随着时间推移和观念转

---

① 张彦.以"精致化"要求推进大学生思想政治教育新发展[J].思想教育研究,2010(04)：24—27.

② ［美］彼得·德鲁克.经典德鲁克[M].孙忠,译.海口：海南出版社,2008：148.

变,很多学校逐步开始将后勤交给了社会,比如有的高校将食堂外包,有的高校将水电安保等物业外包给专门的物业公司。目前后勤社会化得到了大力推广,就连一些军队院校也开始进行后勤社会化改革,学校食堂向社会进行招标,采用新的管理和经营模式。

一、组织要专注于核心业务

之所以实行高校后勤社会化改革,其中一个重要的原因就是"**组织要专注于核心业务**",这是管理学中的一个重要理念,也是许多企业在经历惨痛的失败以后总结出来的经验。这方面三九集团是一个典型案例。三九集团的前身是深圳南方制药厂,1987年创办,最初凭借三九胃泰等几个拳头产品得以高速发展;1992年组建三九集团,正式走上了多元化发展的道路;1995—1998年大规模并购,形成了横跨八大产业,旗下控制子公司、孙子公司的格局;1999年又通过收购、直接IPO等方式,控制了三家上市公司,形成了"三九系",在当时的资本市场上风光无限。后来大规模挪用上市公司资金到其他项目中去,结果由于投资决策问题,致使资金链断裂,三九系崩塌。[①]

这样的例子其实很多,它提醒我们,不管是组织还是个人,都必须"**有所为,有所不为**",都必须专注于核心业务,才能取得成功。进入新世纪以来,因为市场竞争更加激烈,所以企业更加注重打造核心竞争力,更加注重社会分工,不仅仅专注于某项核心业务领域,就是在一个单一业务领域中,也会将工作的各个流程进行分析,将一些对自身不重要的、不是自己擅长的流程外包给其他企业。比如,对于苹果公司来说,它们只专注于设计过程,而将制造过程外包给了富士康。当然,对于富士康来说,它们也只专注于制作过程,而不一定要涉足于手机设计业务。

为什么要外包呢?因为可以借此降低运营成本提高品质,集中人力资源提高顾客满意度。比如,一个生产啤酒的企业,可以聘用外部运输公司来运输,也可以自己建立一个运输车队,但是如果自建车队,因为它本身在该领域并无丰富经验,可能导致管理不善,因为管理不善,运输成本会更高。而如果聘用外部运输公司,不仅可以降低成本,也不会背上沉重的人力负担。

对于企业如此,对于高校亦是如此。核心业务是教学和科研,所以高校应该集中全部精力来做好教学和科研,至于物业等后勤,虽然对高校的发展起着重要的支撑作用,但是客观上来说,并不属于核心业务,而且像餐厅、物业、车队等等也不是高校所擅

① 姜万军.案例研究——三九集团多元化的失败[D].北京:北京大学,2008.

长的业务,所以要逐步"**外包**"给社会企业,这样高校可以将有限的人力资源更多地投向教学和科研。

芝加哥大学校长赫钦斯(Hutchins)在 1936 年说:"**学院或大学不应该做任何其他机构可以做的事情,这是教育管理中的一条重要原则。**"①事实上,大学越来越多地依靠校外的公司来管理学院的非学术性事物。步入高等教育大众化阶段后,高等学校间的竞争日益激烈,经济增长放缓,学生注册人数下滑,教育支出和科研经费削减,部分高校财政紧张或困难,一方面高校需要通过提高学费和寻求外部支持以增加收入,另一方面必须采取进取和创新的举措以实现经济、高效、优质的发展目标,因此许多企业管理领域的理念和方法被引入高校管理,诸如计划项目预算制、零基预算法、目标管理、全面质量控制、资源外包等。② 在服务管理领域,资源外包成为高等学校竞相采取的改革举措。诸如餐饮、安全保卫、卫生保洁、公寓管理、网络设施维护、网站设计运维等业务长久以来由高校自己管理,但是现在越来越多的高校采取外包的形式解决。③④这一策略的依据是**交易成本理论**,如果管理成本大于交易成本,那么组织就倾向于把一部分内部活动转化为外部活动,通过市场规律优化资源配置。美国大学通过这一改革有效降低了相关服务的运营成本⑤⑥,通过市场竞争的方式也一定程度上提升了服务质量与效率。⑦ 外包策略初期主要应用于餐饮等非核心服务领域⑧,但后期越来越多的学校将财务预算、校务咨询等内容也纳入外包服务的范畴,这一做法的目的是专注于高校核心竞争能力的提升,实现校际的差异化发展。⑨

过去,人们常用"象牙塔"比喻大学,认为大学是能够超脱现实社会和远离生活之外的世外桃源,但所谓的"象牙塔"其实从来都没有离开过它所生存的环境。从教育经济学的角度来看,这种环境即为高等教育市场,高等教育作为一种准公共产品,政府、

① [美]大卫·科伯. 高等教育市场化的底线[M]. 晓征,译. 北京:北京大学出版社,2008.

② Kirp, David L. The Corporation of Learning: Nonprofit Higher Education Takes Lessons from Business. Research & Occasional Paper Series. Research & Occasional Paper Series: CSHE. 5. 03. Center for Studies in Higher Education, University of California, Berkeley [EB/OL]. https://eric. ed. gov/? id=ED503632,2003.

③ Lee, John, and Sue Clery. Key trends in higher education [J]. American Academic, 2004(01): 21 - 36.

④ Wood, Patricia A. Outsourcing in Higher Education. ERIC Digest [EB/OL]. https://files. eric. ed. gov/fulltext/ED446726. pdf, 2000.

⑤ Davies, P. Outsourcing can make sense, but proceed with caution. Chronicle of Higher Education [J], 2005,51(21), B20.

⑥ Palm, R. L. Partnering through outsourcing [J]. New Directions for Student Services, 2001(96),5 - 11.

⑦ Glickman T S, Holm J, Keating D, et al. Outsourcing on American campuses [J]. International Journal of Educational Management, 2007(05): 440 - 452.

⑧ Moore J. E. Do corporate outsourcing partnerships add value to student life? [J]. New Directions for Student Services, 2002(100): 39 - 50.

⑨ Lipka, Sara. Student Services, in Outside Hands [N]. The Chronicle of Higher Education, 2010 - 06 - 13(56).

用人单位、高等学校和学生成为这一市场的主要行为主体,高校的有效运营离不开政府的宏观调控、行政管理以及由学生和用人单位构成的供需关系。从社会组织学的角度来看,大学必须与它所依赖的环境中的因素互动从而获取生存必须的资源,当今大多数的高校的运营离不开政府拨款或社会捐赠,特别是在美国这一高等教育高度竞争的社会,校长们没完没了地忙于筹集资金,康涅狄格大学教务长表示"我们的股东是学生、职工和康涅狄格州",加利福尼亚大学校长也曾经声称"加利福尼亚大学意味着经商"。①

在计划经济体制下,我国高校为了避免由行政壁垒带来的过高的交易成本,普遍采取了自给自足的组织形态,即所谓的大学办社会,为学校师生举办诸如幼儿园、中小学、医院、招待所甚至理发店等各种服务设施。改革开放以来,中国高等教育的外部环境发生了深刻的变化,高等教育管理体制改革逐步推进,反映在内部组织结构上就是非核心业务的逐渐萎缩与剥离,新建学校不再直接建立或运营各种服务设施,原有学校通过改革举措逐步取消或者外包非核心业务。中国高等学校社会化改革始于后勤系统。1985年,《中共中央关于教育体制改革的决定》首次提出高等学校后勤服务工作的改革方向是实现社会化。1999年,为实现高等教育大众化目标,在开始大规模高校扩招的背景下,后勤系统开始加速剥离,通过吸引社会力量提供后勤服务,这一改革有效精简了冗余机构和人员,在资源相对紧张的时期为高校发展目标的实现提供了支持。

新世纪,中国高等教育面临着人口结构变化和国际化竞争的新挑战。当前,中国高等教育实现了跨越式发展并已经步入大众化阶段,2015年我国高等教育毛入学率达到了40%②,2016年我国普通高等学校有2 596所③,但是伴随着人口老龄化和适龄人口下降,高等学校对核心资源的竞争愈加激烈,主要表现为对学生、教师和经费的竞争。除了人口结构的变化外,另一个推动高等学校市场化或社会化的因素是高等教育的全球化。全球化相当于一个放大器,推动了高等学校在全球教育市场的竞争。相较于中小学在县域、市域或省域的竞争,在创建"双一流"的背景下,高校必然参与到全球优秀学生和教师资源的争夺之中,特别是如何打破高等教育顶部分层与欧美名校对全球优质高等教育资源的垄断。这些情况要求高校必须进一步加快社会化改革的步伐,引入优势资源,开展分工与协作,提升质量与效率,提升核心竞争力。

---

① [美]大卫·科伯. 高等教育市场化的底线[M]. 晓征,译. 北京:北京大学出版社,2008.
② 新华网. 2015教育发展统计公报:高等教育毛入学率达40.0%[EB/OL]. [2016-7-7]. http://education. news. cn/2016-07/07/c_129125272. htm.
③ 中华人民共和国国家统计局. 中国统计年鉴2017:各级各类学校情况. [EB/OL]. http://www. stats. gov. cn/tjsj/ndsj/2017/indexch. htm,2017.

简而言之，"高校后勤社会化"目前基本上得到了社会各界的认同，不过这不是本书的重点，本书想强调的是，除了后勤服务，高校中还有什么可以社会化呢？教学工作可以社会化吗？[1][2]

二、非核心教学可以社会化吗

当然，就高校来说，所有的教学业务都应该算是核心业务，不存在主次之分，但是客观地来说，也要分别考虑。比如，对于一个医学院来说，病理、临床等应该算是核心教学业务，但是目前高校特别注重通识教育，因此医学院的学生也需要学习文学和艺术等人文素养类公共选修课，可是由谁来开设这些课程呢？对于一个学科门类比较齐全的综合性大学，一般可以由各个学科的教师来兼任这些公共必修和选修课教师。而对于像医科、工科等专业性比较强的大学来说，一般会成立一个公共基础教学部或类似的机构，该机构专门负责开设公共必修课和选修课。

这样从表面看起来没有问题，但是大家仔细想一想，在这些基础教学部任职的教师在个人专业发展方面可能存在问题，因为他们往往需要耗费大量时间讲授大量的重复性课程，很难有时间在某一个学术方向上进行深入研究。如果这是教学型大学还好一些，如果在一个研究型大学，那么是非常麻烦的。比如，在一个医科大学讲授艺术的教师，因为艺术在该校是一个边缘的学科，所以该老师在专业发展方面就存在很大的限制。2014年在清华大学就发生过一起这样的事件：外文系一位讲师课堂教学非常好，但是因为学术成果不足，未能评上副教授。清华大学1993年开始试行的人事改革制度中规定，讲师、副教授在规定时间内学术成果不足以提高职称，应自行走人，即"非升即走"，所以学校决定不再续聘该教师。事情发生后，清华大学收到了来自世界各地毕业生共计50多封4万余字的请愿书，希望将这位"因全身心投入课堂教学导致科研成果不足"的老师留在教学岗位。最后，该教师和校方达成一致意见，转岗为职员。[3]从这件事情中，我们可以看出，至少在研究型大学，专门讲授非核心基础课对教师的发展是有一定障碍的。只要"重科研轻教学"问题存在，就算在大学设立专门的教学教授系列，也很难从根本上解决基础课教师的发展问题。除了教师个人发展问题以外，前面讲过，组织必须专注于核心业务，对于医学院来说，可能应该集中有限的财力招聘若干病理、临床方面的重要教授，但是仔细一审视，却在一些选修课上花费了大量的

① 尚俊杰.信息技术环境下如何再造高等教育组织机构[N].光明日报，2014-04-29(13).
② 张魁元，尚俊杰.非核心教学社会化："互联网＋"时代的教学组织结构变革[J].开放教育研究，2018，24(06)：29—38.
③ 石明磊，张婷.清华大学教师"非升即走"学生呼吁"请留任"[EB/OL].(2014-07-29)[2019-06-18].http://www.bjnews.com.cn/feature/2014/07/29/327406.html.

资源。

当然,过去很难有比较好的解决方法,但是现在是否可以利用 MOOC 等方式将这些学校的"'非核心'教学业务社会化"呢? 比如,这些专业性院校就不再设立专门的基础教学部,或者只留下少数相对重要的学科教师,而是让学生通过 MOOC 网站学习相关基础课,或者几个高校一起开设某门选修课,一位教师在某个高校主讲,其他学校选修的同学同步通过网络听课。

这样做的好处是解决了基础教学部教师的专业发展问题,节省了人力资本;就教学效果来说,也许有人担心比不上面授效果,但是如果真的投入巨资精心制作的话,或许视频课件效果会比面授效果还要好。事实上,在上一章也介绍了几个实证研究案例,证明了 MOOC 教学的成效;此外,因为任何高校的基础教学部人数都不可能太多,不可能面面俱到地开出学生期望的各种选修课,但是,通过 MOOC 这种方式可以开设以往开不出来或开不好的选修课。目前已经有许多高校进行了尝试,开设了一批职业发展规划等素质教育课程。也有智慧树、超星、文华在线等专门公司在提供这种服务,它们会提供软硬件平台、视频课件、教学过程等一条龙服务,高校一般只是安排学生在线选修课程,通过学校组织的考试,即可获得相应的学分。

这样做的坏处可能是对基础教学部现有的教师存在影响,不过,可以分步慢慢实施,通过政策引导未来的学生就业方向,逐步减少基础教学部的专职教师数量。事实上,如果真的这样改进,对这些讲公共基础课的老师来说未必就是一件坏事情,因为对于那些特别喜欢讲课的老师来说,可以利用这种方式给更多的人讲课,体会更多的成就感。甚至部分公共课教师可以成立专门的课程公司,在社会资本的介入下,精心打造优质的公共基础课,为其他高校师生提供课程**"外包"**服务,从而收到良好的社会效益和经济效益。

在美国,通过聘请兼职教师授课已成为大学的惯常做法,从 1975 年到 2015 年,美国高等教育机构聘任兼职教师比例从 24% 增加到 40%。[①] 聘请兼职教师就有如聘请临时雇员补缺或者请小时工,部分甚至全部课程都由这些员工来承担。这种做法的优势是节约教师酬金,减轻正式教师的授课压力;缺点是教师流动性较大,无法对学生的成长和培养持续负责,教学和研究工作存在脱节。因此,兼职教师通常讲授非核心课程,兼顾教学成本与教学质量。

美国高等教育对于教学社会化一直持审慎态度,相关的讨论与实践在本世纪初仍

---

① AAUP. Visualizing Change: The Annual Report on the Economic Status of the Profession [EB/OL]. [2018 - 6 - 30]. https://www.aaup.org/sites/default/files/FCS_2016-17.pdf.

十分少见,但是伴随着政府投入减少、办学成本快速上升、高校竞争加剧以及在线教育蓬勃发展等因素,高校教学社会化在职业教育与培训领域已十分普遍,在学历教育中也开始探索和尝试。学历教育中,高校与公司的合作包括多种模式,相对稳妥的一种模式是外包课程平台与支持服务,课程内容仍由高校教师把控。2007 年,美国德州拉马尔大学与德州高等教育控股公司(Higher Ed Holdings)签订协议,合作开设在线研究生课程项目,高校把控入学和课程内容,公司负责招生宣传、学习支持服务、在线学习平台运维等,这一项目的学费水平为在校学习的 60％,学习周期也从 24 个月减为 18 个月,因此受到学生欢迎。① 类似的在线研究生项目在美国逐步普及,一方面为在职人员、在校学生等提供深造或者跨领域学习的机会,另一方面也为高校带来了学费收入。另一种更为激进的模式是完全外包,授课教师的聘任、课程内容的设计、课程推广运维、教学支持服务等工作全部由公司完成,公司通过与高校签订协议帮助学生将学分转到合作高校中。这种模式起初仅得到美国社区学院的认可,因为社区学院的师资力量和办学条件更有限,难以开设需要实践实训条件支持的工程技术类课程以及知识更新速度快的计算机类课程,但是近年来也在一般性公立大学得到推行。斯凯特莱茵(StraighterLine)是美国的一家网络教育公司,为学生提供与本科学士学位相匹配的公共课程,包括大学英语、会计学、微观经济学、宏观经济学等,学生每月支付 99 美元外加每门课程支付 39 美元即可学习网站上的任意课程,通过线上考试即可获得学分,承认其学分的学校包括美国堪萨斯州的六所公立大学之一的福特海斯州立大学。②

在我国高校,大学全日制教育的所有课程基本上由本校教师自给自足。对于综合性高校,专业齐全的优势是便于构建门类齐全、种类多样的课程体系;对于专业性院校,公共与通识类课程体系的建设需要投入较多资源,通过成立公共基础教学部门专门讲授一些公共课或选修课,例如理工类院校投入资金成立人文社科类学院并聘请相关学科教师。中国高校同样会聘用少量兼职教师,但其目的与美国存在显著差异。美国聘请兼职教师更多是为了完成基础课程的授课任务,中国更多是为了聘请专业领域更为知名的专家学者或者高级人才弥补教学科研方面的不足,例如很多学校会聘请一些知名学者担任客座或兼职教授。另外,相较于全日制教育,中国高校在继续教育领域采用非核心教学社会化的做法更为普遍。在非学历继续教育培训中,高校的培训项目通常会同时聘请校内和校外师资,校内师资讲授本校优势课程,校外师资进行补充。

---

① Russell A. Outsourcing Instruction: Issues for Public Colleges and Universities. Policy Matters: A Higher Education Policy Brief. [J]. American Association of State Colleges & Universities, 2010: 7.
② 同上注。

在学历继续教育中,部分高校网络教育学院直接向其他高校或企业购买视频或网络课程,补充自身公共和通识类课程库,抑或是聘请校外人员组成虚拟教学团队为学习者提供学习支持服务。例如近年来北京物资学院、北京印刷学院、北京石油化工学院等非现代远程教育试点高校通过购买网络课程开展混合式教学改革,丰富课程类型与学习资源形式。这些灵活多样的举措既满足了学习者需求,为学习者提供更加完善和细致的教学服务,又节约了办学成本,促进组织间优质资源的共享。

三、非核心教学社会化的实现路径和风险管控

非核心教学社会化的实现包括三个层面:一是研发社会化,整合校内外各方资源研发课程,这一过程中以研发课程为中心目标,人员、技术、资金、智力成果进行跨组织的交流与合作;二是服务社会化,将"课程＋服务"包装为产品进行跨组织的共享或交易,这一过程中课程是跨组织传播的载体,服务是跨组织传播的通道,通过应用不同的制度或模式提供教学服务以传播课程价值;三是信息社会化,在课程及服务社会化过程中必然提升课程应用的广度和深度,聚集由学习者学习行为产生的大量信息数据,对终身学习社会中教育组织的产品研发具有重要价值。

（一）以课程研发为核心的资源整合

"互联网＋"时代,人们常用"产品"这一概念来描述企业的产出,通常指能够供给市场,被人们使用和消费,并能满足人们某种需求的任何东西,包括有形的物品和无形的服务、组织、观念或它们的组合。[①] 产品是企业竞争力的集中体现,产品能否赢得市场是企业生存的关键,而课程是大学履行人才培养功能的核心手段,人才培养目标的实现依赖于科学完善的课程体系。产品强调设计与研发的过程,而非核心教学社会化的过程,课程与产品的属性非常类似,即通过设计和研发向教育市场提供能满足学习者学习需求的有形资源和无形服务。在企业中,产品的设计研发通常由产品经理所主导,他们负责市场调查并根据用户的需求设计产品,选择研发路径和产品策略并推动相应产品的研发。在这一过程中,产品经理需要调动企业内部和外部的一系列相关资源。而在高校,过去课程设计是老师自己的事情,但是未来大学课程的设计与研发需要吸收和借鉴这一模式,教师综合调动各种校内和校外资源,借助系统化设计与开发工具,采用规范化流程,搭建学习环境,丰富学习资源,优化支持服务,开展全面评价,提升学习效果。对于大学内部无法实现的任务分工,或者是校内经济效率不高的任务

---

① 吴健安.市场营销学[M].北京:高等教育出版社,2011.

分工，应该开展跨组织合作，借助优势力量和优势资源完成课程的设计与研发。比如，由笔者牵头完成的"游戏化教学法"MOOC的制作团队成员来自普通高校、艺术类院校、教育行政部门、教育游戏创业团队等单位，从教育游戏理论、教育教学实践、影视编导创作、教育游戏开发等方面进行支持，共同完成了课程的设计、制作与教学过程。当前，诸如此类多领域多专业人员共同开设MOOC的案例屡见不鲜，将极大提升课程与教学服务的整体水平与质量。

（二）以教学服务为通道的价值传播

非核心教学社会化的目标是以课程为载体对智力成果进行跨组织传播。课程作为大学竞争力的集中体现，大学过去通常"禁止"课程进行跨组织传播，但在"开放课件"项目、"开放教育资源"运动、"大规模在线开放课程"的引领下，开放理念日益深入人心，大学逐步重视社会服务和文化传承职能，参与到面向社会提供学习资源和教学服务的活动中。哈佛大学作为世界顶尖学府，倡导"将哈佛的优质教育拓展到整个社会"的理念和宗旨，依托自身齐全的学科体系和雄厚的教学资源开办涵盖文、理、经、管、医、法、教等领域的培训项目，覆盖不同年龄阶段、不同社会阶层、不同职业领域的人群，除了哈佛拓展学院、哈佛暑期学校、哈佛职业发展中心、哈佛老年学习中心专职开展继续教育外，教育学院、商学院、医学院、政府学院、神学院等众多专业院系也通过各类项目和课程满足不同人群的学习需求。同时，国内大学在开展通识教育过程中课程重复建设现象严重，既浪费大量人力物力，又不一定能取得良好成效，对于专业性很强的院校甚至成为一种负担，比如一个工学院要提供丰富多彩的人文课程压力就比较大，因此跨组织提供教学服务成为一种潜在的选项，通过建立完善的教育制度和有效的商业模式以实现教学服务供需双方的互惠共赢。西方名校早已将学分互认作为校际合作的重要方式，哈佛大学与麻省理工学院、斯坦福大学与加州大学伯克利分校的学生在双方合作框架下可以选择对方高校的课程，并根据一定的换算标准实现学分互认，真正实现课程资源与教学服务的共享与互补。其实中国高校近些年也在探索，比如前面提到的北京大学张海霞牵头的创新创业类课程"创新工程实践"，每年度都有来自数百所高校的数万学生一起学习，效果良好。该课程利用直播或录播的方式请最优秀的教师来讲课，本地教师进行辅导或补充授课，客观上促进了优质教育资源共享。

（三）以信息数据为支撑的深度应用

在大数据时代数据即资源的背景下，搜集、掌握与应用教育数据将成为未来大学竞争力的又一重要构成要素，开展非核心教学社会化一定程度上是以课程和服务换取数据的手段。当前，以免费服务换用户流量是互联网企业中一种重要的商业模式，除了为企业赚取广告收入，更为重要的是用户行为数据的获取，支付宝、微信等应用的成功要素之一正是基于海量用户数据的商业应用，未来掌握教学与学习大数据也必将推动教育组织服务与运行模式的深刻变革。比如课工场、好未来、VIPKID 目前也在着手打造个性化评测系统，以便能够更好地开展个性化自适应学习。当然，无论是测评系统还是其他学习系统，要提高智能性与准确度都需要通过机器学习算法对大样本数据进行加工处理，互联网教育公司借助商业化运作获取样本数据，进而提升学习培训平台整体性能，必将为企业的未来发展奠定竞争优势。数据除了带来系统的优化提升，同样可以训练优秀的职员团队。张魁元等人曾经对北京大学继续教育学院所开展的中小学教师国家级培训计划进行跟踪研究，通过对山西省和河南省小学语文项目中 45 名辅导教师和近 5 000 名学生的网络学习行为进行编码分析，确定任务设定与发布、任务实施督促、任务引导与纠错等七大类 26 种有效支持行为，形成通用性会话策略、通知传达策略、问题解答策略等六大类 19 种网络辅导策略，促进了虚拟教学团队的能力提升。这些基于数据分析形成的制度、规范、程序、策略也是组织竞争力的重要组成部分，与技术一同推动"互联网＋"时代教育组织的变革。这里需要特别指出的是，如果高校希望更好地应用教育大数据，就势必需要和其他高校、企业等社会组织进行合作和交流，借助社会化的力量，才能真正地获取、处理和分析好大数据，从而更好地促进教学和管理工作。

要特别注意的是：非核心教学社会化在带来积极作用的同时也必将带来**风险与挑战**。首先大学组织长期处于象牙塔般的半封闭状态，在社会化合作与市场化竞争方面缺乏自我保护机制与经验，在外部恶意侵权方面常常处于不利地位；其次非核心教学社会化对课程主持教师提出更高的能力要求，在现有高校教师专业发展体系中难以快速养成，甚至容易引发高校教师团体的反对；最后知识产权保护机制仍有待建立健全，如何界定和保障高校与教师对课程享有的知识产权有待进一步研究。

面对以上挑战，高校非核心教学社会化改革应特别注重**风险管控**。首先应该坚守大学核心价值理念，公立大学在开展改革过程中应坚持合作共享与社会服务的属性，摒弃营利性教育机构追逐利益的动机与行为；其次应该主导课程研发和教学服务，高校和教师在跨组织开展课程研发及提供教学服务的过程中应始终坚持主动权；再次应该强化质量保障体系建设，依靠教育制度和监督评价机制保障课程和教学服务的质量，不损害学校声誉与形象；最后应该加强大学联盟建设，在联盟内开展跨组织共享与协作，逐步提升大学教学组织的沟通协作能力，促进优质资源的交流与共享。

四、"互联网+"时代的教育组织变革

除了非核心教学社会化外，"互联网+"时代的教育组织还可以有什么变革吗？事实上，"互联网+教育"谋求的不是教育的技术化或互联网化，而是以互联网为基础设施和创新要素，构建新的教育生态。[①] 颠覆性新技术的出现及其在教育领域的应用，可能改变整个教育组织结构和资源分配方式，进而影响教育的组织模式和服务模式，具有破坏性和变革性。[②] 所以，相信在以"互联网+"为代表的信息技术的推动下，教育组织必然会发生越来越剧烈的变革。

（一）以教学为链条的专业化分工

现代社会是一个精细分工和专业化的社会，产业化分工和协同有效促进生产效率的提升，但是在服务业特别是教育服务行业，产业链层面的分工和协同尚未形成体系。[③] 大多数高校机构齐全、独立运转，正如"象牙塔"一般缺少跨组织的分工与合作。这一现象在教学领域尤其明显，当前中国大学的课堂仍是以教师独立授课为主导，"教什么"、"怎么教"、"如何考"基本均由教师把控。这种模式下，教师实际上控制的是输出端，一流大学的优秀教师能够将最前沿的思想、理论、方法传授给学生，但是接收端的实际掌控者是学生，学生的学习效果严重依赖其自身的学习动机、学习能力和努力程度。从系统论和控制论的角度出发，这种模式下教学效果的好坏存在很大的不确定性，抑或是存在优化提升的空间。

今天世界一流大学的本科、研究生教学，早已不再是依赖教师直觉和本能的经验主义教学，而是按照系统化思路设计、重视师生与生生互动、吸纳生成性资源的动态建构过程。[④] 长期以来，大学盛行专业知识的性质与结构决定大学教学有效性的观点，默认了"专家天生会教书"的教育教学方式，但是近代美国大学教学改革实践证明，教学是否符合学生的学习特点和规律对教学效果同样重要。[⑤] 西方一流大学的课程在近几十年的教学改革中相继采取了系统化教学设计的思想和方法，诸如布鲁姆认知模型、ADDIE 设计模型、课程矩阵、积极学习策略模型等，从人才培养目标出发，依据知识体系层次关系和教学目标难易程度设计学科专业课程方案，课程内部综合采用多种设计思想和技术手段细化教学步骤、教学活动、教学评价方案，为每个专业和每门课程

① 陈丽，林世员，郑勤华. "互联网+"时代中国远程教育的机遇和挑战[J]. 现代远程教育研究，2006(01)：3—10.
② 陈丽，郑勤华，林世员. "互联网+"时代中国开放大学的机遇与挑战[J]. 开放教育研究，2017，23(01)：15—20.
③ 杨彦祥，张魁元，胡鹏. "互联网+"时代高校继续教育发展的机遇与挑战[J]. 继续教育，2016，30(12)：3—6.
④ 郭文革. 高等教育质量控制的三个环节：教学大纲、教学活动和教学评价[J]. 中国高教研究，2016(11)：58—64.
⑤ 赵炬明. 聚焦设计：实践与方法(上)——美国"以学生为中心"的本科教学改革研究之三[J]. 高等工程教育研究，2018(02)：30—44.

制定了详细的课程方案和教学手册，最大限度地保障教学的系统性和规范性。几乎所有美国大学的教师发展中心都会为教师提供专业的教学培训、辅导和咨询，而诸如《麦肯齐大学教学精要》《聪明教学 7 原理》等类型丰富的教学工具手册也帮助教师快速掌握并实践应用系统化设计的方法、工具与规范。同时，这种系统性的工作为学科专业教学的系统化评估提供了极大便利，专业课程体系的第三方认证与评估成为美国大学普遍采取的办法。

虽然系统化的教学设计能为课程体系的优化带来诸多好处，但不可否认的是其工作量和复杂性是巨大的，这也是目前中国大学普遍未采用这种模式的原因。而"互联网＋"时代的产品设计理念为我们解决这一问题带来了很好的启示。人们常用"产品"这一概念来描述企业的产出，产品的设计研发通常由产品经理所主导，他们负责市场调查并根据用户的需求设计产品，选择研发路径和产品策略并调动企业内部和外部的一系列相关资源推动相应产品的研发。借鉴这一模式，如前所言，教师也可以综合调动各种校内和校外资源，借助系统化设计与开发工具，采用规范化流程，搭建学习环境，丰富学习资源，优化支持服务，开展全面评价，提升学习效果。近年来，在 MOOC 风潮的带动下，中国的大学开始尝试这方面的变革，系统化的设计思想和方法逐步渗透和影响教师的教学理念和行为。通常，一位非教育技术领域的教师开授 MOOC 课程需要接受系统性的培训，并由一支教学设计、教学支持、技术开发人员共同组成的团队支持配合。完成一门 MOOC 课程的设计、开发和实施对教师来说是一项巨大的挑战，既要求教师具备优秀的学科专业知识和教学能力素养，又要求其具备一定的领导力以领导团队实现授课目标。这一过程本质上意味着以教学为链条的专业化分工，将原本由教师独立开展的教学转变为教师领导团队完成教学，借助于系统化教学设计的思想和方法提升教学的系统性和专业性，最终提升课程整体的授课效果。而对于大学内部无法实现的任务分工，或者是校内实现经济效率不高的任务分工，应开展跨组织合作，借助优势力量和优势资源完成课程的设计与研发。

（二）以课程为单位的教学体系重构

课程作为高校人才培养的核心手段，仍以高校独立建设为主，课程的跨组织建设与共享进展仍相对缓慢。当前高校课程一般分为通识课程和专业课程，高校在其所设专业上一般具有雄厚的师资基础，能够为学生提供全面扎实的专业课程，但在通识课程的建设能力上差异较大。近十多年来，中国高等教育改革提倡通识教育，为此掀起一股大力建设通识课程的热潮，综合性大学在建设通识教育课程体系方面具有先天优势，能够为学生提供思政、人文、艺术、体育、科技等多领域的通识课程，但是理、工、农、医等专业性院校在这方面欠缺师资，依照传统思路需要成立新的院系或者教学组织。部分高校依照这一思路开展实践，但是新的院系或者教学组织遇到学科地位边缘、教师职业发展困难等问题，甚至出现裁撤新建机构等现象。同时，高校在人才培养过程中投入资源和精力且兼顾非核心教学业务招聘师资、组建教师团队的需要，这在一定程度上可能挤占学校核心业务发展的资源。① 当前，相较早期追求大而全以建设综合性大学的思路，更多高校在规划未来发展时更加强调精准定位与特色发展，集中有限资源发展优势与特色学科，这对开展通识教育提出了新的问题与挑战。

课程作为大学竞争力的集中体现，随着开放理念日益深入人心，大学逐步重视社会服务和文化传承职能，参与到面向社会提供学习资源和教学服务的活动中。早期教育领域的开放运动主要以共享资源为主，MOOC 的兴起使社会、公众和教育组织意识到"开放"教学服务更为符合学习需求以及教育教学规律，因此以课程为核心面向其他组织和个人提供教学服务将成为未来的新趋势。2016 年，教育部印发《关于推进高等教育学分认定和转换工作的意见》，指出高等学校之间学分认定和转换以课程为基础，各类高校学生学习外校课程并达到一定要求，通过本校认定后，可转换为本校相应的课程学分。这一改革思路一定程度上意味着以课程为单位的教学体系重构，除了教师的跨组织流动、科研的跨组织合作等形式外，课程作为单元或者产品可以被不同大学的学生所共享，必将开启人才培养这一大学核心领域的跨组织变革。

伴随着这一趋势，精英大学对优质课程独享垄断的局面将被打破，课程已经突破大学校园的有形围墙，实现在不同高校之间、不同群体之间的共享。部分高校全日制本科教育已经开始尝试认定 MOOC 学分，例如中国地质大学（武汉）教务处网站显示，该校从 2016 年开始实行 MOOC 学分认定工作，凡在中文 MOOC 平台"好大学在线"、"学堂在线"修读在线课程并通过课程考核的同学，可申请该校"通识教育选修课"学分②；福建师范大学从 2015 年开始将 MOOC 作为公共选修课的一种形式，既包括"中国现当代散文研究"、"追寻幸福：西方伦理史视角"等本校和其他高校开设的课程，也包括"职业素质的养成"等由企业人员讲授的课程。③ 虽然由于办学理念、管理制度、技术手段的差异，课程的跨组织建设与共享在全日制高等教育领域仍存在诸多壁垒和困难，但是在"互联网＋"时代，教育信息化的加速发展正使得国家教育资历框架和学

① 张优良，尚俊杰."互联网＋"与中国高等教育变革前景[J]. 现代远程教育研究，2018(01)：15—23.

② 中国地质大学（武汉）教务处. 关于 2015 秋季学期 MOOC 课程学分认定的通知[EB/OL]. [2018 - 6 - 26]. http://jwc. cug. edu. cn/info/1976/4397. htm.

③ 福建师范大学教务处. 关于 2014—2015 学年第二学期开设 MOOC 式课程的通知[EB/OL]. [2018 - 6 - 5]. http:// jwc. fjnu. edu. cn/0f/fc/c432a4092/page. htm.

分银行的建立成为可能,通过教育体制和教育制度的变革,课程的跨组织使用将成为一种常态化运作模式,高校内部的教学体系将以课程为单位进行重构,通过更大范围内的竞争机制实现优胜劣汰,并逐步实现由重复建设到相互竞争再到集约资源建设优质课程与外购课程整合重构教学体系的转变。

（三）以服务为导向的组织结构变革

高等教育进入大众化阶段后,教学从数量增长向着质量增长的方向发展,教学不应满足于传递知识技能,更应该服务于学生的全面发展。传统教学以课堂为基本形式,长期沿用"一对多"的信息传播模式,教学形式单一,服务功能薄弱,无法做到对学生个体的有效支持。为此,美国大学以学习支持服务为导向开展了一系列组织结构变革。伯克利于1973年成立了伯克利学生学习中心(Berkeley Student Learning Center,简称 BSLC),旨在为学生提供个性化学习支持服务,让每个学生都能充分挖掘自身的学术潜力,实现学术志向与追求。该组织由18名专家学者、20名研究生辅导员、300名经过培训的本科生共同构成[1],设置了八大类的支持项目,包括转专业与跨学科学习支持项目、留学生支持项目、数学与统计学支持项目、自然科学支持项目、社会科学支持项目、学习策略支持项目、本科生自设课程能力培训、写作支持项目[2],其中本科生自设课程能力培训鼓励本科生自主创建课程,为同学或者低年级学生提供学习辅导。[3] 除了新建学习服务组织,大学中的传统机构也在重新定位实现转型发展。例如2016年4月,美国图书馆协会发布《2016年美国图书馆状态报告》,要求高校图书馆借助学习和研究咨询服务提升学生的学习能力和效果。[4] 耶鲁大学图书馆为高年级学生配备熟悉相关学科的馆员,为其开展学术研究和写作论文提供指导支持;华盛顿部分专业课程教学计划中穿插有信息素养培训,大学图书馆馆员以助教身份培训信息检索与评估、文献编码与管理、论文写作规范等内容。[5]

当前我国大学教学组织结构制约了多元化学习支持服务的提供。多数大学仍以学科作为教学部门分割的依据,教学部门的核心任务是教授以学科为基础的知识能力体系,外语、计算机等基础知识体系的教学任务由公共教学部门或者专业院系担任,难以兼顾不同知识能力基础的学生群体。特别是近年来,部分学生外语和计算机等方面

---

① Berkeley Student Learning Center. About the SLC [EB/OL]. [2018-6-5]. https://slc. berkeley. edu/about-slc.
② Berkeley Student Learning Center. Programs and Service Formats [EB/OL]. [2018-6-5]. https://slc. berkeley. edu/programs-and-service-formats.
③ Berkeley Student Learning Center(2018c). Undergraduate Course Facilitator Training & Resources (UCFTR) [EB/OL]. [2018-6-5]. https://slc. berkeley. edu/undergraduate-course-facilitator-training-resources-ucftr.
④ 曲蕴,马春. 2016 年美国图书馆状态报告[J]. 图书馆杂志,2016(06)：113—130.
⑤ 张诗博. 美国高校图书馆大学生学习支持服务的特征及其启示[J]. 图书馆理论与实践,2018(01)：83—88.

的知识能力快速提升,需要在大学低年级开设知识能力普及型课程的必要性下降。同时,多元化基础能力培养体系尚未建立,诸如批判性思维、沟通与协作能力、高效阅读策略、研究与应用型写作、公共演讲与表现力、学习促进与激励策略、挫折与情绪管理等对于学生十分重要的能力素养缺乏系统有效的支撑体系。这些多元化的需求对大学传统的教学组织结构提出巨大的挑战,以学科为基础的教学组织难以适应涉及领域多、难以体系化、基础差异大的学生基础能力培养需求。在开展双一流高校建设过程中,教学的提质增效应从精细化服务入手开展供给侧结构改革,用改革的办法推进结构调整,提高供给结构对需求变化的适应性和灵活性。[①] 美国以服务为导向的教学组织改革对这一问题的解决具有指导意义,成立专门组织负责学生基础能力素养的培养,以项目制管理运行微课程群覆盖学生多元需求,吸纳培训学生组成朋辈服务小组提供机动灵活支持服务,提供一对一的咨询与辅导服务帮助学习困难学生促进教育公平。校内组织是一方面,校外专业组织也是重要力量,例如选择校外英语考试辅导机构提升外语应试能力和应用能力成为众多学生的选择;又例如参加软件开发、网络工程、数字化艺术设计等实操能力培训在相关专业学生中逐渐普及。大学在设计人才培养方案时应综合考虑内部组织与外部组织的竞争优势,一方面推动组织结构改革,整合师资优势和软硬件资源重点发展满足学生学习、研究、就业需求的优质课程与服务,淘汰"水课",打造"金课";[②]另一方面合理认识和利用外部组织优势,通过购买资源与服务、开展教改合作、进行实践实训等方式弥补自身人才培养体系的不足。

(四)以技术为基础的学习环境再造

在第四章其实已经讨论过利用新技术创设学习环境,确实,在直接作用于大脑认知机制的技术产生之前,教育的主要手段是创设环境引导和干预学习者,使其能动地完成认知和建构的过程,柏拉图时代如此,现代社会亦如此,所不同的是创设环境的手段更加丰富多样。传统课堂中,学习环境的建构依赖教室、教师讲授和纸质媒介,而在"互联网+"时代,各种技术的加速发展与综合应用正在创设以富媒体、开放式、交互式、网络化、情境化、个性化、游戏化为特征的虚拟空间,虚拟和现实的冲突与融合改造着人们的生存环境,也影响着人们认识外部环境、建构认知体系的方式。创设学习环境需要适应学习者特征的改变,为学习者个体发展提供更为全面的支持。

"互联网+"时代的学习环境正在从数字化向智慧化过渡,其目标是建立一种能感知学习情境、识别学习者特征、提供合适的学习资源与便利的互动工具以及自动记录

---

① 龚雯,许志峰,王珂.七问供给侧结构性改革——权威人士谈当前经济怎么看怎么干[N].人民日报,2016-01-04(02).
② 吴岩.建设中国"金课"[J].中国大学教学,2018(12):4—9.

学习过程和评测学习成果,以促进学习者有效学习的学习场所或活动空间。[①] 在数字化学习环境时代,学习空间完成了从物理空间向物理—虚拟空间相结合的转变,学习媒介完成了从语言文字向图、文、声、像并行的转变,知识组织形式完成了从线性组织向网络化组织的转变,学习记录完成了从纸笔记录向数据库存储的转变,这些在现今的教学中都成为常态。在互联网、多媒体、超媒体链接、数据库等技术应用的基础上,为了支撑智慧学习环境的构建,以信息感知、处理、输出为核心的新型技术得到创新性的实践应用,高清显示、3D、VR/AR 和可穿戴设备等技术极大地推动了学习者对信息呈现的感知,有利于学习者通过虚拟环境建构对现实世界和抽象体系的理解和认知;电子标签、智能传感器、生物识别技术为全面捕获学习者行为数据创造便利,有利于更为全面地追踪学习者个体发展状态;自然语言处理、数据挖掘、智能决策技术加快推进学习者特征和行为数据分析的精准度,有利于推动个性化学习的实现。比如鉴于真实尸剖对于材料和环境具有很多具体的要求,美国有家网络解剖公司,开发了互动式身临其境的 3D 软件,用来支持医学院教学和 3D 网络教学,提供的产品包括网络解剖学、虚拟人类尸体等,学生可以反复练习,直到完全掌握这一技能为止。

　　"互联网+"时代为学习环境再造提供了土壤,但不能否认的是利用信息技术再造学习环境的成本与投入高昂,单纯依靠大学或者单一组织难以构建高水平的信息化教学体系。互联网公司在系统研发与运维方面见长,专业团队的参与能够应对大规模并发和网络信息安全问题;移动互联网公司的移动应用开发经验丰富,能够实现多终端支持,提供移动式、泛在式学习体验;数据分析公司善于建立数据模型和使用分析工具,能够应对学习者学习行为分析中的疑难问题;行业企业实习实训环境相对完善,有助于搭建虚拟仿真学习环境。不同组织的广泛参与,有助于从技术、人员、资金三方面完善教学信息化生态体系建设和循环,推动相关制度、模式、机制的建立,为未来高水平教学体系的构建奠定基础。目前,以腾讯、网易、阿里巴巴、百度为代表的互联网公司和以天仕博、睿易等为代表的教育信息化企业积极参与到了教育云平台的建设运维中,这些企业和组织不断推进网络学习平台升级,从不同角度探索互联网教育模式,为学习社区建设提供了借鉴和参考。事实上,不光高校,现在一些区域也在探索"产学研一体化"推进信息化建设,比如天业仁和集团和河南叶县等区域在探索采用政府和社会资本合作(Public-Private Partnership,简称 PPP)模式整体推进区域教育信息化。这

---

① 黄荣怀,杨俊锋,胡永斌. 从数字学习环境到智慧学习环境——学习环境的变革与趋势[J]. 开放教育研究,2012,18(01):75—84.

些探索从不同方面对制度、模式与机制进行了有益的尝试。

（五）以数据为支撑的教育评价变革

"互联网＋"时代，大数据成为商业和研究领域重要的资源与手段，借助数据挖掘等数据分析工具，对依靠信息技术积累的海量数据进行分析，以期发现以前依靠简单数据分析而无法发现的规律，从而能够发现新的知识、创造新的价值。[①] 学习行为作为一种复杂的行为类型和模式，学习的过程中必然产生大量的行为数据。传统的教育评价由于数据收集手段和方式单一往往偏重学生学习绩效评价，对教育质量提升和教育决策缺乏支撑；抑或开展大范围和全面的教学评估投入人力物力过多，难以开展常态化、智能化的教育评价。在"互联网＋"时代，通过课程和教学社会化，学习行为数据必然伴随学习者增多和教学技术进化呈几何量级增长，借助云计算、数据挖掘、学习分析等技术可以对学习行为数据进行分析研究，为学习者学习评价与诊断、教学者教学改进与优化、管理者教育政策制定、企业人员市场开拓与产品研发提供支撑。

大数据分析拓展了教育评价的理论内涵和应用外延，可以为不同层次、不同目标的教育评价提供量化数据支持，帮助教育决策者、管理者、教师、家长客观了解教育发展现状、趋势，帮助科学评价学生学习成果与教师教学有效性。[②] 在大数据时代数据即资源的背景下，搜集、掌握与应用教育数据将成为未来大学竞争力的又一重要构成要素。当前，教育大数据分析主要包括三大前沿，一是学习分析，即利用松散耦合的数据收集工具和分析技术，研究分析学习者学习参与、学习表现和学习过程的相关数据，进而对课程、教学和评价进行实时修正；[③]二是数据挖掘，即从量级巨大、结构离散、意义模糊、噪声杂糅、采集随机、部分缺失的行为数据中发现影响因素、建构特征模型、评估过程质量、探索未知规律的过程；三是智能决策，即应用科学决策模型和人工智能技术提升决策过程的自动化水平，包括自动化拟定方案、自动化评估方案风险收益、自动化搜集反馈数据以及评价方案实施效果等。

当前，学习行为时时刻刻在发生，学习数据时时刻刻在产生，但数据结构的混乱与数据分布的分散成为以数据为支撑开展教育评价的最大障碍。无论是购物的天猫、淘宝、京东，还是社交的微信、微博，相对统一的平台和数据格式为用户行为数据的采集和分析创造了便利，从简单的点击量、登录时长、地理位置的热力图分析，到复杂的用户关系、行为偏好预测分析，平台运营者可以基于数据分析评价用户，创造商业价值。

① 尚俊杰. 大数据技术下，如何报志愿？［N］.光明日报，2014－11－20(15).
② 郑燕林，柳海民. 大数据在美国教育评价中的应用路径分析［J］.中国电化教育，2015(07)：25—31.
③ 徐鹏，王以宁，刘艳华，张海. 大数据视角分析学习变革——美国《通过教育数据挖掘和学习分析促进教与学》报告解读及启示［J］.远程教育杂志，2013(06)：11—17.

以往,教育服务集中垄断程度低,平台众多,用户分散,无法获取购物、社交那样量级的样本数据;同时学习行为建模相较消费行为建模和社交行为建模更为复杂,学习行为建模以提升学习者学习成效为目标,因学习者个体差异难于构建统一模型,因此往往平台上沉淀大量离散数据而无法提取分析。在 MOOC 风潮的影响下,edX、Coursera、中国大学 MOOC、学堂在线、华文慕课等平台上累积了一定的用户学习行为数据,研究者们基于这些平台的开放数据可以分析基本的学习行为偏好,例如选课集中度、课程参与度、学习成绩影响因素等。① 另外,如卓帆科技等企业提供的考试平台存储了海量考试数据,也可以借此对试题质量、教学质量、区域教育水平、学生个人水平进行全方位评价。未来掌握教学与学习大数据也必将推动教育组织服务与运行模式的深刻变革。

五、"互联网+"时代的教育组织变革典型案例

为了形象地理解未来教育的变革,下面再来看几个典型案例:②③

（一）密涅瓦大学

密涅瓦大学④是由企业家本·尼尔森（Ben Nelson）与美国著名的凯克研究院（KGI）合作而创办的一所新型大学——**没有墙的世界大学**。该大学旨在为全球最优秀的学生提供一种全新的大学体验,并把他们培养成为最具创新性的领袖型人才。⑤密涅瓦大学的特点可以概括为:沉浸式的全球化体验、信息技术的深度应用、创新的教学理念和课程设置、终身的成就支持、真正无地域限制无歧视的招生。

1. 沉浸式的全球化体验。该大学最吸引人的创新是"**全球游学**"。大学总部在旧金山（San Francisco）,但是四年本科学习分布在全球七大城市,包括旧金山、香港、孟买（Bomby）、伦敦（London）、布宜诺斯艾利斯（Buenos Aires）等,整个城市都是它们的校区,学生的学习过程就是"读万卷书,行万里路"的真实再现。通过与当地高校、研究所、高新技术企业建立合作,密涅瓦大学的学生可以使用当地一流的图书馆、实验室等开展学习,学生在行走和体验中学习,更好地融入当地的文化,并充分利用这个国家和城市的社会特点开展实践性活动,从而获得沉浸式的全球化体验。

2. 信息技术的深度应用。在全球游学的同时,密涅瓦大学用互联网请全球顶尖

---

① 王萍. 基于 edX 开放数据的学习者学习分析[J]. 现代教育技术,2015(04):86—93.

② 曹培杰,尚俊杰. 未来大学的新图景——"互联网＋高等教育"的变革路径探析[J]. 现代远距离教育,2016(05):9—14.

③ 尚俊杰,曹培杰."互联网＋"与高等教育变革——我国高等教育信息化发展战略初探[J]. 北京大学教育评论,2017,15(01):173—182.

④ 密涅瓦（Minerva）是指古罗马神话中的智慧女神,是她把纺织、缝纫、制陶、园艺等技艺传给了人类。密涅瓦大学（https://www.minerva.kgi.edu）希望以此为隐喻,培养智慧的学生。

⑤ 王佑镁,包雪,王晓静. 密涅瓦（Minerva）大学:MOOCs 时代创新型大学的探路者[J]. 远程教育杂志,2015(02):3—10.

的师资团队在实时互动的网络教学平台上授课，并在学生需要帮助时为他们答疑解惑。与普通在线课程不一样，密涅瓦大学采用线上线下相融合的教学模式。线上课程绝非视频录制资料的简单灌输，而是实时视频，而且在线学习以小班研讨的形式进行，学生可以与教授进行实时互动并评估互动的反应。老师也可以在课后通过视频记录获得每个学生精确的课堂反馈，这可以让老师跟踪学生的学习进程，及时进行个性化指导，并增强学生的学习体验。① 任友群认为，从信息化角度看密涅瓦大学的特点是：以"数据技术"为核心，形成"互联网＋校园"新数据形态；以"云网端"为核心，形成"互联网＋校园"新技术形态；以"实时协同分工网络"为核心，形成"互联网＋校园"新组织。②

3. 创新的教学理念和课程设置。该大学的教学理念分成三部分，组成了一个金字塔结构（图6-2）。顶层是希望学生毕业时达到的目标，包括：领导力（Leadership）、创新力（Innovation）、开阔的思维（Broad Thinking）、世界公民（Global Citizen）。中间层是为了实现目标要进行四种能力的培养，个人层面包括批判性思维（Thinking Critically）和创造性思维（Thinking Creatively）；团队层面包括有效沟通（Communicating Effectively）和有效互动（Interaction Effectively）。在金字塔的底层，为了落实能力培养，把每种能力又都进行了拆分，而且综合形成了约120个小单元，并把这些小单元应用到每节课中。这些单元由两部分构成，分别是思维习惯和基础概念（HCs）。③

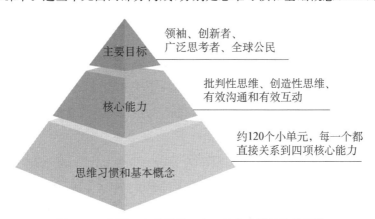

图6-2 密涅瓦大学教学理念三层金字塔结构模型④

① 王佑镁，包雪，王晓静. 密涅瓦（Minerva）大学：MOOCs时代创新型大学的探路者[J]. 远程教育杂志，2015(02)：3—10.
② 任友群. 建设基于数据流的工作流[EB/OL]. （2016-06-02）[2019-07-01]. http://www.edu. cn/xxh/focus/li_lun_yj/201606/t20160602_1405844_1. shtml.
③ 上海交通大学教学发展中心. 密涅瓦大学颠覆传统大学教学的三大创新[EB/OL]. （2019-03-22）[2019-04-03]. https://mp. weixin. qq. com/s/6h2eS_5NKhNmqC6KVNkjBg.
④ 图片来自上海交通大学教学发展中心微信公众号。

基于以上教学理念,密涅瓦大学的课程设置也很创新。它们的课程都是"**整合课程**",就是在一门课程中整合不同学科知识、理论、技术,用来分析解决具体问题。第一年的必修课总共有 4 门,分别对应图 6-2 中的 4 种能力:实证分析课程对应创造性思维;形式分析课程对应批判性思维;多元沟通课程对应有效沟通;复杂系统课程则对应有效互动能力的培养。[①] 在这些课程设置和学习中,密涅瓦大学也特别注重应用学习科学的知识和原理,它们提炼出了关于学习科学的两大准则和 16 项具体原则,希望借此促进学生主动和有效的学习。

4. 终身的成就支持。现在很多大学都很注重对校友的持续支持。密涅瓦大学更是承诺从各方面对学生进行终身支持。

5. 无地域限制、无歧视招生等特点。密涅瓦大学的学费低廉,招生过程中注重能力,不注重 SAT 成绩,而且完全没有地域、民族、肤色、国家等各种限制,希望真正实现无障碍入学。[②]

目前,密涅瓦大学凭借高端的师资力量和颠覆式的办学模式,引起了社会的普遍关注和广泛认可,受到了来自世界各国优秀学生的青睐,2014 年的录取率仅为 2.8%,甚至低于哈佛大学(5.9%)和斯坦福大学(5.7%),堪称是美国历史上入学竞争最激烈的大学。当然,密涅瓦大学到现在仍然处于起步阶段,未来究竟能够发展到什么地步还需要拭目以待,但是确实不能否认它是一次大学组织变革的勇敢创新。

(二)斯坦福 2025 计划

2013 年,斯坦福设计学院为探索设计未来本科教育的教与学形态发起了"@斯坦福"项目(@Stanford Project),项目组成员共同构想了 5—10 年后斯坦福学生在校园内外的学习和生活变化,并制作短片展示了想象中未来校园的特征。2014 年 5 月,斯坦福设计学院以"斯坦福 2025(Stanford 2025):对校园学习和生活的回顾"为主题展出了该项目的作品,第一次提出了"斯坦福 2025"的概念。2015 年 10 月,斯坦福设计学院制作完成了"斯坦福 2025"网站(http://www.stanford2025.com),并站在 2100 年的视角前瞻性地预测 2025 年斯坦福大学改革可能取得的一系列成就。该计划一经推出,就受到了社会各界的广泛关注和高度认可,主要是它具有如下吸引人的创新设计:[③④]

① 上海交通大学教学发展中心.密涅瓦大学颠覆传统大学教学的三大创新[EB/OL].(2019-03-22)[2019-04-03]. https://mp.weixin.qq.com/s/6h2eS_5NKhNmqC6KVNkjBg.
② 王佑镁,包雪,王晓静.密涅瓦(Minerva)大学:MOOCs 时代创新型大学的探路者[J].远程教育杂志,2015(02):3—10.
③ 翟雪辰."斯坦福大学 2025 计划"及其启示[J].高等理科教育,2016(03):61—66.
④ 曹培杰,尚俊杰.未来大学的新图景——"互联网+高等教育"的变革路径探析[J].现代远距离教育,2016(05):9—14.

1. **开环大学**(Open Loop University)，突破四年学制束缚。通常情况下，学生高中毕业后进入大学，经过四年本科毕业，然后继续读书或者参加工作。而该计划改变了传统的固定学制，时间从四年延长至六年，而且时间可以自由安排，实施弹性学习制度，只要取得入学资格，学位终生有效，学生可根据实际情况任选六年进行学习。另外对入学年龄不加限制，既可以是少年神童，也可以是耄耋老人。

2. 自定步调的学习(Paced Education)，注重个性化发展。打破固定的年级，从按年级设置课程变为按三个不同阶段设置课程：第一阶段为调整阶段(Calibration)，通常为6至18个月。教师提供精心设计的微课程，学生通过微课程学习了解不同的专业领域、教师的教学特点以及不同的职业规划，并对自己的兴趣、毅力、学习行为习惯等进行测评。第二阶段为提升阶段(Elevation)，通常为12至24个月。学生找到感兴趣的领域后开始深入学习，这个阶段一开始，学生要组建自己的私人导师委员会，包括学术导师、职业导师以及高年级同学和信任的伙伴，取消大型的演讲教室，全部改建成适合互动的研讨空间，从而实现教师与学生的深度互动和个性化学习。第三阶段为行动阶段(Activation)，通常为12至18个月。学生可选择实习、做公益、开展研究、创业等各种活动，将所学知识转化为实践行动，学校也希望借此让学生更好地制定未来职业发展规划。

3. 轴翻转(Axis Flip)，从强调知识到注重能力。把"知识第一、能力第二"翻转为"能力第一、知识第二"。传统的大学按专业知识结构划分院系，如工程、经济、历史等。"斯坦福2025计划"将以技能的教学为基础，围绕十大核心技能建造十大教学中心，包括科学分析、定量推理、社会探究、道德推理、有效沟通、审美解读等。这十大中心将取代学科成为教学活动的中心并致力于培养学生的核心能力，学校不再把学生限定于某一具体学科专业。该计划对学习成就的评价方式也进行了改革，以"技能图"取代成绩单对学生进行评价，以十大核心技能为基本维度，采用图表形式展现学生对于每项技能的掌握情况并凸显学生的优势技能及不足，以便学生、教师和用人单位更好地了解情况。

4. 富有使命的学习(Purposeful Learning)，注重课题探究。考虑到很多学生毕业后不一定从事所学专业，该计划设想以富有使命的有目的的学习替代专业学习，主要采用课题探究方式，围绕某一具体探究任务，综合学习所需的多学科知识与技能。为了支持这一学习方式，该计划设想在全球建立一批影响力实验室(Impact Labs)，学生可以在该实验室实习，探索解决涉及疾病、贫穷、能源等的各种复杂性问题。它们也希望这些实验室能够打破科学研究中的壁垒，促进不同国家、不同学校之间的交流。[①]

————————————

① 翟雪辰.“斯坦福大学2025计划”及其启示[J].高等理科教育,2016(03)：61—66.

严格地讲,"斯坦福 2025 计划"并不是一份具有效力的实施方案,而是一份带有倡议色彩的规划蓝图,它以后究竟能不能实施,实施后能否成功都是未知数,但是为什么这样一份计划能够引起社会各界的广泛关注和高度认可呢? 这是否反映了人们对现行高等教育体制的不满和对高校变革的期望呢?

(三)基础教育变革案例

本章主要是以高等教育为例来讲的,实际上对基础教育也是有参考价值的。事实上,信息技术的应用,确实也大大提升了基础教育的管理效率,并且也促进了基础教育组织的变革。

在前面章节,我们提到过海外的 HTH(http://www.hths.mcvsd.org)、AltSchool(https://www.altschool.com)等案例。在我国其实也有很多学校在组织管理方面进行了各种探索。比如北京十一学校李希贵校长认为对于学生,有选择才有自由,有自由才有创造。所以在学校大力推广**"走班选课"**制,不按原来的方式设置班级,而是根据学科形成授课教室,每一个同学可以根据自己的水平和兴趣选择合适的教室(教师)上课,一人一张课表。北京大学附中王铮校长也大力推广走班选课制,但是有所不同,其在内部成立了元培、行知、博雅、道尔顿四个学院,分别负责不同类型的课程。同时为了弥补没有"班级同学"的概念,在内部建设了格物、致知、诚意、正心、明德、至善、新民、熙敬八个书院,书院是学生社区、行政实体、自治组织,是公共生活群体、传统赛事主体、文化传承载体。笼统地说,学院负责上课,书院负责课外生活,有点儿类似英国的大学体系。在小学方面,中关村三小在搬入新校区的时候,刘可钦校长提出了"**校中校**"的创新组织方式,她说欧美的小学很多都是四五百人一个学校,校长几乎认识每一个孩子,而我们的学校有几千人,很难实现。不过可以把一个学校分成多个小学校,每一层就是一所小学校,这样每个小学校可以充分地去发挥,建立更多的学习关系,创造更多的机会和可能。此外,现在很多区为了促进区域均衡发展,目前也是在搞集团校,这些都可以算得上是组织变革。当然,以上的组织变革离开信息技术的直接或者间接支持是不可能成功的,比如"走班选课"离开信息技术课表都很难排出来。

以上举了几个比较典型的例子,其实在现实中还有更多更创新的例子,比如卢晓东提出的小学打散分班制度。[①] 不过我们也需要有清醒的认识,信息技术促进教育组织变革还很初步,还需要漫长的时间。教育主管部门的领导、老师确实应该仔细去思

---

① 卢晓东."打散分班"是面向未来的小学分班制度[N].社会科学报,2018-03-01(05).

考一下每个环节,是否可以利用信息技术提升管理效率、促进组织变革。当然,不仅仅是以前做得差的需要考虑,以前做得好的也需要考虑。德鲁克讲过,管理者必须学会,"每隔几年就要重新审视每一项生产流程,每一种产品,每一道程序,每一项政策。……事实上,组织将越来越频繁地'计划'抛弃某项成功的产品、政策或做法,而不是千方百计延长其寿命"。[①]

结语　以管理现代化促进教育现代化

百余年来,高校组织变革正在加速,与以往内驱式的变革不同,外部制度、技术等因素正在成为高校组织变革的重要因素,推动高校适应外部环境的要求。这一方面与高校组织群落密度加大、内部竞争加剧有关,另一方面也与社会环境快速变革、组织创新活跃密切相关。全球化推动了高等学校在全球教育市场的竞争,"互联网＋"时代的媒介和技术环境深刻影响人们的认知习惯和学习方式,教学系统化与个性化的取向冲击着"专家天生会教书"的论断,以教学为链条的专业化分工、以课程为单位的教学组织重构、以服务为导向的组织结构变革、以技术为基础的学习环境再造、以数据为支撑的教育评价变革正成为大学组织应对外部挑战的有效手段,推动非核心教学社会化能促进大学关注核心使命、提升竞争优势,在大学组织间以及外部组织的竞争中赢得发展机会与空间。

当然,毋庸讳言,将技术应用到教育领域的时候,最令人激动的可能还是技术促进教与学,不过鉴于教学和学习是一件非常复杂的事情,很多时候不太容易明显看到成果,但是在管理领域则略为不同,比较容易显性提升管理效率,促进科学决策,同时最重要的是由此可能促进教育组织变革。联想到本文开头说的教育生产关系一定要适应教育生产力的发展,所以衷心希望通过组织管理再造增强教育组织的核心竞争力,以管理现代化促进教育现代化早日实现。

---

① ［美］彼得·德鲁克.经典德鲁克［M］.孙忠,译.海口：海南出版社,2008：162.

第七章　"互联网+"与未来教育：前景与困难

···

未来已来,将至已至。[①]

前面几章探讨了信息技术对教育的影响,并且分别仔细讨论了信息技术如何促进教师角色、学习方式、课程教学、组织管理再造。本章我们就来展望一下"互联网＋"促进教育变革的发展趋势和前景及可能的困难和障碍。

第一节　"互联网+"与未来教育：趋势与前景

从互联网(E-mail、WWW、FTP、聊天室)开始,一路走来,虽然存在着许多困难和障碍,但是移动技术、游戏化学习、MOOC、微课、翻转课程、云计算、大数据、人工智能等技术确实在推动着教育不断发展,下面就首先来谈一下发展趋势。

一、未来教育的发展趋势

自 2002 年开始,美国新媒体联盟(https://www.nmc.org)就一直致力于预估影响全球教育领域的新技术发展趋势。每一年,新媒体联盟都会发布几个不同版本的地平线报告,分别聚焦于基础教育、高等教育和博物馆教育等方面,有时也会和其他机构合作发布一些区域性或专题性报告。在这些报告中,他们一般会采用德尔菲法,邀请来自多个国家的数十名教育专家和技术专家共同讨论,然后确定未来几年内技术影响教育发展的关键趋势、重要挑战和重要进展。

2017 年,新媒体联盟的财政出现问题,宣布关闭。不过一直与新媒体联盟合作的 EduCause(https://www.educause.edu)获得了该项目的授权,继续发布了《地平线报告》(2018 高等教育版)[②],而基础教育领域目前最新的版本就是《2017 地平

---

① 袁振国. 走向 2030 年的教育[N]. 中国教育报,2017 - 10 - 18(05).
② Adams Becker, S., Brown, M., Dahlstrom, E., Davis, A., DePaul, K., Diaz, V. & Pomerantz, J. Horizon Report 2018 Higher Education Edition Brought to you by EDUCAUSE [EB/OL]. [2019 - 04 - 19]. https://www.learntechlib. org/p/184633.

线报告（基础教育版）》①②。2017 年，北京师范大学智慧学习研究院也和新媒体联盟
合作，发布了《2017 新媒体联盟中国高等教育技术展望：地平线项目区域报告》③。下
面我们就主要依托这几份研究报告，分基础教育和高等教育领域来探讨未来教育的发
展趋势。

（一）基础教育

在《2017 地平线报告（基础教育版）》中，继续沿袭了以往的做法，给出了未来 5 年
间影响基础教育变革的六大关键趋势、六大重要挑战和六大技术进展（图 7 - 1）。④

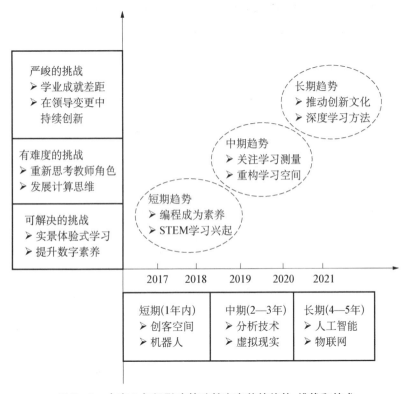

图 7 - 1　未来 5 年间影响基础教育变革的趋势、挑战和技术

从图 7 - 1 中可以看到，就发展趋势来讲，其中短期趋势表示在未来 1—2 年，中期

①　Freeman, A., Adams Becker, S., Cummins, M., Davis, A., and Hall Giesinger, C. NMC/Co SN Horizon Report：
2017 K - 12 Edition［R］. Austin, Texas：The New Media Consortium, 2017.

②　弗里曼,亚当斯贝克尔,卡明斯,戴维斯,霍尔:新媒体联盟地平线报告(2017 基础教育版)[R].白晓晶,张春华,李国云,
季瑞芳,吴莎莎,译.张铁道,审定.奥斯汀,德克萨斯州：新媒体联盟,2017.

③　亚当斯·贝克尔,黄荣怀,刘德建,高媛,康明斯,霍尔吉辛格,谢德.2017 新媒体联盟中国高等教育技术展望：地平线项
目区域报告[R].奥斯汀,德克萨斯州：新媒体联盟,2017.

④　弗里曼,亚当斯贝克尔,卡明斯,戴维斯,霍尔:新媒体联盟地平线报告(2017 基础教育版)[R].白晓晶,张春华,李国云,
季瑞芳,吴莎莎,译.张铁道,审定.奥斯汀,德克萨斯州：新媒体联盟,2017.

趋势表示未来 3—5 年,长期趋势表示未来 5 年乃至更长时间驱动学校教育技术应用的关键要素。短期趋势包括:(1)**编程将作为一项专业素养**(Coding as a Literacy)。越来越多的学校领导和技术专家正在将编程教育引入到基础教育课程中。(2)**STEM学习兴起**(Rise of STEAM Learning)。近年来,科学、技术、工程、数学(STEM)课程和项目的发展越来越受重视,教育者正在通过跨学科合作,合力开发综合项目,希望学生能够将多学科知识融会贯通。另外,许多教育者主张将艺术、设计和人文学科整合进去,所以目前在其中增加了 A(艺术),比较广泛使用的概念是 STEAM①。

中期趋势包括:(1)**关注学习测量**(Growing Focus on Measuring Learning)。这一趋势主要关注各种测评工具和方法的使用,教育者可以用来测量、记录和评估学生的学业准备、学习进度、技能获取和学生成就,并利用数据挖掘等技术进行分析,结合可视化技术给学生以评价和反馈,并适当调整教学。(2)**重构学习空间**(Redesigning Learning Spaces)。越来越多的学校开始重新设计以教室为代表的学习空间。人们希望未来的学校建筑、教室等学习空间首先要符合绿色环保的理念,要温馨和舒适。其次要具备移动、灵活、多样化和相互连接的特点,要能够支持合作式、讨论式学习活动的开展。再次线下学习空间(如教室)还要和线上学习空间有机融合。

长期趋势包括:(1)**推动创新文化**(Advancing Cultures of Innovation)。政府、学校和非政府组织的领导者们率先开创了有效的新模式,开始分享和效仿地区和世界范围内的最佳创新实践,许多新模式都坚持尊重个性、坚持探索、注重创造的原则,这些原则日益激励着学习者努力达成目标,实现创意。(2)**深度学习方法**(Deeper Learning Approaches)。前面章节也讲过深度学习,该方法鼓励学生从批判性思维、解决问题、协作和自我导向学习中获取知识。为了保持学生的学习动机,需要采用从被动学习转变为主动学习的教学方法,这样可以帮助学生开发原创思想,提高信息的记忆和培养高阶思维技能。这些教学方法包括基于问题的学习、基于项目的学习、基于挑战的学习和基于探究的学习,鼓励创造性地解决问题并积极实施解决方案。

教育技术应用不会一帆风顺,将面临许多挑战,《2017 地平线报告(基础教育版)》中将重要的挑战分为了三类:那些能理解又有解决方法的挑战称为"可解决的挑战";那些能理解问题是什么但是没有清晰的解决方法的挑战称为"有难度的挑战";那些连问题都很难理解的挑战称为"严峻的挑战"。从图 7-1 可以看到。可解决的挑战包括:(1)**实景体验式学习**(Authentic Learning Experiences,以下简称实景学习)。实景

---

① STEAM:Science、Technology、Engineering、Art、Mathematics,分别是科学、技术、工程、艺术、数学。

学习是指那些可以让学生直接接触到现实问题和真实工作场景的学习活动。大家认为"实景学习"是"体验式学习"和"真实经验"的有机结合，有助于实现"做中学"，无论是经验丰富的学生还是新手，实景学习都可以帮助他们把真实世界的技能和现有的学习整合在一起。（2）**提升数字素养**（Improving Digital Literacy）。为了应对信息时代的挑战，学校应该培养学生成为合格的数字公民，确保他们能够有效地查找、检索、获取、应用和评价数字内容来发展相关技能，并能够恰当地使用技术，了解在混合学习和在线学习场景下必备的网络礼仪、数字权益和责任。

有难度的挑战包括：（1）**重新思考教师角色**（Rethinking the Roles of Teachers）。大家期望教师熟练掌握多种基于技术的教学方法来传递教学内容、引导学习，进而对教学进行评估，同时，教师需要更多地关注对学生学习造成重要影响的社会因素和情绪因素，给学生提供适当的指导。这一切期望需要寻求职前教师教育和在职教师培训的新模式，以期帮助教师适应角色转变。（2）**发展计算思维**（Teaching Computational Thinking）。"计算思维"可以追溯到20世纪五六十年代的算法思维，可以表述为"在理解和解决问题的过程中，运用技术来形成和验证解决方案是否正确有效的能力"。随着人工智能、机器人等信息技术的快速发展，大家对"计算思维"越来越重视，认为它逐渐成为数字时代的学习者在阅读、写作、计算之外的另一项需要熟练掌握的基本技能。不过，目前大家对计算思维的定义、内涵、培养模式尚未形成权威的一致的意见，也缺乏计算思维和基础教育有效融合的成功案例，教师亦还没有足够的信心与能力开展培养"计算思维"的教学，因此使其成为有难度的挑战。

严峻的挑战包括：（1）**学业成就差距**（The Achievement Gap）。学业成就差距指的是特定学生群体之间出现的学业绩效的明显差距，而这些"差距"是因为他们的社会经济地位、种族、民族或者性别而引起的。另外，也包括由于地域的差异，导致学生在校内外接受教育机会的不平等而导致的成绩差距，比如战乱地区孩子的教育障碍问题等。教师的偏见或者教学模式也可能会导致学业成就差距。（2）**在领导变更中持续创新**（Sustaining Innovation through Leadership Changes）。有效地实施教学和学习方法的创新项目需要资金、人力、时间等多种资源的支持，其中领导层的支持至关重要。遗憾的是领导的缺位和变更常常会影响项目的顺利实施，甚至使项目夭折。所以学校需要开发一个成功的策略，来消除领导变更对"前途光明"的创新项目产生的不良影响。

在地平线报告中，每一年他们还会给出未来5年之内可能会进入主流应用的教育技术重要进展。在2017报告中，未来1年之内可能应用的技术包括：（1）**创客空间**（Makerspaces）。创客空间是指为培养实践操作能力和创造能力所营造的实际学习环境,一般会配有 3D 打印、激光切割机、STEAM 工具等各种新兴的技术,旨在为学生提供动手学习和创造性学习的机会,希望借此培养他们的创造能力和高阶思维。(2)**机器人**(Robotics)。鉴于机器人应用越来越广泛,基础教育领域也在大力加强机器人的教育和应用,一般来说将其与计算思维、编程教育、创客空间等联系在一起,也是希望培养学生的动手实践能力和创造能力。

未来 2—3 年之内可能应用的技术包括:(1)**分析技术**(Analytics Technologies)。在发展趋势和第四章中讲过,学习测量现在备受关注,而分析技术则是学习测量的基础,它包括各种工具和技术,可以对教育中的海量数据进行分析,从而更好地指导学生进行个性化自适应学习,同时,在教育管理方面对于促进科学决策也有重要的意义。(2)**虚拟现实**(Virtual Reality,简称 VR)。第四章已经讲过 VR 的价值,在该报告中也强调世界各国都很关注虚拟现实在课堂中的潜力,希望借此让学习者有更真实的学习体验。不过,鉴于虚拟现实技术尚不是很完善,所以要成为全球学校的重点教育手段还需要几年的时间。

未来 4—5 年可能被采用的技术包括:(1)**人工智能**(Artificial Intelligence,简称 AI)。第四章也讲过人工智能的功能和作用,该报告也认为人工智能可以促进学生的学习,提高学生的元认知能力,帮助学生以批判性思维理解人工智能应用中产生的伦理问题,并能够有效地减轻教师的繁琐工作,提升教师的工作效率。(2)**物联网**(The Internet of Things)。物联网由具有计算能力的处理器或内置传感器的物件组成,通过网络传递信息,实现远程管理和状态监控,目前在制造业、物流等行业应用很广。在教育领域中也有广阔的应用前途,比如常见的利用智能身份卡记录学生在学校的活动,并进一步分析,从而更好地帮助和评估学生。当然,这些应用一定要考虑隐私和安全的平衡。

在《2017 地平线报告(基础教育版)》中,还针对六大趋势、六大挑战、六大技术列出了最近几年的对比表格,有兴趣可以参考附录。

(二)高等教育

《地平线报告》的高等教育版和基础教育版的模式差不多,目前最新版本是《地平线报告》(2018 高等教育版)。该报告也给出了未来 5 年间影响高等教育变革的六大关键趋势、六大重要挑战和六大技术进展(图 7 - 2)。[1]

---

[1] Adams Becker, S., Brown, M., Dahlstrom, E., Davis, A., DePaul, K., Diaz, V. & Pomerantz, J. Horizon Report 2018 Higher Education Edition Brought to you by EDUCAUSE [EB/OL]. [2019 - 04 - 19]. https://www.learntechlib. org/p/184633.

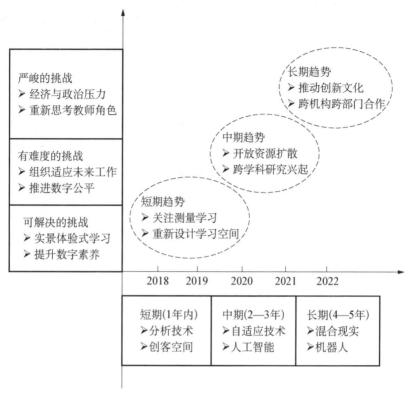

图 7-2 未来 5 年间影响高等教育变革的趋势、挑战和技术

从图 7-2 中可以看出,高等教育版和基础教育版的很多项目是相同或相似的,所以本书不再一一赘述,这里只简述几个特殊的部分:(1)**开放资源扩散**(Proliferation of Open Educational Resources)。以 MOOC 为代表的开放学习资源进一步扩散,影响将会越来越大。(2)**跨学科研究兴起**(The Rise of New Forms of Interdisciplinary Studies)。高等教育的多学科方法正被一些机构所采用,这些机构认为有价值的方法可以取代传统的单一学位路径。人们期望通过跨学科研究来解决一些复杂问题,比如我国国家自然科学基金委员会也希望推动多学科人员来研究教育的基础问题。(3)**跨机构跨部门合作**(Cross-Institution & Cross-Sector Collaboration)。不同的教育部门之间、高校和企业之间都要加强合作,这样可以更好地使学生掌握需要的技能,以跟上不断变化的劳动力需求。(4)**推进数字公平**(Advancing Digital Equity)。数字公平指的是平等地获取技术的机会,以及平等地接触有数字化解决方案实施经验的教育工作者的机会。人们期望利用在线教育和开放资源等技术促进教育公平。(5)**组织适应未来工作**(Adapting Organizational Designs to the Future of Work)。技术、不断变化的信息需求以及不断变化的教师角色,正迫使高校重新思考传统的职能层次结构。高校必须采用更灵活的、以团队为基础的矩阵结构,以保持创新和对校园与利益相关者的需求做出反应。(6)**经济与政治压力**(Economic and Political Pressures)。目前,不管是营利性和非营利性机构都碰到了财政不足的问题,高校需要探索降低成本的方式,同时和企业合作也是未来的发展方向。(7)**混合现实**(Mixed Reality,简称 MR)。在第四章讲过 VR 和 AR,本报告认为 MR 将会在 4—5 年内得到应用,可以借助全息等技术,让学生体验到传统课程无法体验的场景。

在《地平线报告(2018 高等教育版)》中,也针对六大关键趋势、六大重要挑战、六大技术进展列出了最近几年的对比表格,如有兴趣请参考附录。李艳等人回顾了 10 年来的高等教育版报告,他们认为:(1)在关键趋势方面,早年比较关注全球化和移动技术的普及和影响,包括对学习者、教师以及教育机构的角色转变、教学模式的变化,近些年则聚焦学习测量、开放教育资源扩散、深度学习方法、跨机构跨部门合作、推进创新文化、重新设计学习空间、新型跨学科研究兴起等。(2)在重要挑战方面,早年的挑战包括利用移动技术提供教育内容和服务、学术研究的各方面需要创新和领导力、教学创新的推广等,之后经常出现的挑战包括为个性化学习、新型教育模式的竞争、正式学习和非正式学习融合、真实学习体验等,近些年出现的挑战主要是平衡线上线下生活、缩小成就差距、应对知识老化、适应未来的组织设计、促进数字公平、经济和政治压力以及重新思考教育者角色。(3)在技术进展方面,早年提到的技术主要包括云计算、地理定位、智能对象、个人网站、语义感知应用软件、开放资源、电子书、平板电脑、MOOCs、3D 打印等,后续提到的一些新兴技术有学习分析、移动技术、自适应技术、物联网、创客空间、游戏和游戏化、自带设备、翻转课堂等。近两三年来的重要进展包括人工智能、机器人、情感计算、下一代学习管理系统、混合现实等智能技术。[①]

2017 年,北京师范大学智慧学习研究院联手新媒体联盟发布了中国地区的高等教育版报告[②],其中报告了九大关键趋势、九项重大挑战以及十二项技术重要发展,如表 7-1 所示:

① 李艳,姚佳佳.高等教育技术应用的热点与趋势——《地平线报告》(2018 高教版)及十年回顾[J].开放教育研究,2018, 24(06):12—28.
② 亚当斯·贝克尔,黄荣怀,刘德建,高媛,康明斯,霍尔吉辛格,谢德.2017 新媒体联盟中国高等教育技术展望:地平线项目区域报告[R].奥斯汀,德克萨斯:新媒体联盟,2017.

表7-1　中国高等教育版地平线报告结果[①]

中国高等教育中推动技术应用的关键趋势	
短期趋势	更多应用混合式学习设计、开放教育资源快速增加、STEAM学习的兴起
中期趋势	重设学习空间、跨机构协同日益增加、反思高校运作模式
长期趋势	程序编码素养的兴起、推进变革和创新文化、转向深度学习方法
中国高等教育中影响技术应用的重大挑战	
可应对的挑战	将技术融入师资培训、混合采用正式与非正式学习、提升数字素养
有难度的挑战	个性化学习、教育大数据的管理问题、推广教学创新
严峻的挑战	培养复合思维能力、平衡互联生活和非互联生活、重塑教师角色
中国高等教育中教育技术的重要发展	
一年以内	翻转课堂、移动学习、创客空间、大规模开放在线课程（慕课）
两到三年	学习分析及适应性学习、增强现实及虚拟现实技术、虚拟和远程实验室、量化自我
四到五年	情感计算、立体显示和全息显示、机器人技术、机器学习

　　高媛和黄荣怀分析对比了中国高教版《地平线报告》和全球高教版《地平线报告》的共同点：在关键趋势方面，都提到了从有形的学习形式和学习空间到无形的创新和深度学习理念的转变；在重大挑战方面，都认同从提升素养整合学习形式到重塑教师角色的难度升级；在技术发展方面，都同意从移动学习到人工智能的进阶。除此之外，中国高教版《地平线报告》还存在一些独特的个性特点：在技术发展方面，报告展现了技术发展的多元化和深入化；在关键趋势方面，凸显出全球化与中国特色并存的特点；在重大挑战方面，强调了平衡技术应用的正负面效应，比如不能因为沉迷互联生活而忽略了真实世界。[②]

二、未来教育的美好前景

　　在这些新技术的推动之下，未来教育到底是什么样子的呢？几年前，英特尔（Intel）曾经拍过一个名为《桥》（intel-project-bridge）的宣传片（图7-3）[③]，给大家展示了未来教室的美好场景：

---

① 高媛，黄荣怀.《2017新媒体联盟中国高等教育技术展望：地平线项目区域报告》解读与启示[J].电化教育研究，2017，38(04)：15—22.

② 同上注。

③ 参见 https://www.iqiyi.com/w_19rt71adcp.html。

图 7 - 3　英特尔未来教室宣传片画面

　　这个宣传片中展示的是一个探究学习案例——"设计一座桥",其中综合应用了可以多点触控的电子白板、移动学习、虚拟实验、远程互动、3D 打印等多种技术。

　　在这个教室中,没有黑板、没有粉笔,只有一个覆盖整面墙壁的可多点触控的超大屏幕(电子白板)。教师用手在屏幕上拖动,就可以显示各种图文并茂、生动有趣的教材和资源,包括文字、图片、视频和虚拟实验等资源。学生人手一台笔记本电脑或平板电脑(电子书包),在其中可以查看教材、教学资源,可以做笔记、做作业,还可以进行虚拟设计、做虚拟实验。师生可以通过笔记本电脑进行互动,学生的屏幕、教师的屏幕和教室电子白板屏幕之前可以自由共享资源。同时学生还可以和建设工地现场的工程师进行互动。最后学生还可以用 3D 打印机将设计好的桥模型打印出来,并亲自做实验,来检测大桥模型的质量。

　　当然,未来教育不等于未来教室,也不等于未来学校,不过未来学校应该是未来教育的主体部分。最近几年,未来学校备受各界关注,比如美国的费城未来学校(School of the Future)、AltSchool、HTH、Think Global School,瑞典的 Vittra Telefonplan 学校,法国的 Ecole 42 学校等[1],新加坡也启动了"新加坡未来学校"计划(FutureSchools@Singapore),俄罗斯启动了"我们的新学校"计划,德国成立了"MINT 创造未来"联盟等。[2] 在国内,北京大学附中朝阳未来学校、北京十一学校龙樾实验中学、中关村三小、深圳南山实验学校、南方科技大学实验二小、深圳前海港湾小学、成都实验小学等

① 曹培杰. 未来学校变革:国际经验与案例研究[J]. 电化教育研究,2018,39(11):114—119.
② 曹培杰. 未来学校的兴起、挑战及发展趋势——基于"互联网＋"教育的学校结构性变革[J]. 中国电化教育,2017(07):9—13.

学校也都在努力打造未来学校,中国教育科学研究院王素牵头成立了未来学校实验室,也正在努力打造更多的未来学校。① 这些中外未来学校从学校建设、课程设置、学习环境、教学模式、校园文化等不同的侧面,在努力探索未来教育的美好前景。比如 AltSchool 就是努力探索新技术在未来教育中的应用的典型代表：

> AltSchool(https：//www.altschool.com)创办于 2013 年,是一所由 Google 前资深工程师创立,并得到 FaceBook 创始人扎克伯格等人支持的私立学校,他们旨在用信息技术实现以学生为中心的个性化教育,从而改变美国的传统教育。
>
> 在这个学校中,学生没有统一的教学大纲,也没有传统意义的年级。每名学生入学后会得到一台平板电脑,上面列明了每周的学习任务清单,并详细地描述了他们需要独立或者合作完成的任务。这些学习任务是根据美国基础教育的课程标准,对课程内容进行细化,分解出数千个知识单元,教师对知识单元进行创建、排序和重组,形成一系列全新的学习任务。这些任务通常是以跨学科的方式进行组织,并确保每个学生选择的任务能覆盖所有必要的知识点。在每个孩子完成学习任务的过程中,网络学习平台会收集、记录、分析学生的学习行为及成效,并结合教师对学生的评价,不断对课程内容和教学进行调整,从而实现个性化学习。
>
> 在 AltSchool 中,教师的作用仍然很重要,他们一方面要依据课程标准设计知识单元和学习任务,一方面要借助网络学习平台提供的教师工具包,了解学生在学习过程中呈现出的学术表现和非学术表现,包括学生对知识的掌握情况、第三方评估、教师叙述、学生作品等,以此来把握学生的兴趣、学习风格和认知特点,从而为每一个学生提供个性化的学习支持。因为技术在这个学校中非常重要,所以除了教师团队以外,还有一个规模庞大的工程师团队,他们负责建设网络学习平台,并利用大数据技术收集学生学习的全过程记录,分析学生所处的学习状态,帮助教师快速响应学生的学习需求。
>
> 需要说明的是：AltSchool 于 2017 年底连续关停两所分校,外界说是因为财务问题,他们自己宣称,是为了更好地专注于网络学习平台的研发,并努力向其他公立学校进行推广。②

① 王素.中国未来学校 2.0 概念框架[N].中国教育报,2018-11-24(03).
② 曹培杰.未来学校变革：国际经验与案例研究[J].电化教育研究,2018,39(11)：114—119.

　　其实,未来学校不一定就只是重在技术的应用,而是强调在信息技术支持的背景下重新打造整个学校,比如北京十一学校龙樾实验中学就在这方面进行了有益的探索:

　　　北京十一学校龙樾实验中学(http://www.shiyilongyue.com)是北京市海淀区探索未来教育的一所高规格的初级中学,是旨在打造一所能够引领未来教育的学校。

　　　这所学校的校园建设很特别,是一所没有校门和围墙的学校,一进大门,就是装饰得时尚、温馨的大厅。这里取消了传统的行政班级,建设了匹配课程特色的学科教室,而且各种学科教室、创客教室、舞蹈教室、图书馆、游泳馆、运动场等有机地结合在了一起,很有未来感。

　　　在课程建设上也很有特色,学校开设了百余门学科课程:36门综合实践课程、75个职业考查课程。每个学期都划分成三个学习时段,在两个大学段之间有一个小学段。小学段主要满足学生的个性化学习需求,还会安排一周的外出研学课程。在课程教学过程中,充分利用移动学习、虚拟学习、游戏化学习等多种方式。

　　　龙樾实验中学重视学生的个性化学习,这里没有传统的班级,但有自己的导师班和教学班。学生入校后就会进行"走班选课"制,根据个人的基础和兴趣选择合适的课程、合适的学习层级,甚至合适的作业。学校会对每位同学有独立的过程性评价,并提供多方位的展示平台,充分展示每位学生的个性和风采。[①]

图7-4　北京十一学校龙樾实验中学的大门和主楼

---

① 百度百科:https://baike.baidu.com/item/北京十一学校龙樾实验中学。

除了以上学校外，其实还有很多学校从不同的角度探索未来的教育，比如北大附中、北京十一学校在探索"走班选课"制；中关村三小在探索"校中校"模式；北京顺义杨镇小学和西辛教育集团①、深圳宝安区天骄小学、深圳福田区东海实验小学、北京陈经纶中学崇实分校、美国的 Quest to Learn 学校②都在积极探索游戏化学习的成效；南方科技大学实验学校在努力用 STEM 课程理念统整学校课程③。其实不仅仅是中小学，大学也在积极探索，比如北京大学、北京师范大学、北京理工大学、华东师范大学、华南师范大学等高校都在努力打造未来学习空间。

袁振国曾经对未来教育的内容、手段、学习方式、管理等进行了系统的思考，在《中国教育报》等报纸杂志上发布了一系列文章。他认为：在未来，就教育内容而言，技术的发展使得多元的、个性化的选择成为可能，课程从分科走向综合，知识掌握从目的走向手段。发展学习的能力，也是教学的目的。④ 就教学手段而言，首先是智慧校园建设，推动人工智能在教学、管理、资源建设等全流程中应用。其次是开发立体综合教学场、基于大数据智能的在线学习教育平台。再次是开发智能教育助理，建立智能、快速、全面的教育分析系统。⑤ 就学习方式而言，纸媒性学习、接受性学习、统一性学习、分科性学习的地位将日益下降，网络化学习、交互性学习、批判性学习、个性化学习、综合性学习的重要性将越来越凸显。⑥ 就教育管理而言，管理理念要从控制观向服务观转变，管理中心从管理者向被管理者转变，管理方式从垂直管理向扁平化管理转变，从"一刀切"、粗放式管理向个性化、精细化管理转变，从单向管理向双向互动转变。⑦ 此外，未来教育对教师的使命、教育功能、生活方式都造成了挑战，教师需要尽快转变教师角色。⑧ 在技术的支持下，教师所从事的工作应该是思想与思想的交流、情感与情感的碰撞、人格与人格的对话。教师需要从大量重复、琐碎、机械的活动中解放出来，可以从事更具有人类本性的活动，教师会更加幸福和开朗，师生关系也更加和谐。⑨

朱永新也曾经谈到未来学校的 15 种变革可能：第一，学校会成为学习共同体；第

---

① 朱秋庭．游戏化学习：激发生命活力[N]．中国教师报，2018－01－31(04)．
② 张露，朱秋庭．美国 Quest to Learn 学校以游戏化学习培养真正的系统思考者与设计者[J]．上海教育(环球教育时讯)，2016(35)：36—41．
③ 唐晓勇．互联网支持下的统整项目课程——聚焦学生核心素养的课程改革[J]．基础教育研究，2017(03)：5—9．
④ 袁振国．未来对教育内容的挑战[N]．中国教育报，2017－08－02(03)．
⑤ 袁振国．未来对教育手段的挑战[N]．中国教育报，2017－08－09(03)．
⑥ 袁振国．未来教育对学习者的挑战[N]．中国教育报，2017－08－30(05)．
⑦ 袁振国．未来对教育管理的挑战[N]．中国教育报，2017－09－06(05)．
⑧ 袁振国．未来教育对教师的挑战[N]．中国教育报，2017－08－16(03)．
⑨ 袁振国．以变应变：关于中国未来教育的思考与对策[J]．决策与信息，2018(02)：10—19．

二,开学和毕业没有固定的时间;第三,学习的时间弹性化;第四,教师的来源和角色多样化;第五,政府买单和学习者付费将并存;第六,学习机构一体化,学校主体机构与网络教育彻底打通;第七,网络学习更加重要;第八,游戏在学习中发挥更加重要的作用;第九,学习内容个性化、定制化;第十,学习中心小规模化;第十一,文凭的重要性被课程证书取代;第十二,考试评价从鉴别走向诊断;第十三,家校合作共育;第十四,课程指向生命与真善美;第十五,让学习者享受幸福完整的教育生活。①

张治在《走进学校3.0时代》一书中也指出了未来教育与未来学校的13种图景:(1)每一个学生都有一个数字画像,实现数据驱动的学校进化和学校转型;(2)每一位教师都有一个人工智能助手,面向每一位学生的因材施教成为可能;(3)每一门课程都有知识图谱,自适应学习得以实现;(4)每一项教学业务都可能外包,学习资源与服务供给更加多元;(5)每一所学校都是虚拟学校的组成部分,虚实融合的校园无处不在;(6)每一种学习都会被记载,屏读成为常态;(7)每个人的作业都是不一样的,个性化和智能化如影随形;(8)每个人的学程都是定制的,学习与工作、就业与创业的边界将越来越模糊;(9)每一种学习方式都会被尊重,不再追求学更多的知识,而是学习方式要多样化;(10)每一场教育都注重协作共生,学习将从竞争逐渐走向共生;(11)每一个家庭都形成独特的教育场,家校共育将成为教育治理的主阵地;(12)每一种教育装备都趋向智能化,技术和资源将深度嵌入学习系统;(13)每一所学校都被隐性课程环抱,学生将会有更多的展现与互动平台。②

曹培杰认为:用互联网思维建设未来学校,将会打破封闭的办学体系,突破校园的界限,学习可以发生在教室,也可以发生在社区、博物馆、科技馆,甚至去不同城市游学,任何可以实现高质量学习的地方都是学校;打破传统的教学结构,围绕学生的真实生活重建课程体系,探索不同技术条件下的差异化教学策略,因材施教、因能施教,帮助学生拥有幸福快乐的学习体验,从而实现全面而有个性的发展;打破固化的学校组织形态,采用弹性的学制和扁平化的组织架构,教师与学生、家长合作"策划"课程,并且"和学生一同学习",让学校成为美好生活的策源地。③

三、未来教育的三层境界

未来教育和未来学校给我们展示了美好的前景,不过怎样一步步去打造呢? 在

① 朱永新.未来学校的15个变革可能[EB/OL]. (2016 - 12 - 02)[2019 - 05 - 10]. https://edu. qq. com/a/20161202/001750. htm.
② 张治.走进学校3.0时代[M].上海:上海教育出版社,2018.
③ 曹培杰.未来学校的变革路径——"互联网+教育"的定位与持续发展[J].教育研究,2016,37(10):46—51.

2015 年召开的"首届未来学校研讨会"中,我谈过未来学校建设有三层境界(图7-5):**基础设施建设、学习方式变革、教育流程再造**。① 今天重新回顾一下仍然觉得很有必要,而且不仅仅是未来学校,基本上也是未来教育的三层境界。

图7-5 未来学校的三层境界

当然,要谈未来也得加个界限,到底多少年算未来呢? 这里就以 10—20 年为限,来谈谈大致 2035 年的未来教育应该是什么样的。

(一)基础设施建设:打造舒适、智慧的学习空间

虽然在教育信息化领域,我们认为过去重在建设,现在要重在应用,但是事实上,就目前现状而言,基础设施建设依然很重要。这里说的基础设施建设主要包括校舍、硬件和软件建设,这是未来学校最基本的需要。

图7-6 深圳福田区东海实验小学的图书馆

首先来看校舍建设。我们经常会看见一些设计得看起来真的像未来世界一样的校舍,其实未来学校不一定需要在这方面花太多经费,比如日本几年前在全国选了若干所小学和中学作为未来学校,其校舍和其他学校基本没有差异,只是配备了先进的电子白板、可触摸笔记本电脑和数字教材而已。当然,如果有条件,不妨将学校设计得漂亮一些、温馨一些、舒适一些、时尚一些,让学生们愿意呆在其中。就校舍建设来说,我之前多次考察过深圳福田区东海实验小学,这个学校的建筑不是很豪华很奢侈,但是它的图书馆(图7-6)、学科教室、专业教室设计得都很雅致和实用。个人觉得,到 2035 年左右,如果中国所有学校的基础设施都能达到这样的水平就很好了。②

其次来看硬件和软件建设。校校通、班班通、人人通当然是必需的,还要有足够的台式计算机、笔记本电脑、平板电脑(应该人手一台)等硬件设备,有丰富的教学资源,

① 尚俊杰. 未来学校的三层境界[J]. 基础教育课程,2014(12 上):73—76.
② 这个学校的徐永红校长的教育理念也很先进,在学校积极推进教学改革,教师们工作得很努力,学生学习得很开心。这样的学校,我觉得具有可推广性和复制性。过于超前的学校比较难以大面积推广和复制。

而且要无线网络全覆盖,要能随时随地连入互联网。更进一步,要发挥人工智能、大数据、云计算等技术的优势,打造**智慧校园**(Smart Campus),以智慧教育引领教育信息化创新发展。[①] 2018 年 6 月,国家标准《智慧校园总体框架(GBT36342‒2018)》正式发布,其中将智慧校园定义为物理空间和信息空间有机衔接,使任何人、任何时间、任何地点都能便捷地获取资源和服务,并认为智慧校园是数字校园的进一步发展和提升,是教育信息化的更高级形态。[②] 黄荣怀等人将智慧校园的特征归纳为环境全面感知、网络无缝互通、海量数据支撑、开放学习环境及师生个性服务五个方面。[③] 祝智庭认为在高校领域,智慧校园建设已由理念转向实践,如浙江大学信息化"十二五"规划中提出支持无处不在的网络学习、融合创新的网络科研、透明高校的校务治理、方便周到的校园生活的智慧校园。[④]

在基础建设领域,最需要重视的是**学习空间**(Learning Spaces)。在第一节中讲过《地平线报告》中提出未来 3—5 年的中期趋势之一就是重新设计学习空间,未来的学习空间应该符合如下特点:一是**舒适**,根据学生的年龄特点,设计出绿色环保、温馨舒适、时尚安全的物理学习空间;二是**智能**,要恰当结合移动设备、VR/AR、3D 打印、人工智能、大数据等技术,打造数字化学习空间,可以采集、记录、分析学生的学习行为数据,并给予个性化的智能支持;三是**融合**,线上线下学习空间要有机融合,给学生打造一个无所不在的泛在学习空间;四是**灵活**,学习空间的布局比较容易调整,桌椅方便移动,能够支持探究学习、小组学习、基于项目的学习等多种学习方式。图 7‒7 就是北京顺义区杨镇小学在北京大学学习科学实验室指导下建设的博雅游戏化学习未来实验室,在其中可以完成 STEM、创客等学习内容,支持基于项目的学习、游戏化学习等学习方式。

图 7‒7 博雅游戏化学习未来实验室

① 祝智庭.以智慧教育引领教育信息化创新发展[J].中国教育信息化,2014(09):4—8.
② 国家市场监督管理总局,中国国家标准化管理委员会.智慧校园总体框架(GBT36342‒2018)[S].2018.
③ 黄荣怀,张进宝,胡永斌,杨俊锋.智慧校园:数字校园发展的必然趋势[J].开放教育研究,2012(04):12—17.
④ 祝智庭.以智慧教育引领教育信息化创新发展[J].中国教育信息化,2014(09):4—8.

关于基础设施建设，这里还特别想强调**云计算**。所谓云计算技术，简单地说，就是将简单的前台功能交给普通用户使用，把复杂的后台功能交给专业的机构去管理。为什么要采用云计算呢？主要是随着信息技术的发展，IT功能越来越复杂，一般的学校没有条件和能力管好这些复杂的IT设备和技术，所以云计算就逐渐发展起来了。当然，可能有人会有疑问，如果将服务器和资源放在其他地方，万一上课的时候网络断了怎么办？让我们来看一个故事：1871年10月8日，芝加哥市中心发生一场大火，三分之一的城市被烧毁了。但是因祸得福，一个崭新的芝加哥拔地而起，成为现代化摩天大厦的代表城市。不过，在长达30年的时间内，这些摩天大厦的老板在争论，大厦究竟应该靠外部电网供电，还是自己买煤发电呢？他们之所以想自己发电，主要是当时的外部电网不够稳定。当然，1930年左右，人们就不再讨论了，因为几乎没有大厦再自己发电了。所以，按着这个思路想一想，今天我们对云计算的指责和当年对外部电网的指责可能是一样的，未来有一天或许互联网会像电网、水网和煤气网一样成为一种标准的外部服务。所以，基于云计算的理念，未来学校在建设过程中，一定要仔细思考买什么、不买什么、什么应该放在学校，以及什么应该交给区里、市里或企业的专门机构？①

（二）学习方式变革：让学习更科学、更快乐、更有效

基础设施建设只是最基本的需要，最重要的还是学习方式变革。前面章节已经反复探讨过游戏化学习、移动学习、深度学习等多种学习方式，也探讨过人工智能、大数据、学习分析等技术对学习的支持，这里就来系统回顾梳理一下。

首先要明确新时代的**学习目标**。学习究竟是为了什么？诞生于工业革命时期的现代学校通过标准化和统一化的教育，确实为工业大生产提供了大量的符合要求的人才，推动着人类不断发展。但是进入信息时代以后，现代学校的标准化和统一化的教育模式与个性化的培养目标就产生了矛盾，所以需要重新考虑清楚学习目标究竟是什么？目前看来，培养21世纪关键技能和核心素养是世界各地都非常关注的学习目标，比如批判性思维、问题解决能力、创造能力、沟通能力、跨文化交流能力、领导力以及信息素养等等。

基于以上学习目标的变化，并结合多位学者的观点②③，未来的学习方式可能会呈现如下发展趋势：一是注重**主动学习**。在MOOC、微课、翻转课堂以及各种创新学习

---

① 尚俊杰，蒋宇．云计算与数字校园[J]．中小学信息技术教育，2015(01)：27—30．

② 袁振国．未来教育对学习者的挑战[N]．中国教育报，2017－08－30(05)．

③ 曹培杰．未来学校的兴起、挑战及发展趋势——基于"互联网＋"教育的学校结构性变革[J]．中国电化教育，2017(07)：9—13．

方式背后,其实都有一个前提,就是学习者一定要积极主动地学习。所以未来要多采用游戏化学习、移动学习、虚拟学习、探究学习等学习方式,从而让学习者能够积极地学习知识、提升能力。二是注重**深度学习**。学习不能停留在浅层的了解和知道层次,需要鼓励学习者像专家一样考虑问题,要能够综合考虑多种因素,采用多种方法解决真实世界中的复杂性问题,从而在更深层次上了解知识彼此之间的联系。三是要注重**综合学习**。在教育领域,分科学习做出了卓越的贡献,让学校能够以一种容易控制的方式将有关知识系统地传授下去,但是 20 世纪以来,学科的发展越来越以交叉、重叠、综合为特征,解决社会复杂问题越来越依赖于学科知识综合运用的能力,因此,将不同学科的知识和方法融会贯通的能力就成为学习者最核心的能力之一,有鉴于此,STEM 学习、创客教育等跨学科学习开始兴起,就是希望让学习者能够综合使用多学科知识,通过动手实践,培养科学精神,提升探究能力、问题解决能力、创造力等。当然,注重综合学习不等于不要分科学习了,二者是相辅相成的关系,要在课程设置中寻找恰当的平衡点。比如重庆市谢家湾小学就将课程进行了整合,每天上午学习学科课程,下午全部是专题实践活动。[①] 虽然目前还没有严谨的权威的研究结果证明这样的方式是科学的,但是感觉应该是一种值得探索的兼顾学科学习和综合学习的学习方式。四是注重**混合式学习**。虽然目前越来越多的人接受了在线学习,但是考虑到多种因素,在大中小学绝大部分学习场景下,混合式学习应该是一个最佳选择。比如教师可以精选学习内容,让学生提前进行翻转式学习,到课堂上大家再交流讨论。五是注重**泛在学习**。泛在学习强调学习无所不在,任何人在任何时间、任何地方都可以学习任何内容,所以学校要给学生提供更多的学习条件和机会,比如利用平板电脑随时随地学习各种知识。同时泛在学习也强调学习不一定非要发生在校园内,要积极鼓励学习者到科技馆、博物馆、社会、野外去学习。

至于具体的学习方式和学习技术,要意识到纯粹依靠经验很难实现真正的个性化学习,不是老师不敬业,是因为老师没有足够的时间和精力。必须借助人工智能、大数据技术对学习行为数据进行分析,从而实现个性化自适应学习,这样才能使学习更科学。

学习不仅仅要科学,未来学校的学习者一定要尽量快乐,所以要努力采用移动学习、虚拟学习(VR/AR)等方式,尽可能给学习者提供恰当的、近似真实的学习情境,让学习者能够把要学习的内容和真实世界结合起来;同时,要尽可能采用游戏化学习,将

---

① 李萍.谢家湾小学以课程整合促进学校变革——"小梅花"绽放每个孩子的光彩[N].中国教育报,2015-10-29(06).

游戏、游戏元素或游戏机制用到学习过程中,让学习更有趣,从而激发学生的学习动机,让学习变得更快乐。

在诸多学习方式中,要特别注重**"项目学习"**(Project-based Learning,或称基于项目的学习)。《2017 地平线报告(基础教育版)》中建议:教育范式要从被动学习转变为主动学习,可以采用的教学方法包括项目学习等。钟志贤等人在国内较早研究过项目学习,他们认为:项目学习指的是以学科的概念和原理为中心,以制作作品并将作品推销给客户为目的,在真实世界中借助多种资源开展探究活动,并在一定时间内解决一系列相互关联着的问题的一种新型的探究性学习模式。[①] 借鉴多位学者的观点,项目学习一般来说应该具备如下特征:(1)项目是基于现实生活中学生比较关心的疑难问题;(2)疑难问题需要综合应用多学科知识来解决,强调深度学习;(3)项目目标和学习目标是一致的;(4)学生在学习过程中包含了探究和知识建构;(5)学习过程中是积极主动的;(6)学习过程中强调合作学习,强调形成学习共同体。盛群力曾经撰文仔细论述过项目学习,他指出"21 世纪技能联盟"认为对于大多数教育系统来说,一个较为合理的做法是 50％的时间用于传统的直接教学方法,50％的时间用于探究、设计与合作的项目学习。他还提到斯坦福大学琳达·达林-哈蒙德(Linda Darling-Hammond)等人曾经分析了三种探究性学习方法,分别为项目学习、基于问题的学习、基于设计的学习,以及小组合作学习等辅助手段,研究发现项目任务或问题解决这类实践活动对学生的学习产生了十分积极的效应。[②] 其实项目学习也不是一个新事物,早年流行的网络探究(WebQuest)、主题式学习、专题学习等等都和项目学习是相关的。

除了以上学习方式以外,实际上还有社会化学习、情境学习、探究学习等学习方式,目的都是利用各种信息技术和传统技术,创设富有吸引力的学习环境,真正以学生为中心,激发学生的学习动机,更好地培养学生的问题解决能力、创造力等高阶能力,培养情感态度价值观。最终的目标,就如第四章结语中所言,未来学校中的学习,一定要**更科学、更快乐、更有效**。

此外,还要特别说明的是,这一节用的是学习方式,并不是说教学方式就不重要,这里只是想强调要由注重教师的教向注重学生的学转变,要为了促进学习而教,所以教学方式也应该因应学习方式的转变而转变。

(三)教育流程再造:用"互联网＋"思维重构教育

在基础设施建设和学习方式变革的基础上,还需要利用互联网思维对教育流程进

---

① 刘景福,钟志贤.基于项目的学习(PBL)模式研究[J].外国教育研究,2002(11):18—22.
② 贺巍,盛群力.迈向新平衡学习——美国 21 世纪学习框架解析[J].远程教育杂志,2011,29(06):79—87.

行再造,才能真正推进教育的革命性变革。当然,在前面的基础上,这层境界主要强调的是管理方面的变革,包括课程模式再造和组织管理再造等。

关于课程模式再造,之前第五章已经谈及要利用以 MOOC 为代表的在线课程促进优质资源共享,推动课程教学变革,实现破坏性创新,促进教育均衡发展。这里就再来汇总分析一下未来的发展趋势:一是**注重开放**。开放首先意味着管理者和教师心态上的开放,就如学习不一定要在教室中进行一样,课程也不一定非得在本校上。如果我们认可"如果有条件,病人希望找最好的医生给他看病",那么也必须认可学习者也希望跟着最好(或最适合)的老师学习。① 理论上,我们可以请最好的老师直播或者录播课程,本地老师做辅导就可以了,这样每位学习者就都可以近似跟着最好的老师学习了。当然,还有一种办法,就是一位老师在一个学校上课,其他学校的学生同步听课。或者是还是跟着本校老师学习,但是在课程中融合其他学校老师的课程内容。此外,开放并不一定只是利用线上资源,学习者也可以利用暑期学校、假日学校等方式到其他学校乃至科技馆、博物馆、社区等地方学习。二是**注重共享**。理论上,在线课程资源是最应该也最容易共享的,现在的 MOOC 实现了一定程度的共享,但是未来应该有一种机制,让课程资源能够在校内外、海内外更加便捷、更加容易地共享。比如一名青年教师上岗以后,他不一定需要从头起家准备整个课程,他可以共享同校资深教授讲授相同课程的全部资源,只需要在此基础上备课即可。当然,要实现这一点,一是从技术上要有一个全校的课程平台,能够储存所有资源;二是要有一种机制激励教师们愿意共享资源。三是**注重多元**。就课程内容而言,未来将会更加多元,比如在基础教育领域,除了语文、数学等传统学科外,信息技术教育、生命教育、环保教育、安全教育、职业规划教育甚至性和婚恋教育等内容会逐步渗透进来,国家课程、地方课程和校本课程相互配合,给学习者提供一个可以适度自由选择的丰富的课程支持。在高等教育尤其是高等职业教育领域,需要根据人工智能时代的特点,重新规划专业和课程内容。**四是注重创新**。在高等教育领域,本来各个学校就是根据自身需求开设了丰富多彩的课程,目前在基础教育领域,很多学校也在努力建设创新的丰富多彩的校本课程。另外,在上课形式上,也在努力探索,比如前面提到重庆市谢家湾小学就将课程进行了整合,每天上午学习学科课程,下午全部是专题实践活动,而且没有统一的上下课时间,由任课老师自行决定。北京陈经纶中学崇实分校也在进行类似的尝试,上午是国家课程,下午是体验类、活动类校本课程。

① 尚俊杰. MOOC:能否颠覆教育流程?[N]. 光明日报,2013 - 11 - 18(16).

至于组织管理再造，第六章主要围绕高等教育探讨了利用大数据技术提升管理效率，利用非核心教学社会化等"互联网+"思维促进教育组织变革。这里也再系统分析一下未来发展趋势。

一是注重**信息技术**。应该说，现在教育领域尤其是高等教育领域对信息技术还是非常重视的，比如之前高校纷纷成立互联网、大数据专业，现在又纷纷成立人工智能研究院，但是，重视信息技术不仅仅意味着建立相关专业，信息技术在整个学校教育各领域中的应用也是非常重要的。前面也提过，美国在 2010 年颁布的《国家教育技术计划》中也提到如果想要看到教育生产力的显著提高，就需要进行由技术支持的重大结构性变革，而不是进化式的修修补补，所以教育领域要在信息技术的背景下重新考虑整个教育的问题，比如在人工智能时代，培养什么样的人才，开办什么专业，上什么课程，用什么方式上课，都需要考虑技术的作用和价值。这一点，其实十多年前就讲过要在学校设立首席信息官（CIO），希望来整体协调推动学校教育信息化的发展。在美国，CIO 是大学的常设职位，在 2010 年，全美已经有 45％的高校设立 CIO 岗位，研究型大学的比例更高，达到 70％。CIO 制度整合校内各 IT 部分及各类信息化资源，领导全校信息化建设，提升信息化决策、管理的层次和水平，是美国高等教育信息化建设的成功经验。[①] 在我国，后来也有一些大中小学设置了相应部门或相应的人员来负责，比如北京大学曾经成立了信息化建设办公室，都是有益的探索。但是总体来说，CIO 制度在国内学校推得不是十分理想，未来必须要重视，否则学校很难像企业一样看到教育生产力的显著提升。

二是注重**科学决策**。涂子沛在《大数据》一书中提到："除了上帝，任何人必须用数据说话。"在企业领域，我们已经看到腾讯、阿里、百度等企业利用大数据的优势，它们几乎无往而不利。在这个时代，可以说"数据就是金钱，数据就是力量"。在教育领域亦是如此，随着高等教育信息化的发展，很多大学都积累了海量的人事、财务、教务、科研、生活等数据信息。但是我们对于现有数据资源的开发和利用还远远不够，很多数据被人们所忽视，变成了"沉默的数据"。随着大数据技术的逐渐成熟，我们已经具备了"让数据会说话"的能力。大数据时代的到来，正在提示着今天所谓宏观控制的精髓不再是力度的问题，而是视野的问题。[②] 用互联网思维改造大学，就需要重视数据背后蕴含的价值，通过对数据进行深度挖掘，减少高校组织管理的模糊性和不确定性，优

① 尚俊杰，曹培杰."互联网+"与高等教育变革——我国高等教育信息化发展战略初探[J].北京大学教育评论，2017，15(01)：173—182.
② 陈霜叶，孟浏今，张海燕.大数据时代的教育政策证据：以证据为本理念对中国教育治理现代化与决策科学化的启示[J].全球教育展望，2014(02)：121—128.

化教育管理机制,提高组织管理的响应速度,为师生提供更加精准的服务。一方面,聚焦于宏观的科学决策,利用大数据提高高校治理的现代化水平,大数据可以超越个体与局部的相对静态视野,更容易发现问题所在、可能弱点和盲区,帮助管理者全面掌握学校的日常运行情况,增强决策的科学性;另一方面,聚焦于微观的教学过程及其评估,将原本模糊的教育活动通过数据清晰地描述出来,为教师改进教学提供证据支持。虽然大数据并不是解决所有问题的神奇方案,但对于明显依赖经验判断的学校教育来说,大数据仍然会对大学的治理能力产生积极作用。比如,田纳西大学信息系统公开提供学生毕业率、证书通过率、学费及其承受率、师生比率、完成学位时间等十项指标数据,大大增加了大学的透明度,进而提高了大学决策的透明性、合理性与科学性。

三是注重**管理效率**。首先要说明,这里说的效率主要指的是管理服务的效率,在学术事务方面,一定不能太讲效率,要给学者们充分的时间,静待花开。但是在管理服务方面,确实可以如第六章讨论的一样,充分利用信息技术实现“无纸办公”、“一站式办公”等,实现“看不见的服务”和“看不见的管理”,尽可能节省师生的时间和精力。比如华中科技大学利用数字迎新系统,掌握各个时间节点新生到达的人数,从而精准安排车辆和学生志愿者,大大提高了管理效率。北京大学也开发了数字迎新系统,大大减轻了迎接工作量。简而言之,管理服务行政后勤虽然不能直接创建世界一流研究成果,但是可以为师生节省宝贵的工作时间。

四是注重**组织变革**。就如德鲁克所言,一旦组织迈出了从数据到信息的这一步,那么组织结构、工作方式等都必须做出相应的变革。[①] 就像军队,首先是军事装备发生了根本性的变化,然后是军事观念也发生了激烈的变化,然后是组织结构、指挥方式,从装备到观念,到组织结构发生了一连串的变革。未来教育在组织变革方面,首先要关注组织内的变革,要根据时代变革的要求,结合信息技术的特点和需求,重新梳理内部的组织结构,力求最大限度地激活教育生产力。比如 MIT 进行的行政流程再造[②]、北大附中的学院—书院制、中关村三小的校中校等案例;其次要特别关注组织之间的变革,随着互联网和新科技的发展,组织的业务边界越来越模糊,所以需要打破固有模块,资源共建共享,鼓励跨界创新。要拆除学校与外部社会之间的“墙”,积极吸纳外部的优质资源,优化学校内部资源的配置水平,实现学校从有边界发展到无边界发展的突破。以高校为例,不仅要走出去服务社会,而且要引进社会资源,尤其是“非核心业务”上遇到的问题。实际上,通过信息技术的介入,MOOC 已经迈出了课程社会

---

① ［美］彼得·德鲁克.经典德鲁克［M］.孙忠,译.海口:海南出版社,2008:148.
② 赖琳娟,马世妹.美、英高校行政管理科学化的实践及启示［J］.北京教育(高教),2014(06):10—13.

化的第一步。未来，信息技术还会推动更多业务流程实现社会化，包括教师教学的社会化、学生学习的社会化、管理服务的社会化等。比如密涅瓦大学将整个城市作为自己的校园。①② 对于中小学，其实也要和博物馆、科技馆、社区等密切合作，共同打造无所不在的学习环境。

五是注重**系统创新**。在第五章讲过信息技术具有的破坏性创新作用，所以未来教育一定要注重利用破坏性创新实现教育的跨越式发展。同时还要特别注意系统创新（或者说爆炸式创新）不是对某一个具体组织、具体事情的改革创新，而是对学校整体业务的全面性的创新。唐斯和纽恩斯在《大爆炸式创新》一书中指出，技术的指数级发展和产品的快速迭代改变了原有的创新方式，颠覆式创新不再是从某一个方向出现，而是从四面八方涌来，它是一种拥有巨大能力的创新，能在数月甚至几天之内撼动那些庞大的企业。③ 比如像互联网领域，早期的互联网发展得也非常艰难，虽然很热闹，但是找不到合适的盈利模式。诞生于 2000 年的"e 国一小时"号称"网上送货，一小时到家"，观念比今天的京东都要超前，可惜死掉了，原因是整个环境还无法支持，而今天，连一杯咖啡都能及时配送，这就得益于互联网环境和物理环境的整体改变和创新的支持。再如二维码支付，几乎是三五年之内就席卷全国并走向世界，但是这背后也是互联网环境、电子商务的系统性创新的支持。在教育领域，也要注重这一点，在课程、教学、支持、管理和服务各个领域全面应用创新技术。比如以一个大学的管理服务为例，个人认为首先需要请专业的咨询机构对整个学校的工作流程进行梳理和优化，然后据此对组织结构进行相应的变革，然后请专业的机构据此开发一套完善的办公信息化系统，这样才能真正实现教育管理现代化。

当然，对于未来教育来说，最重要的或许还是我们的**"人才培养目标的再造"**或者说**"教育目标的再造"**，我们需要好好思考一下，究竟要培养什么样的学生，究竟什么样的学生才是最成功的学生。我们认为，所谓成功的学生，就是根据每位孩子的天赋，根据他的兴趣，把他培养成热爱生活、热爱社会、热爱祖国、热爱党、热爱人民的有用人才。只有让每个孩子都成为成功的学生，我们的未来学校才能真正建设成为孩子的成长乐园。

四、未来教育的理想画面

如果我们把目光往前看个 50 年甚至 100 年，教育到底会发生什么变化呢？ 为了

① 尚俊杰,曹培杰."互联网+"与高等教育变革——我国高等教育信息化发展战略初探[J]. 北京大学教育评论,2017,15(01)：173—182.
② 张魁元,尚俊杰. 非核心教学社会化："互联网+"时代的教学组织结构变革[J]. 开放教育研究,2018,24(06)：29—38.
③ [美]拉里·唐斯,保罗·纽恩斯. 大爆炸式创新[M]. 粟之敦,译. 杭州：浙江人民出版社,2014.

更形象的说明，我们就以一个孩子的一天来畅想一下 50 年后未来教育的理想画面：

乐乐的一天①

　　今天是 2069 年 6 月 6 日，星期四。早晨 7:00，随着乐乐慢慢睁开眼睛，室内的灯光慢慢变亮了，窗帘也慢慢拉开了。乐乐起床后，妈妈已经做好了精美的早餐，虽然家里有机器人腾腾可以帮忙准备早餐，但是妈妈还是希望亲手给乐乐准备早餐。

　　乐乐是一个正在上小学四年级的女孩。吃完早餐后，妈妈准时送乐乐到小区门口，与往常一样，校车也刚好到达。乐乐和妈妈告别后，开心地登上校车，和小伙伴们高兴地玩到了一起。校车已经完全是自动驾驶，但是学校还是配备了一名人类教师和一名机器人教师随车陪同，人类教师主要是和孩子交流，机器人教师脑子里有所有孩子的信息，它要确保把每一个孩子安全送到学校。

　　到达学校后，8:00 开始上课，上午主要是学科课程，虽然相比 50 年前，社会对人类技能的要求已经大大改变，但是孩子们还是需要掌握基本的阅读、计算、写作技能，尤其是写字技能。当然，教学方式已经完全不同了，虽然仍然有纸质书本，但是主要使用数字教材和电子书包。乐乐也不需要携带平板电脑，在课桌（桌面）或任何一台电脑中输入用户名密码或者刷脸就可以打开自己的云桌面，教材、练习册、作业、写的作文等所有资料都存在里面，可以在上面阅读教材、观看视频、体验游戏、做作业、和同学们交流等。

　　今天上午第一节课是数学，老师要给孩子们讲授分数的概念，老师首先在大屏幕上调出比萨饼道具，给大家讲分数的概念，然后在平台上给大家发送过来一个分数游戏，大家可以通过操纵一个小朋友跑步来学习分数的概念和大小，还可以戴上 VR 眼镜真的跑一跑。乐乐非常喜欢这种游戏化学习方式，每天学得都很开心。乐乐的奶奶有时候和乐乐聊起，说自己小时候每天学习有多辛苦，有多累，还有考试，有的同学甚至不想去上学，乐乐觉得不可思议，奶奶小时候太可怜了。

　　中午在学校吃完午饭后，乐乐在温馨的宿舍和小伙伴们一起睡了一个午觉，然后下午 2:00 正式开始上课。下午的课程主要是活动课程，注重创造力、想象力、问题解决能力、社会责任感等核心素养和关键技能的培养。今天，老师要给同学们讲南太平洋岛国斐济，随着灯光慢慢变暗，教室四周的墙壁和地面上出现了

---

① 本文纯属虚构，人名、地名等名称如有雷同，纯属巧合，敬请谅解。

斐济美地来雾岛的画面,同学们仿佛真的来到了斐济,看到了彩色的海洋,仿佛还有海风吹来。音乐停下来的时候,几个斐济小学生利用全息投影技术穿越时空出现在了教室中央,乐乐和同学们高兴地向斐济小朋友了解斐济的情况。这几个小朋友也挺有意思的,有的说英语,有的说斐济语,还有的说印地语,不过乐乐他们都戴了一个翻译耳机,就像和中国小朋友交流一样,畅通无阻。虽然学校里的全息投影技术、VR/AR/MR技术都已经很成熟了,但是学校也很提倡孩子们到大自然中去亲自体验,这不,乐乐正在读初中三年级的哥哥欢欢这一周就去了河南林州市,亲身体验学习自力更生艰苦奋斗的红旗渠精神。听哥哥说,红旗渠是100多年前林县(今林州市)人民在太行山的悬崖峭壁上,用铁锤和钢钎修成的长达1500多公里的"人工天河",创造了一个世界奇迹。昨天,乐乐看到哥哥用眼镜直播的画面后,感觉真是不可思议。

下午3:30下课后,同学们有一个半小时的自由活动时间,所有的孩子们都可以自由选择音乐、绘画、阅读、体育等课程,或者在学校自由自在地玩,基本上是想玩什么就玩什么,学校里的老师和机器人教师比较多,会确保全校每个学生的安全,并在需要的时候随时提供指导。乐乐的妈妈在北京大学教育学院工作,从妈妈那里,乐乐知道过去学校里老师可没有这么多,因此50年前教育学院在北大算是规模比较小的学院。随着人工智能技术的发展,各行各业需要的专门人才越来越少,教育和医疗行业需要的人才却越来越多,虽然也有机器人,但是人们很多时候还是希望和真的人类打交道,现在每个学校都是小班教学,每个班大约15个人,每个班里除了任课教师外,还有专职班主任、专职心理辅导老师、专职助教,因此国家现在会培养大量的教师,所以现在教育学院已经成了北大最大的学院之一,每年为全国甚至全世界培养数百名优秀的教师。

下午5:00,乐乐乘上校车,返回家中。回到家中后,先打开自己的工作台电脑,开始完成当天的数学作业。现在的学习完全是个性化学习,所以每个孩子的作业都是不一样的,由计算机自动出题、批阅并给出分析报告,老师会参考报告再单独指导。乐乐做作业的时候,有一个分数的问题还是想不太明白,于是扭头就看了一下旁边的学习伴侣机器人飞飞,飞飞马上就知道乐乐碰到了什么问题,于是采用苏格拉底启发式教学法给乐乐仔细讲了讲,乐乐很快就弄明白了。

做完作业,吃完晚饭后,乐乐想爷爷和奶奶了,于是打开客厅的屏幕,整面墙上马上就出现了奶奶家的客厅,大家隔着屏幕坐在一起聊天,乐乐站在屋子中央给大家表演了一段自己在学校刚学的舞蹈,这让大家非常高兴。其实这个时代的物质已经极其丰富了,每个人只要工作20年就可以退休了,而且每周只要上3天班。爷爷已经76了,早期在证券公司工作,是基金经理,后来因为股票买卖全部由机器人负责了,爷爷正好转到了他从小就喜欢的文物研究领域,现在在故宫博物院工作。他其实早就可以退休了,但是爷爷非常喜欢工作,身体也非常健康,现在每周仍然工作6天。奶奶以前是北大医院的医生,不过后来因为医疗技术不断提升,甚至连癌症基本上都被攻克了(人们在大约10年前终于发明了"抗癌素",类似于当年的青霉素,对于一般的癌症,只要吃几天药或者打几针就好了),其他需要做的手术基本上也都是靠机器人,所以奶奶选择了提前退休。这几十年来就在家里写小说、画画、旅游,最近在学习编程知识,还经常和乐乐切磋编程问题,说希望结合自己的工作经验开发一些给孩子们学习卫生知识的小游戏。

在大家聊天的时候,乐乐的叔叔也参加进来了,叔叔现在在景德镇工作。其实叔叔几年前考大学的时候,中国的高等教育在世界上已经排前列了,北京大学、清华大学等一大批高校也已经成为全世界学子向往的学习圣地,本来爷爷也希望叔叔去北京大学或者清华大学申请就读,叔叔的综合评价很好,但是叔叔从小就喜欢陶瓷艺术创作,最后决定选择在陶瓷研究方面世界一流的景德镇大学,爷爷虽然感觉有一点点儿遗憾,但是大家还是非常开心地支持叔叔选择申请适合自己的学校,追寻自己的梦想。其实,现在的高中生不像50多年前大家都想去名校读书,而主要是根据自己的兴趣和特长选择申请合适的大学,所以叔叔的同学们有的选择到北大、清华等传统名校学习教育、医学、脑科学、人工智能等专业,也有的同学会选择去安阳大学学习甲骨文,有的去敦煌大学学习文物保护,有的去西双版纳大学学习动植物保护。

和爷爷奶奶聊完天,乐乐在学习伴侣飞飞的帮助下简单准备了一下明天学习的资料,现在的学校不像50年前的学校,只能在一个学校读书,每周五学生可以在北京市的任何一所小学、博物馆、科技馆、学习中心选修课程。乐乐在北大附小读书,不过这学期她对三峡大坝很感兴趣,所以明天准备去清华附小选修大学和小学共建的"桥梁与社会"课程。

晚上9:00快睡觉的时候,爸爸突然提前回来了,给了乐乐一个惊喜。爸爸在全世界芯片研究领域首屈一指的华为公司北京研发中心工作,昨天去深圳总部出差,今天下午7:00提前办完事,买了一张高铁票,很快就回家了。现在的高铁非常快,北京到深圳大约2 000公里,路上只要不到2个小时。听说50年前需要9个小时以上,乐乐想不明白那时候的高铁每小时才300多公里,那么慢,为什么还叫"高铁"？

夜幕降临了，虽然马路上的车仍然川流不息，但是整个城市非常安静，几乎没有一点儿噪声，乐乐望着窗外的满天繁星，伴着枕头里传来的催眠曲慢慢地睡着了。

事实上，100多年前，也有人画了一张图（图7-8），来幻想2000年的课堂是什么样子的，教师把书扔到机器里，助教摇着机器，知识通过电流就输入到每个人脑子里了。看到这幅图，有人说"灌输，灌输，典型的灌输式教学思想"，他说得确实没有错，但是如果知识真的可以这样灌

图7-8 100多年前人们幻想2000年的课堂①

输，我们是想还是不想呢？人类有很多梦想，正在逐步实现中，比如对医疗的梦想是睡一觉病就全好了，医院正在朝这个方向努力。那要问问孩子们对学习的梦想是什么，他们会不会说睡一觉就全学会了呢？当然，再过100年估计图中的画面也无法实现，但是确实有很多科学家在研究如何把大脑和电脑直接相连②③，如果将来有一天"脑机接口"真的实现了，学习是否就真的"智能化"或者"自动化"了呢？到那时教育到底会发生什么变化呢？不过，这实在有点儿太科幻了，超出本书讨论的范围了，就留给大家去想象吧。下面我们还是来探讨一下实际工作中可能遇到的困难和障碍。

第二节 "互联网+"与未来教育：困难与障碍

一般来说，只要谈到美好的前景，后面跟着的往往就是艰难曲折的过程，在技术变革教育（或者说教育信息化）领域亦是如此。最近十多年来，中国教育信息化事业确实蓬勃发展。在高等教育领域，MOOC发展如火如荼，学习空间建设此起彼伏；在基础教育领域，"三通两平台"工作稳步推进；全国"教学点数字教育资源全覆盖项目"成效

---

① 取自简·马克等人绘制的《2000年的法国》。
② 陈晨. 首届中国脑—机接口比赛在北京举行[N]. 科学时报，2010-11-29(A4).
③ 周舟. 新型无创脑机接口让人用意念控制机器臂[EB/OL]. (2019-06-22)[2019-07-03]. http://www. xinhuanet. com//2019-06/22/c_1124657666. htm.

显著,"一师一优课,一课一名师"活动风风火火;在互联网教育领域,几乎"疯狂"了,大量初创企业加入,互联网巨头也纷纷涉足,传统教育机构纷纷转型。总体而言,中国教育信息化目前确实呈现了这样几个特征:从局部推进到整体推进;从被动应用到主动应用;信息技术与教育教学融合;校内应用与校外应用融合等。不过,或许因为教育改革也进入了"深水区",随着教育信息化的推进,似乎碰到的问题、困难和障碍也越来越多。[①]

一、表层困难和障碍：人、财、物的限制

就高等教育而言:第一,顶层设计比较缺乏。近几年高等教育信息化投入力度很大,但是"想到什么建什么"现象仍然存在,大学里平台越来越多、系统越来越多、资源越来越多,但由于这些系统各自分散建设,没有统一接口标准,形成了一个又一个"信息孤岛"。第二,配套机制比较缺乏。大学课程的网络化和社会化趋势,已经给高等教育发展提供了新的思路。但不容忽视的是,我们还没有建立起与之相配套的体制机制,比如学分制度、教学制度、评价制度、管理制度等,在这些方面进展不大、动作缓慢。第三,发展不均衡现象比较严重。发达地区的高校与欠发达地区的高校之间、名牌大学与普通大学之间的教育信息化水平存在巨大差异,目前似乎已经显露出"好的越好,差的越差"的马太效应。第四,数据应用水平比较低。目前很多高校积累了海量的数据信息,但是我们对于现有数据资源的开发和利用还远远不够,很多数据被人们所忽视,变成了"沉默的数据",没有被应用于改进教学实践,并辅助教育决策。第五,管理体制变革比较缓慢。目前在高校,虽然已经迈出了从数据向信息的一步,但是决策程序、管理机构和工作方式转变还都比较小。

对于基础教育,以上高等教育碰到的问题也都或多或少存在,除此以外,还有一些比较具体的问题:第一,经费保障不力。教育信息化经费尚没有形成有效的投入和运维机制,教育信息化经费不是常设项,仍以立项式投入为主,这与日益增长的运维费用需求有矛盾。另外,过去经费条块分割现象比较严重,一般为设备、培训等费用,而现在学校越来越需要一体化解决方案,需要服务,但是在服务方面的经费很缺乏。第二,投入与效益难以计算。投入与效益一直是困扰教育信息化发展的问题,普林斯顿大学名誉校长威廉·鲍恩也提到,事实上信息技术已经在教育中得到了广泛的应用,像生物、物理等学科离开信息技术几乎无法开展研究,但是这些效益无法计算在传统的产

---

① 尚俊杰,庄绍勇,陈高伟.学习科学:推动教育的深层变革[J].中国电化教育,2015(01):6—13.

出中,体现不出来。① 第三,教育流程变革不够。信息技术与教学深度融合是核心,但不是全部,不能忽视信息技术对教育管理流程的改革,这一点与高等教育类似。第四,研究支持不够,协同创新不足。尽管中国有庞大的学术研究队伍,国家也一直在鼓励产学研协同创新,但是高校学术研究队伍和中小学教师及企业人员有效地进行协同创新还不足。教师们的热情虽然很高,但是在教学模式方面的探索缺乏有效的引导或指导,或许这种自下而上的信息化参与行为会产生时间、精力、财力等方面的浪费。当然,除了以上问题外,资源共建共享等方面也都还存在诸多问题。

至于互联网教育,碰到的问题可能更多。目前互联网教育市场确实很火,但是许多企业都面临着叫好不叫座的尴尬。② 再好的产品,免费给学生用,人家也不一定用。巨额风险投资投进去了,依然找不到清晰的盈利模式。

当然,对于推动教育信息化过程中遇到的人力、财力、物力的问题,我认为不是根本的困难和障碍,因为这些随着经济的发展,慢慢都会有效地解决掉。这背后最根本的困难仍然是人们对技术成效的质疑,比如现在大中小学都在努力尝试的在线同步课堂,虽然有助于共享优质教育资源,但是很多人对这种教学方法的成效持怀疑态度,所以去年"成都七中那块屏"③才引发了长期的讨论。

二、深层困难和障碍：人与技术的关系

如果仔细去深究背后的原因,技术变革教育面临的最根本的深层困难和障碍可能是这样几项：

（一）技术的非显著性

教育固然是复杂的,但是技术是否真的有效呢？虽然有许多教育研究者尤其是教育技术研究者力捧技术在教育中的作用,而且在前面章节我们也看到了确实有很多研究从不同侧面证明了技术的价值,但是也有许多研究者一再撰文质疑技术的作用。斯坦福大学的拉里·库班（Larry Cuban）就曾多次撰文阐明这一点,他认为学校是一个相对稳定的系统,教育的发展是一个缓慢的过程,所以技术很难在短期内变革教育。④⑤ 经济合作与发展组织在 2015 年 9 月 15 日发布了一个研究报告,其中指出,在

① ［美］威廉·鲍恩.数字时代的大学［M］.欧阳淑铭,石雨晴,译.北京：中信出版社,2014：11—12.
② 林凡.IT巨头涉足在线教育 叫好不叫座困境亟待解决［N］.通信信息报,2014-07-14(B13).
③ 易国栋,亢文芳,李晓东."互联网+"时代百年名校的责任与担当——成都七中全日制远程直播教学的实践探索［J］.中小学数字化教学,2018(04)：83—85.
④ Cuban,L. Oversold and Underused：Computers in the Classroom ［M］. MA：Harvard University Press,2003.
⑤ Cuban,L. Teachers and Machines：Classroom Use of Technology Since 1920 ［M］. New York：Teachers' College Press,1986.

课堂上使用计算机教育并未能显著提高学生的成绩。他们的调查结果显示,世界各国各地在学校大量应用信息技术,但是并未在学生阅读、数学及科学的测试成绩上有明显改善。甚至还发现,学生在学校经常使用计算机,成绩反而会更差。在弥合优势学生和劣势学生之间的技能鸿沟方面,技术几乎也没有什么帮助。[①] 赵勇在他们出版的《不要让人去做机器的工作》一书的引言中回顾了自己的教学研究工作后说:"在尝试利用技术促进教育变革的过程中,我一次次感到失望。"事实上,技术变革教育的失败不单体现在语言学习领域,它在教育的各个领域中都存在。这些领域都曾被寄予厚望,教育者也为此付出了不懈的努力,虽然其中也有一些成功的范例,但总的来说,技术并没有大规模地改善教育。从整体来看,美国全国教育进展评估及其他历史评估的结果显示,在过去的几十年里,学生的学业成绩一直没有显著提升,并且学生成绩的差距持续存在。[②] 约翰·哈蒂(John Hattie)也曾历时 15 年,对 52 637 项研究、与数亿名学生学习相关的 800 多项元分析文献再进行综合元分析,提炼了 138 个影响学业成就的因素,其中家庭、学生、学校、教师、教学、课程是六大影响因素,其中最大的影响因素是教师,这也从另外一个侧面说明技术并不是影响学业成就的最重要因素。[③] 杨浩和郑旭东等人也提到,自 1928 年开始,一直到现在,均有研究发现:不同的技术手段在对教育与学习结果的影响上不存在显著差异,这被称为**"非显著性差异现象"**,该现象就像一朵乌云,笼罩着时下信息技术与教育融合这一美丽而晴朗的天空。[④] 在本节,我们也借用"非显著性"来概括技术在提升学习成效方面的"低效性"、"微效性"甚或"无效性"。

当然,就这些问题,很多教育技术研究者不是完全认可,他们认为用传统的成绩测量方法无法准确评估信息化教学的成效,比如信息技术可以促进创造能力、问题解决能力等高阶能力,而用传统的考试就无法测量出来。顾小清在研究了欧盟终身学习研究中心、泛美开发银行、经合组织教育研究和创新中心的学习分析和评估框架,并分析了欧盟"技术在小学中的影响"、韩国"ICT 使用对学习结果的影响"研究案例后指出:各大国际组织已经清醒地认识到信息技术所带来的影响并不仅仅体现在分数上,对"促进学习"的界定已经从单一的学业成就(通常指学习分数),转为更加关注学习过程中的各个因素。他们还提出了一个信息技术促进学习研究的框架,其中指出信息技术

① OECD. Students, Computers and Learning. Making the Connection [DB/OL]. [2015-09-15]. http://dx. doi. org/10. 1787/9789264239555-en.
② 赵勇,张高鸣,雷静,邱蔚. 不要让人去做机器的工作[M]. 上海:华东师范大学出版社,2018:3.
③ [新西兰]约翰·哈蒂. 可见的学习[M]. 彭正梅,等,译. 北京:教育科学出版社,2015.
④ 杨浩,郑旭东,朱莎. 技术扩散视角下信息技术与学校教育融合的若干思考[J]. 中国电化教育,2015(04):1—6+19.

通过直接作用于动机、兴趣等多个过程性的中介因素，促进学习者在学习上的情感投入、认知投入以及行为投入，从而间接对学习结果产生影响。[1] 赵勇和雷静等人也提到人们总是错误地试图用技术提升考试成绩，而没有注意到考试分数高并不意味着认知技能高，通过使用技术来追求较高的考试分数，让我们忽视了非学业技能是学生学习的重要因素，正确的做法应该是用技术为下一代提供更好的教育。[2]

至此，我们可以得出，人们质疑技术的作用，可能有三个原因：一是有的技术真无效或效果不显著（本书用"非显著性"来表示），不是说任何人开发一个教育软件就一定有教育价值，也不是说只要在网上和远方的同学交流一下就一定有助于学习，这就像一些粗制滥造的药品，确实没有效果；二是技术可能有效，但是效果用传统的考试方法难以测量出来；三是这个技术未来可能有效，但是目前还不成熟，效果显现不出来甚至短期内还更差。在这一点上，加德纳咨询公司（https://www.gartner.com）自1995年开始，就依靠其专业分析预测与推论各种技术的成熟演变速度及要达到成熟所需的时间，推出了知名的**技术成熟度曲线**（The Hype Cycle，如图7-9），其中指出新技术的应用一

般会分为五个阶段：技术诞生的萌芽期（Technology Trigger）、过高期望的过热期（Peak of Inflated Expectations）、泡沫破裂的低谷期（Trough of Disillusionment）、稳步爬升的复苏期（Slope of Enlightenment）、实质应用的成熟期（Plateau of Productivity）。就教育领域来说，很多我们推到学校的技术可能还没有达到实质应用的成熟期，甚至还在过热期，所以就没有起到很好的成效。

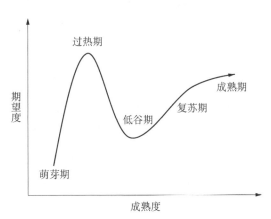

图7-9 技术成熟度曲线图

在前面也讲过，施乐公司的马克·韦瑟曾提出的"看不见的技术"，指的是那些"**无时不在、无处不在而又不可见**"的技术。按照这个概念，我们来看看教育领域中的技术，最早的书、粉笔和黑板早就算是"看不见的技术"了，所以对教育产生了巨大的推动作用。早期的PPT也经常"被人看见"，不是崩溃就是死机，但是经过一二十年来的不断推广，随着软硬件系统越来越稳定、越来越先进，随着教师信息技术水平越来越高，

① 顾小清，王春丽，王飞. 信息技术的作用发生了吗：教育信息化影响力研究[J]. 电化教育研究，2016，37（10）：5—13.
② 赵勇，张高鸣，雷静，邱蔚. 不要让人去做机器的工作[M]. 上海：华东师范大学出版社，2018：51—58.

现在 PPT 基本算是"看不见的技术"了,所以,在世界各地,不管是教师,还是企业、政府人员,几乎都在用 PPT 讲课和做报告。回头来看看虚拟现实、3D 打印、大数据等新技术,我们可以看到就目前的技术发展水平,就目前人们的信息素养来说,这些技术距离"看不见的技术"显然还有很长的路程要走。

（二）创新的艰难性

作为教育技术研究者,我们非常希望新技术一夜之间能够普及到千千万万个课堂中,能够使学校发生翻天覆地的变化。可是看看克里斯坦森撰写的《创新者的窘境》①,就知道创新很艰难,尤其是对社会产生颠覆式变化的破坏式创新更艰难。柯达有人、有钱、有技术,但是最后被自己发明的数码相机弄到了申请破产保护的地步。

创新很困难,创新扩散更艰难。罗杰斯是创新扩散研究领域的重要人物,在他的经典著作《创新的扩散》中开篇就引用了尼古拉在《君主论》中的一段话:

> 没有什么比创造新规则更加艰难、遥远、凶险的了。无论何时,反对派一旦有机会,就会毫无保留的攻击创新者,而其他人则谨慎地防御着,创新者腹背受敌。
>
> ——尼古拉·马基雅维利《君主论》

在他的著作中,还讲了多个典型案例,比如英国海军控制坏血病的案例。1497 年葡萄牙航海家瓦斯科·达·伽马率领 160 名水手绕好望角航行,100 人死于坏血病。1601 年,一个英国船长詹姆斯·兰卡斯特进行了一项检验柠檬汁在预防坏血病方面功效的对比实验,效果非常好。此时大家都以为英国海军会在所有船上都采取这一创新措施。近 150 年后的 1747 年,一个名叫詹姆斯·林德的海军医生在得知这一实验后才进行了第二次对比实验,效果同样很好。此时人们认为英国海军这一次一定会让所有远航的船员采用这项创新。事实上直到 48 年后的 1795 年,此项创新才被广泛采用。② 其实,类似的事情还有很多,马尔科姆·麦克莱恩 1953 年发明集装箱以后,也花了 20 多年才得到了广泛应用。③ 由此可见,技术真正促进生产效率提高,往往会有一个滞后期。信息技术革命在 20 世纪七八十年代已经开始,但是一直到 1996 年美国的劳动生产率才有显著提升。④

在教育领域亦是如此,罗杰斯谈道：幼儿园教育大约历经 50 年的时间（1910——

① [美]克莱顿·克里斯坦森. 创新者的窘境[M]. 胡建桥,译. 北京：中信出版社,2014.
② [美]E. M. 罗杰斯. 创新的扩散(第五版)[M]. 唐兴通,郑常青,张延臣,译. 北京：电子工业出版社,2016：9—10.
③ [美]马克·莱文森. 集装箱改变世界(修订版)[M]. 姜文波,译. 北京：机械出版社,2014.
④ 尚俊杰. 新技术距离教育还有多远？[J]. 中国信息技术教育,2015(02)：20.

1960 年)才被美国的学校完全接受；驾驶培训用了 18 年。莫特(Mort)在 1953 年讲过，美国的学校对教育创新的采用比较滞后，平均滞后 25 年的时间。① 其实不要说别人，我自己也有一个真切的案例。2001 年我去香港中文大学访学的时候，就注意到很多老师同时用两个显示器，比较方便。我当时觉得非常好，但是当时自己并未实施，或许此时可以归因为经费问题。后来大约到了 2010 年左右，我对面办公室赵国栋老师早就用上了多个显示器，我经常过去看，也觉得很好。此时经费应该不是问题，但还是没有行动。一直到 2015 年左右，偶然的机会因为考虑到颈椎问题，我就给笔记本电脑同时接上了一个大显示器，这一用觉得非常好，然后才去买了笔记本底座，同时接上了两个显示器，现在工作起来感觉好多了。后来才开始在学院努力推广。唉，我觉得自己还算是比较追求创新的一个人，但是在这件看起来很简单、实际效果很好的创新上，我居然都用了 15 年时间，你说创新扩散得有多难？

那么为什么创新扩散如此艰难呢？ 当然有多种因素。布莱恩·阿瑟(W. Brian Arthur)在经典著作《技术的本质》中认为，阻碍新技术和新原理取代旧技术和旧原理的主要原因有三个：(1)经历精致、繁复的过程之后，成熟的旧技术反而表现得比新技术好。新技术可能潜力无限，但是此时还处于婴儿期，它们的成熟不可能一蹴而就，因此旧技术存在的时间通常比预料的长。这一点和前面讲的成熟度曲线是类似的。(2)新技术发展得很好，表现也很好，但是采用它需要改变周围的结构和组织。因为成本太高，所以可能不会很快实现。他举了一个例子，说有一个学者在 1955 年曾经研究过兰开夏郡的棉纺厂为什么没有像美国同行那样采用更先进、更高效的机器。原因是因为新机器比较重，如果要安装它们，那么安置旧机器的维多利亚时代的砖结构就得被拆除，成本比较高。(3)第三个原因是心理上的，旧技术可以持续下去是因为从业者不认可新技术带来的愿景和承诺。② 事实上，集装箱技术的效果明显、使用简单，但是为什么也用了很多年呢？ 原因也是因为围绕集装箱的结构和组织必须进行整体改变。在《集装箱改变世界》一书中，马克·莱文森这样写道："这个系统的每一个组成部分，港口、轮船、起重机、储存设施、卡车、火车以及发货人自身的操作等等，都必须做出改变。"③

现在回到教育领域，假如一位老师希望在课堂中率先采用平板教学，如果只是简单地尝试一下，让学生做几道题目或者看一些课件，固然比较简单，但是如果真的希望

---

① ［美］E. M. 罗杰斯. 创新的扩散(第五版)[M]. 唐兴通，郑常青，张延臣，译. 北京：电子工业出版社，2016：64.

② ［美］布莱恩·阿瑟. 技术的本质[M]. 曹东溟，王健，译. 杭州：浙江人民出版社，2018：155—156.

③ ［美］马克·莱文森. 集装箱改变世界(修订版)[M]. 姜文波，译. 北京：机械出版社，2014.

大规模地在学校内甚至区域内普及常态使用,就会涉及方方面面的事情:教育主管部门、校长要同意,学校要有专门的经费来购买相应的软件和服务,学校要有经费购买平板或者可以要求家长购买平板,上课的时候教室要有网络,而且要绝对稳定,速度还要很快,平板里面各种科目、每一节需要的优质资源应有尽有,平板里的软件确实能够基于大数据分析给学生提供个性化的学习支持,就像教育技术研究者宣称的那样美好……而这一切都要满足是比较困难的,所以平板电脑已经出现这么多年了,尚未完全普及。那么,社会领域的新技术为什么普及得比较快呢?比如微信,只要买得起手机,交得起网费,装上就可以用了,它需要的外部组织和机构很简单,所以容易推广。

美国学者戴维斯(Fred Davis)1986年曾根据理性行为理论提出了**技术接受模型**(Technology Acceptance Model,简称TAM,如图7-10),该模型用来反映人们接受技术创新的程度,其中包括两个决定性要素:反映一个人认为使用特定系统对其工作绩效程度提高的"感知有用性"(Perceived Usefulness);反映一个人认为使用特定系统的容易程度的"感知易用性"(Perceived Ease of Use)。该模型认为,系统使用是由行为意向决定的,而行为意向由使用态度和感知有用性共同决定,使用态度由感知有用性和感知易用性共同决定,感知有用性由感知易用性和外部变量共同决定,感知易用性是由外部变量决定的。外部变量包括系统设计特征、用户特征、任务特征、政策影响、组织结构等。[①] 简单地来说,人们接受一项新技术首先要感觉到有用,然后感受到易用,才会真正使用它。

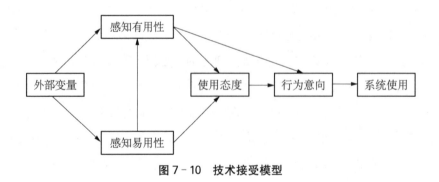

图7-10　技术接受模型

所以,信息技术在向教育领域尤其是正规学校教育系统扩散的过程中,教育系统内各要素之间的竞争与协同,会产生不少变量,其中教师对信息技术的接受程度这个变量尤为关键。教师如果感知到有用和易用,自然对信息技术的接受程度就会高,接

---

① 鲁耀斌,徐红梅. 技术接受模型及其相关理论的比较研究[J]. 科技进步与对策,2005(10):178—180.

受程度越高,信息技术与教学系统的融合就会越深入。但是教师感知有用性和易用性会受到很多外部变量影响,比如教育目标、学生因素、主管部门等各种支撑因素。因为这些因素的影响,信息技术与教育融合往往会呈现滞后性。[①]

总而言之,再好的新技术要想大面积推广普及以提升生产效率都是比较困难的事情。虽然现在的互联网技术在提升生产效率方面的滞后期逐渐缩短,但是考虑到教育领域相对保守的特性,估计这些新技术显著提升教育生产力还需要比较长的时间。

（三）观念的牢固性

以上的困难,归根结底可以追溯到人与技术关系的复杂性上,在这里我用观念的"牢固性"（也许应该用顽固性）来表示,可能不太合适,但是借以说明在技术方面,想改变人的观念其实是很困难的。

这方面最典型的莫过于汽车的发明案例。汽车发明以后,因为马车夫极力抗议,所以英国在1865年颁布了《道路机车法》,规定机动车必须由3个人驾驶,时速不能超过6.4公里,机动车需要配备一名红旗手,手持一面鲜艳的红旗,步行在汽车前方,提醒前方的行人和马车。这样就导致了汽车还不如马车方便,也许因此让英国错失了汽车大国地位。在教育领域,其实也不乏类似的案例,阿兰·柯林斯和理查德·哈弗尔森所著的《技术时代重新思考教育》一书就列举了历史上发生的多个案例：[②]

> 来自1907年美国教师学会的刊物："今天的学生过于依靠墨水。他们不知道如何用铅笔刀削铅笔,钢笔和墨水永远不会代替铅笔。"
>
> 来自1928年出版的《美国乡村教师》："今天的孩子依靠商店购买的墨水。他们不知道如何去自己做。当用完墨水后,他们就不能写字或做算术,除非他们下一次到那个地方去买。这是一则关于现代教育的让人感到悲哀的评论。"
>
> 来自1950年出版的《联邦教师》："圆珠笔会毁掉我们国家的教育,学生使用这些工具,然后扔掉。美国人注重节俭和简朴的价值观会被抛弃。商业界和银行界永远不会允许这种昂贵的奢侈。"
>
> 来自1987年"明日苹果教室记事"中记述的一位四年级教师："如果学生交上来的论文是在电脑上写的,我会让他们用笔写一遍,因为我不相信他们是自己在电脑上完成作业的。"

---

① 杨浩,郑旭东,朱莎.技术扩散视角下信息技术与学校教育融合的若干思考[J].中国电化教育,2015(04)：1—6＋19.
② ［美］阿兰·柯林斯,理查德·哈尔弗森.技术时代重新思考教育：数字革命与美国的学校教育[M].陈家刚,程佳铭,译.上海：华东师范大学出版社,2013：41—42.

我们今天看着这些案例也许会想笑,但是我们今天的一些做法未来的人们看着会不会也想笑呢？比如我们担心孩子的视力问题,就禁止 App 进入课堂。可是难道你真的不担心孩子的视力问题吗？连我这样按说是技术热衷者的人,即使我也知道没有明确的权威的证据支持电脑相对于纸书更影响视力,但是我也会情不自禁地担心计算机会影响视力,所以当别人问我孩子能经常看平板电脑吗？我只能回答要适当。这意味着什么呢？

布莱恩·阿瑟详细描述过这种复杂的心理,他说：对所有的人类存在来说,自然是我们的家——我们信任的是自然,而不是技术。但同时,我们仍然指望技术能够照顾我们的未来——我们寄希望于技术。这样一来,**我们实际上把希望寄托在了一些我们不太信任的东西上了**,这有点儿讽刺。① 确实,谈到大自然,我们就会想起脚踏实地,想起一分耕耘、一分收获,我们的心里是踏实的。但是一想到技术,我们心里可能就会有一些担心：

> 人类学会了使用火,从此我们特别担心防火安全。
>
> 人类发明了塑料,大大方便了我们的生活,但是特别担心环保。
>
> 人类发明了飞机,大大拓展了人们的交流空间,但是从此人们特别担心飞机安全,虽然飞机的各种安全保障已经做得是最好的了,事故概率已经是最低的了,但是也挡不住人们最担心飞机事故。坐事故概率更高的汽车、火车想不起买保险,但是坐飞机基本都会买保险。
>
> 人类发明了电脑,我们担心孩子再不会写字,我们担心电脑对孩子的视力有影响,我们担心自己存储在电脑里的文件突然消失。
>
> 人类发明了人工智能、机器人,科学家们在努力让机器人的智能越来越强,最终希望能够超越人类的智能并能够帮我们做很多事情。但同时我们也特别担心有一天机器人的智能超越了人类,开始统治人类,甚至消灭人类。
>
> ……

可以说,人类发明的技术有多高级,心里的担忧就会有多深沉。而且这个担忧是"刻在基因"里的,是难以磨灭的,而且它也是有道理的,也不一定都是杞人忧天。这是

---

① ［美］布莱恩·阿瑟. 技术的本质［M］. 曹东溟,王健,译. 杭州：浙江人民出版社,2018：239.

否有点儿像唐僧和孙悟空的关系，唐僧确实需要寄希望于孙悟空的帮助，西天取经能否成功很大程度上取决于孙悟空是否尽力。可是，唐僧最担忧最不信任的人估计就是孙悟空了，所以经常要念念紧箍咒。唐僧做错了吗？好像也没有，如果他不会念紧箍咒，说不定孙悟空早回花果山了。但是孙悟空容易吗？他要帮助唐僧就必须打死一些妖怪，可是打死妖怪，唐僧就会担心他打死好人。人类与技术的关系与唐僧和孙悟空的关系是否有点像呢？人类需要依靠技术生产足够的粮食、衣服、战胜疾病，扩展双手、双脚的能力，但是人类又时刻担心着技术的副作用（有的确实有），所以你说技术发展能不艰难吗？

那么人类到底需要什么技术呢？曾出版过经典著作《娱乐至死》和《童年的消逝》的著名学者尼尔·波斯曼（也有人翻译为波兹曼）在《技术垄断：文化向技术投降》中仔细论述了技术和文化的关系，他根据技术对人类世界的影响，将文化的发展分为了三种类型：**工具使用文化、技术统治文化和技术垄断文化**。① 在 17 世纪以前，所有的文化都是**工具使用文化**，在这个阶段，发明工具（技术）的目的主要是两件事情：一是解决物质生活中具体和紧迫的问题，比如利用风车推磨等；二是如何为艺术、政治、神话、意识和宗教等符号世界服务的问题，比如修建教堂、城堡。总的来说，在这个阶段，工具为人类所掌握和使用，信仰指引着工具的发明，限制着工具的用途。18 世纪开展的工业革命则使得文化逐渐成为了**技术统治文化**，波斯曼认为这肇始于中世纪的三大发明：机械时钟、活字印刷术和望远镜。机械时钟本来是为那些更虔诚地把自己奉献给上帝的人设计的，没想到却帮助了那些致力于创造财富的人，带来了模式化的生产、规则的工作时间和标准的产品。活字印刷术则改变了口耳相传的传播方式，使人类逐渐脱离了家庭、教师和神父的强大口语传统的影响，甚至逐渐摧毁了世界宗教社群的凝聚力。望远镜则摧毁了地心说，动摇了基督教神学的基本观点。在这个阶段，机器对人类产生了巨大的影响，人类几乎完全依赖机器，但是工具（技术）仍然是为人类服务的，不会成为人类的主人。此时技术世界观和传统世界观这两种对立的世界观就在不安的紧张中共存。20 世纪 20 年代以后，在美国，技术统治文化逐渐向**技术垄断文化**过渡。在这一阶段，技术为人类提供了各种便利、便捷、舒适、卫生、丰裕等等一目了然，前景光明。技术也为旧世界的习俗、传统和信仰提供了新的替代品，比如用青霉素替代祷告，用看电视来替代阅读，用娱乐来代替思考。当蔚为壮观的技术胜利之时，我们对自己的信仰也失去自信，对自己也失去自信，只剩下一个可以相信的东西——技

---

① ［美］尼尔·波斯曼. 技术垄断：文化向技术投降［M］. 何道宽，译. 北京：中信出版集团，2019：21—61.

术。此时,技术的价值观定义了我们的存在、我们的信仰、我们的语言和我们的思想。①

对于波斯曼的观点,确实也有一些质疑和不同意见,但是他的观点确实反映了很大一部分人对技术的态度,当技术是成熟的、可靠的、基本能被人们完全控制的时候,人们很愿意采用这些技术,比如风车、水车、蒸汽机等(工具使用文化时代和技术统治文化时代),但是当技术逐渐对我们的信仰、存在和价值观等产生影响的时候,我们就开始紧张和焦虑,比如互联网、人工智能等(技术垄断文化时代)。其实阿瑟也有类似的观点,他认为:我们对技术下意识的反映是,我们并不排斥技术,没有技术就没有人类,技术对我们成为人起了非常大的作用。但在我们的无意识中,把技术奴役我们的本性和技术拓展我们的本性作了区分,我们不仅需要舒适的生活,我们还需要意义、需要目的,需要和大自然融为一体。如果技术将我们与自然分离,就带给了我们某种类型的死亡,但是如果技术加强了我们和自然的联系,它就肯定了生活,因而也就肯定了我们的人性。② 简而言之,我们特别期望那些能够让我们和大自然建立联系的技术,比如最初电脑可以帮我们计算总分和平均值,这时候虽然也有人担忧,但是总体来说我们还是把它当成工具,觉得挺好,但是一旦这个技术要切断我们和自然的联系,比如计算机自动分析我们每天的行为自动决定我们每天应该干什么事时,我们心里就开始担忧。所以这也可以部分解释为什么人们一边发展新技术,一边要到农村去,到自然中去。

随着互联网、人工智能、机器人等信息技术的快速发展,越来越多的人开始接受新技术,但是相信基于人类"基因"中对技术的态度,人们对新技术的质疑也会长期存在,甚至会越来越多。在教育领域也是如此,而且因为教育相对比较保守的原因,可能质疑还会更强烈,我们就以个性化学习为例来讲:

前面章节已经讲过,个性化学习是人类永恒的梦想,因材施教已经谈了几千年了,但是传统班级式教学最大的麻烦就是兼顾不了个性化学习,所以我们努力想各种方法兼顾个性化学习:

人们发明了测试,借助标准化测试,可以方便地、快速地检查每个学生的学习情况,从而可以给予个性化的指导。这个技术在人的控制之中,得到了普遍应用。

人们想出了小班教学,可以尽可能实现个性化。这个技术也在人的控制之

---

① 李晓云. 媒介生态与技术垄断——尼尔·波兹曼的技术垄断批判[J]. 四川大学学报(哲学社会科学版),2007(01):70—74.

② [美]布莱恩·阿瑟. 技术的本质[M]. 曹东溟,王健,译. 杭州:浙江人民出版社,2018:240—241.

中,所以也在推广(当然需要考虑成本)。

人们发明了翻转课堂,让学生在家里先看视频课程,到教室来做作业,和老师讨论。这个技术似乎对教师造成了一定的挑战(参考前面章节),但是似乎还在教师的掌控之中,学生看的还是老师的讲课视频,基本的教学规范还没有大的改变,所以对这种技术人们也接受、也质疑。

人们发明了在线学习,并可以利用大数据技术分析每个学生的学习行为,并给予学生个性化的指导。这项技术虽然也有人担心学生的隐私问题,但是因为是在后台进行的,大部分人没有太感性的认识,所以质疑声并不大,正在努力推广中。

人们觉得还不过瘾,又发明了一种基于人工智能的视频分析技术,可以在教室用摄像头录像(也有人建议学生再穿上可穿戴设备),并自动对学生的表情和情绪进行分析,从而可以了解学生的学习动机、学习效果,可以及时提醒教师或者干预学生的学习。这下就炸锅了,不仅社会大众、传统教育研究者反对,就连教育技术研究者似乎也不是太支持。

可是大家要想一想,你要我实现个性化学习,我不了解每个人的具体情况怎么进行个性化学习支持呢? 由此可见,我们内心也是矛盾的,我们也知道需要尽可能了解每个人的各种信息才能充分地实现个性化学习,但是技术一旦超过某个限度的时候,我们就接受不了了。所以,技术变革教育不是一件非常容易的事情。

(四) 教育的复杂性

在上一章,我们实际上已经谈过教育管理的复杂性,当然,就整个教育而言,就更加复杂了。

首先,教育发展目标本身就很复杂。拿医学来比较,医院的目标就是治病救人,很简单。学校的目标按说也很简单,就是为社会培养人才,但是究竟培养具有什么知识和能力的"人"就成了一个复杂的问题。美国"21 世纪技能联盟"于 2013 年发布了《21世纪学习框架》(图 4-13),其中指出了 21 世纪不可或缺的几种关键技能。北京师范大学林崇德教授也牵头提出了中国学生发展核心素养框架,其中也提出了中国学生需要具备的六种核心素养指标。按说这两个方案都是许多专家经过很长时间提出来的,应该说是比较合理的,可是我们能想象未来就不需要再研究核心技能,就一直照着这两个方案培养学生吗? 可以想象,未来 20 年、30 年、50 年仍然会有学者不停地研究需要培养哪些核心素养。

其次,教育发展目标很难精准落实到具体教育活动上。上面提到的关键技能和核心素养要想准确落实到教学活动中也是比较困难的,是落实在语文课上,还是数学课上,还是综合课上?学校采用传统的数理化分科教学,有人质疑说不能培养高阶综合能力,所以我们要推出 STEAM,要推出通识教育,要推出综合实践活动课程。可是推出综合课程,又有人质疑削弱了学科,不利于打下坚实的基础。如果泛化一下目标,教育就是要让学生知道理想的人生是什么、人为何为人,就是要使人幸福。这就更麻烦了,如果学生学习成绩比较差,考不上理想的学校,他会幸福吗?即使他考上北大、清华等名校,他就一定幸福吗?事实上,越往后思考越复杂,所以,在现实中,我们就会看到有学校"轰轰烈烈宣传素质教育,扎扎实实开展应试教学",这可能就是这些复杂性的具体体现吧。

当然,归根结底,教育的复杂性是由教育对象的复杂性决定的,教育对象是"人"不是"物",而"人"恐怕是世界上最复杂的对象。所以,康德早就讲过,能够对人提出的最大、最难的问题就是教育,教育艺术是对人类来说最困难的两种发明之一。①

综上所述,技术变革教育会碰到很多根本性的困难和障碍,不过,虽然我们内心深处可能有对纯自然淳朴生活的追求,但是恐怕没有太多人愿意生活在 18 世纪,更不愿意像祖先一样生活在山顶洞里,所以即使技术真的会有负面作用,我们也只能与时俱进,接受新技术。我们能做的就是要尽量避免技术的副作用,让人类从技术中受益而不是受害。

结语 仰望星空,脚踏实地

基于本章的分析,我们或许可以用"仰望星空,脚踏实地"来总结。在技术的支持之下,未来教育的大幕已经徐徐拉开,我们可以去仰望星空,充分地想象未来的教育:(1)学习空间会变得更加舒适、温馨和时尚,线上虚拟空间会覆盖每一个人,用户体验良好,学习资源丰富,学习支持到位,线上线下空间可以有机地融合。(2)在课程设置方面,现有的传统课程仍然会很重要,但是信息技术教育、STEM、创客教育、环保教育、安全教育、职业规划教育等内容会逐步渗透进来,国家课程、地方课程和校本课程相互配合,给学习者提供一个可以适度自由选择的丰富的课程支持。(3)在教材资源方面,主要学科的教材内容可能不会有太大的变化,但是相信教材形式及配套资源一

---

① [德]康德. 康德论教育[M]. 李其龙,彭正梅,译. 北京:人民教育出版社,2017:9.

定会发生比较大的变化,数字教材将会比较普及。教材辅助资源会更加丰富,包括文字、图片、视频、3D、虚拟现实、教育游戏等各种形式的有助于促进认知的教学支持资源会比较丰富。(4)在学习支持方面,首先学习者可以借助网络获取各方面的优质的教学资源(如慕课),其次可以借助各种认知工具更好地理解和掌握知识,再次可以利用各种线上工具和远程教师学伴方便地进行交流讨论,最后还可以借助人工智能机器人进行各种答疑讨论。(5)在教学支持方面,教师在各种工具的辅助下,一方面可以更好地开展教学,一方面可以借助人工智能大数据技术对学生的学习行为进行科学的分析,并给予恰当的支持和评价。(6)学习不会局限于学生时期,也不会局限于校内,校内校外的学习界限将会打破,终身学习将成为日常生活。博物馆、科技馆、艺术馆、实践基地等都将成为学习空间,将努力实现人人可学、处处能学、时时可学。

在未来教育的发展过程中,困难和障碍将会一直伴随着我们,人财物的缺乏,地区之间教育水平的不均衡可能会一直存在。虽然说技术有助于加强教育管理,但是技术也会使管理变得更加复杂,对教育管理和领导提出了新的挑战。当然,最重要的还是人与技术的关系,技术的非显著性、创新的艰难性、观念的牢固性、教育的复杂性将会时刻困扰着技术发展的脚步。因此,我们在仰望星空的同时也需要脚踏实地的去想办法解决实际问题。

不过,就如大家常说的"改革开放比不改革开放碰到的问题可能还要多,但是不应该停止改革开放,而应该进一步深化改革,来解决改革中碰到的问题"。照着这句话,我们是否也可以说:"**应用信息技术比不应用碰到的问题可能还要多,但是不应该停止应用,而是应该进一步深化应用,来解决应用中碰到的问题。**"

第八章　结语：未来教育发展策略

九层之台，起于累土。①

国家对信息技术在教育中的应用价值非常重视，一系列文件中也指出了具体发展策略。在 2010 年颁布的《国家中长期教育改革和发展规划纲要（2010—2020 年）》（以下简称《纲要》）中指出："**信息技术对教育发展具有革命性影响，必须予以高度重视。**"将信息技术在教育中的作用提到了前所未有的高度。《纲要》要求加快教育信息基础设施建设；把教育信息化纳入国家信息化发展整体战略，超前部署教育信息网络；加强优质教育资源开发与应用，促进优质教育资源普及共享；构建国家教育管理信息系统，不断提高教育管理现代化水平。同时还要构建灵活开放的终身教育体系，建设以卫星、电视和互联网等为载体的远程开放继续教育及公共服务平台，为学习者提供方便、灵活、个性化的学习条件。

在 2011 年颁布的《教育信息化十年发展规划（2011—2020 年）》（以下简称《规划》）中也明确提出："**用十年左右的时间初步建成具有中国特色的教育信息化体系，使我国教育信息化整体上接近国际先进水平。**"到 2020 年，要基本建成人人可享有优质教育资源的信息化学习环境，基本形成学习型社会的信息化支撑服务体系，基本实现所有地区和各级各类学校宽带网络的全面覆盖，教育管理信息化水平显著提高，信息技术与教育融合发展的水平显著提升。教育信息化整体上接近国际先进水平，对教育改革和发展的支撑与引领作用充分显现。

在 2015 年颁布的《国务院关于积极推进"互联网＋"行动的指导意见》中，要求积极**探索新型教育服务供给方式**。鼓励互联网企业与社会教育机构根据市场需求开发数字教育资源，提供网络化教育服务。鼓励学校利用数字教育资源及教育服务平台，逐步探索网络化教育新模式，扩大优质教育资源覆盖面，促进教育公平。鼓励学校通过与互联网企业合作等方式，对接线上线下教育资源，探索基础教育、职业教育等教育公共服务提供新方式。推动开展学历教育在线课程资源共享，推广大规模在线开放课

---

① 引自老子《道德经》第 64 章。

程等网络学习模式,探索建立网络学习学分认定与学分转换等制度,加快推动高等教育服务模式变革。

在 2017 年颁布的《新一代人工智能规划》中指出：**要实施全民智能教育项目**,在中小学阶段设置人工智能相关课程,逐步推广编程教育,鼓励社会力量参与寓教于乐的编程教学软件、游戏的开发和推广。

在 2018 年颁布的《教育信息化 2.0 行动计划》中指出：因应信息技术特别是智能技术的发展,**积极推进"互联网＋教育"**,坚持信息技术与教育教学深度融合的核心理念,坚持应用驱动和机制创新的基本方针,建立健全教育信息化可持续发展机制,构建网络化、数字化、智能化、个性化、终身化的教育体系,建设人人皆学、处处能学、时时可学的学习型社会,实现更加开放、更加适合、更加人本、更加平等、更加可持续的教育,推动我国教育信息化整体水平走在世界前列。

在 2019 年颁布的《中国教育现代化 2035》中指出,到 2035 年,要**总体实现教育现代化**。其中要加快信息化时代教育变革。建设智能化校园,统筹建设一体化智能化教学、管理与服务平台。利用现代技术加快推动人才培养模式改革,实现**规模化教育与个性化培养**的有机结合。创新教育服务业态,建立数字教育资源共建共享机制,完善利益分配机制、知识产权保护制度和新型教育服务监管制度。推进教育治理方式变革,加快形成现代化的教育管理与监测体系,推进管理精准化和决策科学化。

在 2019 年 5 月召开的国际人工智能与教育大会上,习近平主席在贺信中指出,积极推动人工智能和教育深度融合,促进教育变革创新,充分发挥人工智能优势,加快发展伴随每个人一生的教育、平等面向每个人的教育、适合每个人的教育、更加开放灵活的教育。陈宝生部长、钟登华副部长等从不同角度指出了人工智能时代教育发展的方向和策略。面向未来,中国将积极发挥现代技术在促进教育公平、提升教育质量中的作用,推动教育理念、教学方式、管理模式创新,完善以学习者为中心的**智能化教学环境**,努力实现规模化教育和个性化培养的有机结合,不断提升各类人才的创新精神和实践能力。

相信在国家政策的推动下,技术必将对教育产生革命性的影响,以教育信息化全面推动教育现代化也必然会实现。考虑到上一章分析的困难与障碍,仍然要进行全面的考虑,谨慎地应对可能出现的问题。个人认为,需要特别重视的是：第一,要转变观念,技术时代重新思考教育;第二,要注重研究,夯实教育事业发展基础。

第一节 转变观念：技术时代重新思考教育

尽管《纲要》中早就指出"信息技术对教育发展具有革命性影响，必须予以高度重视"，尽管"以教育信息化全面推动教育现代化"已经成为我国教育事业发展的战略选择。但是根据上一章的论述，可以看出彻底转变观念仍然有很大难度。所以，我们可能还是需要进行艰苦卓绝的教育、培训、宣传和推广工作，让更多的教育管理者、研究者、一线教师乃至家长了解接受教育信息化。在如今的信息时代及马上要到来的人工智能时代，如果想看到教育生产力可以像企业生产力一样显著提高，就不能再把信息技术当成工具和手段，而应该在信息技术的背景下重新思考教育。阿兰·柯林斯和理查德·哈尔弗森在《技术时代重新思考教育》一书中也详细论述了这一点，我们这里就结合他们的论述[1]以及其他学者的观点，围绕本书的主题，系统汇总讨论一下（图 8-1）：

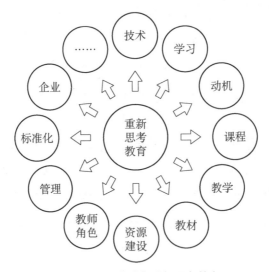

图 8-1 技术时代重新思考教育

一、重新思考技术

首先，要认识到虽然新技术可能还存在一些问题，但是**我们已经离不开新技术，只能寄希望于新技术**，必须有意识地破除传统教育观念的牢固性甚至顽固性，在教育领域加大对新技术的研究与应用。要想真正实现个性化学习，靠传统教学是很难的，就算一个学生配一个老师也未必能做到，只能借助人工智能、大数据等技术对学习行为

---

① [美]阿兰·柯林斯，理查德·哈尔弗森. 技术时代重新思考教育：数字革命与美国的学校教育[M]. 陈家刚，程佳铭，译. 上海：华东师范大学出版社，2013：126—141.

进行分析，并结合小班教学才有可能；要想真正促进区域教育均衡发展，靠集团办学、支教会有效果，但很难解决根本性问题，只能利用信息技术共享优质教育资源，或许更容易实现均衡。就像威廉·鲍恩在《数字时代的大学》中讲的，不差钱的学校让差钱的学校日子更难过，但是你很难让各个学校快速均衡发展，几乎唯一的方法就是利用信息技术让差钱的学校的学生也尽可能享受优质教育资源。①

其次，要清醒地认识到技术的非显著性和创新的艰难性。要意识到我们推到校长、教师、家长面前的一些新技术或许还处在技术成熟度曲线的前期，尚未达到可以实质应用的成熟期，还不是成熟的"看不见的技术"。对于这些技术，需要通过探索性应用去完善它，但是如果大面积推广就需要很谨慎。当然，创新很艰难，创新扩散更艰难。所以，要特别注意呵护那些发生在边远地方、不起眼的地方的创新应用，要认真地去研究，对于优秀的成果要积极地去推广。

再次，我们也要特别注意波斯曼的"技术垄断文化"②和阿瑟的"技术的本质"③等理论：**要确保技术不会奴役我们，人类要成为技术的主人**；要让技术有机地融入教育中，不要让技术割裂了人类与自然的联系。对于学校来说，使用技术的目的是为了更好地搞好教学，不能为了技术而技术；对于教师来说，技术不是要替代教师，而是要帮助教师，过去由教师完成的重复性任务可以或者必须交由技术完成，这样教师就有时间和精力去完成机器无法完成或完成不好的工作了，比如给学生提供情感支持或个性化学习指导。简单地说，就像电影《黑客帝国》中特工史密斯说的那句台词"不要让人去做机器的工作"，要让教师尽量去做人应该做的事情；④对于学生来说，需要给他们开展技术教育，但是"技术教育的目的是要学生掌握技术会帮我们做什么，又会阻碍我们做什么；它是关于技术如何利用我们，以及它在过去是如何利用人类的；它是关于技术如何创造了新世界的"。⑤ 这一点也就类似于我们经常说的信息素养，这是信息时代公民的基本素养，是中小学生应对信息化环境下的生活、学习、工作要求所必须具备的核心素养之一。⑥

关于技术与学习成绩**的关系**，这是一个很令人纠结的问题，技术怀疑者总是在质疑技术没能提升学习成绩，而技术热衷者则不断强调这是一个变革的时代，技术能够

① ［美］威廉·鲍恩. 数字时代的大学［M］. 欧阳淑铭, 石雨晴, 译. 北京：中信出版社, 2014.
② ［美］尼尔·波斯曼. 技术垄断：文明向技术投降［M］. 何道宽, 译. 北京：中信出版集团, 2019.
③ ［美］布莱恩·阿瑟. 技术的本质［M］. 曹东溟, 王健, 译. 杭州：浙江人民出版社, 2018.
④ 赵勇, 张高鸣, 雷静, 邱蔚. 不要让人去做机器的工作［M］. 上海：华东师范大学出版社, 2018：130—132.
⑤ 李晓云. 尼尔·波兹曼与媒介生态学［J］. 新闻界, 2006(04)：84—85.
⑥ 吴砥, 许林, 朱莎, 杨宗凯. 信息时代的中小学生信息素养评价研究［J］. 中国电化教育, 2018(08)：54—59.

给学习者更多的知识、更重要的能力。① 我自己应该也算是一个技术热衷者,也相信技术的价值和潜力,但是我一直对这一点觉得有所不妥。这就好比一个企业希望挣到钱,我们却总是告诉人家这样可以提升企业文化,那样可以提升员工幸福度,就是不告诉人家怎样可以赚到钱,人家能信你吗? 回到教育领域,恐怕相当长时间内校长、教师、家长和学生最看重的还是成绩,如果技术始终不能提升成绩,那么怎么可能会对教育产生深层变革呢? 所以,技术能否首先提升成绩,然后再给学习者更多的高深知识和高阶能力呢?

最后,基于以上情况,**建议可以在全国选择建设若干个真正的未来实验学校**,这些未来实验学校不一定要多,不一定要豪华,不一定都在大城市,但是它们是真正的实验学校。集中力量探索 2035 年的教育是什么样,技术究竟能起到什么作用? 在这些学校,尽量配备一些超前的新技术,开展系统性、前瞻性和基础性的试点实验研究,为将来大规模应用积累宝贵经验。

二、重新思考学习

在第四章,我们已经仔细探讨了新技术支持下的学习方式,首先要善于利用移动学习、游戏化学习、VR/AR、深度学习等技术,结合探究学习、协作学习、基于项目的学习等多种学习方式,使学习更科学、更快乐、更有效②。

其次,要认识到随着新技术的发展,学习不一定意味着在学校上课,教育也不等同于学校教育。③ 当然,对于大中小学生来说,可能还是需要一个校园,让他们度过美丽的童年、少年甚至青年时光,让他们能够逐步完成社会化的过程。但是这不意味着学生必须一直在学校和课堂里进行学习,他们也可以到科技馆、博物馆、实践基地等真实的情境中学习。当然,鼓励学生到真实情境中去学习④并不意味着学习一定是完全情境的,对于不同的学习内容要采取不同的学习方式⑤,比如简单的概念性知识等使用直接讲授式教学效果会更好,而对于一些高阶知识和能力或许适合在真实情境中采用

① [美]阿兰·柯林斯,理查德·哈尔弗森. 技术时代重新思考教育:数字革命与美国的学校教育[M]. 陈家刚,程佳铭,译. 上海:华东师范大学出版社,2013:22—56.

② 尚俊杰,蒋宇. 游戏化学习:让学习更科学、更快乐、更有效[J]. 人民教育,2018(Z2):102—104.

③ 赵勇,张高鸣,雷静,邱淑. 不要让人去做机器的工作[M]. 上海:华东师范大学出版社,2018:118.

④ Brown, J. S., Collins, A., & Duguid, P. Situated cognition and the culture of learning [J]. Educational Researcher, 1989,18(1):32-42.

⑤ Jonassen, D. H. Evaluating constructivistic learning [C]. T. M. Duffy & D. H. Jonassen (Eds.). Constructivism and the technology of instruction: A conversation. Hillsdale, N. J.: Lawrence Erlbaum Associates Publishers, 1992:137-148.

项目式学习。而且,利用 VR/AR 等技术创设近似真实的学习情境可能会更有意义。[①]

再次,当前终身学习已经成为各界的共识,斯坦福大学的"开环大学计划"只是一个研究计划,但是为什么如此受人重视,估计也是迎合了时代对终身学习的需要。中国教育发展战略学会会长、北京大学原党委书记闵维方在 2004 年曾撰文指出:我们正在进入知识经济时代,知识信息已经成为当今世界最为重要的资本。知识的不断创新要求人们不断地学习和终身学习,那些不善于学习的个人和民族,那些教育体系和学习体系跟不上时代潮流的国家,将会被远远地抛在历史进程的后面。因此,构建终身教育体系,建设学习型社会是历史发展的客观趋势和必然选择。[②] 教育部发展研究中心原主任张力也曾撰文指出:《中华人民共和国教育法》首次从教育基本法角度确认了终身教育制度,党的十六大、十七大和十八大报告相继对完善终身教育体系、建设全民学习终身学习的学习型社会做出明确部署,《国家中长期教育改革和发展规划纲要(2010—2020 年)》也围绕构建灵活开放的终身教育体系、搭建终身学习"立交桥"提出了总体要求。[③] 要开展终身学习,就要求重视除了基础教育和高等教育之外的继续教育,中国教育学会杨银付秘书长指出:要从时代发展趋势和国家发展战略高度充分认识发展继续教育的重大意义。[④] 不过呢,虽然所有人都认可终身学习,但在实践中开展起来却比较难。我有一次和时任深圳罗湖区教育局局长王水发博士在讨论家庭教育时,我们想到或许可以打造一个家长学习平台,满足家长渴求学习如何教育孩子的需要,将家长拉到这个平台中,然后逐步推给更多的学习内容,或许可以逐渐打造终身学习平台。就如现在的"学习强国"App,确实促进了终身学习的开展。

最后,要特别重视非正式学习,这也是实现终身学习的重要保证。美国国家研究理事会曾经组织专家撰写了《非正式环境下的科学学习:人、场所与活动》一书,其中指出:相比于正式学习环境,学习者在非正式环境中可以发展认识、兴趣、动力、社会胜任力和实践能力等,他们可以获得附加的知识、思维习惯和学习更多新东西的意愿。在人的一生中,非正式学习范围更加广阔,时间更长更多,比如图 8-2 就显示了正式与非正式学习下终身学习(Lifelong Learning)和广泛学习(Life-wide Learning)的普遍性。[⑤]

---

① 尚俊杰. 虚拟现实最重要的价值是什么? [J]. 中国信息技术教育,2015(10):10.

② 闵维方. 高等院校与终身教育[J]. 中国大学教学,2004(02):9—10.

③ 张力. 学有所教、学有所成、学有所用——十三亿中国人的教育梦[J]. 教育研究,2013,34(04):4—6.

④ 杨银付. 从时代发展趋势和国家发展战略高度充分认识发展继续教育的重大意义[J]. 中国远程教育,2012(02):6—7.

⑤ [美]菲利普·贝尔,布鲁斯·列文斯坦,安德鲁·绍斯,米歇尔·费得. 非正式环境下的科学学习:人、场所与活动[M]. 赵健,王茹,译. 北京:科学普及出版社,2015:26—27.

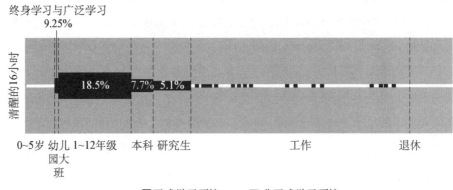

图 8-2 终身学习与广泛学习①

由图 8-2 可以看出非正式学习的重要性。就以养育孩子来说,现在很多年轻的妈妈其实都靠在网上社群看资料来带自己的孩子,不爱吃饭怎么办? 发烧了怎么办? 你说这种学习方式没有意义吗? 再以看微信来说,有一些人质疑人们天天看微信,认为这些浅层的碎片式的学习是不行的,但是微信里其实也有很多高质量的论文、著作,如果不只是在上面瞎聊,而是盯住几个比较好的公众号或者知名人物推荐的文章,学习效果可能也非常好。事实上,在大学里很早就有一句话,"重要的不是你学什么课,而是你睡在谁的上铺",这也体现了非正式学习的重要性。

总体而言,**建议各级教育主管部门要意识到学习的时代转型,能够建立应对终身学习的保障机制。**建立长效机制,有力地统筹校内学习和博物馆、科技馆等校外学习。充分发挥普通高校、研究机构和国家开放大学等优质教育资源的作用,结合非正式学习方式,给所有人提供线上(比如学习强国)线下(比如建立社区学习中心)相结合的学习环境,真正实现"人人皆学、处处能学、时时可学"的学习型社会。

三、重新思考动机

在注重个性化学习的"一个不能少"的时代,提升学生的学习动机显然意义重大。我之前曾经讲过,每一个孩子去上小学一年级的时候几乎都是高高兴兴地跑着去的,遗憾的是慢慢地一部分孩子就不是那么高兴了。我们在 2018 年也做了一个比较大型的调查研究,结果也显示,4、5、6 年级孩子的学习动机虽然保持得还不错,但是从统计

---

① 本图显示人们将一生中的清醒时间分配给正式教育活动与其他活动中的大致相对比例。

学意义上看确实在降低。[①] 难道人们的学习动机真的就是要不断降低，学生的成绩就是要一点一点落下去吗？事实上，学习是人的天性，人一生下来就是爱学习的，终其一生，绝大部分人都对世界充满了好奇心，都希望去快乐地探索整个世界。比如，很多孩子在幼儿期，都是很快乐地学会了穿衣、吃饭、说话等很多知识和能力；在课外非正式学习中，很多人也是快乐地废寝忘食的学习计算机、历史等方面的知识，甚至一些退休的人愿意付很多钱到"得到"等知识付费网站上学习；即使在课堂学习中也能看到一些教室中人挤人地在认真听课，毫无疑问，学习是可以快乐的。

那么学习动机究竟是怎样丢失的呢？这方面的研究汗牛充栋，人们先后提出了需求层次理论、成就动机理论、内在动机理论、自我效能感理论、心流理论等各种理论，可以用来解释学习动机存在的问题。这里不再赘述这些理论，只是想从现在互联网领域特别强调的用户体验的角度来谈谈。所谓**用户体验**，指的是人们对于针对使用或期望使用的产品、系统或者服务的纯主观感受，包括情感、信仰、喜好、认知印象、生理和心理反应、行为和成就等各个方面，通俗来讲就是"这个东西好不好用，用起来方不方便"。[②] 在互联网乃至传统商业领域，都特别强调以用户为中心、以人为本，一定要给用户最好的"用户体验"。最典型的就是微信，特别好用，所以用户数在 2018 年就破了10 亿。在传统商业领域，最典型的就是"海底捞"，客人只是想打包一块吃剩的西瓜，没想到服务员送来一个整的西瓜，说切开的西瓜带回去不卫生。周到的服务不胜枚举，令每一个到海底捞就餐的顾客都印象深刻。[③] 现在我们从用户体验的视角来分析一下学校教育，学校似乎更多的是从"教"和"管"的角度来对待学生，从"服务"的角度考虑得比较少。大家想一想，在规定时间、规定地点学习规定内容，这些学生容易吗？他们的"用户体验"究竟会怎样呢？

谈到用户体验，我们自然想到前面讲过的游戏化学习，可以利用游戏的优势，让学习变得更有趣，从而激发学生的学习动机。[④] 当然，也有人强调学习就是痛苦的，不能用"快乐"给学生"行贿"。[⑤] 对此，且不论确实有很多实证研究证明游戏有助于激发学

① 尚俊杰,缪蓉,吴筱萌,王爱华,胡若楠,等. 2018 中国学习计划报告[R]. 北京大学教育学院学习科学实验室,北京大学基础教育研究中心,2019.

② 百度百科：https://baike.baidu.com/item/用户体验/1994。

③ 许荣聪,邹恒超. 海底捞 VS 胖东来：用户体验背后的成功基因！[EB/OL]. (2018-01-31)[2019-06-20]. https://www.sohu.com/a/220085875_100038518.

④ Malone, T. W. & Lepper, M. R. Making learning fun: A taxonomy of intrinsic motivations for learning [C]. Snow, R. E. & Farr, M. J. Aptitude, learning, and Instruction, III: Cognitive and affective process analysis. New Jersey: Lawrence Erlbaum Associates, 1987. 223-253.

⑤ 佚名. 教育不能用快乐行贿[DB/OL]. [2019-05-19]. http://www.sohu.com/a/163309734_237737.

习动机[①②],就简单地想一想,如果学习一定是痛苦的,而我们又认可终身学习的话,那岂不意味着要让人们"终身痛苦",这样学习还有什么意义呢?当然,在采用游戏化学习时要注意,游戏激发的究竟是学习动机还是游戏动机,游戏动机会不会对学习产生消极影响,激发的动机是否可以迁移到其他学习活动中呢?[③]在布罗菲(Brophy)看来,必须是对某一学科稳定一致的学习动机才能真正起到促进作用,比如只喜欢做物理实验不喜欢听物理课是不可以的。[④]而在我们之前的研究中,确实也存在学生只喜欢玩游戏,不喜欢听课和写游戏化学习报告的现象。[⑤]这种现象启发我们一定要仔细研究,如何激发学生真正的学习动机,让学生"高高兴兴地学,而不只是高高兴兴地玩",另外,要促使学生能把游戏中激发的学习动机迁移到日常的学习中,使他们逐渐习惯做他们不感兴趣的事情,甚至能满怀兴趣地去学习一些看起来很枯燥的知识。[⑥]在这方面,我和学生张露曾经以学习体验为视角,建构了游戏化学习体验的理论框架,包括基于情境的认知体验、基于协作的社会性体验、基于动机的主体性体验。[⑦]

在提升学习动机方面,利用游戏化学习只是其中一种方式,还有许多其他方式,比如利用自主学习、探究学习、基于项目的学习、基于问题的学习、基于设计的学习[⑧]等,利用VR/AR给学习者创建近似真实的学习环境,让他们将所学内容和真实生活尽量联系起来,这些都有助于提升学生的学习动机。

当然,在具体学习过程中,可能不同的学习有不同的特点,比如对于一些同学来说,学习数学可能比背古诗痛苦艰难一些。所以我们需要仔细深入研究学习过程的脑机制,针对不同的学习行为给予不同的学习支持。

概而言之,学习动机非常重要,**建议深入研究游戏化学习、体验式学习等学习方式**,再结合学习行为分析,努力激发每一个学生的内在学习动机。

---

① 尚俊杰,肖海明,贾楠.国际教育游戏实证研究综述:2008年—2012年[J].电化教育研究,2014,35(01):71—78.
② 曾嘉灵,尚俊杰.2013年至2017年国际教育游戏实证研究综述:基于WOS数据库文献[J].中国远程教育,2019(05):1—10.
③ 尚俊杰,庄绍勇,蒋宇.教育游戏面临的三层困难和障碍——再论发展轻游戏的必要性[J].电化教育研究,2011(05):65—71.
④ [美]J.布罗菲.激发学习动机[M].陆怡如,译.上海:华东师范大学出版社,2005.
⑤ 尚俊杰,庄绍勇,李芳乐,李浩文.虚拟互动学生为本学习环境的设计与应用研究[C].汪琼,尚俊杰,吴峰.迈向知识社会——学习技术与教育变革.北京:北京大学出版社,2013:143—172.
⑥ 郭戈.西方兴趣教育思想之演进史[J].中国教育科学,2013(01):124—155.
⑦ 张露,尚俊杰.基于学习体验视角的游戏化学习理论研究[J].电化教育研究,2018,39(06):11—20+26.
⑧ 让学生通过设计来学习,比如通过设计教别人学习的教育游戏来学习知识。

四、重新思考课程

在学校里，课程决定了教师教的内容、学生学的内容和学校的基本运转秩序，所以有人讲，在学校“天大地大，课程最大”，确实很有道理，这充分体现了课程的重要性。在现代教育发展历程中，世界各国各地区也一直在不断地开展课程调整和改革，柯政曾经系统分析了我国改革开放40年来的课程改革之路，走过了从整齐划一到多样化选择这样一个历程。[①]

进入新世纪以来，世界各国各地区的课程改革更加激烈[②]，原因很简单：第一，技术发展带来的社会变革，使得人们无法判定未来社会中什么知识和技能最有价值，学校必须帮助学生为尚未出现的工作、尚未发明的技术以及不知何时就会出现的问题做好准备。[③] 就如哈佛大学零点项目创始人之一戴维·帕金斯(David N. Perkins)在《为未知而教，为未来而学》一书中所言：“教育的任务不仅仅是传递‘已经打开的盒子’里面的内容，更应当是培养学生对‘尚未打开的盒子’和‘即将打开的盒子’里面内容的好奇心。”[④]第二，我们需要重新审视一下到底什么是有价值的知识和技能。现在社会中出现了很多新职业，往往依赖于传统上被低估的人才和技能。[⑤] 有人曾经讲过，回头看一下我们引以为豪的四大发明等技术，似乎大部分都不是传统科举考试中优胜者发明的。第三，人工智能、机器人等新技术的发展，使得一些课程的存在没有了意义，尤其是对于一些职业院校来说，如果某些工作眼看着就要被人工智能机器人替代，这样的课程乃至专业是否就应该停了呢？

为了应对时代挑战，2015年，经济合作与发展组织启动了题为“教育2030：未来的教育与技能”的项目。该项目试图去研究：第一，今天的学生需要什么知识、技能、态度和价值观，才能在2030年茁壮成长，塑造自己的世界？第二，教学系统如何能有效地发展这些知识、技能、态度和价值观？2018年4月5日，该项目发布了《OECD学习框架2030》(OECD：The future of education and skills-Education 2030，图8-3)，其中描述了学生需要掌握的能力、素养和责任等。[⑥]

美国自2008年便开展了面向2030的课程改革的讨论，2010年就形成了研究报告《教学2030：我们必须为学生和公立学校做些什么——现在与未来》(Teaching 2030：

① 柯政.从整齐划一到多样选择：改革开放40年中国课程改革之路[J].全球教育展望，2018，47(03)：3—18.
② [美]阿兰·柯林斯，理查德·哈尔弗森.技术时代重新思考教育：数字革命与美国的学校教育[M].陈家刚，程佳铭，译.上海：华东师范大学出版社，2013：126—141.
③ 袁振国.未来对教育内容的挑战[N].中国教育报，2017-08-02(03).
④ [美]戴维·帕金斯.为未知而教，为未来而学[M].杨彦捷，译.杭州：浙江人民出版社，2017：18.
⑤ 赵勇，张高鸣，雷静，邱蔚.不要让人去做机器的工作[M].上海：华东师范大学出版社，2018：120—121.
⑥ 孟鸿伟.OECD学习框架2030[J].开放学习研究，2018，23(03)：9—12+19.

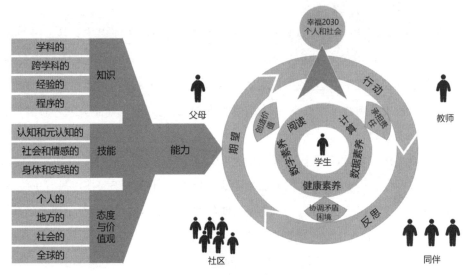

图 8 - 3　OECD 学习框架 2030

What We Must Do for Our Students and Our Public Schools—Now and in the Future)。2015 年,美国 CCR 发布白皮书《为了 21 世纪的教育重构课程》(Redesigning the Curriculum for a 21st Century Education),并发布聚焦课程重构的报告《四个维度的教育:学习者迈向成功的必备能力》(Four-Dimensional Education:The Competencies Learners Need to Succeed)。这四个维度包括**知识、技能、品格和元学习**:在知识维度,要更多的与真实世界相关,包括数学等传统学科、计算机等现代学科、全球素养和信息素养等主题;在技能维度,着重发展以 4C 为核心的 21 世纪技能(Critical thinking and Problem solving,Communication,Collaboration,Creativity and Innovation,即批判性思维和问题解决技能、沟通技能、合作技能以及创造力和创新技能,简称 4C);在品格方面,要发展专注力、好奇心、勇气等价值观和信念;在元学习维度,要学会反思,掌握元认知,发展成长型思维。芬兰自 2014 年开始新一轮基础教育课程改革,并于 2016 年 8 月开始在全国实施新的《国家核心课程大纲》,**新课程聚焦七大领域**:一是拓展课堂外的学习,并使用技术进行学习;二是变更课程时数和学科内容;三是在所有学科中培养横向能力;四是学习编程,在所有学科中发展 ICT 技能;五是每学年至少学习一个跨学科学习模块;六是评价方法多样化;七是学生的监护人要熟悉学校课程,参与学校活动的规划和发展,以有效支持学生的学习,加强家校合作。[①] 在芬兰课程改革中,比较引人注意的是注重**"基于现象(主题)的教学"**,要求学校尝试打破学科之间的壁

① 邓莉,彭正梅.迈向 2030 年的课程变革:以美国和芬兰为例[J].湖南师范大学教育科学学报,2018,17(01):99—108.

垒,围绕学生感兴趣的某一现象或主题调配师资进行教学,结合不同学科的知识和技能设置跨学科的个性化课程,增加不同学科之间的对话,了解不同学科之间的相互依存关系,培养学生的横向贯通应用能力。[①]

由以上可以看出,欧美国家的课程改革在依旧重视基础知识的前提下,更加关注21世纪技能和核心素养的培养,或者可以说核心素养成了课程改革的全球浪潮[②]。对于我国的基础教育,过去或许相对重视基础知识,未来确实需要考虑加强对21世纪核心技能的培养,重新思考哪些是重要的学习内容。不过,大家不要以为课程改革是容易的事情,柯林斯和哈尔弗森曾经讲过:"传统课程的支持者认为,现在比以往更需要经典的思维与写作训练;进步的教育者认为,新时代需要新的文化素养技能和数学推理技能。"然而,在学校中,两大阵营之间的相互妥协往往是大体上用经典的学科来组织内容,但却剔除掉经典内容的严密和情境。[③] 实际中确实比较难,比如在中小学需要上书法课,但是要不要上珠算课呢? 究竟哪些课可以减少内容,哪些课程应该增加内容呢? 个人倒是建议,人工智能计算机的课程要增加,写字课程也要增加,或许大中小学生都应该上写字课。

除了课程内容外,课程的提供方也不一定要局限在本校,学习也不一定都非要在一个学校进行。过去,由于管理起来比较困难,再加上支持条件也不具备,所以一个学生一般只能在一个学校学习。现在有了大数据技术的支持,是否可以让学生到其他学校或机构去选修线上或者线下课程呢? 北京大学郝平校长曾经讲过:数字时代的研究型大学将成为"开源"的平台,与数字时代的企业、工厂、医院一样,大学与人的关系不再是一对一的隶属关系,而更多的是多对多的开源平台。教师(研究人员)将可以实现"多点执业",通过将教育资源和研究信息接入平台,去跨越时空、专业地开展知识传授和创新研究;学生的学习资源也来自更广阔的平台,他们和知识、教师、校园都更可能进行多元的接触,开展"定制化"的、"个性化"的教育。而大学作为一个优质平台,不仅应当充当优质知识资源的提供者,也要使师生可以通过平台实现点对点的连接,而不是固化在传统的院系、专业或师承脉络中。[④] 事实上,现在越来越多的学生从在线课程中获取了知识。当然,线下的交流也更多,比如,我们北大教育技术系每一年都会面向全国高校的教育技术专业研究生举办"教育技术前沿"暑期学校,迄今已经办了

---

① 韩宝江. 芬兰新一轮基础教育课程改革进程[J]. 基础教育参考,2019(03):7—9.
② 尹弘飚. 课程改革一定要"核心素养"吗? ——兼评全球化时代的香港课程改革[J]. 全球教育展望,2017,46(10):73—80.
③ [美]阿兰·柯林斯,理查德·哈尔弗森. 技术时代重新思考教育:数字革命与美国的学校教育[M]. 陈家刚,程佳铭,译. 上海:华东师范大学出版社,2013:130.
④ 郝平."第四次工业革命"与研究型大学的转型[N]. 学习时报,2018-12-19(06).

10 年,全国教育技术相关专业的数千名研究生(包括部分高年级本科生、青年教师、一线教师和企业人员)都来这里学习过,效果非常好,也荣获了北京市高等教育教学成果一等奖。在中小学层面,北京市教委开展的初中生开放性综合实践活动课程让全北京的初中生可以到其他机构去选修 STEM、创客等实践课程,可以弥补本校的缺陷,效果也不错。[①] 随着技术的发展,目前高中在推广"走班选课"制,未来是否可以"**走校选课**"呢? 再提个大胆点儿的建议,中小学是否可以尝试将周五空出来,让学生自由地到其他学校选课呢? 这样或许还可以减缓一下家长择校的焦虑。

总之,**建议深入研究:在如今的信息时代和未来的人工智能时代究竟要培养什么样的人,究竟让他们学习哪些课程。**

五、重新思考教学

首先,教学是否一定意味着教师站在讲台前讲课呢? 不一定。在这个慕课时代,网上其实有无穷无尽的优质的视频教学课件及相关资源,如果教师精选一些优质的教学课件,让学生在宿舍自己看,或者在教室集体收看,教师只是组织他们讨论、反思、做作业,效果也许并不差。这种方式或许还能起到一个独特的作用,现在高校里可能存在重科研轻教学的情况,既然这样,如果利用这种方式,教师或许可以节省一些备课准备素材的时间,是否还兼顾了教学和科研了呢?

其次,要重新考虑一下教学关注点。对于学习来说,最好的是采用掌握式教学法,也就是说当学生彻底掌握了一个知识点后,再接着讲下一个知识点。当然,这是理想情况,因为教学进度等原因,教师不可能停下来照顾每一个同学,因此一般只能关注中等学生,这也是没有办法的办法。但是事实上到底怎么样呢? 会不会老师关注的只是一些优秀学生呢? 当老师问"大家听懂了没有",可能有一部分同学会高喊"听懂了",而那些没有听懂的同学可能不会发言,所以给老师造成一个假象,就是所有人都理解了。因此,在教学中应该恰当借助反馈工具、情绪识别工具等技术手段来了解学生的真实掌握情况。另外,是否应该重新考虑一下到底应该怎么科学地分班上课,尽量照顾到每一个同学。

再次,要考虑一下作业。如果真正想实现个性化学习,一定得根据学生的学习情况给他布置个性化的作业。布置作业其实挺难的,我之前写过一本《网络程序设计——ASP》,曾经销售 30 余万册,获得多项荣誉。当然,我在写作中花费了巨大的心

---

① 冯雪. 强化实践育人 培养学生关键能力——北京市初中综合社会实践活动综述[J]. 北京教育(普教版),2019(04):5—7.

思,其中很多用在了如何布置课后练习题方面,仔细去思考练习题和讲解内容的联系,每道习题之间的关系,每章习题前后的关系,从这个过程中我就了解到布置作业其实挺难的,这还是标准化的作业,如果要布置个性化作业,就更困难,只能利用信息化手段来实现了。现在市场上其实有很多作业类、解题类的产品,我个人认为前景是很广阔的。10多年前我就听说韩国有一家公司服务韩国成百上千所学校的作业,效果比较好,当时就想到,像我们中国从南到北、从东到西有如此多的学生学习同样的内容,效果应该更好才对。只不过,我觉得这一类软件应该聚焦于给学生提供个性化的作业和指导,而不是简单的拍照解题。

总之,**建议深入反思教学模式**,对于不同的课程,到底采用什么教学模式,是讲授式,还是讨论式? 是自己讲,还是让学生看视频课件? 是集中时间上课,还是分散在整学期上课? 课后到底让他们做什么作业?

六、重新思考教材

之前讲过 aoe 的例子,这个例子促使我们去思考教材到底应该怎么印刷,尤其是未来的数字教材(也称电子课本或电子书包)到底应该怎么设计?

首先,教材应该注重用户体验,印刷得尽可能漂亮一些,易读一些。就像人不可貌相,但是人仍然注重着装一样,教材当然也不可貌"相",但是也应该印刷得尽量漂亮一些,时尚一些,易读一些。我们要理解,过去可能受限于人、财、物的原因,所以教材重在内容,形式可能不太漂亮。尤其是高等教育的教材,密密麻麻的文字和黑白的图片,阅读体验比较差。随着人们生活水平的提升,教材是否也可以提升一下"生活水准"呢? 几个年轻人曾经把台湾地区的语文课本重新进行了设计,几乎变成了一座"美术馆",在网上受到了热捧。[①]

其次,教材中的语言一般都比较客观、严肃,或许因此使得一些教材显得枯燥。在这个时代,是否可以借鉴一些畅销书的写法,比如尤瓦尔撰写的《人类简史》,既有坚实的学术基础和独特的学术观点,同时写得又非常好看呢? 也有人讲,过去的图书一般都是给精英看的,所以不太讲究易读性和可读性,但现在是全民学习时代,是给大众看的,所以教材是否可以写得"好看"一些呢? 我曾经仔细研究过一段时间孩子的课外读物,发现他们都特别喜欢看"米小圈"、"马小跳"的故事。究其原因,就是作者深刻把握了儿童的心理,用儿童的语言写儿童的故事,所以容易吸引孩子们。

---

① 参见 https://www.sohu.com/a/115877793_419331。

再次,我们需要特别注重数字教材的研发。教材中的语言一般都很精炼,但是很多时候又需要掰开了揉碎了给同学讲清楚。比如对于图8-4所示的小数讲解部分,可能孩子会问,为什么"也可以写成0.1元"呢?这讲起来其实是很难的。当然,目前我们主要靠教师去展开仔细讲,但是如果学生那天病了,或者一时没有听明白怎么办呢?可不可以利用数字教材,就像英语点读笔一样,学生不理解这里,点击就可以打开一个详细讲解的页面呢?

图8-4 小学数学教材中讲解小数的意义

仔细想想,数字教材确实有很多优点:(1)可以方便地获取教材;(2)可以减轻书包的重量,这个对小学生健康成长尤为重要;(3)可以嵌入游戏、3D、VR/AR等各种多媒体资源;(4)可以和教学管理系统很好地融合在一起,方便提交作业,参加讨论,展开阅读和学习;(5)可以实现个性化教材,教材内容是固定的,但是教材中的字体大小、颜色和装饰等可以是个性化的。因为有这些优点,越来越多的大学和学校开始选用数字教材。[①] 教材出版业也在与时俱进,目前国内外主流出版社都在积极推进基于数字资源的教材立体化出版和课程整体解决方案。[②] 2010年9月,上海公布了《上海市中长期教育改革和发展规划纲要(2010—2020年)》,其中明确提出"推动'电子书包'和'云计算'辅助教学的发展"。虽然数字教材(电子书包)的发展也经历了一些波折,但是随着信息技术的发展,世界正在进入"无纸书籍"学习的新时代,可以想象数字教材一定是未来教育应用的必然趋势。[③] 个人认为,信息技术能否与教育深度融合,**关键因素就是数字教材**。

---

① 赵勇,张高鸣,雷静,邱蔚. 不要让人去做机器的工作[M].上海:华东师范大学出版社,2018:59—60.
② 余胜泉. 数字教材的立体化出版[J].现代远程教育研究,2008(03):10—16+71.
③ 祝智庭,郁晓华.电子书包系统及其功能建模[J].电化教育研究,2011(04):24—27+34.

不过，数字教材发展道路上仍然有很多障碍，比如担心近视的问题，这个倒是可以做研究证明，或者未来发展能够防止近视的平板电脑（比如电纸书），根本的困难和障碍恐怕还是前面讲述的技术本身的问题。其一，一项新技术要得到应用，就需要改变周围的结构和组织①，但是目前数字教材牵涉的事情还太多②，比如如果真的可以把学习者一生中的批注、作业等学习痕迹都保存下来的话，这么重要的数据，交给谁保存我们信得过呢？其二，还是源于人与技术的关系，我们毕竟生活在物理世界中，虽然我们已经慢慢习惯看电子教材，但是还是希望同时有一本纸质教材放在旁边。就像我在写的这本书，如果出版社说只有一个 PDF 文件，不能印刷出来的话，我的手里和心里都会觉得空荡荡的。更进一步，如果教材和各类图书都电子化了，作为我们老师们的标配——"书柜"中该放一些什么呢？不过，虽然存在这两个困难，但是只要看到大量的报纸、杂志、媒体在关门，只要看到当当、京东都在努力推电子书，就知道这是未来的发展趋势。对此，我们需要慢慢习惯，与趋势同行。

综合考虑，**建议在注重教材内容的正确性、科学性的同时，要重视一下教材的可读性和易读性，增强用户体验。同时，加大力度研究数字教材**，以此为发动机和引擎，推动信息技术与教育教学深度融合。

七、重新思考资源建设

资源建设确实很重要。事实上，国家也非常重视，在许多政策文件中都强调资源建设的问题。教育部于 2018 年 4 月 13 日发布的《教育信息化 2.0 行动计划》中"实施行动"的第一条就是"数字资源服务普及行动"，要求拓展完善国家数字教育资源公共服务体系，推进开放资源汇聚共享，打破教育资源开发利用的传统壁垒，利用大数据技术采集、汇聚互联网上丰富的教学、科研、文化资源，为各级各类学校和全体学习者提供海量、适切的学习资源服务，实现从"专用资源服务"向"**大资源服务**"的转变。

相信随着"大资源"战略的推进，数字教育资源必将会更加丰富和完善。③ 不过回顾历史，我们就会看到资源建设似乎有一把"辛酸泪"：各级各类机构曾经建设了那么多教育资源，却没有多少人去用。大约 10 年前，曾经有一批教育信息化企业人士邀请我去交流，大家觉得很困惑，按说教学过程中应该需要这些资源啊，我们做得似乎也不错啊，但是怎么就卖不出去呢？有人甚至哀叹，"不做资源等死，做资源找死"。大约 5

---

① ［美］布莱恩·阿瑟. 技术的本质［M］. 曹东溟，王健，译. 杭州：浙江人民出版社，2018：155—156.

② 尚俊杰，蒋宇. 平板教学的今天、明天和后天［J］. 湖北教育（教育教学），2015（01）：23—24.

③ 杨宗凯，吴砥，郑旭东. 教育信息化 2.0：新时代信息技术变革教育的关键历史跃迁［J］. 教育研究，2018，39（04）：16—22.

年前,有一次听一位网络教育学院院长讲解他们的资源建设时,赫然发现他们网站上的一些课程资源的点击量居然是"0"次。

对此现象我确实觉得很奇怪,我一直觉得资源很重要。1979 年至 1991 年,在我上中小学的时候,就特别希望找到更多的题目、更多的讲解。在我 1999 年参加工作开始讲课时,也特别希望能够找到更多的教学课件、参考资料,但是都比较困难。后来我们几个同事还自己建设维护了一个小的 FTP 资源库,方便师生选用资源。2002 年左右,我知道有一个瑞文语文教学资源网,好像是一个中学语文老师办的,分年级按课文提供了教学课件、补充阅读资料、图片等资源,深受语文老师们欣赏,甚至有语文老师自费使用该网站的资源。

总体来说,过去数字资源的使用率确实比较低,有多个原因:第一,可能是部分资源质量确实不好,教师不愿意用;第二,资源质量可能还行,但是和课程契合度比较低,教师无法使用;第三,资源的粒度有问题,无法被整合到教学过程中;第四,我想也是最重要的,也许之前资源建设超前了,就像第一章讲的,在 2006 年之前,还有 90% 以上的人根本没有用过互联网,所以大部分课堂中,并没有真正发生课堂的革命,所以教师们根本就想不起或没有条件使用这些教育资源。2007 年我曾经去西部某省考察教育信息化,在一个学校,校长介绍他们有专门的备课室,其中按 10∶1 的比例给老师配备了台式电脑,不过校长委婉地说使用率比较低,似乎不用这么多。我当时马上就意识到电脑不是太多了,而是太少了,如果是我,我每天只能用一个小时电脑,到时间就需要给其他老师用,那我也可能再也不用了,所以我后来一直建议如果有条件的话,应该给每位教师配备一台笔记本电脑,这样他们才能真正用起来。事实上,今天所有的教师距离优质教学资源的距离基本上都是"0",就是按一下鼠标的距离,关键是心理,**能不能想到用,愿意不愿意去用。**

话虽这样说,我们即使再认真设计资源,期望所有资源都能被频繁使用也是不太现实的。第一章也讲过,因为数字产品的边际成本很低,几乎可以被无限制地大规模使用,因此,理论上在每一个领域中最好的那个产品几乎可以"垄断"市场,其他产品几乎没有多少份额。大家想一想电影,我们能看到的就是少数非常优秀的电影,有的电影可能连进电影院上映的机会都没有,有的上映了也没有多少票房收入。有数据显示,2018 年有 1 923 部影片有放映记录,其中上映新影片 409 部,票房超过 10 亿的新影片有 16 部,合计票房 314.1 亿,占年度票房的 51.8%,占新影片总票房的 54.2%。[①]

① 贺炜. 2018 中国电影市场年报【综合篇】[EB/OL]. (2019 - 01 - 05)[2019 - 6 - 22]. https://mp.weixin.qq.com/s/yC5NzhT_o1sSto0Wztyniw.

由此可见，对于同属"边际成本很低"的数字教育资源，不管投入多少，或许命里注定大部分资源是没有多少人用的。

不过，这并不意味着我们不要再建设了，而是**应该更多地支持资源建设**，这样才会有更多优秀的资源冒出来。另外，既然靠"规划建设"很难保证建设出精品，建议有关部门或许可以改变一下资源购买和建设的方式，对于表现很优秀的资源进行"后期奖励"，以鼓励更多的机构和个人投入建设资源。

八、重新思考教师角色

在第三章及其他章节，我们已经多次谈到教师角色，我考虑了很长时间，决定在这里再次讨论一下，主要是我的感受确实太深刻了。过去，我们经常开玩笑地说：当教师太好了，学生培养好了，看，我们教得多好；学生没有培养好，看，你怎么不努力。不管学生成绩如何，反正不是教师的责任。但是随着互联网的发展，随着学生有越来越多的机会跟着世界上最著名大学的最优秀教师学习最好的课，教师的处境似乎越来越艰难。王竹立在他的《碎片与重构：互联网思维重塑大教育》一书中开篇也讲了这一点，他说现在全世界的教师都把手机视为自己的敌人，而且不是一般的敌人，是"情敌"。而且，以前教师地位还挺高的，学生们很尊重教师，现在好像不是这样了，关键是教师遇到了一个强大的对手，那就是互联网。[①]

当然，事情可能没有这么严重，但是确实需要教师认真考虑，积极利用信息技术提升教学效率，提升教育质量，并在人工智能、大数据的支持下都能成为"**超级教师**"。未来，教师可以将繁琐的事务性工作逐渐交给机器，而将更多的精力和时间投入到对学生的情感支持和个别化指导中。[②]

此外，教师也要有正确的心态，在这个到处是知识海洋、注重互动的时代，师生教学活动既是既有知识的传递过程，也是新知识的创造过程。[③] 我们再也不是无所不会、无所不懂的"先知先觉"，我们不用追求在每一个领域都要比学生会得多、做得好，也不用特别介意自己不是"世界上最优秀的教师"，更不用去和机器比赛，我们只需要善于利用机器，善于利用他人的优质资源，让自己事半功倍地做好教学工作，赢得属于教师的幸福人生。

当然，对于教育主管部门及社会各界，也一定要清楚地认识到：第一，教师是课堂

---

① 王竹立.碎片与重构：互联网思维重塑大教育[M].北京：电子工业出版社,2015：IXX-XXII.

② 赵勇,张高鸣,雷静,邱蔚.不要让人去做机器的工作[M].上海：华东师范大学出版社,2018：130—131.

③ 袁振国.未来教育对教师的挑战[N].中国教育报,2017-08-16(03).

真正的把门人，任何教学改革如果得不到教师的支持，根本不可能持续下去；第二，即使很多职业都因为人工智能失业了，一线教师仍然不会失业。①

　　基于以上考虑，**建议有关部门"以教师为本"，从教师的角度出发去认真考虑教师的培养、培训、管理及评价模式，努力让教师生活得更幸福！**比如，小学教师是否真的可以不评职称了呢？②是否真的可以像第二章建议的那样去培养教师呢？

九、重新思考管理

　　在第六章探讨过技术给组织管理带来的影响，教育组织可以借助大数据技术提升管理效率，可以借助非核心教学社会化等措施促进组织变革，但是实际上组织管理方面的挑战远不止这些。

　　首先，在传统教育管理中，通常以区县为单位统筹考虑，过去没有太大问题，校长结合自己学校的需要和区县教育局长讨论决定就可以了，但是在推进教育信息化这件事情上，就不太一样了。比如，现在特别强调学习空间人人通，要给每一位学习者提供一个学习空间。这个学习空间是每一个学校自己建设呢？还是以区县为单位统筹建设，还是以地市为单位，还是以省为单位，或者就以整个国家为单位建立一个统一的学习空间呢？这从技术上是可行的，比如微信就是全国10多亿人用一个，淘宝也是全国人民用一个，如果全国学生用一个学习空间，理论上没有问题，管理起来更加方便，师生跨区域、跨学校交流也会更加方便，但是现实中去推动一下就知道有多困难，我们经常会看到每一层级的教育管理部门都会建设一套，彼此还不一定相连。

　　由此提醒我们，要注意管理制度尤其是教育财政制度对教育科技创新的影响，由教育部、财政部和北京大学共建的北京大学教育财政研究所所长王蓉曾经表示过担忧，她说：美国学者保罗·希尔认为美国基础教育的财政体系是"技术不友好"、不支持教育创新的体系，特别是无法容纳现实中伴随着互联网技术变革而日益普遍的教育场景。希尔的分析提醒了我们，是否应该重新考虑一下教育财政管理制度，以便更好地应对教育信息化创新的需要。③

　　其次，我们在论述"重新思考学习"时提过，学习不等于学校教育，未来学校内外的教育需要打通，可是学校能够像安排课程一样直接安排哪一天去哪个博物馆、科技馆

---

① Frey C B, Osborne M A. The future of employment: How susceptible are jobs to computerisation? [J]. Technological Forecasting & Social Change, 2013: 114.
② 有兴趣的可以展开阅读"俊杰在线"公众号随笔文章《王老师的故事——评职称》，参见 https://mp.weixin.qq.com/s/ke4xuhvJRrimmvo6DFJhTg.
③ 王蓉. 中国教育新业态发展报告(2017)：基础教育[M]. 北京：社会科学文献出版社，2018：3.

上课吗？从管理机制方面做好准备了吗？

再次，终身学习现在备受重视，可是在教育管理部门，一般都有专门的基础教育、高等教育、继续教育管理部门，这三个部门加起来是否就等于终身教育了呢？到底哪个部门应该为建立终身学习社会具体负责呢？

由此可以看出，就如德鲁克所言：一旦公司迈出了从数据转向信息的第一步，那么它的决策程序、管理结构甚至工作方式都将发生转变。①

因此，建议教育管理部门在组织结构、管理职能等方面都需要因应技术的发展做出相应的改变。

十、重新思考标准化和个性化

毋庸置疑，每个孩子的特点都不同，在教育中一定要强调个性化学习，但是个性化并不意味着就不要标准化了，这里要强调一下标准化，特别是教学标准化和管理标准化。

教学标准化指的是部分教学内容采用标准化的方式来讲授。这一点是从培训机构得到启发的，很多培训机构为了保障教学质量，他们会一起备课，一起制作课件，大家都按同样的步骤讲课，甚至连课程中的段子都要一致。为什么要这样做呢？北大青鸟教育研究院院长肖睿认为，如果让老师自由发挥，那么可能好的老师能讲到90多分甚至100分，差的老师可能会到五六十分，培训机构当然希望所有人都能讲到90分以上，但是管理者没有精力去认真评估每个老师的教学，所以就要求大家都采用同样的内容、同样的课件、同样的步骤讲课，这样绝大部分能比较容易得到七八十分。当然，我们不能期望全国所有老师都按同样的方法讲同样内容，那可能也是一场灾难。但是对于一些比较固定的重点、难点、疑点，是否可以组织人员进行系统研究，然后告诉各位老师，就这个知识点，可以采用什么教具、软件或游戏，用什么方法讲，效果会比较好。就像医学常做的研究，对于什么病，用什么药，怎么服用，效果怎样？进而考虑，甚至可以模仿食品药品监督管理局，成立一个类似的"教育监督管理部门"，经过认真考核验证过的教学方式就可以给个批号，之后老师们讲到这个知识点就可以放心大胆地采用这种"标准化"的教学方法了。

管理标准化指的是行政管理后勤服务等方面采用标准化的方式来管理。现在很多学校尤其是高校的具体管理都不太一样，很多学校都会强调自己的特色，这样当然

---

① ［美］彼得·德鲁克.经典德鲁克［M］.孙忠，译.海口：海南出版社，2008：148.

有道理。但是却给开发招生、就业、财务等信息化系统带来了很大的麻烦,不管是本校自己组织人员开发系统,还是请外部企业定制开发,因为这个系统只是给这个学校用,没有规模效益,所以投入通常不可能非常大,因此做得不一定好用,开发人员还累得够呛。[①] 我们再看看 Windows、Office、微信、淘宝、百度这些软件或网站,因为它们通常是给成千上万上亿人一起用的,规模效益比较好,所以通常投入很大,做得就会很好用,而且边际成本还很低,很好地发挥了互联网和信息技术的优势。大家仔细看看微信,它的标准化体现在基础架构、基本功能上,而个性化则体现在每个人关注的公众号、小程序和联系人上。所以未来在学校信息化中,是否应该尽可能地让基础架构和基本功能标准化,然后在这个基础上各个学校可以增加个性化的内容呢? 比如欧美几所名校,目前用的推荐信系统就是统一的,如果站在学生的角度来看,这就叫以学生为中心。

所以,**建议在追求个性化学习的同时,要注意适当采用教学标准化,在管理工作中要尽量实现基础结构和基本功能标准化。**

十一、重新思考企业价值

人类与企业的关系有点儿像人类与技术的关系,我们的学习、生活和工作一步也离不开企业,但是我们有时候不太信任企业,总觉得企业是来"骗"我们钱的。学校和企业之前的关系远一些,虽然会购买一些桌椅板凳、粉笔等材料,但是这些材料比较单一,买完就完了,不涉及太多的售后服务。但是,现在随着教育信息化的发展,学校和企业的关系越来越紧密,因为买了计算机、服务器和软件之后,需要企业持续地提供售后服务,甚至某些课程没有企业的持续支持,无法继续开展下去。因为这个原因,所以麻烦可能会更多。

但是,我们首先要认识到企业不是我们的"敌人",要想推进教育信息化必须依靠产学研协同发展,没有企业的支持是不可能的。在教育部 2011 年颁布的《规划》中有13 次提到了企业,其中鼓励企业投入数字教育资源建设、提供个性化服务;积极吸引企业参与教育信息化建设,引导产学研用结合,推动企业技术创新,促进形成一批支持教育信息化健康发展、具有市场竞争力的骨干企业;营造开放灵活的合作环境,推动校企之间、区域之间、企业之间广泛合作。

当然,这样要求是有道理的,就设计教育产品来说,主要有三股力量:一是一线教

---

① 在和企业研发人员交流时,他们一致认为,对于定制开发,即使费用比较高,也是比较头疼的,因为需求通常不明确,所以开发起来比较累,最后的利润也不一定高。大家可以自己搜索"为什么软件定制项目难做"观看。

师,他们设计的产品可能更贴合实际需求,但是一线教师最重要的是使用现成的教育产品开展教学,不需要人人都去设计产品;二是高校等研究机构,这些机构可能也会开发一些教育软件类产品,但是由于高校注重"创新"的基因,推出的很多东西虽然有创新性,但是可能不稳定、不成熟,应用起来用户体验并不好;三是企业,因为企业的基本属性要求,促使企业要把产品做得比较稳定和标准化,并提供良好的售后服务。所以最理想的方式就是高校和一线教师合作推出"原型"产品,由企业去产品化。

对于企业,我们有以下建议:

1. 如果我们认为教育很重要,教育大数据很重要的话,或许可以成立一个或多个类似于中移动、中石化的大型国有企业(比如简称中教育),让它们统筹整个教育信息化的基础结构和基本功能,这就好比修好全国的高速公路和高铁一样。或许这样才能真正实现网络学习空间人人通。至少在基础教育领域,每位学生不管转学到哪里,这个平台都可以给他提供学习支持,都可以记录他提交的各种作业和文档,若干年后还可以回来看看。

2. 对于资源,或许可以建立**"国家基本资源"**,就是说所有学生在学习过程中都会用到的资源,可以放在这个国有企业网上,任何人可以随时随地免登录、免费方便地使用,就像所有的孩子都可以免费打疫苗一样。而且,或许可以允许企业对这些资源进行再优化,然后去推广销售。对于国家基本资源的来源,一方面可以是教材的配套资源,要求出版社提交纸质教材的同时必须同时提交优秀的电子教材和相关资源;另一方面可以是国家基金特别支持开发的资源。

3. 对于其他企业和这个国有大型企业的关系,就像路、车和货一样,国家提供公路、铁路和高铁等事关全局的基础资源,其他企业可以提供各种各样的车辆以及各种各样的货物。

第二节 注重研究：夯实教育事业发展基础

对于企业来说,研发工作是非常重要的,研究能做多深入,企业才能走多远。现在华为如日中天,其中一个重要原因就是华为十几年如一日地重视研发工作,据欧盟委员会发布的报告显示,华为在 2018 年投入的研发费用约 113.34 亿欧元,占企业 2018 年营业额的 14.7%,名列世界第五。[1] 那么教育领域的研发情况到底怎么样呢?

---

[1] 参见 https://baijiahao.baidu.com/s? id=1621541087815026157&wfr=spider&for=pc。

一、教育研究的地位堪忧

对于教育，它的重要性自然是毋庸置疑的，"再苦不能苦孩子，再穷不能穷教育"，应该说从政府到家庭对教育的投入都是巨大的，甚至可以说是不计成本的。但是对于教育研究的感情就有点儿复杂了。在美国，有数据显示，到 20 世纪末，美国教育研究的投入经费不到全国公立中小学总经费的 0.1%。[①] 在我国，虽然我没有查到直接数据，但是可以看一下各个科研基金的资助额度，也可以看出相对于教育总投入或者研究总投入来说，教育研究经费占的比例确实不大。

钱钟书在《围城》中调侃教育学，在大学里"理科学生瞧不起文科学生，外国语文系学生瞧不起中国文学系学生，中国文学系学生瞧不起哲学系学生，哲学系学生瞧不起社会学系学生，社会学系学生瞧不起教育系学生，教育系学生没有谁可以给他们瞧不起了，只能瞧不起本系的先生"。虽然这是小说里的话，当不得真，但在现实中似乎差不多。埃伦撰写的《一门捉摸不定的科学：困扰不断的教育研究的历史》一书对教育研究的复杂性进行了深度阐释，其中提到："为什么教育研究这一学术领域的工作总是被看作一个后娘养的孩子，通常被学术界所鄙视并很少被政策决策者、实际工作者或普通公众所相信。从事与研究教育被看作地位低下的工作，已经几乎不是一个秘密。"[②]"世界体系理论"的主要代表人物和当代社会科学多学科综合研究的倡导者华勒斯坦曾经说过："教育学不是一门学科，今天，即使是把教育视为一门学科的想法也会让人感到不安和难堪。教育学是一种次等学科，把其他真正的学科共冶一炉，所以在其他严谨的学术同侪眼中，根本不屑一顾。"[③]中国教育科学研究院曾天山等人曾经对社会科学领域的顶级期刊《中国社会科学》创刊后刊发的教育类论文进行了定量分析，研究结果显示：我国教育学科在社会科学中的影响力在不同时期虽有波动但总体下降，**"教育问题受到重视而教育学者不受重视"**的现象长期存在，这值得我们反思。**"教育学科社会影响力大于学术影响力"**的问题需要改进。[④] 事实上，自 19 世纪初，以赫尔巴特《普通教育学》的发表为标志，教育学作为相对独立的学术分支在高等学校的学科体系中出现以来，关于学科属性和学科地位的争论就没有停止过。[⑤]

---

① ［美］国家研究理事会. 教育的科学研究［M］. 北京：教育科学出版社，2006：14.

② ［美］埃伦·康德利夫·拉格曼. 一门捉摸不定的科学：困扰不断的教育研究的历史［M］. 花海燕，等，译. 北京：教育科学出版社，2006：6.

③ ［美］华勒斯坦，等. 学科·知识·权力［M］. 刘健芝，等，编译. 北京：生活·读书·新知三联书店，1999：43.

④ 曾天山，滕瀚. 改革开放后我国教育学科在社会科学中的影响力分析——以《中国社会科学》刊发的教育学术论文为例［J］. 教育研究，2013，34（04）：11—21.

⑤ 陈晓宇. 论我国教育学术中的矛盾关系［J］. 北京大学学报（哲学社会科学版），2018，55（06）：11—22.

　　学术领域的讨论很热烈，现实中的实际行为更让人感慨。发展一门"教育科学"的价值从一开始就受到怀疑，这种怀疑态度早在 19 世纪后期大学开始设立教育系和教育学院时就已经十分明显。19 世纪末圣地亚哥一个学区总监克伯莱担任斯坦福大学教育系(后来改为教育学院)的系主任，他到任后大力开展教育研究，并取得了很多成果，但是他的同事们却拒绝承认"教育研究可以成为一门有效的人文或自然科学的学科"。① 哈佛大学教育学院作为世界顶级学府的教育研究机构，研究水平还是很高的，研究成果也是丰硕的，但就是这样的教育学院，由于无法超越大学校长、文理学术界和基金会等外界力量的影响，只得不断变换教育学的学科界定与专业内涵，历史上还曾经两次面临被撤并的危险。② 而芝加哥大学教育系在经历一系列艰难的挣扎后，最终难逃被撤销的悲剧命运，1997 年被宣布撤销，2001 年彻底关闭。③ 在国内，前两年综合性大学中教育学院也是命运坎坷，广西大学、南开大学、中山大学、山东大学等一些国内知名的综合性大学相继裁撤教育学院，在教育领域也掀起了轩然大波。④

　　教育研究到底惹谁了，为什么会是这样的地位呢？综合多方观点，不外乎如下几条：

　　首先，教育研究的质量确实有待提高。美国国家研究理事会在《教育的科学研究》一文中指出教育研究缺乏公众支持的原因是多方面的，其中的问题包括研究质量的粗糙、研究问题的零散。⑤ 陈学飞在《试谈"什么是好的教育研究"》一文中也谈到，研究对象复杂奥妙，影响教育研究的因素众多，这令教育研究过程充满不确定性，教育成果也经常不被信任。⑥ 事实上，很多教育研究结果很难复制和推广。根据曾天山等人的研究，在我国社会科学领域顶级期刊《中国社会科学》中教育类论文年发文量和年刊发比率逐年降低；教育类论文的参考文献多为社会学、经济学、哲学、历史学等其他学科，反映教育学学科对教育类论文的知识来源贡献不足。⑦

　　其次，教育研究与学校的教学实践脱节。研究人员和教学人员在不同的环境中工作；教师培训大多依赖于经验而不是依赖于科学研究成果；研究人员和教学人员缺乏

---

① ［美］国家研究理事会.教育的科学研究［M］.北京：教育科学出版社，2006：13.
② 周勇.动荡的学科与专业——哈佛教育研究生院的百年难题［J］.北京大学教育评论，2012，10(02)：179—186＋192.
③ 周勇.芝加哥大学教育系的悲剧命运［J］.读书，2010(03)：80—89.
④ 田杰.从裁撤教育学院透视我国综合性大学及其教育学科发展模式的转变［J］.现代教育科学，2018(08)：129—133.
⑤ ［美］国家研究理事会.教育的科学研究［M］.北京：教育科学出版社，2006：14.
⑥ 陈学飞.试谈"什么是好的教育研究"［J］.现代教育论丛，2016(06)：2—5.
⑦ 曾天山，滕瀚.改革开放后我国教育学科在社会科学中的影响力分析——以《中国社会科学》刊发的教育学术论文为例［J］.教育研究，2013，34(04)：11—21.

充分的相互交流。① 因为脱节,所以教育研究成果很多时候不能解决教育面临的实践问题,比如科尔曼(Coleman)等人著的《教育机会均等》(*Equality of Educational Opportunity*)中提到,有研究表明,教育资源(比如资金、图书馆和课程的设置等)对学业成绩的影响是很微弱的,相反,学生的家庭背景(父母的教育程度和社会背景)对他们的学业成就有最大的影响。② 综合这些研究和日常感受,或许可以得出一个不太严谨的结论:教育研究常常不能有效地解决教育管理人员、校长、教师、家长面临的急迫问题,比如家长都希望提升孩子的成绩,后来他们发现教育专家靠不住,送到学而思等培训机构似乎更有效。这些或许也影响教育研究的地位吧。

再次,人们对应用研究存在偏见。埃伦讲过,虽然现在大多数科学工作者不再去质疑"理论"研究和"应用"研究是否存在显著和尖锐的差异,但是实际上理论性更强、实践性更少的研究领域往往有更大的社会声望、更高的社会地位。比如,物理学可以受益于工程师们的实践发明,但是在任何专业地位的排名中,物理学都会超过其他更具应用性的相似专业。③ 对于教育学来说,归根到底是为了帮助教师的教和学生的学,所以人们期望它成为一门应用科学,因此,这种定位也使得教育研究地位较低。

当然,归根结底还是由教育的复杂性决定的,教育研究的对象是人不是物,人世间最难最复杂的研究应该算是教育研究了。彭正梅总结过为什么教育科学是最难的科学:1. 教育背景的力量。在教育科学中,因为很难把生活情境的无数变量纳入进去和加以控制,所以不存在普遍的理论和宽泛的概括性。2. 教育中互动的泛在性。在教学研究中,任何教学行为都在与学生的特性如智力水平、社会经济地位、学习动机等产生互动,学生的行为也与教师的特性如学习观、评价观、个人生活幸福等产生互动,非常复杂,所以很难发现背后的规律。3. 教育研究发现的易失效性。很多教育研究发现只具有短暂的有效性,60 年代开展的研究到 70 年底就不一定适用,在 A 地开展的研究到 B 地也不一定适用,不具有可重复性和可复制性。④

尽管教育研究的学术地位不高,但是教育研究在实践中确实得到了蓬勃的发展。顾明远先生曾经说过:改革开放 40 年来,我国教育研究蓬勃发展,教育学科已经由一本教育学发展出一群分支学科、交叉学科、新兴学科。同时,教育研究开始走出了高等

---

① [美]埃伦·康德利夫·拉格曼. 一门捉摸不定的科学:困扰不断的教育研究的历史[M]. 花海燕,等,译. 北京:教育科学出版社,2006:232—233.
② [美]国家研究理事会. 教育的科学研究[M]. 北京:教育科学出版社,2006:40.
③ [美]埃伦·康德利夫·拉格曼. 一门捉摸不定的科学:困扰不断的教育研究的历史[M]. 花海燕,等,译. 北京:教育科学出版社,2006:6.
④ 彭正梅. 寻求教学的"圣杯"——论哈蒂《可见的学习》及教育学的实证倾向[J]. 教育发展研究,2015,35(06):1—9.

学校的书斋，走向基层、走向群众，广大中小学教师也积极参与到教育研究和教育改革实验之中。各种教育研究成果层出不穷，百花齐放，群芳争艳。① 相信随着时间的推移、研究的深入，教育研究的学术地位也会不断提升。2014年诺贝尔奖物理学奖获得者，同时也是研究物理教学的卡尔·维曼（Carl. E. Wieman）指出，教育研究与硬科学研究存在很多的相似性，因为在硬科学中，真正的前沿研究与教育研究领域一样，也是混乱、复杂和不确定的。他认为教育研究比现代物理学更加容易，因为这里有太多未开垦的领域和未回答的问题，但是也更加困难，因为我们对影响原子行为的背景因素知道得很多，但是对影响学生行为的因素知道得很少。不过只要我们努力，教育学科也许也会成为像物理一样的成熟学科。② 简而言之，教育学将会成为人类最后一个被攻克的"硬科学"。

二、教育研究的实证化趋势

也许是教育学正在努力成为"硬科学"吧，最近几年教育领域的实证研究备受重视。美国2001年颁布的《不让一个孩子掉队》（*No Child Left Behind*）的法案中，有100多处提到"基于科学的"（Scientifically Based），有60多处提到"基于科学研究的"（Scientifically Based Research），有50多处提到"事实和基于事实的"（Evidence and Evidenced）。③ 也正因为这个原因，有人提议要用正式文件来明确，教育研究中严格的科学方法以及应该报告的具体内容。人们日益增长的对以事实为依据的教育政策及实践的渴望，导致了美国国家研究理事会组织了以斯坦福教育学院理查德·沙沃森（Richard J. Shavelson）为主席的一批学者，进行了7个月的专门研究，对教育的科学研究的性质、教育科学知识积累的方式等问题进行了回答。④

在我国，教育学对实证研究也一直很重视，北京大学教育学院一直非常重视量化研究方法和质性研究方法的应用，强调用证据说话，用事实说话。华东师范大学自2015年起，就连续举办了"全国教育实证研究论坛"，提出要"加强教育实证研究，促进研究范式转型"。袁振国也撰文指出"实证研究是教育学走向科学的必要途径"。⑤ 他认为：随着教育在人和社会发展中的作用越来越凸显，人们对教育学的期望越来越高，而教育学满足这种期望的能力落差很大。与社会科学的多数学科相比，教育学的

① 顾明远.再论教育本质和教育价值观——纪念改革开放40周年[J].教育研究,2018,39(05)：4—8.
② 彭正梅.寻求教学的"圣杯"——论哈蒂《可见的学习》及教育学的实证倾向[J].教育发展研究,2015,35(06)：1—9.
③ 袁振国.实证研究是教育学走向科学的必要途径[J].华东师范大学学报(教育科学版),2017,35(03)：4—17＋168.
④ [美]国家研究理事会.教育的科学研究[M].北京：教育科学出版社,2006：40.
⑤ 袁振国.实证研究是教育学走向科学的必要途径[J].华东师范大学学报(教育科学版),2017,35(03)：4—17＋168.

知识相对贫乏、增长缓慢,加快知识增长的速度是教育学学科建设的紧迫任务,其关键在于聚焦科学问题,加强实证研究,为教育学发挥揭示教育规律、指导教育实践、支撑科学决策、提高育人水平的重要功能提供科学根据。[①]

其实,人们对实证研究的重视源于人类长期以来对大自然的好奇,人们希望把大自然研究清楚。近代实证科学的目的就是试图用数学解释所有现实领域,把一切自然世界中的现象、心理和社会进程作为多重因果关系进行编码、计算、分析和预测,以便进行规划。[②]与哲学、文学、历史等人文领域不同,实证科学追求关于自然界和人类社会的确定的、可以验证的知识。在文艺复兴运动以后,当一个领域能够发展出独特的概念体系和实证方法时,它就从哲学中分离出来而成为一个新的相对独立的学科,比如物理、化学、生物等等。[③]在诸多学科中,从经验走向科学最典型的例子可能就是经济学了,经济学最初也主要依靠经验,但是现在几乎完全就变成了"数学",不懂数学几乎无法做经济学研究。经济学随之实现了华丽的转身,成为了被各学科接受的"硬科学"。在教育领域中,最初也主要是依靠思辨哲学,1879年德国心理学家冯特在莱比锡大学创建了世界上第一个心理学实验室,开创了实验心理学,为教育提供了可以借鉴的实验思想和方法。在教育学长期发展的过程中,逐渐将心理学、社会学、经济学等学科的量化或质化研究方法应用到了研究中,也可以称作越来越科学。

最近几年,互联网、大数据技术的快速发展给教育实证研究带来了新的发展契机,也指出了新的发展方向。大数据的核心是"**一切皆可量化**",量化的目的是为了让我们对事物认识得更加科学,正如涂子沛所言,在这个时代,"除了上帝,任何人必须用数据说话"[④]。利用数据挖掘等分析技术对互联网积累的海量数据进行分析,就可以发现以前靠简单的方法无法发现的规律,借此促进个性化学习和教育科学决策。

讲了这么多,那么究竟什么是实证研究,它又有什么特征呢?袁振国认为:简而言之,实证研究即基于事实和证据的研究。它的基本特征可以归纳为如下四点:第一是客观,以确凿的事实和证据为基础,实事求是,不被个人的主观愿望或偏见所左右;第二是量化,努力获得对事物特征和变化的"度"的把握,而非笼统的、模糊的描述;第三是有定论,有确切的发现或结论,而非无休止的争论;第四是可检验,通过专业化背景下建立起来的共同的概念和规则,使用共同的方法和工具,可以获得相同的结果。[⑤]

① 袁振国.科学问题与教育学知识增长[J].教育研究,2019,40(04):4—14.
② 彭正梅.寻求教学的"圣杯"——论哈蒂《可见的学习》及教育学的实证倾向[J].教育发展研究,2015,35(06):1—9.
③ 陈晓宇.论我国教育学术中的矛盾关系[J].北京大学学报(哲学社会科学版),2018,55(06):11—22.
④ 涂子沛.大数据:正在到来的数据革命[M].桂林:广西师范大学出版社,2015.
⑤ 袁振国.实证研究是教育学走向科学的必要途径[J].华东师范大学学报(教育科学版),2017,35(03):4—17+168.

在美国国家研究理事会出版的《教育的科学研究》中，他们总结出了一套适合包括教育在内的科学研究的六条指导原则：①

1. 提出重要的、可以进行实证研究的问题。

2. 建立研究和有关理论的联系。

3. 使用能够直接研究问题的研究方法。

4. 提供一条严密、明确的推理链。

5. 实施重复验证(Replicate)和研究可推广(Generalize)。

6. 公布研究结果以鼓励专业人士的检查和批评。

在这本书中，他们还推荐了几个比较典型的实证研究案例，比如美国田纳西州在1985—1989年面向79所学校的11 600名小学生进行的随机实验，旨在研究减少班级人数是否就可以提高学生成绩，研究发现小班级的学生成绩高于普通班的学生，小班级的益处对于少数民族学生来说要大得多。②

当然，注重开展实证研究，也要注意几个问题：第一，实证研究不等于量化研究，一切基于事实和证据的定量研究、定性研究或其他研究，都可以称作实证研究，《教育的科学研究》一书中就认为定性和定量的科学研究从认知论角度看是十分类似的，这两种方法都可以严格的科学使用。③ 关键是要符合研究的科学原则，用事实说话，用证据说话。第二，总体来说，只要人类存在，就一定希望逐渐研究清楚整个世界，从这个意义上来说，实证研究一定是教育学的未来的长远发展方向，但是一定要注意实证研究的"能力"，鉴于人的复杂性、教育的复杂性，可以预见在很长时期内我们仍然无法单靠实证研究解决教育中的所有问题，在实际工作中实证研究将和哲学思辨、经验研究等长期共存。

陈晓宇在系统分析改革开放四十年来教育科学发展历程的基础上，指出教育学术研究具有显著的应用性和实践性，也离不开对基础性理论的追求。它需要高度的科学精神，也需要强烈的人文关怀。教育研究和实践既要汲取历史经验，又要立足现实，面向未来。教育具有突出的本土性特征，国际经验和资源也具有重要的意义和价值。简而言之，在研究工作中将理论与实践统一、科学与人文结合、历史与现实联系、国际与本土融汇，有助于开拓教育学术新局面，更好地服务和推动教育事业。④

---

① ［美］国家研究理事会. 教育的科学研究［M］. 北京：教育科学出版社，2006：3—4.

② 同上书，第60—61页。

③ 同上书，第18页。

④ 陈晓宇. 论我国教育学术中的矛盾关系［J］. 北京大学学报(哲学社会科学版)，2018，55(06)：11—22.

三、教育研究未来的发力点

基于以上讨论,只有注重教育研究,才能夯实教育事业发展基础。陈丽等人认为信息化进程中教育研究的问题域框架应该包括三个相互关联、相互促进的层次:(1)基础规律层,包括知识生产与知识进化、认知与学习、教学交互;(2)环境方法层,包括学习环境、学习资源与认知工具、教育大数据技术、教育人工智能;(3)实践创新层,包括教育内容、教与学方法、教育评价、教育治理、教育供给方式。[①] 综合各方意见,笔者认为,就目前的发展现状和未来需求而言,教育领域需要特别注重基础研究、开发研究和行动研究(图8-5):

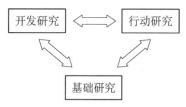

图8-5　教育研究未来发力点

首先要重视**基础研究**。人类搞了几千年教育,但是教育中确实还有很多是依靠经验的东西,比如第四章提到的例子,a o e 到底应该印在一页上还是应该印在三页上,确实应该有严谨的实证结果证明,是将教材印得简单一点儿学习效果好,还是印得复杂一点儿好。再如平板电脑,现在很多地方在推广数字教材、电子书包,可是使用平板电脑对学生的德智体各方面到底有什么样的影响,我们是否应该做一个长期的系统的实证研究来说明呢? 类似的例子其实很多,好在现在教育部、国家自然科学基金会非常重视这一点,在 2017 年 9 月 18—19 日于浙江大学举行的国家自然科学基金委员会第 186 期双清论坛中,时任教育部副部长杜占元做了题为"加强教育科学研究,共同推进教育改革发展"的讲话,强调要注重自然科学与人文科学相结合,新技术的突破与应用和教育变革的需要相结合,科学的理论方法与中国独特的文化传统和思维相结合。自 2018 年开始,国家自然科学基金会也专门设立支持教育基础研究的项目(代码 F0701),鼓励各领域的学者来共同开展研究,尤其期望用自然科学的方法来破解一些教育中的难题。

当然,加强基础研究并不是一件容易的事情,首先要清楚这里强调的是"基础"的

---

① 陈丽,郭玉娟,王怀波,郑勤华. 新时代信息化进程中教育研究问题域框架[J]. 现代远程教育研究,2018(01):40—46＋87.

研究,是一些不经过大量的实证性实验研究无法证明或无法说清楚的问题,比如儿童认知和学习规律,平板电脑和视力的关系,游戏化学习的脑机制究竟是什么,再如纷繁复杂的知识点之间的内在关系究竟是什么,人们的社会化学习的机制和原理等。其次要清楚这里强调的是"教育领域"中的基础研究,不是认知科学、脑科学的基础研究,亦不是信息技术、人工智能的基础研究。不是说那些基础研究不重要,而是因为脑科学、人工智能的基础研究过去就很重视。再次,虽然教育科学的基础研究同实践的关系不太直接,它不以某个具体的实际问题为研究对象,而是对学科领域内的重大理论问题(或基本问题、核心问题)作出解释,其研究成果主要是某种科学发现、某种理论的建立和发展。[①] 但是这里需要特别强调的是:一定是问题导向的基础研究,是未来有助于解决教育中实际问题的基础研究。否则,过个二三十年,大家又会质疑,都支持这么多年了,课堂教学中怎么还没有改变呢?

谈到这里,希望大家回顾一下第四章讲的学习科学,我觉得和以上分析特别吻合,或者可以简单地说:**教育发展急需加强基础研究,基础研究可从学习科学开始!** 这一点在下一节专门展开讨论。

其次要注重**开发研究**。这里主要指的是围绕教学目的设计开发教育软件类产品的研究。如果仔细看看教育研究者尤其是教育技术研究者的成果,大部分都是一些论文著作研究报告,而真正设计开发出来教育技术软件类产品的则比较少。以笔者自己的主要研究领域教育游戏而言,我们一遍遍鼓励教师在课堂中多使用游戏,可是当老师们真的开始使用时,蓦然间发现市场上并没有充足的优质教育游戏,企业拿不出来,教育游戏研究者也拿不出来,能拿出来的更多的是论文著作。当然,前面确实说过教育产品应该由企业来提供,但是在现阶段企业未能提供足够多优质产品之前,教育研究者是否应该提供一些呢?其实不仅仅是提供教育技术产品,研究者在设计开发过程中,还能形成更多的设计理论、策略和原则,可以用来指导企业研发。

那么为什么研究者比较少做开发研究呢?这一点可能是研究资助、考评机制造成的,但是背后的根本原因可能还是因为人们对应用研究的偏见[②],因为地位不高,所以教育研究者需要去追求"地位更高"的理论研究。但是实际上教育学归根结底是为了帮助教师的教和学生的学,虽然其中有大量的基础研究问题和成果,但是社会各界对它的期望主要就是一门应用科学,就是要解决实践问题的。教育技术界的老前辈南国

① 靳玉乐,张家军.加强基础研究 推进教育科研创新[J].教育研究,2008(12):25—27.
② [美]埃伦·康德利夫·拉格曼.一门捉摸不定的科学:困扰不断的教育研究的历史[M].花海燕,等,译.北京:教育科学出版社,2006:6.

农先生曾提出一个被称为中国教育技术学的"**南国农之问**",简单地说就是:"为什么中国教育信息化事业越来越发达,而教育技术学却越来越衰弱?"①大家想一想,这个是否也与我们不注重开发研究有一些关系呢? 20 世纪 80 年代教育技术(电化教育)红红火火,因为我们能拍教学片;90 年代仍然红红火火,因为我们能做课件,能做平台;现在呢,我们应该给教育提供什么呢?

当然,就这一点来说,有关部门或许可以思考改进基金资助范围和政策,比如在香港,特区政府有很重要的基金就是支持开发研究的,结题时不需要提交论文,你只需要按照合同约定开发好资源放在网上免费服务若干年限就好。其实现在教育部对在线教育课程的支持也是这样的,不要求发表论文,但是一定要开发优质的在线课程,成效也很好。未来或许应该加大对开发类课题的资助力度和资助级别。大家想一想,如果每一位教育技术专业师生一生中围绕一个知识点,设计开发一个小软件,并进行严谨的实证研究。这样用不了几年,所有的知识点估计就能完全覆盖了。或许这就是曾国藩的"结硬寨,打呆仗"吧。

最后要注重**行动研究**。英国学者艾略特(J. Elliot)认为,行动研究是对社会情境的研究,是从改善社会情境中行动质量的角度来进行研究的一种研究取向②。行动研究是一种特别适合于教育实际工作者的研究方法(或者说研究范式),它要求在实际工作中寻找课题,由实际工作者(比如教师)与研究者共同参与,最后达到解决问题、改变教学行为的目的。

对于一线教师,其中个别优秀的老师愿意去设计开发教学软件等,但是对于大部分老师来说,不需要去设计,只需要会应用这些资源就可以了。不过,要鼓励一线教师结合他们的本职教学工作积极开展行动研究,这样一方面可以给其他人提供参考,另外一方面可以增长他们的实践性知识③,提升他们的教学水平。更为重要的是,让教师感觉到职业的幸福感。就如苏联教育家苏霍姆林斯基所言:"如果你想使教育工作给教师带来欢乐,使每天上课不致变成单调乏味的苦差事,那就请你把每个教师引上研究的幸福之路吧。"④

当然,要促进一线教师的行动研究,可能需要同时也是最好的方式是让高校的研究人员和一线教师成为协作伙伴,北京大学教育学院学习科学实验室近几年也在和北

---

① 任友群,程佳铭,吴量.一流的学科建设何以可能? ——从南国农之问看美国七所大学教育技术学科建设[J].电化教育研究,2012(06):16—28.
② 陈向明.什么是"行动研究"[J].教育研究与实验,1999(02):60—67+73.
③ 陈向明.实践性知识:教师专业发展的知识基础[J].北京大学教育评论,2003(01):104—112.
④ 肖甦.苏霍姆林斯基教育智慧格言[M].北京:人民教育出版社,2014:329.

京顺义区西辛小学等学校密切合作，共同打造"**研究型实验学校**"，大学将实验室建在中小学，一边开展实验研究，一边带动学校教师开展行动研究，目的是促进学生、教师、学校和研究共同发展，目前，这项研究成效良好，也在欢迎更多学校参与。

第三节　学习科学：推动教育的深层变革

在第四章已经系统阐述过学习科学的价值，这里再探讨一下学习科学在教育深层变革中扮演的重要作用。

一、学习科学为什么能推动教育深层变革

在上一节探讨过教育信息化面临的各种困难，究其原因，非常复杂，可能会涉及经费、体制等各种原因。不过，仔细分析，一定会归结到这样的本质性问题：**技术到底能否改变教育？** 前面已经谈过，当年收音机、电影、电视都没能改变教育，现在计算机和互联网就能改变教育吗？虽然也有很多人持乐观态度。

那么技术为什么能变革其他行业呢？以零售业为例，淘宝、天猫并不是简单地将线下集市搬到线上，而是解决了传统商贸中存在的信息不对称、店租成本高、营销成本高、商家欺诈客户等问题，省去了中间商的很多环节，让商品交易得以更顺畅地进行。仔细想一想，对于消费者来说，最根本的目的就是"**以最方便的方式购买到最便宜的产品**"，而电子商务似乎圆满地实现了这个根本性的目的。

再回头看看互联网教育，腾讯课堂、淘宝同学、百度传课、VIPKID 等，主要是把线下的课堂搬到了线上，进行直播和录播，解决了时空或者说传递问题；一起作业网、作业盒子、猿题库等，虽然也都在努力应用大数据以便对学习者提供个性化的学习支持，但是目前基本上主要是解决了资源受限问题；家校通、家长帮等，主要是提供给家长和学校（或机构）进行关于孩子教育沟通的平台，解决了沟通的问题……这些互联网教育应用产品确实解决了传统教育活动中的某些问题，也起到了重要的作用，但是是否解决了教育领域的根本性问题，是否达到了学习者的根本目的呢？仿照消费者的根本目的，学习者的根本目应该是"**以最有效的方式学会最有用的知识**"。按照建构主义的观点，知识不是教师传授给学生的，而是在一定的情境中借助学习材料和其他人的帮助自己建构起来的[①]。简单地说，学习者需要在自己的大脑中建构出知识，或者说将

[①] 何克抗. 建构主义——革新传统教学的理论基础[J]. 中学语文教学, 2002(08)：58—60.

知识"买进"自己的大脑中。

按照这个根本目的,回头看看这些互联网教育产品或技术,它们是否真的解决了这个根本目的呢? 比如,哈佛大学教授讲得确实很好,可是我还是听不懂怎么办? 基于大数据的自适应测试技术确实有助于提高学习成绩,可是我没有学习动机怎么办? 当我们试图回答这几个问题时,就理解了互联网教育面临的困难,因为教育的对象是人不是物,具体来说,主要是人的大脑。而我们人类虽然研究了几千年教育,但是我们对于知识究竟是怎么存储的,人究竟是怎么学习的,实际上还知之甚少。在这个根本性问题没有搞明白之前,我们试图达到学习者的根本性目的,难度可想而知。所以北京师范大学校长董奇说: 未来教育的重要特征是要基于脑、适于脑、促进脑。[①]

其实,这不仅仅是互联网教育面临的困难,在高等教育、基础教育等各个领域中都是一样的。前面探讨了高等教育和基础教育面临的诸多问题,我们当然可以依靠顶层设计、加大投入、流程变革、教师培训等措施来逐步解决,但是这些都是外围的帮助和支持,最终还要归结到"**人究竟是怎么学习的,怎样才能促进有效学习**"这一根本性问题。

而从第四章的论述中,我们已经看到,学习科学的诞生就是希望来解决这一根本性问题的,虽然我们知道教育是复杂的,教育研究是艰难的,试图用实证的科学的方法来研究透彻教育是非常困难的,但是学习科学的发展或许有助于解决或部分解决这一个根本性问题,从而推动教育的深层变革。

小时候,我们都知道"**奔向 2000**",当时以为只要到了 2000 年,就实现四个现代化了,什么问题就都解决了。现在都 2019 年了,我们发现世界上还有很多疾病、贫穷、战争等问题无法解决。现在我们都在谈未来学校,仿佛只要建设好未来学校,教育问题就可以解决了。但是我就在想,当前的学校相对于 40 年前的学校算不算未来学校呢? 北京、上海的名校相对于偏僻地区的学校算不算未来学校呢? 如果算的话,现在这些名校不应该再有问题了啊,为什么似乎校长、教师、家长都还有很多问题呢? 仔细一分析,还是"学习"问题,家长会问,我们家孩子确实上了这个"未来学校",可还是学习不好怎么办啊? 从这个意义上来说,推进学习科学、促进学习变革非常重要。

二、学习科学与相关概念的关系

目前,学习科学已经从一个跨学科概念逐渐演变为一个超学科概念,与很多人们

---

① 董奇.未来教育的重要特征是要基于脑、适于脑、促进脑[DB/OL]. [2019 - 05 - 22]. http://www.sohu.com/a/245083241_100154279.

已经耳熟能详的学科领域存在一些或多或少的关联。其中，与学习科学关系最紧密也最难以区分的两个学科概念——教育神经科学（或神经教育学）和教育技术，究竟与学习科学存在哪些区别和联系？为什么"学习科学"是更适合这一领域的代名词呢？

（一）学习科学与教育神经科学（神经教育学）

前面在讲学习科学的历史发展时，已经提到过教育神经科学，它是将神经科学、心理学、教育学和机器学习整合起来，研究人类教育现象及其一般规律的新兴交叉学科。[①] 由于学科内涵的复杂性，世界上很多研究组织也使用其他术语来代指该学科，如"心智、脑与教育"（Mind，Brain and Education）、"神经教育学"（Neuroeducation）、"脑与学习"（Brain and Learning）等[②③④]，但"教育神经科学"和"神经教育学"在国际上具有更高的认可度。[⑤]

教育神经科学的兴起，离不开 20 世纪 90 年代的"脑的十年"计划（Decade of the Brain）。在这个时期，脑成像技术和认知神经科学的快速发展，使得从脑水平上研究学习过程成为可能。作为连接心智、脑与行为的桥梁[⑥⑦]，教育神经科学经过多年发展，其研究内容和方法体系逐渐成形。截至目前，教育神经科学的主要研究内容可以归纳为以下四类[⑧]：①脑的功能结构与发展研究，包括脑的主要结构和功能分区、脑的关键期和敏感期、脑的可塑性等；②语言学习研究，主要涉及语言功能的脑结构基础、语言发展的敏感期、脑的读写能力与发展性读写障碍等；③数学学习研究，主要包括数学能力的脑结构基础、婴儿计算和计算障碍等；④情绪发展研究，着重研究情绪对学习过程的作用，如情绪对注意力和问题解决能力的影响。在研究方法上，教育神经科学采用脑成像技术（如功能性磁共振技术 fMRI、功能性近红外光谱技术 fNIRS 等）与行为研究相结合的方法，既使用认知神经科学的方法，在实验室里研究学习的基础机制、挖掘新的学习规律与知识，同时也注重使用行为测量的方法，在实际教学问题中开展转化和实践研究[⑨]，为制定更有效的教育政策和实践方案提供科学依据。

然而，目前学术界对于该学科命名问题还存在争议：应该命名为"教育神经科学"

---

① 周加仙."教育神经科学"与"学习科学"的概念辨析[J].教育发展研究,2016(06)：25—30.

② 同上注。

③ Nouri A, Mehrmohammadi M. Defining the Boundaries for Neuroeducation as a Field of Study [J]. Educational Research Journal，2014,27(1/2)：1-25.

④ Horvath J C, Donoghue G M. A Bridge Too Far-Revisited: Reframing Bruer's Neuroeducation Argument for Modern Science of Learning Practitioners [J]. Frontiers in Psychology，2016(07)：377.

⑤ 周加仙.教育神经科学：创建心智、脑与教育的联结[J].华东师范大学学报（教育科学版）,2013,(02)：42—48.

⑥ 同上注。

⑦ Bruer J T. Education and the Brain: A Bridge Too Far [J]. Educational Researcher，1997,26(8)：4-16.

⑧ 余燕云,杜文超.教育神经科学研究进展[J].开放教育研究,2011(04)：12—22.

⑨ 周加仙."教育神经科学"与"学习科学"的概念辨析[J].教育发展研究,2016(06)：25—30.

(Educational Neuroscience)还是"神经教育学"(NeuroEducation)？事实上，这两种名称在国际组织、学术会议、学术期刊、专业设置等方面都有广泛应用，而且它们指向的研究领域也十分相似，即借助脑科学技术从脑—心理—行为层面研究"人是如何学习"的。① 如果非要深究两者的差异，那么可以说："教育神经科学"是强调整合教育学的神经科学，更重视新的教育规律的发现；②而"神经教育学"是强调以教育学为核心的跨学科整合，更侧重将基础研究中发现的规律应用于解决教育的实际问题中。③ 虽然侧重点有所不同，但作为研究领域来看，两者的研究内容和方法并无本质差异，目前的学术刊物也经常将两者作为同义词使用④，因此我们对二者不作严格区分，以下就称教育神经科学。

学习科学与教育神经科学虽然不是完全重合的关系，但是关系非常密切。如前文所述，学习科学之所以兴起，是因为一批认知科学家认为传统的认知科学研究未能有效地推动真实情境中的学习，所以纷纷与当时兴起的人工智能和计算机科学家们合作，提出了学习科学。实际上，当时的认知科学家里面有一部分是认知神经科学家，他们始终坚持从认知神经科学的视角研究人的学习问题，此后随着非侵入性脑成像技术的发展，他们可以更方便地开展基于脑的人类学习研究，所以慢慢成长为后来的教育神经科学家。与早期学习科学相似的是，这些教育神经科学的先行者也强调：传统的认知神经科学家比较注重微观的实验研究，而不太关注实验研究成果在教育中的应用，所以他们提出"教育神经科学"这个概念，借以希望自己的研究能够往课堂多走一步，以真正对教育实践产生积极作用。

简而言之，学习科学的起源就包括了教育神经科学，学习科学的重要研究内容中也包含了教育神经科学的研究。某种程度上说，教育神经科学更加强调学科的完整性、科学性，而学习科学更加强调这是一个研究领域。

(二) 学习科学与教育技术

教育技术是一个有着上百年历史的学科，其知识体系是不同背景的学者在长期研究与实践的基础上形成的。20 世纪 20 年代，视听传播研究的发展形成了应用各种媒体资源的教育模式；50 年代，基于学习心理学的教学系统研究形成了个别化学习模式；还有，五六十年代发展起来的系统论、信息论和控制论对教育技术的影响，产生了

---

① 裴蕾丝,尚俊杰,周新林.基于教育神经科学的数学游戏设计研究[J].中国电化教育,2017(10)：60—69.
② 周加仙."教育神经科学"与"学习科学"的概念辨析[J].教育发展研究,2016(06)：25—30,38.
③ 韦钰.神经教育学对探究式科学教育的促进[J].北京大学教育评论,2011(04)：97—117,186—187.
④ 安东尼奥·M.巴特罗,库尔特·W.费希尔,皮埃尔·J.莱纳.受教育的脑：神经教育学的诞生[M].周加仙,等,译.北京：科学出版社,2011.

运用系统方法进行教学设计的理论和方法。当这三个方面的研究成果被综合成一个促进学习的总体方法时就形成了教育技术研究和实践领域的特点,从而确立了这个研究和实践领域的理论基础①。

20 世纪八九十年代,随着互联网的快速发展,教育技术学科不断快速发展。1994年,美国教育传播与技术协会(AECT)发布了著名的 AECT1994 定义,并且在 2005 年发布了更新版的 AECT2005 定义。其中,教育技术被定义为"通过创建、使用和管理适当的技术过程与技术资源以促进学习和提升绩效的研究与合乎道德的实践"。② 虽然教育技术在发展过程中也经历了"媒体"派和"学习"派的争论,在我国也经历了一次范围广泛的关于姓"教"还是姓"电"的争鸣③,但是教育技术伴随着互联网的快速发展得到了蓬勃的发展,客观上对于推进教育信息化起到了核心支撑作用,并作出了重要贡献。目前以教育信息化全面推动教育现代化,已经成为了我国教育改革发展的战略选择。

不过,虽然人工智能、大数据等新技术的发展给教育技术带来了无限的发展想象空间,但是该学科却依然面临着诸多严重的挑战。2011 年,教育技术界老前辈南国农先生在"中国教育技术协会成立 20 周年庆祝会暨全国教育信息化展望论坛"上说,"当前我们国家的教育信息化可以说是红红火火,教育技术作为一个事业来说,它是红红火火,如日中天,但是作为一门学科来说,它正在逐渐地衰弱,独立生存发展的空间越来越小"。这个问题被称为中国教育技术学的"南国农之问"。④ 其实,在教育技术学科的发展道路上,从来就一直伴随着质疑和困惑,一直存在着研究队伍建设、学生培养、实践领域、学科自身知识生产等诸多问题。⑤

国际上也是如此,由于信息技术的快速普及,由于缺乏原创性的理论创新,教育技术在整个教育研究领域的地位似乎也一直在下降。有意思的是,学习科学似乎对教育技术的发展客观上造成了挤压⑥:学习科学的第一本专门刊物《学习科学杂志》于 1990年创刊,此后在短短十几年内就从为数众多的教育与心理研究类杂志中脱颖而出,跃升于社会科学引文索引(SSCI)教育与心理科学类杂志的前列;2004 年美国国家科学

---

① 韩锡斌,程建钢. 教育技术学科的独立性与开放性——斯坦福大学学习科学兴起引发的思考[J]. 北京大学教育评论,2013,11(03):49—64+190.
② 孟红娟,郑旭东. 对 AECT2005 教育技术定义的批判分析与思考[J]. 电化教育研究,2005(06):34—37.
③ 南国农. 教育技术学科究竟应该怎样定位[J]. 北京大学教育评论,2013,11(03):2—7+189.
④ 任友群,程佳铭,吴量. 一流的学科建设何以可能? ——从南国农之问看美国七所大学教育技术学科建设[J]. 电化教育研究,2012(06):16—28.
⑤ 刘美凤. 中国教育技术学学科发展面临的问题与对策[J]. 中国电化教育,2003(10):9—15.
⑥ 郑旭东,孟红娟. 在联合中走向变革:学习科学与教育技术创新发展的新景观[J]. 远程教育杂志,2011,29(01):14—18.

基金会出巨资持续支持学习科学中心项目，使得学习科学研究上升为国家战略；一些原属于教育技术专业的学者投身于学习科学领域；一些传统的教育技术专业纷纷向学习科学专业靠拢。①

其实，学习科学和教育技术并不是互为敌人，两者虽有区别，但却紧密相连。事实上，在提出"学习科学"这个概念时，就有一批教育技术专家参与其中，而国际学习科学协会主办的另一本重要期刊——《计算机支持的协作学习》(*International Journal of Computer-Supported Collaborative Learning*)实际上也可以算作是教育技术研究期刊。有学者曾经分析过，认为两者有共同的研究目标、趋同的理论立场、重叠的研究问题和不断变迁并渐渐趋向合流的方法论②。

在当前学习科学领域开展的诸多研究中，有两类最具吸引力：一类是偏向脑科学的研究，可以称为教育神经科学研究；一类是人工智能、大数据等信息技术支持下的学习研究，即学习环境、学习技术或学习分析研究。一般来说，采用学习理论、学习分析技术开展的教育技术研究也可以算是比较纯粹的学习科学研究。而教育神经科学研究实际上也需用到教育技术——只了解人类学习中的脑认知过程，其意义并不大；只有当这些基础知识进一步转化成学习辅助的认知工具和环境，才能真正发挥学习科学对学生学习的促进作用。

简单地说，教育技术良好的实践导向，使其非常适合作为学习科学应用推行的政策抓手。要想真正在脑、心智和课堂教学之间架起桥梁，确实离不开教育技术的支持。③ 当然，对于教育技术学科来说，也需要珍惜自身的发展历史，充分肯定自有理论体系和实践范式的独特价值，同时抱着开放的心态充分借鉴学习科学的新思路、新技术、新方法④，携手共创未来的光明前景。⑤

（三）学习科学与人工智能的关系

当前人工智能发展迅猛，在社会各个领域中都产生了重要的作用，因此国家出台了一系列文件和规划来促进人工智能的发展。

人工智能本身也是一个学科，和当年发展计算机一样，人工智能与教育主要有两

---

① 尚俊杰. 北京大学教育技术学科：整合与探索[J]. 北京大学教育评论, 2013, 11(03)：65—77＋190—191.
② 陈明选, 俞文韬. 走在十字路口的教育技术研究——教育技术研究的反思与转型[J]. 电化教育研究, 2017, 38(02)：5—12＋18.
③ 尚俊杰, 裴蕾丝. 发展学习科学若干重要问题的思考[J]. 现代教育技术, 2018(01)：12—18.
④ 韩锡斌, 程建钢. 教育技术学科的独立性与开放性——斯坦福大学学习科学兴起引发的思考[J]. 北京大学教育评论, 2013, 11(03)：49—64＋190.
⑤ 郑旭东, 孟红娟. 在联合中走向变革：学习科学与教育技术创新发展的新景观[J]. 远程教育杂志, 2011, 29(01)：14—18.

方面的研究内容：一是人工智能教育，指的是如何对学生乃至成人开设相关课程，普及人工智能知识。这一点其实类似于过去的计算机教育、信息技术教育；二是人工智能教育应用，比如利用人工智能进行自动阅卷，利用人工智能对学生的学习行为进行分析，这一点就是学习科学里面的学习技术、学习分析研究。

总之，人工智能是学习科学发展的重要支撑技术，学习科学的每一部分研究几乎都离不开人工智能技术的支持。当然，人工智能的发展也离不开学习科学的支持，要想让学生能够科学、快乐、有效地掌握计算思维、编程知识等，需要学习科学提供理论和实践的支持。

（四）"学习科学"一词的适切性

综上所述，学习科学与教育神经科学、教育技术是一种相辅相成的关系，很难用一个概念完全替代另外一个概念。相对而言，**学习科学的包容性更好**，能够较好地涵盖"学习"这个研究领域，不同的学科都可参与进来一起做学习的研究，如教育神经科学可以来做学习基础研究，教育技术学可以来做学习环境、学习技术研究，教育社会学可以来做社会学习研究，人工智能可以来做个性化自适应学习研究等；而且，这些学科还可彼此跨学科合作，如开展基于教育神经科学的学习技术研究，以发挥更大的价值。或许我们不用太纠结于概念，而是要着力于吸引多学科的专家来共同研究教育领域的重要问题。

三、学习科学未来发展

在第四章讲过，我国学习科学研究已经取得一定成效，并在高速发展中。不过，与欧美发达国家的学习科学研究相比，我国还有一定差距。[1] 为此，需要加强对学习科学的支持。[2][3][4]

（一）注重学习科学学科体系建设

目前，越来越多的国家和地区开始在高校设立学习科学专业培养点，筹建专门的学习科学研究组织和机构。由于学习科学是一个跨学科研究领域，考虑到我国实际情况，如果没有一个明确的专门的学科，开展相关研究有一定困难。所以在现有体制下，建议加强学习科学学科建设，明确并鼓励建立该专业，培养硕士、博士研究生，并从体制上鼓励该专业吸引相关学科的优秀人才，开展跨学科的教学和研究。

① 缪蓉,董倩.国内学习科学现状研究[J].开放学习研究,2018,23(03)：20—26＋42.
② 尚俊杰,裴蕾丝,吴善超.学习科学的历史溯源、研究热点及未来发展[J].教育研究,2018,39(03)：136—145＋159.
③ 尚俊杰,裴蕾丝.发展学习科学若干重要问题的思考[J].现代教育技术,2018(01)：12—18.
④ 尚俊杰,吴善超.学习科学研究促教育变革[N].中国教育报,2017－03－18(03).

（二）加强对学习科学研究的支持

在我国,教育科学研究一直以来都是国家关注的焦点,也是多所重点师范大学的重点学科,比如教育政策、教育经济、教育信息化等,但作为教育科学研究重要一环的学习科学,其重要性尚未得到国内各界的广泛认可。除此之外,在学习科学的三大研究取向中,国内学习基础机制这一取向的学习科学研究处于刚起步阶段,且主要研究人员来自于认知心理领域,而教育领域研究者对脑科学技术介入教育科学研究也大多持观望态度,这也对该研究取向的快速发展造成了一些影响。因此,从未来教育发展的战略高度上讲,我国应该从国家层面上加强对学习科学研究的重视程度,大力支持学习科学三大研究取向的整合发展,尤其是加大对学习基础机制这一研究取向的宣传和资助力度。

事实上,我国国家自然科学基金会、国家社科基金会等科学资助机构对学习科学也有一定的支持,但是相对于欧美而言,目前存在几个问题:一是资助力度不够;二是散布在心理学、信息技术、教育学等项目中,尚未形成完整的资助体系;三是目前很多资助主要倾向于传统的认知科学等"硬学科",重点在实验室基础研究项目,对于学习科学非常看重的真实情境中的教学支持较少,不能很好地促进脑、心智和课堂教学的有机结合。基于这些问题,我们建议在相关基金下设立相对独立的部门或项目,专门支持学习科学的前沿研究、学术会议和人才培养(如硕士博士培养),培育创新成果,打造高水平教学科研团队。

在具体支持时,要注意支持组建跨学科研究团队,并给予持续的支持。学习科学研究不仅需要跨学科知识,还需要漫长的时间跨度保证,单一学科背景的研究团队很难独立承担。因此,实现跨学科的合作共同体,并建立稳定的持续经费保障制度,就成为保障学习科学长远发展的根本。作为学习科学领跑者的美国,从 2004 年开始,国家自然科学基金会就宣布拨款 1 亿美元在全美创设 6[①] 个跨学科、跨校的学习科学中心[②],并且这一资助计划一经批准就持续五年,其目的就是打破学科边界的限制,为跨学科视野下的学习科学研究提供完备的条件保障。这一带有探索性质的专项资助方式,快速推动了美国在学习科学领域的发展,使美国迅速成为国际学习科学研究的领跑者。在专项资助学习科学领域获得阶段性成功之后,美国国家自然科学基金会于 2015 年开始专门设立了"学习科学"(Science of Learning)项目,标志着国家自然科学基金会对学习科学研究的探索性专项资助正式转变为常态性资助。

---

① 最初为 7 个,后来减为了 6 个。
② 周加仙.基于证据的教育决策与实践:教育神经科学的贡献[J].全球教育展望,2016(08):90—101.

相比之下，我国在有关学习科学的跨学科合作上尚未形成成熟体系，学习科学的相关研究主要散落在几个高校的教育技术和认知心理学院。由于教育技术和认知心理这两类学院之间缺乏统一的理论基础，且长期处于彼此独立研究的状态，实现跨学科合作研究仍是比较困难的。未来，如何在国家层面促成跨学科学习科学研究共同体的出现，如何建立制度措施保障共同体的可持续发展，将是我国学习科学领域建设与发展面临的紧迫议题。

（三）促进学习科学成果传播

国外有专门的学习科学期刊，但是国内目前尚没有专门的学习科学期刊，这不利于学习科学成果发表及学科发展。建议设立专门的学习科学学术期刊，加快学习科学成果传播。

对于产品原型设计类成果，尤其是那些经过多轮研究实验证明有效的学习产品或环境设计，应该更进一步做好成果的市场转化和推广，使研究可以无缝接轨教育实践。在美国，成功项目在学校里推广比较常见，比如美国加利福尼亚大学伯克利分校的WISE(Web-based Inquiry Science Environment)项目[1]、美国印第安纳大学的探索亚特兰蒂斯项目(Quest Atlantis)[2]、美国卡内基梅隆大学学习中心推出的代数认知导师系统(Cognitive Tutor Algebra)[3]，以及哈佛大学教育学院与当地中小学合作创建的研究学校(Research School)等。反观国内，学习科学大多以基础理论研究为主，应用性研究很少，能在全国得到大范围推广示范的项目更少[4][5]。因此，增加我国学习科学研究中产品设计类成果的比例，同时建立经费保障制度，支持此类成果后期的市场转化，同样值得关注。

（四）提升教师学习科学素养

学习科学的根本出发点和落脚点是回答"人是如何学习的"，具体到教育教学实践中，就要围绕"学生如何学"来设计"教师如何教"，因此未来的学校教师需通过专业培训，构建起以学习科学素养为核心的教学知识能力体系，从实践应用和意识形态两个层面应对已经来临的新时代教育变革。具体的学习科学素养教师培训方案可以针对

① Slotta J. Designing the Web-based Inquiry Science Environment (WISE)[J]. Educational Technology，2002，42(05)：15—20.
② Barab S，Thomas M，Dodge T，et al. Making learning fun：Quest Atlantis，a game without guns [J]. Educational Technology Research and Development，2005，53(01)：86—107.
③ Ritter S，Anderson J R，Koedinger K R，et al. Cognitive tutor：Applied research in mathematics education [J]. Psychonomic Bulletin & Review，2007，14(02)：249—255.
④ 卢立涛，梁威，沈茜. 我国学习科学研究述评——基于 20 年的文献分析[J]. 教育理论与实践，2012(28)：56—60.
⑤ 刘新阳. 我国学习科学领域的发展历程[J]. 中国电化教育，2013(09)：16—21.

在职教师和师范生分别实施：针对在职教师，可以借助现有的教师培训项目，落实学习科学素养的学习。比如，可以通过中小学教师国家级培训计划，向骨干教师渗透学习科学素养的内容，再通过骨干教师带动普通教师，实现学习科学素养的全面普及。北京大学学习科学实验室目前和北京教育学院朝阳分院、北京海淀区教育科学研究院合作开展提升教师学习科学素养项目，成效良好；针对师范生，可以依托现有的师范生培养课程体系，通过开设学习科学相关专业课程、开展教育实习，双管齐下，培养师范生的学习科学素养，为未来成为优秀教师夯实基础。

综上，我国教育事业发展亟需推动开展基础性、前瞻性、系统性、长期性、支撑性科学研究，**教育科学的基础研究可从学习科学开端**，使之成为推进教育变革、实现教育现代化的重要引擎。

结语 美好教育，幸福人生

虽然本书一直在讲技术，但是确实就如石中英所讲：在"互联网＋教育"喧哗的背后，不能忘了教育初心。[①] 应用信息技术、重塑学习方式、促进教育变革等等都不是根本目的，根本目的是要**回归教育的本质**。

关于教育的本质，20 世纪 80 年代我国教育界曾经展开过讨论，从不同的角度提出了几十种观念，最后形成了比较一致的认识：教育是一种培养人的活动，并通过育人活动，实现自然人与社会人的统一。顾明远先生曾讲过：必须回到教育原点培养人。学校教育要以学生为主体，以教师为主导，充分发挥学生的主动性。教育要让学生有时间思考，有时间学习自己喜欢的东西。教育要真正让学生活泼地学习，真正让学生在课堂上、在课外、在学校里享受教育的幸福。[②] 扈中平也认为教育的目的和终极价值就是为了促成人的幸福生活。他认为教育与幸福原本是相通的，因为教育意味着求真、求善、求美，而对真善美的追求又意味着知识的增长、能力的发展、心灵的充实、智慧的养成、德性的陶冶、精神的自由、人格的独立、价值的实现和创造性的提升，这些都是人性之所向，都是人的幸福的重要源泉。[③] 文东茅也说"教育之道，即幸福之道"，教育工作者的初心和使命就应该是为师生谋幸福，衡量教育成败的最重要指标也

---

① 石中英. 在"互联网＋教育"的喧哗背后，别忘了教育初心[EB/OL]. (2016 - 12 - 23)[2019 - 07 - 03]. http://mini. eastday. com/a/161223123451184-3. html.

② 翟晋玉. 顾明远：回到教育原点培养人[N]. 中国教师报，2014 - 05 - 21(01).

③ 扈中平. 教育何以能涉人的幸福[J]. 教育研究，2008(11)：30—37.

应该是学生、教师以及家长的幸福。^① 简而言之，教育就是为了让人幸福。

当然，就本书的主题来说，我们或许可以得出这样一个观点：虽然人与技术的关系比较复杂，但是技术和幸福并没有必然的冲突，只要恰当使用，技术可以为人类创造幸福生活。在教育领域，今天令我们期盼、迷恋、担忧甚至恐惧的技术，虽然有一些未来可能会消失，但是大部分技术终将会成为过去的技术，成为类似于"粉笔＋黑板"的看不见的技术，成为我们习惯使用的技术。我们则需要在技术的基础上，重新考虑整个教育，在相信"人（教师）是最重要的前提下"，在充分继承传统教育优点的基础上，发挥慕课、微课、翻转课堂、游戏化学习、移动学习、VR/AR、项目学习、探究学习、云计算、大数据、人工智能等新技术新方式的优势，**打造美好教育，实现幸福人生**。

① 文东茅. 教育之道，即幸福之道［EB/OL］.（2018 - 11 - 11）［2019 - 07 - 02］. http://www. sohu. com/a/274553173_728266.

附录　拓展阅读资源

第一节　作者推荐资源

本书提到的部分观点之前曾经在论文、著作、网络文章中发表过,在此摘选部分供大家展开阅读。同时也感谢各位主编、编辑的大力支持,允许我将这些观点重新系统整理集结成书,谢谢!

一、"俊杰在线"微信公众号

"俊杰在线"(junjie-online)微信公众号是作者个人的公众号,其中发布的都是作者自己写的文章和随笔、录制的课件和转载的一些不错的文章。本书的一部分观点、文章之前在公众号发布过,如果大家感兴趣,可以扫码关注,展开阅读。

二、推荐课件

作者之前曾经录制了部分相关视频课件,也放在了"俊杰在线"公众号中,如果有兴趣,可以直接扫码观看。

1. 信息技术环境下的未来教育

本课件希望探讨最新技术对教育产生的革命性影响,以及在技术支持下的教育变革方向。

2. 重塑与再造:"互联网＋"促教育变革

本课件主要希望探讨"互联网＋"如何促进教育流程再造。

3. 其他课件

在"俊杰在线"公众号中,还提供了更多各类课件,有兴趣者可以扫码下载观看。

三、推荐论著

著作教材

1. 尚俊杰,等.看不见的领导——信息时代的领导力[M].北京：北京交通大学出版社,2017.

2. 中国教育技术协会教育游戏专业委员会.游戏与教育——用游戏化思维重塑学习方式[M].北京：电子工业出版社,2018.

期刊论文

1. 尚俊杰,裴蕾丝,吴善超.学习科学的历史溯源、研究热点及未来发展[J].教育研究,2018(03)：136—145.

2. 尚俊杰,裴蕾丝.发展学习科学若干重要问题的思考[J].现代教育技术,2018,28(01)：12—18.

3. 尚俊杰,庄绍勇,陈高伟.学习科学：推动教育的深层变革[J].中国电化教育,2015(01)：6—13.

4. 尚俊杰.北京大学教育技术学科：整合与探索[J].北京大学教育评论,2013(03)：66—79.

5. 张优良,尚俊杰.人工智能时代的教师角色再造[J].清华大学教育研究,2019,40(04)：45—50.

6. 张魁元,尚俊杰.非核心教学社会化："互联网＋"时代的教学组织结构变革[J].开放教育研究,2018,24(06)：29—38.

7. 尚俊杰,张优良."互联网＋"与高校课程教学变革[J].高等教育研究,2018,39(05)：82—88.

8. 张优良,尚俊杰."互联网＋"与中国高等教育变革前景[J].现代远程教育研究,2018(01)：15—23.

9. 尚俊杰,曹培杰."互联网＋"与高等教育变革——我国高等教育信息化发展战略初探[J].北京大学教育评论,2017,15(01)：173—182.

10. 曹培杰,尚俊杰.未来大学的新图景——"互联网＋高等教育"的变革路径探析[J].现代远距离教育,2016(05)：9—14.

11. 尚俊杰.新一轮信息技术潮会颠覆教育形态吗？[J].人民教育,2014(01)：38—41.

12. 尚俊杰,蒋宇.云计算与数字校园[J].中小学信息技术教育,2015(01)：27—30.

13. 尚俊杰,裴蕾丝.重塑学习方式：游戏的核心教育价值及应用前景[J].中国电化教育,2015(05)：41—49.

14. 尚俊杰,庄绍勇.游戏的教育应用价值研究[J].远程教育杂志,2009(01)：63—68.

15. 曾嘉灵,尚俊杰.2013 年至 2017 年国际教育游戏实证研究综述：基于 WOS 数据库文献[J].中国远程教育,2019(05)：1—10.

16. 尚俊杰,蒋宇.游戏化学习：让学习更科学、更快乐、更有效[J].人民教育,2018(Z2)：102—104.

17. 朱云,裴蕾丝,尚俊杰.游戏化与 MOOC 课程视频的整合途径研究——以《游戏化教学法》MOOC 为例[J].远程教育杂志,2017(06)：95—103.

18. 裴蕾丝,尚俊杰,周新林.基于教育神经科学的数学游戏设计研究[J].中国电化教育,2017(10)：60—69.

19. 尚俊杰,张露.基于认知神经科学的游戏化学习研究综述[J].电化教育研究,2017,38(02)：104—111.

20. 肖海明,尚俊杰.游戏进课堂：融入学科教学的游戏化创造力培养研究[J].创新人才教育,2015(01)：32—36.

21. 尚俊杰,庄绍勇,李芳乐,李浩文.教育游戏的动机、成效及若干问题之探讨[J].电化教育研究,2008(06)：64—68,75.

报纸

1. 尚俊杰,裴蕾丝.高水平教师需养成学习科学素养[N].光明日报,2018 - 09 - 08(06).

2. 尚俊杰,吴善超.学习科学研究促教育变革[N].中国教育报,2017 - 03 - 18(03).

3. 尚俊杰.大数据技术下,如何报志愿？[N].光明日报,2014 - 11 - 20(15).

4. 尚俊杰.谁动了我的讲台[N].中国教育报,2014 - 07 - 16(04).

5. 尚俊杰.信息技术环境下如何再造高等教育组织机构[N].光明日报,2014 - 04 - 29(13).

6. 尚俊杰.MOOC：能否颠覆教育流程？[N].光明日报,2013 - 11 - 18(16).

7. 尚俊杰.游戏化探究学习模式或可促进学生能力培养[N].中国社会科学报,2012 - 09 - 10(A07).

四、推荐随笔

在"俊杰在线"公众号中,我还写了一些随笔文章,有些已经涵盖在本书中了,更多的随笔见下面,可以直接扫码阅读,仅供大家参考指正。

1. 怎么看电视

2. 让小学生睡个午觉真的很难吗

3. 到底应该让学生上什么课

4. 人工智能和机器人到底能干啥

5. 基因经济学

6. 安阳市可以有一所世界名校吗

7. 能否别要求大学生 7 月份一定要就业

8. 高校的管理高效吗

9. 认知螺旋

10. 可怜的 a o e

11. 分工

12. 二中理论

13. 会议桌理论:真的能再造吗

14. 能否重塑中小学教师培养模式

15. 专家信息时代和大众信息时代

16. 提防东西部陷阱,迎接爆发式增长

第二节 《地平线报告》的相关资源

本节列出新媒体联盟发布的《地平线报告》的一些相关资源。①②③

一、基础教育版的资源

下面是 2017 基础教育版的关键趋势、重要挑战和技术进展表格。

---

① Freeman, A., Adams Becker, S., Cummins, M., Davis, A., and Hall Giesinger, C. NMC/Co SN Horizon Report:
2017 K-12 Edition [R]. Austin, Texas: The New Media Consortium, 2017.

② 弗里曼,亚当斯·贝克尔,卡明斯,戴维斯,霍尔;新媒体联盟地平线报告(2017 基础教育版)[R]. 白晓晶,张春华,李国云,季瑞芳,吴莎莎,译. 张铁道,审定. 奥斯汀,德克萨斯州:新媒体联盟,2017.

③ Adams Becker, S., Brown, M., Dahlstrom, E., Davis, A., DePaul, K., Diaz, V. & Pomerantz, J. Horizon Report
2018 Higher Education Edition Brought to you by EDUCAUSE [EB/OL]. [2019-04-19]. https://www.learntechlib.
org/p/184633.

附录表-1　基础教育版《地平线报告》六年来的"关键趋势"

关键趋势	2012	2013	2014	2015	2016	2017
深度学习策略	■		■	■	■	■
混合式学习设计	■	■	■	■	■	
重新思考机构运行模式						■
重构教师角色	■	■	■	■		
重构学习空间						■
编程作为素养						■
学生作为创造者				■	■	
开放教育资源快速增聚			■			
自带设备的兴起						
STEAM 学习兴起					■	■
协作学习			■	■		
推进创新文化						■
注重学习测量					■	
直观技术迅速发展			■			
社交媒体对学术和交流的影响		■				
技术技能日益重要	■					
泛在学习	■					

附录表-2　基础教育版《地平线报告》六年来的"重要挑战"

重要的挑战	2012	2013	2014	2015	2016	2017
实景体验式学习	■	■	■			
个性化学习	■	■			■	■
重构教师角色			■	■		
教授复杂思维			■	■		
体制性障碍即"系统化"	■	■	■			■
弥合学业成绩差距					■	■
测量教学创新				■	■	
提升数字素养	■	■				
新型教育模式的竞争			■			
在领导变更中保持持续创新						■
推进数字化公平					■	

续　表

重要的挑战	2012	2013	2014	2015	2016	2017
技术融入教师培训				■		
学生数据安全			■			
保持教育适切性			■			
形成性测试中缺乏数字媒介		■				
持续的教师专业发展		■				
整合正式与非正式学习	■					

附录表-3　基础教育版《地平线报告》六年来的"技术进展"

技术进展	2012	2013	2014	2015	2016	2017
创客空间			■	■	■	■
可穿戴技术			■	■	■	
分析技术	■					■
人工智能					■	■
机器人					■	■
虚拟现实					■	■
物联网			■			■
自带设备			■	■		
云计算		■	■			
游戏及游戏化	■	■				
3D打印		■		■		
移动学习	■	■				
在线学习					■	
自适应学习技术				■		
数字徽章				■		
开放内容		■				
虚拟远程实验室		■				
增强现实	■					
自然用户界面	■					
个性化学习环境	■					
平板电脑	■					

二、高等教育版的资源

下面是 2018 高等教育版的关键趋势、重要挑战和技术进展表格。

附录表-4　高等教育版《地平线报告》七年来的"关键趋势"

关键趋势	2012	2013	2014	2015	2016	2017	2018
混合式学习设计	■	■	■	■	■	■	
注重学习测量		■	■	■	■	■	■
推进创新文化			■	■	■	■	■
重构学习空间				■	■	■	■
深度学习策略	■	■		■	■		
协作学习	■	■	■				
在线学习变革		■	■				
重构教师角色	■	■			■		
开放教育资源的扩散	■	■		■	■		■
重新思考机构如何运作					■		
跨机构、跨部门合作				■			■
学生作为创造者				■	■		
敏捷变更方法				■			
社交媒体的影响			■	■			
融合正式和非正式的学习		■					
分布式 IT 支持	■						
泛在学习							
跨学科研究新形式的兴起						■	

附录表-5　高等教育版《地平线报告》七年来的"重要挑战"

重要挑战	2012	2013	2014	2015	2016	2017	2018
新型教育模式的竞争	■	■					
融合正式和非正式的学习				■	■		
提升数字化素养						■	■
技术融入教师培训	■	■					
个性化学习				■	■		
实景体验式学习			■				

续　表

重要挑战	2012	2013	2014	2015	2016	2017	2018
有益的教学			■	■			
评估指标不足	■	■					
拥抱彻底变革的需要	■	■					
重构教师角色						■	■
弥合学业成绩差距						■	
推进数字化公平						■	
管理知识过时						■	
平衡我们相关和无关的生活					■		
复杂思维教学				■			
衡量教学创新			■				
扩大权限			■				
学者对科技的态度		■					
学术科研的记录与支持	■						
使组织设计适应未来工作							■
经济和政治压力							■

附录表-6　高等教育版《地平线报告》七年来的"技术进展"

技术进展	2012	2013	2014	2015	2016	2017	2018
分析技术	■	■	■		■		■
自适应学习技术				■	■	■	■
游戏和游戏化	■	■	■				
物联网				■		■	
移动学习	■	■					
自然用户界面	■	■					
自带设备				■	■		
创客空间					■		■
翻转课堂			■				
可穿戴技术		■	■				
3D打印技术		■	■				
平板电脑	■	■					

续　表

技术进展	2012	2013	2014	2015	2016	2017	2018
人工智能						■	■
新一代学习管理系统						■	
情感计算					■		
混合现实					■		■
机器人					■		■
量化自我			■				
虚拟助手			■				
大规模在线开放课程（慕课）		■					

后记：我眼里的教育技术 40 年

●●●

　　我是 1979 年上小学的，到今年正好是 40 年。这 40 年来，正是祖国改革开放、飞速发展的 40 年，因此我也有幸目睹了各行各业产生的翻天覆地的变化。这 40 年，我几乎一步也没有离开过校门，从小学，到中学，到大学，到留校工作，一直在学校学习、生活和工作，是教育领域 40 年来变革的亲身经历者，又由于从事教育技术专业的教学研究工作，也得以有机会考察了国内外很多学校、研究机构和企业，因此体会更加深刻。所以在本书的最后，我希望结合自己的亲身经历聊聊 40 年来信息技术及其教育应用的发展历程。

一、"粉笔＋黑板"的时代（1979—1991 年）

　　1979 年到 1991 年，我在红旗渠的故乡——河南林州市读完了小学、初中和高中。这 10 多年大致是改革开放之后第一个 10 年，最大的变化就是老百姓慢慢地富起来了，可以吃饱饭了。

　　上小学的时候，应该说还是非常幸福的，那时候虽然没有那么多玩具，没有那么多五颜六色的铅笔盒，但是每天可以开开心心地去上学，放学后也没有那么多作业，可以到大自然中去尽情地玩耍。不过，略有遗憾的是，我记得教材中基本上只有第一页是彩色的，其他页全是黑白的。那时候也没有机会去外地旅游，所以当时特别想知道长江黄河究竟有多宽，桂林山水究竟有多美。对于类似的问题，老师只能用语言来跟我们描述，用手势来跟我们比划，当然，也不能埋怨他们，他们也没有机会亲自去看看。而现在，再偏远的学校，教师也可以打开电视，打开电脑，给同学们看看图片、放放录像，甚至播放一些 3D 模型。记得上小学四年级的时候，我特别喜欢做数学题，但是遗憾的是没有多少题目可以做，手里只有那本数学教材，幸好当时我们的校长比较赏识我，每次收到学校订的期刊时，就喊我过去解上面的题目。而现在的孩子，只有做不完的题目，没有想不到的题目。

　　整个小学时代，我的求知欲望真的还是比较强烈的，特别喜欢看书，但是附近能借到的主要就是邻居家里的《岳飞传》、《杨家将》、《隋唐演义》等几本书，我翻过来覆过来看了无数遍，所以这几本书对我的影响真的非常大。而现在的孩子，就算在偏远的农村学校,也有机会获得看不完的课外书。

1985 年,在小学校长的鼓励下,我来到了县城读初中和高中。这时候的学习条件虽然还是比较艰苦,但是情况已经有所好转,能买到更多的习题集了,也能从图书室借到一些书了(遗憾的是没有太多时间看了),但是老师在课堂上讲课还是只能用黑板和粉笔,各种电子设备仍然是没有的。当你抓耳挠腮想不出答案,而一时又没有机会向老师请教的时候,就知道现在的孩子能够拍照解题有多幸福了。那时候特别想知道北大附中、人大附中、清华附中这些学校的老师究竟是怎么讲课的,可惜没有任何机会。而现在的孩子利用 MOOC,利用在线直播课程,连幼儿都可以请美国的教师教英语了。

二、信息技术开始萌动的时代(1991—2000 年)

1991 年,我有幸考入中国最高学府北京大学,第一年先在信阳陆军学院参加了一年军训,1992 年正式进入北大力学系学习,1996 年继续攻读硕士,1999 年硕士毕业留校工作。这 10 年是改革开放之后第二个 10 年,祖国确实发生了比较大的变化,最初我到北大上学的时候,北大到城里的道路旁边还有农田,一到晚上就黑乎乎的,后来眼看着三环、四环慢慢都通了,中关村从一个"村子"变成了一个热闹的都市中心。

然而,虽然北大是中国最好的大学,但是当时条件仍然有限。绝大部分教室都仍然只有粉笔和黑板,只有电教大楼里才有一些电视和录像机用来开展电化教学,当时课堂中使用的频率也不高。我的硕士导师严宗毅教授比较喜欢新技术,所以在他讲授"流体力学"课程时特意在电教大楼的教室里上课,给我们放过几次流体的录像,印象很深刻。那时候学校也比较少请外国的专家教授来做报告,也没有 MOOC,虽然也很想知道美国高校,比如哈佛、斯坦福的教师究竟是怎么讲课的,但是基本上也没有机会。而今天的大学生,躺在床上,打开平板电脑,打开手机,想看谁的课就看谁的课,想联系哪位教授就联系哪位教授。那时候,没有网络,也没有电视,所以同学们下课后回宿舍第一件事情就是找学校给我们订的《人民日报》《北京青年报》等,或者打开当时流行的半导体收音机,这就是所有新闻的重要来源。当时和初中、高中同学的联系基本上还是靠书信,下课回到宿舍收到一封信真是很幸福的事情,到现在还珍藏了很多当时的信件,确实很宝贵,现在的大学生估计很难体会到这种感觉了。

我上大学的时候,虽然还没有接触到网络,但是已经有计算机了,那时候中关村已经开始成为计算机市场了,学校里计算中心也有一些小型机,可以花钱买机时去学习,所以同学们经常一起,节省下吃饭的钱,去学校计算中心的阁楼里挤在一起输入现在看来很土的代码。后来张瑞云教授给我们开设了Pascal语言这门课程，在学校机房上课，说是要大家学会以后开发用于教授力学知识的计算机辅助教学课件，这是我第一次听说计算机辅助教学，后来才知道那时候是计算机辅助教学的一个高潮期，学校高度重视，北大数学、物理、化学、力学系都有老师在开发计算机辅助教学课件，可惜当时不懂。我依稀还记得自己用Pascal做了一个小动画，五星红旗冉冉升起，当时激动得不行，还想着用这个技术给老家电视台做一个片头呢。

关于网络，其实和北大的渊源很深。1987年，北大的钱天白教授已经向德国发出第一封电子邮件（当时中国还未正式加入互联网），只是当时我们接触不到而已。大约在1992年左右，我们力学系的陈耀松教授通过专线从高能物理所联上了互联网，有几个同学参加了实验小组，可以联网访问美国大学图书馆里的资源，因为自己没参加，每次听同学讲起，都感觉很神秘。后来MUD（Multi-User Dimension，多用户空间，也就是文字版的网络空间或网络游戏）开始兴起，每次同宿舍的李勇同学回来给我们讲起在其中碰到了一个什么样的外国朋友，都感觉很羡慕，但是具体是什么情况，其实不了解，大家也不会像现在一样整天讨论网络，毕竟网络还没有成为日常生活。那时候大家讨论更多的是电脑和光盘。

1994年，中国正式加入互联网，我们也开始对互联网有所感觉。1995年，张树新创立首家互联网服务供应商——瀛海威，普通人终于可以用电话线拨号上网了。不过那时候带宽只有64K，非常慢，记得当时说，一个网页只要6秒内能呈现出来就不算慢，现在想想真佩服那时候网民的耐心。

1996年，我开始在力学系继续攻读硕士研究生，这时候计算机从286、386、486逐渐到了奔腾，但是上课的情形依然差不多。当时电教中心和个别实验室已经有了投影机，可以播放PPT了。我记得在1999年硕士毕业论文答辩的时候，我从电教中心借了一台巨大的投影机，用自行车驮到了答辩现场，所以我基本上是生物力学实验室第一个用PPT答辩的同学，记得当时的答辩老师们顾不太上问我学术问题了，都在问这个是怎么做的等等。今天大学里几乎每一个会议室和教室都安装了投影机或电子白板或触摸屏一体机等等。

在1997年的时候，在父亲的鼎力支持下，我购买了一台计算机。不过当时只有实验室可以上网，宿舍还不能上网，所以绝大部分时间我仍然是无法上网的，主要用来做研究，具体地说，主要是计算。那时候同学当中流行的段子就是，在系里见到某位教授在溜达，问他干什么呢？教授很自豪地说，计算机在算题呢，要好几个小时，我来院子里休息一下。说实话，我不能肯定，如果当时我的电脑就像现在同学们的电脑一样随时随地可以访问互联网的资源,我会拿它干什么?

　　1994 年到 20 世纪末,世界上互联网发展得特别快,互联网公司一片繁荣。1995 年 8 月,网景公司(Mosica 浏览器)在还没有盈利的时候,就首次公开募股,在 5 个月内股票从每股 28 美元猛升到每股 174 美元。1996 年 4 月,雅虎公司刚上市市值就达到 8.48 亿美元。1997 年 5 月,亚马逊以 4.38 亿美元上市。在中国,互联网也迎来了第一个高速发展的浪潮期,1997 年,网易创立;1998 年,搜狐、腾讯、新浪成立;1999 年,马云带着 18 罗汉创业,阿里巴巴成立;同年,腾讯开通 QQ 的前身 OICQ;2000 年,百度成立。这期间互联网真的很热闹,几乎每天都有新的网站成立。记得 2000 年左右,在北大三角地经常有网站的推广活动,同学们下课路过三角地,一下子就被人塞过来一张表,填完了就算网站用户了,拿一个杯子或其他礼物就可以回宿舍了,其实此时绝大部分同学在宿舍里并没有电脑和网络可用,只能到实验室或门口的飞宇网吧去上网。而在社会上,虽然很多人依然没有实际用过互联网,但是互联网确实炒得很热闹了,那时候最流行的段子就是:即使是一个乞丐,也需要弄一个"乞丐. COM",这样容易要到钱。当然,现在流行的段子是:即使是一个乞丐,也要制作一个二维码,扫码要钱。

　　当时的网站虽然很热闹,但相对于今天来说,功能还是比较少,大多是门户网站,提供一些新闻、BBS、聊天室、FTP、E-mail 等服务,这些服务基本上收不到钱,网站主要希望靠卖广告赚钱,要知道虽然当时网民规模增速很快,但是 1997 年全国只有 62 万网民,1999 年也才只有 890 万网民(参见图 1－2),可以想象,有钱支付广告费的大部分企业老板还不知道互联网究竟是什么,知道互联网的老板也不相信靠互联网广告能拉来多少人。所以大部分网站找不到清晰的盈利模式,只能靠风险投资活着,风险投资烧完了也就完了。因此当时的许多网站在互联网寒冬中都没有扛过去,被关闭或者合并了。当时其实也有很多成功的创新案例,比如"丽华快餐",在 1997 年的时候在北京开业,号称"网络订餐,四环以内,一份起送",结果很成功,一直到今天还是重要的快餐企业。其实类似的企业也有一些,比如携程、淘宝等,由此互联网领域也产生了一个新名词"**鼠标＋水泥**",也就是说光靠网络是不行的,必须和传统需求相结合。不过,在当时,如果过于创新,可能也不行,比如最有名的"E 国一小时"案例,号称不管买多少东西,都可以在一小时内送到。我记得当时自己还尝试订购了一罐可乐,真的给送到了。不过,或许是因为本书前面说的创新扩散的条件等影响因素吧,因为整个大环境还不行,很快就倒闭了。

　　当第一次互联网低潮来临的时候,我是非常乐观的,因为我当时意识到或许某些产品服务还有问题，但就整体而言，互联网真的有用，所以我坚信它一定能够再度崛起。记得当时比尔·盖茨也说："这一次互联网低潮不是真正的低潮，等互联网再度崛起的时候，一定会更强烈，也更实用。"后来的事实也再次证明盖茨的判断是正确的，不过有意思的是盖茨预测到了互联网的价值，但是微软似乎在互联网发展中总是慢半拍。当然，我也没有资格嘲笑盖茨，1999 年左右马云、马化腾、李彦宏他们在干什么？我也是 1999 年参加工作，我又在干什么呢？就像 2003 年硕士还没毕业就创办世纪佳缘的龚海燕说的那样，"光有 idea（想法）没有用，关键是去做"。

三、互联网蓬勃发展的时代（2000—2007 年）

1999 年 7 月，我从力学系生物流体力学专业硕士毕业留校到电教中心计算机教研室工作，给本科生讲授计算机基础课。当时留校工作还挺纠结的，很感谢电教中心殷金生等主任们的看重，也很感谢力学系书记秦寿珪等老师们的热情挽留。2000 年，北大成立教育学院，在汪琼教授等领导的邀请下，我就到了教育学院教育技术系工作，算是正式开始教育技术研究了。后来有学生问我，从生物力学到教育技术专业后悔吗？我回答四个字"缘来是命"，然后我会告诉他们我的座右铭"为荣誉而奋斗，不让良心焦虑"，不管做什么，都要努力去奋斗。现在回想一下，当时之所以到了电教中心工作，因素比较复杂，不过或许互联网的快速发展也是一个重要因素吧。

最开始上班的时候，单位配了台式电脑，可以上网。又因为我们教的是计算机基础课，所以在电教中心的教室和机房上课，也可以上网。不过，那时候学校用的是教育科研网，社会上的新浪等网站用的是公众网，教育网和公众网之间的带宽很窄，所以访问公众网的网站很慢，访问教育网内部的网站速度还比较快，遗憾的是教育网内部当时没有太多网站，就记得现在的中文在线创始人、当时的清华学生童之磊等人在实验室创办了网站"化云坊"，里面放了一些漂亮的图片、文字等等，虽然这个网站今天看来很简陋，但是在当时是我一个很重要的资源网站了。

虽然我逐渐开始从事计算机基础课教学和教育技术研究了，但是当时我实际上还是门外汉，对教育技术的相关理论等都不是很了解，只是凭着希望教好课的朴素愿望在探索着。记得那时候自己不怕辛苦将教材上的部分文字录入计算机，又去"化云坊"等网站找一些图片，制作成当时看来也不错的 PPT。为了考学生的打字速度，自己用 Visual Basic 开发了打字测试软件。在教学过程中，想到如果能有一个网站可以放自己的 PPT、让学生讨论、收作业应该很好，于是我又自己学习了 ASP 程序设计语言，一点一滴地开发出来一个集成了课件、讨论区、聊天室、交作业等模块的网上教学平台，还起了一个特别好听的名字"北大网络学堂",虽然那时候自己仍不太了解计算机辅助教学,但是从自己的实际使用过程中感觉到这个东西真好,真方便,能够节省我的大量时间。所以我当时也拼命向我能接触到的领导和老师推荐,也有个别老师真的使用了。不过直到2008年北大才采用BlackBoard正式上线了"北大教学网",现在想想自己的想法确实可能有点超前了,如果北大当时真采用我开发的那个漏洞百出、破绽无数的系统,恐怕上线一秒钟就崩溃了。另外,当时大部分学生除了在计算机课或去网吧能上网外,基本无法接触网络,大环境还不成熟。

2001年4月到8月期间,承蒙张雷教授邀请和基督教亚洲高等教育联合董事会的资助,我到香港中文大学教育学院访问,当时香港的计算机和网络环境好一些,我的体会又深了一些。有一次和大学同学关庆强到维多利亚海港边游玩的时候,突然想到,香港维港、纽约曼哈顿、上海黄浦江等几个地方似乎都有一个特点,它们将经济、文化、旅游等几个中心都融在了一起,所以特别吸引人,而计算机第一次可以将学习、工作、生活、娱乐融在一起,所以注定了会比电影和电视走得更远,前途更光明,当时一激动,差点掉维港里。在香港的那5个月,是我人生中很快乐的一段日子,当时和南京大学王运来教授、华中师范大学王坤庆教授、首都师范大学(现在人民大学)雷雳教授四个人一起,共同学习,一起娱乐,休息时间我一边做我的个人主页——"尚网"(www.jjshang.com),一边喋喋不休地和他们讲互联网的价值,帮他们做个人主页,乐在其中。

2001年回到北大后,我又继续教了几年学,2004—2007年又到香港中文大学教育学院师从李芳乐、李浩文、林智中教授攻读博士学位,开始教育技术系统的学习研究。在2007年的时候,我和导师、同学参加了西北师大主办的"两岸三地教育技术西部行"活动,第一次深入到西部,虽然也听到了一些地方反映的计算机没有用起来的事情,但是也确实看到了在某些学校计算机和教育资源光盘等起到的重要作用。

2000—2007年间,互联网虽然经历了第一次低潮,但是很快从低潮中重新升起,又开始快速发展了,有意思的是,挽救互联网于水火之中的居然是强调"好玩"的网络游戏和短信。前面讲过,最开始各类网站虽然很热闹,但是找不到清晰的盈利模式,风险投资烧完网站就倒闭了。2001年的时候,陈天桥花了30万美元的价格代理了当时非常火爆的韩国网络游戏《传奇》,短短2年的时间,到2003年,盛大网络虽然只有100个员工,但是当年的收入已经达到了6.33亿元,还有高达2.73亿元的净利润,这一下互联网真的是可以真金白银地挣钱了,所以很多公司都纷纷加入了网络游戏的行列。另外,当时人们突然喜欢发各种有趣好玩的短信了,比如"你帅你帅,头戴草帽,腰缠海带,装什么东方不败"。火爆程度堪比今天的微信,虽然一条短信只要一毛钱,但是不要忘了大规模协作改变一切，据中国移动数据显示，2000 年中国手机短信息量突破 10 亿条，2001 年达到了 189 亿条，2004 年涨到了 900 亿条，一个春节过去，中国移动在后台数钱数到手软。

在香港中文大学读书那几年，互联网内容也开始丰富起来了，读书需要的学习资料可以在网上检索并下载，课余休息时间可以用 BT 下载一些电影、电视剧、小说来看。那时候和博士同学、现在香港大学任教的陈高伟经常一起去吃饭，路上我们就兴奋地交流互联网上的新发现。还记得最初的网红芙蓉姐姐和小胖，也是此期间流行起来的，他们那时候在青年学生中的知名度可要比现在的网红高多了。

总的来说，此阶段互联网在快速发展，网络速度在快速增加，网民规模在高速增长，网络内容也在逐渐丰富，但是与今天的网络相比，仍然不可同日而语。就如图 1-2 显示的，在 2006 年的时候，中国网民规模还没有超过 10%，也就是说虽然我们当时把网络说得天花乱坠了，但是中国还有 90% 以上的人不知道你在说什么，因为他还没有真正用过。

四、移动互联网突飞猛进的时代(2008—2018 年)

2008 年，我从香港中文大学博士毕业后，重新回到北大教育学院教育技术系工作，从此正式展开了教育技术教学、研究和服务工作。此次回来，感觉北京真的变化太大了，2001 年第一次去香港访问的时候，通过深圳还要查边防证，那时候感觉北京(至少我熟悉的中关村地区)和香港还是有很大差异的，但是这次回来整个感觉已经没有什么差异，甚至北京建设得还更加漂亮了。就网络环境而言，已经和现在也没有太大变化了，或者说已经进入"现代网络时代"了。

在自己的教学方面，北大的信息化教学环境已经有非常大的提升，网络速度非常快，不管教育网还是公网中的资源，再也不用等几秒了。此时互联网上的资源也已经比较多了，想要找的理论、文献可以方便地检索到，也不用像过去一样一个字一个字地输入所有内容了。

就我自己的教育技术研究领域(或者说互联网教育、在线教育、教育信息化、信息技术教育)，也是一日千里地发展着，不仅大学的教室、会议室都安装了投影设备，越来越多的中小学也在努力实现"校校通、班班通、人人通"，而且中央电教馆等研究机构、企业、一线教师提供了海量的教学资源，在北京、深圳的一些学校，如果不让老师用 PPT 讲课，他可能真的不知道该怎么讲课了，在西部地区也一样，记得 2010 年和中央电教馆陈庆贵主任、轩兴平处长等人去新疆的一个学校考察时，校长说："你们不要说跟着电视学习不好，如果我们不让孩子跟着电视里东部老师的教学片学习，我们的英语、音乐课就开不起来或者开不好。"事实上，我们在现场也看到孩子们高兴地跟着电视里的老师在唱歌，由此我当时再次认定在线教育视频课程一定是有用的。

2012年左右，可汗学院、MOOC、翻转课堂、微课先后开始流行，同时期移动学习、游戏化学习、平板教学、VR/AR等创新学习方式不断涌现，更是推动着大中小学进行着革命性的变革，越演越烈。我经常给大家开玩笑，说最初教育技术研究者推动网络教学的时候，都是自下而上的，到各个高校教务处长这一关可能就被拦住了，"你们就别说了，现阶段还没有那么重要"。而现在不一样了，都是自上而下的，各个高校校长把教务长喊过来布置工作，要尽快推动MOOC。虽说是玩笑话，但是教育信息化工作确实发生了翻天覆地的变化，还有一个明显的标志是越来越多的各类教育会议开始探讨教育技术，越来越多的教育类期刊刊登教育技术相关的文章，越来越多的学者和一线教师开始教育技术相关研究了。而且，最重要的是，微课、MOOC和翻转课堂等技术门槛降低了，更多的教师从被动应用变成了主动应用，大都热情地拥抱信息技术了。

就我自己的主要研究方向——游戏化学习（教育游戏），我的感受也更强烈。2008年我回到北大教育学院工作后，继续开展博士期间的游戏化学习（教育游戏）研究，最初的时候确实很艰难，因为大部分领导、校长和教师还不是很认可。不过后来慢慢情况有所变化，大约2011年，在中央电教馆国际合作处郑大伟处长和联合国儿童基金会李涛女士的邀请下，我参与了联合国儿童基金会和电教馆联合开展的SMILE研究项目，在其中负责推广游戏化教学。后来大约在2013年，在中央电教馆原馆长王珠珠及教育部相关领导及专家的支持下，第一次将"教育游戏"明确写到了教育部公开征集教育资源的文件中。后来2015年在中国教育技术协会原秘书长刘雍潜等领导的支持下正式成立了教育游戏专委会。2016年，在汪琼教授及高教社领导的支持下，我们也在中国大学MOOC上线了"游戏化教学法"课程，这几年已经大约有6万学习者选修过该课程，并在2018年被认定为首批国家精品在线开放课程。总而言之，这些年来在各界人士的支持下，游戏化学习（或者说教育游戏）慢慢被越来越多的校长、老师和家长接受了。

当然，我自己的体会是，这一切的变化可能主要原因是信息化大环境变革了，网络的快速发展让每一个人都意识到了以互联网为主的信息技术真的要让社会产生翻天覆地的变化了。在2000年左右我给学生教计算机基础课时，那时候一再强调计算机的作用首先是"科学计算"，似乎E-mail、WWW、BBS、FTP和聊天室就是最主要的网络服务了，而后来发现网络服务只有我们想不到的，没有企业做不到的，博客、微博、微信、网络游戏、视频网站、音频网站、视频直播、游戏直播、抖音，一个接一个；在网络购物方面，有了淘宝、京东，还可以再有美团和拼多多；在出行方面，滴滴、快的、共享单车。扫码支付更是将这些应用推到了登峰造极的地步。

在 2010 年左右，现在香港教育大学工作的博士同学钱海燕非要给我快递几双孩子的鞋，她说她现在购物上瘾了，就是想买东西，但是已经不敢往家里送快递了，所以要送给我女儿（哈哈，我首先要感谢同学的好意）。那时候我还想呢，这怎么可能呢，网上购物还能上瘾？现在我才明白，这才是正常的生活方式啊，我同学不过是超前几年而已！几年前，我问小区里送快递的小伙子，你一天能送几件啊？现在我问他，你一天能送几车啊？在北大，目前最热闹的地方就是取快递的地方，人来人往，川流不息。而且，现在几个电商网站也已经开始去农村刷墙了，比如"发家致富靠劳动，勤俭持家靠京东"、"要致富，先修路。要购物，先百度"等等，回想一下最近一百年，什么东西开始刷墙了，什么东西就真的革命了。

这个时期网络之所以发展特别快，移动互联网起到了关键作用，智能移动终端让更多的人随时随地能够接触网络。业界对移动互联网早就很重视了，2002 年周云帆和杨宁就创建了"空中网"，主打手机上网等业务。不过因为设备原因，早期发展比较慢，后来智能手机开始逐渐流行后，移动互联网就开始迅猛发展，对各个企业也产生了比较大的影响。比如百度，在互联网时代，搜索就是至关重要的门户，但是进入移动互联网时代后，搜索就受到了挑战。在阿里，2013 年进入了发展的瓶颈期，而腾讯正借助微信进入疯狂发展阶段，此时马云应该很紧张，所以在内部狂推"来往"。后来阿里提出了"无线优先"的战略，继而又提出了"All in 无线"的战略，全面转向无线，才在京东等企业的无线攻势下稳住了脚步，否则在移动互联网普及的今天可能后果不堪设想。当然，在教育领域，其实很早也在尝试移动学习，比如崔光佐教授 2002 年左右就在北大开展基于短信的移动学习研究，当然，今天的移动学习已经覆盖了方方面面。

对于移动互联网的发展，我最初还有点儿困惑，因为我每天坐在电脑面前，所以我基本上都是用笔记本电脑工作的，但是后来有一些网站在登录的时候一定要你用手机扫一扫登录，我就觉得挺烦的，我直接输入用户名密码不是很简单吗？为什么一定要我再拿手机呢？麻烦！但是我后来逐渐理解到，网站的主要用户群体已经变了，就如我们在第一章（图 1-2）讲的，在 2006 年之前大部分上网的人可能都是教师、学生、白领等所谓的专业人士，领导们通常没有大量的时间来上网，农村妇女可能没有条件来上网。但是 2006 年之后，随着移动互联网的快速发展，上至高级领导，下至老人、农村妇女真的都开始上网了。在教育领域也是一样，教育管理人员、研究人员、学生、一线教师也都真的"上网"了，当他们认识到网络在新闻、娱乐、游戏、商业、金融、军事等领域的重要价值后，自然而然地就会想到网络在教育中的作用和价值。德鲁克曾经说过一句似乎对教育人士"不太动听"的话：教育领域变革的推动力往往来自外部。我虽然没有去做严谨的实证研究，但是实际工作中我确实感受到，互联网对社会变革进而对教育产生的推动力似乎确实大于我们教育技术从业人士的呼吁，所以这句话可能有道理。当然，教育技术人士也不必伤心，当各界人士都对教育信息化重视的时候，我们教育技术专业也就有了更大的用武之地。

这些年经常有教育信息化企业的人士来找我聊天，有人经常苦闷于互联网教育看起来红红火火，但是怎么就找不到盈利模式呢？我总是告诉他们：第一，**"真的有用就真的有用"**。如果你的产品和服务对校长、教师、学生和家长用处不大，而只是想融资上市圈钱，最终一定是竹篮打水一场空。当然有人总相信自己会是击鼓传花中间的一环，那就没有办法了。第二，**"少谈概念，多解决问题"**。之前，一位教授就讲过，教育领域那么多真实的问题，你们不去解决，净弄点儿没用的东西。他的话或许有点儿偏颇，但是我确实也有感受，比如这些年我在学院负责行政、培训和信息化工作，实际面临许多问题，我特别希望用信息技术打造线上线下混合学习空间，打造学院无纸化办公系统，但是做起来很难，因为很难找到合适的产品和服务。第三，**"研究能做多深，企业就能走多远"**。每次谈到这里，企业人士就笑，说尚老师是希望我们支持你吧。其实也不是，当一个企业做到一定地步的时候，一定需要加大研究力度，否则后继乏力，会找不到方向。这或许也是阿里成立达摩院、罗汉堂的原因吧。

五、人工智能助推新时代（2019—　　）

2019 年还没有完全过去，人工智能又把我们每个人的心挠得痒痒的，几乎所有人都相信，人工智能真的要来了。事实上，当我还是小学生的时候，有一次偶然看到一本书中说到"机器人"，后来帮家长干活的时候就总是想，如果有一个机器人能帮我干活就太好了，不过一直奔到了 2000 年也没有实现。阿尔法狗、阿尔法元的出现真的让我看到了希望，后来 2017 年我们举行北大教育信息化创新论坛的时候，请科大讯飞现场支持，将声音转成文字，因为不需要通过网络进行，所以正确率几乎百分之百。我那一次真的被震撼了，再次坚定了人工智能真的很有用的信心。

当然，面对人工智能的快速发展，自然有人担心人类的未来，其实在本书中我们已经反复讲了人类和技术的关系，几千年来，人类对技术就不是太信任，但是人类又需要依靠技术改变我们的生活，所以有质疑也是非常正常的。但是，我坚信，只要人类能够理智地使用人工智能，一定可以让我们的世界变得更加美好。

目前社会各界对人工智能与教育也倍加重视，各级领导都对人工智能与教育抱以厚望，希望能够借此推动教育理念、教学方式、管理模式创新，完善以学习者为中心的智能化教学环境，努力实现规模化教育和个性化培养的有机结合，不断提升各类人才的创新精神和实践能力。当然，我相信仍然有人会在心里打鼓，过去电影、电视没能改变教育，计算机、互联网似乎也没能改变教育，人工智能就一定能改变教育吗？诚然，我也认为，教育作为一个比较"慢"的领域，变革过程确实会慢一些，但是如果我们真的进到学校，认真去和教师交流，认真去了解上课情况的话，就会看到，电影、电视、计算机、互联网等技术正在对教育产生越来越大的影响。而未来能否让教师们摆脱繁琐事务的纠缠，专心致志地指导每一个孩子，真正实现"一个不能少"，人工智能真的是关键性因素。

可能也有一些读者希望我在最后展望一下未来 40 年的发展，事实上在本书的各章节内容中我已经尽可能展望了，但是说句大实话，展望未来是一件很难的事情，很多时候不能预测得太准，原因在于这个时代真的变化太快了。你就想想，当成千上万甚至几十万精英人才每天想着互联网创新的时候，就只有我们想不到的，没有做不到的，所以对未来 40 年真的不敢随便讲。但是我唯一敢肯定的是，只要人类能够团结互助、和谐共处，教育一定会更美好，祖国一定会更强盛，世界一定会更安宁。

致谢

首先我要感谢袁振国教授邀请我来参与编写丛书。通过看袁老师的文章、聆听他的大会报告以及和他交谈，确实从他身上学到了很多。也要感谢华东师范大学教育学部王莉老师，华东师范大学出版社阮光页、王冰如、王丹丹等编辑，没有他们的辛苦，我们无法看到此书。

需要特别说明的是，本书虽然是我在多年教学研究基础上系统策划、写作和整理的著作，但实际上也是我和学生及其他合作者的集体智慧，庄绍勇、陈高伟、吴善超、曹培杰、蒋宇、张优良、张魁元、肖睿、裴蕾丝、原铭泽、肖海明、张露、曾嘉灵、胡若楠、夏琪曾经参与了该书涉及的多项研究，作出了重要的贡献。张媛媛为本书绘制了部分图片。另外，刘雨昕、张喆、苏丹丹、潘红涛、孙也程、周萌宣、曲茜美、董安美、汪旸、张辉、焦丽珍、孙富国、贾楠、樊青丽、李秀晗、孙文文、余萧桓、聂欢、张阳、张亮、陈晨、李晓杰、李素丽、王辞晓、霍玉龙、马斯婕、李少鹏、孙金钢、陈鑫、姚媛、陈鸿樑、张媛媛、龚志辉等学生以及访问学者朱云、何玲、张宏丽、陈明、郑金芳等老师，也在项目研究和写作环节提出过有益的建议和帮助。作为一名教师，最大的幸福就是得天下英才而育之，很高兴有机会和这些非常优秀的学生及访问学者们在一起，真正实现了教学相长。

在本书写作过程中，感谢任友群司长、王大泉副司长、张治馆长、吴善超副部长、王水发副局长、侯华伟副院长、焦建利教授、吴筱萌教授、李艳教授、王海霞校长、朱秋庭校长、孙海霞校长、徐永红校长、范逸州博士、王宇博士等人提供资料和建议。

同时，感谢教育部科技司、基教司、社科司、教师司和联合国儿童基金会、中央电化教育馆、国家自然科学基金委员会政策局、全国教育科学教育规划办公室、北京市教育科学规划办公室、中国教育学会、中国教育技术协会的领导对我们研究的关心、鼓励和支持，以及腾讯、网易、索尼、天仕博、课工场、睿易、卓帆科技、天业仁和、博雅瑞特、爱享学、晨星创投等企业长期以来对我们研究的支持，没有这些研究，就没有这些成果。

感谢《北京大学教育评论》、《电化教育研究》、《高等教育研究》、《高校教育管理》、《光明日报》、《教育研究》、《开放教育研究》、《课程·教材·教法》、《清华大学教育研究》、《全球教育展望》、《人民教育》、《现代教育技术》、《现代远程教育研究》、《远程教育杂志》、《中国电化教育》、《中国教师报》、《中国教育报》、《中国信息技术教育》、《中国远程教育》、《中小学信息技术教育》等报纸杂志的编辑们，因为有你们的支持，我的成果才得以发表，也有了这次将这些成果重新整理完善出版的机会。

最后，我想借此机会感谢北大教育学院闵维方教授、陈学飞教授等各位领导、同事们多年来的支持和帮助；感谢我的导师李芳乐教授、李浩文教授、林智中教授等老师长期以来的默默支持；感谢我的家人及朋友长期以来的支持；也要感谢微信公众号"俊杰在线"的粉丝们几年如一日的阅读、点赞和转发支持。

2019 年 6 月 6 日于燕园